U0098553

新世紀 法學叢書

Law of Negotiable Instruments

票據法論

林群弼

學歷／日本慶應大學法學博士（商法專攻）

經歷／國立臺灣大學法律系暨法律研究所專任副教授
　　　東海大學法律系副教授
　　　淡江大學保險研究所副教授

現職／國立臺灣大學法律學院專任副教授

 三民書局

國家圖書館出版品預行編目資料

票據法論 ／ 林群弼著.－－初版一刷.－－臺北市：三
民，2010
面；　公分

ISBN 978–957–14–5319–4　（平裝）

1.票據法規

587.4　　　　　　　　　　　　　　　　99002974

ⓒ　票據法論

著 作 人	林群弼
發 行 人	劉振強
著作財產權人	三民書局股份有限公司
發 行 所	三民書局股份有限公司
	地址　臺北市復興北路386號
	電話　(02)25006600
	郵撥帳號　0009998–5
門 市 部	（復北店）臺北市復興北路386號
	（重南店）臺北市重慶南路一段61號
出版日期	初版一刷　2010年10月
編 號	S 585960

行政院新聞局登記證局版臺業字第○二○○號

有著作權·不准侵害

ISBN　978–957–14–5319–4　（平裝）

http://www.sanmin.com.tw　三民網路書店

※本書如有缺頁、破損或裝訂錯誤，請寄回本公司更換。

凡 例

　　為提高研習便利，立於比較法之觀點，特將本書引用之相關法律名詞輔以各國法系之名稱介紹，援將條文之呈現及引用之法規名稱略以簡語如下：

一、相關法律名詞

例：

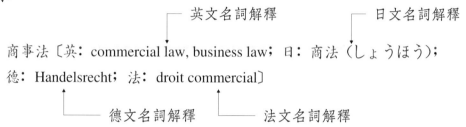

　　商事法〔英：commercial law, business law；日：商法（しょうほう）；德：Handelsrecht；法：droit commercial〕

二、法條呈現簡析

例：

　　　　票據法第八十九條規定：「I執票人應於拒絕證書作成後四日內，對於背書人、發票人及其他匯票上債務人，將拒絕事由通知之。II如有特約免除作成拒絕證書時，執票人應於拒絕承兌或拒絕付款後四日內，為前項之通知。III背書人應於收到前項通知後四日內，通知其前手。IV背書人未於票據上記載住所或記載不明時，其通知對背書人之前手為之。」

表該條第二項

表該條第四項　　表該條第三項

表該條第一項

三、援用法規略語

§5	票據法第五條
§5 I	票據法第五條第一項
§24 I①	票據法第二十四條第一項第一款
細則	票據法施行細則
民	民法
刑	刑法
公	公司法
海	海商法
破	破產法
印	印花稅法
民訴	民事訴訟法

票據法論

目次

第一章

緒　論

第一節　票據法之概念

第一款　票據法之意義

票據法之意義，有廣義與狹義之分，分別說明如下：

一、廣義之票據法

廣義之票據法者，乃指一切有關票據法規之總稱也。又可分為公票據法與私票據法。

(一)公票據法

公票據法者，乃指公法中有關票據之法規也。例如：

1. 刑法中有關偽造、變造有價證券之規定（刑§201～§205）。

2. 民事訴訟法中有關票據訴訟程序之規定（民訴§13、§389 I、§403 I、§508 以下）。

3. 破產法中有關票據發票人或其背書人受破產宣告之規定（破§107）。

4. 印花稅法中有關票據貼用印花之規定（印§7 V、§15）。

(二)私票據法

私票據法者，乃指私法中有關票據之法規也。除了票據法本身之規定外，亦包括民法中有關票據之規定（票據行為：民§71、§73；票據能力：民§75 以下；票據代理：民§103 以下；票據設質：民§908、§909）。

二、狹義之票據法

狹義之票據法者，乃指「專」以票據關係為規律對象之法規也。又可分為形式之狹義票據法與實質之狹義票據法。

(一)形式之狹義票據法

形式之狹義票據法者，乃指國家所制訂，而以「票據法」命名之法典也。法典 (code) 者，乃指由國家所編纂而經由法定程序頒布之成文法規也。

㈡實質之狹義票據法

實質之狹義票據法者，乃指「專」以票據關係為規律對象之各種法規也。除「票據法」法典之外，尚包括其他「專」以票據關係為規律對象之各種法規，例如票據法施行細則、銀行辦理票據承兌、保證及貼現業務辦法（91.2.20廢止）等。

廣義之票據法，可謂極其廣泛，因「狹義之票據法」以外之法規，已具其獨立之法律體系，故嚴格言之，「狹義之票據法」以外之法規只能算是有關票據之法規，而不能算是票據法。因此吾人通常所稱之票據法，係指狹義之票據法而言。

在此觀念下，吾人似可將票據法定義如下：票據法〔英：Negotiable Instruments Law；日：手形法（てがたほう）；德：Wechselrecht〕者，乃指以票據關係為規律對象之商事法也。依此定義，吾人析述如下：

一、票據法者，商事法也

商事法〔英：commercial law, business law；日：商法（しょうほう）；德：Handelsrecht；法：droit commercial〕者，乃指以商事為規律對象法律之總稱也。惟此之商事法，乃指狹義之實質商事法，而狹義之實質商事法乃指國內商事法中之商事私法而言。我國狹義之實質商事法，乃指公司法、票據法、保險法、海商法四種法規而言。票據法乃商事法其中之一種。

二、票據法乃以票據關係為規律對象之商事法也

票據法係專以票據關係為規律對象之法規，而其他之商事法則不然。例如海商法者，乃指以海上商事及其相關事項為規律對象之商事法也。票據關係 (bill relation) 者，乃指基於票據行為所發生之法律上債權債務關係也❶。所謂規律乃指規範 (model) 與定律 (rule) 而言。亦即，票據關係乃以

---

❶　票據行為〔英：acts of negotiable instrument；日：手形行為（てがたこうい）；德：Wechselakt〕者，乃指票據債務人以發生或轉讓票據上權利義務關係為目的所為之要式的法律行為也。票據行為有下列五種：⑴發票；⑵背書；⑶承兌；

票據法為規範與定律，務使一切票據關係納入正軌，藉以確定其法律上之債權債務關係，免生無謂之糾紛也。

第二款　票據法之特性

票據法為商事法之一種，因此具備有一般商事法之特點，如高度交易安全之保護、短期消滅時效之採用、法定利率之提高、行為之要式性等。除此之外，票據法尚有下列特性：

一、強行性

票據關係是一種債之關係，規律票據關係之票據法自然是一種債法❷。惟票據法雖為一種債法，然其大部分之規定均具有強行性，其任由當事人意思左右者可謂極少，與一般債法採用私法自治者不同。因票據不僅為特定當事人間之一種支付手段，且能於一般公眾間輾轉流通，不僅有補助貨幣之效用，且有代替貨幣之功能。其於助益經濟、活潑金融可謂極其重要。若票據法之規定得由當事人任意變更或排除適用時，勢必詐騙叢生，紊亂社會經濟，危害國家民生。故為保護公益計，票據法所規定之必要事項莫不具有強行性質，不許當事人任意予以變更，一有違背，輕則該違背規定部分不生票據上之效力，重則可使票據本身因而歸於無效。例如票據法第十一、十二、一二八條之規定即是❸。

---

(4)參加承兌；(5)保證。

❷　債法〔英：law on obligation；日：債權法（さいけんほう）；德：Obligationenrecht, Recht der Schuldverhältnisse；法：droit des obligations〕者，乃指以債權債務關係為規律對象之法規也。債法與物權法均為財產法。廣義的債法，包括附屬於親屬之債權債務關係及本於遺囑所生之債權債務關係等法規；狹義的債法，僅指民法上之債編而已。我國因採民商合一的結果，債法之內容大為擴充，除民法之外，尚有其他多種含有債法性質之特別法規，例如公司法、票據法、海商法、保險法等。債法具有下列三種特質：即 1.因較少涉及第三人之利益，故原則上多為任意法規；2.地域色彩、民族色彩較淡，較具普遍性；3.特別常受誠實信用原則之支配。

二、技術性

一切法規就其性質觀念可分為下列兩大類：

㈠倫理的法規

倫理的法規者，乃指以倫理規範為內容之法規，亦即具有強烈倫理、道德色彩之法規也。例如民法、刑法，其制訂乃本乎常理、基於恆情，如殺人者死、欠債者還，其內容可憑一般常理加以理解之法規，謂之倫理的法規❹。

㈡技術的法規

技術的法規〔日：技術的法規（ぎじゅつてきほうき）；德：technische Norm；法：norme technique〕者，乃指基於法律技術上之需要或因其他理由，技術色彩甚於倫理色彩之法規也。例如訴訟法、商事法，其制訂非本於常理、基於恆情，完全出於立法專家之專門設計，其內容並非憑一般常識能理解之法規，謂之技術的法規❺。

商事法中以票據法及保險法最具技術色彩（保險法之說明從略）。因票據法之目的乃在於 1.如何確保在一定之時間、一定之處所、支付一定之金額； 2.在票據不獲付款時，如何使能獲得「穩健」、「簡便」之救濟方法。因此，票據法本身若非具有高度的法律技術，則不足以達成上述目的。例如票據法中有關「票據之文義性」（§5）、「票據行為之獨立性」（§8）、「票據之定型性」（§11）等規定，均為技術色彩之高度表現。

---

❸　鄭玉波，《票據法》，三民書局印行，1991 年 8 月第 4 刷，p. 3。
❹　我妻栄，《新法律学辞典》，有斐閣，昭和 51 年 5 月 30 日新版初版第 16 刷發行，p. 1240。
　　末川博，《法学辞典》，日本評論社，昭和 58 年 5 月 30 日第 1 版第 9 刷發行，p. 1026。
❺　末川博，《法学辞典》，日本評論社，昭和 58 年 5 月 30 日第 1 版第 9 刷發行，p. 150。

三、國際性

商事法本多具有國際性，因近代交通發達，國際貿易繁盛，若於國與國間，有關商事貿易之法規，如當事人之行為能力、行為方式等事項規定各不相同時，彼此必感相當不便。其國際間法律之衝突固然可依國際私法（如我國之涉外民事法律適用法）加以解決，唯交易行為本應力求簡便、敏捷、富於彈性，循此迂迴之路，耗時費力，實在不符經濟之目的。故目前各國為適應實際需要，國與國間，大多訂有商事條約，努力於商事法之統一。

商事法中，以票據法與海商法最具國際性（海商法之說明從略）。票據法甚具國際性之理由如下：⑴各國為促進國際貿易之發達與國際間資金之流通，在實務上票據法本就較有統一之必要；⑵票據為信用、匯款、支付之單純工具，在理論上票據法本就較易超越國界，不像公司法，因受各國經濟政策之影響較難達到世界統一法化之理想。

第二節　票據法之法理

第一款　票據之經濟效用

票據，因其形式簡單明瞭、流通自由，且受法律之特別保障，故在經濟上具有下列之效用：

一、匯兌之效用

此種效用主要見之於匯票，匯者，乃指貨幣在甲地之金融機關或郵局交寄，而於乙地之金融機關或郵局領取之謂也，例如「匯款」即是。

匯兌 (exchange) 者，乃指委託第三人於一定之場所支付金錢於執票人之謂也。此項匯兌之金額稱為匯兌金 (money of exchange)。票據具有匯兌之效用，亦即票據具有隔地送款之效用，此種效用可以打破金錢支付在空間

上之障礙 (distantia loci)。

　　吾人因買賣交易或其他情事，常須匯款與隔地之人，在往日票據制度未建立之前，莫不以現金輸送，然而以現金輸送笨重不堪，不但需要勞力費用，而且途中亦往往會有不測之危險，此等場合若能以匯票、支票代為匯款，則可迴避上述現金匯款之麻煩或風險，既簡明而方便、又流通而安全。

　　例如：

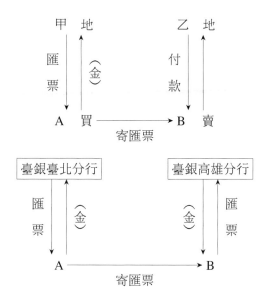

　　例如住在臺北之某 A，因買賣交易或其他情事，有向住在高雄之某 B 匯款之必要，此時 A 可將現金交給臺灣銀行臺北分行，購買以臺灣銀行高雄分行為付款人之匯票，其匯票內容應為「憑票祈於中華民國×年×月×日付 B 新臺幣××（文字）圓整。此致臺灣銀行高雄分行」。然後只要 A 將該匯票寄予 B，B 即可憑著該匯票於高雄分行獲得付款，與由 A 直接現金輸送有同樣之效果，而且可以節省勞力費用，又可避免途中不測之危險。故匯兌作用實為票據之一大經濟機能，對於商業及國民經濟之發展可謂助益良多。

　　自票據制度建立以來，曾有幾百年間，票據曾被充為隔地匯款之工具而被廣泛地使用著，現在由於電匯、郵政劃撥、開設帳戶（口座）、轉帳等

方法發達之後，票據之匯兌效用已不像以前那麼重要，但在國際貿易上，在海外匯款方面，至今仍占有極重要之地位。電匯〔英：telegraphic transfer；日：電信送金為替（でんしんそうきんかわせ）〕者，乃指利用電報通知所為之匯兌銀錢方法也。易言之，銀行受到緊急匯款之委託，於收取匯款及手續費後，以電信委託匯款目的地之本行、分行或與本行有交易關係之銀行付款，匯款委託人亦以電信通知受款人，使受款人能在該付款銀行受到付款之方法也。

二、信用之效用（匯票與本票有此效用）

信用的效用，主要見於匯票及本票，亦即可使將來之金錢變為現在之金錢而加以利用之謂也。信用的效用，可以打破金錢支付在時間上之障礙(distantia temporis)。經濟活動中，買賣及各項交易，若以「立即付現」為唯一支付方法，則資金往往流於固定呆滯，無法達到商事交易行為本身力求簡便、敏捷、富於彈力之要求。例如販賣商 A 因資金短缺，無法自生產者 B 購入貨品，繼續販賣營利；生產者 B 亦因販賣者資金之短缺，而無法脫售產品變為金錢，以便再購原料繼續生產。此時若能藉著票據（本票、匯票）之發行，打破金錢支付在時間上之障礙，則上述之困難立可迎刃而解。例如：

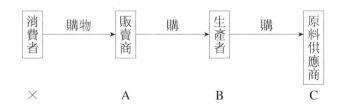

⑴由販賣商 A 簽發六個月後自己付款之本票

販賣商 A 向生產者 B 購買十萬元之貨物時，可約定於六個月後付款，而由 A 發行六個月後自己付款之本票交給 B。其簽發本票之記載方法可為，「憑票於 2002 年 10 月 10 日付 B 新臺幣壹百萬元整。發票人 A 發票日 2002 年 4 月 10 日」。

⑵由生產者 B 簽發數個月後由 A 付款之匯票

或由生產者 B 發行六個月後由 A 付款之匯票，隨同貨物交給販賣者 A 承兌。此等匯票之記載方法可為，「憑票祈於 2002 年 10 月 10 日付 B 新臺幣壹百萬元整。此致 A 發票人 B 發票日 2002 年 4 月 10 日」，然後交給付款人 A 承兌後，再由債權人 B 保存。

如此，則 A、B 雙方之困難均告解決，亦即販賣商 A 可以購入貨品繼續販賣營利，生產者 B 於收受本票後，如有急需，復可以背書轉讓他人或向銀行貼現收回資金，可以再購原料繼續生產。易言之，在現代之交易買賣中，因票據之信用的效用打破金錢支付在時間上的障礙，對於工商業資金之流通助益甚大。貼現〔英：discount；日：手形割引（てがたわりびき）；德：Diskonto；法：escompte〕者，乃指以未到期之票據，減折兌取現款之行為也。貼現之方法，通常由執票人將票據背書轉讓予金融業者（例如銀行），藉以換取現金。因票據尚未到期，必須自票據金額扣除「自貼現日至到期日之利息」及其他費用。

三、支付之效用（支票有此效用）

支付的效用，主要於支票上見之。政府所發行之通用貨幣，原為貨物交易之基準，亦即貨物交易時，應以通用貨幣為計算價格之單位，並應以通用貨幣為支付價額之工具。然而，貨物交易若僅限以通用貨幣為支付工具，當交易金額龐大時，往往費時費力，而且亦有點算失誤之風險。例如甲向乙支付新臺幣一億元，倘以通用貨幣支付時，以目前最大票面額鈔票一千元而言，至少必須點算一千元鈔票十萬張，不但費時費力，而且難保點算無誤。因係鈔票之故，縱然事後發現點算有誤，亦只好暗白忍受而已。而且攜帶現鈔或存放現鈔，不但不方便又有風險。此時若以支票代之，對當事人而言，不但可以節省點算鈔票之時間，亦可避免點算鈔票之錯誤；對國家而言，亦有節約通貨之效用。因為工商愈發達，交易數量愈龐大，則須發行更多之通用貨幣以資周轉，然而通用貨幣發行過多，容易造成物價之不穩定，亦即所謂的通貨膨脹 (inflation)，若以票據（支票）代替通貨

支付，一張支票（票據）可記載任意數量之金額，可抵千萬張通貨之發行，政府發行之通貨，自可因之而節約其數量，對於穩定國家經濟之發展甚有助益❻。

自票據制度建立之後，買賣之兌價，即可以支票代替通貨而為即時之支付，亦可以本票代替通貨而為定期之支付。但最初發行票據時，並無背書轉讓之制度，票據之效用僅限於一次付款，不能輾轉流通。自背書轉讓方法發明之後，背書人對於票據之付款，負有擔保之義務。背書之次數愈多，則票據負責人愈眾，票據之價值亦愈高，以致票據可依背書之轉讓，輾轉流通，其結果竟與通用之貨幣幾無差異。因票據以背書轉讓時，執票人無須通知票據債務人，與民法上之債權讓與❼不同，因此票據甚具流通證券之作用❽。

四、債務抵銷之效用

自票據流通以來，貨物交易之當事人間，為避免現金往返輸送之麻煩，多以票據為工具，而為彼此間債權債務之抵銷，其中尤以國際間債務之抵銷為最著。蓋國際間有關貨物之輸出輸入，或國際外債之募集，當事人若一一以現款匯兌，不但徒勞往返，而且費時費力，可謂極其不便。若利用票據制度以票據代之，使兩國間之債權債務互為抵銷，不僅可免兌換現金之麻煩，而且亦可保護交易之安全。例如：

---

❻ 張東亮，《商事法論》，東海大學商法叢書，1984 年 4 月初版，p. 215。

❼ 債權讓與〔英：assignment of claims；日：債権譲渡（さいけんじょうど）；德：Übertragung (Abtretung) der Forderung；法：transport ou cession de créance〕者，乃指以移轉債權為標的之契約也。民法第二九七條第一項規定：「債權之讓與，非經讓與人或受讓人通知債務人，對於債務人不生效力。但法律另有規定者，不在此限。」法律另有規定者，例如票據法規定，記名票據依背書而轉讓，無記名票據依交付而轉讓，均無須通知債務人。

❽ 鄭洋一，《票據法之理論與實務》，自行出版，總經銷三民書局，文太印刷有限公司印刷，1993 年 1 月修正 18 版，p. 3。

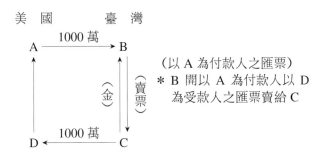

美國商人 A 向臺灣商人 B 購貨一千萬元，而剛好臺灣商人 C，亦向美國商人 D 購貨一千萬元。A、D 同在美國，而 B、C 則同在臺灣。如由 A 自美國輸送現金一千萬元給臺灣之 B，而由 C 自臺灣輸送現金一千萬元給美國之 D，則彼此之間，不僅徒勞往返，而且費時費力，如設法使彼此之間之債權債務能相互抵銷，則可避免上述之種種困難，而抵銷之道，即以匯票為之給付是也。例如在臺灣之 B，即可對在美國之 A 發出金額一千萬元之匯票一紙（以 A 為付款人，以 D 為受款人或不記載），並將匯票賣給在臺灣之 C，而收取一千萬元之金額。在臺灣之 C 再將該匯票郵寄給在美國之 D，在美國之 D 即可憑票向在美國之 A 索取一千萬元之代價矣！如此四人交易之結果，藉由票據抵銷彼此間之債務，可免受兌換現金之麻煩，可謂手續便利而且交易安全❾。

不過，我國因實施外匯管理制度，凡欲匯款往外國，必須向政府所指定之銀行申請「結匯」❿，而外國匯款到我國亦須透過結匯以換取現金，因此在實施匯兌管制之國家，所謂票據之國際間債務抵銷之效用，並不十分顯著。

---

❾　王啟亮，《中國商事法論》，國立成功大學管理學院叢書，1973 年 7 月 4 版，p. 328。

❿　結匯 (foreign exchange settlement or settlement of exchange)，在實施匯兌管制的國家，出口商所獲得之外匯須全部或部分售與政府或政府所委託之銀行（如兆豐國際商業銀行）；進口商所需的外匯亦須向政府或其委託銀行申購，這種手續稱之為「結匯」。

第二款　票據法之法理

如前所述，票據具有四大經濟效用，即：1.匯兌之效用；2.信用之效用；3.支付之效用；4.債務抵銷之效用。由此可知，票據法制定之目的，不外乎助長票據流通，促進國家經濟發達。亦即，票據法最終之目的，旨在促進國家經濟之發達，促進國家經濟發達之手段則為助長票據流通。欲助長票據流通，則須先使人人樂於接受票據。欲使人人樂於接受票據，則須先使票據權利之取得迅速及確實。

為使票據權利取得迅速，其立法之辦法，約有下列幾種：

一、使票據為要式證券，讓當事人易於辨識

例如，就匯票之記載事項，票據法第二十四條規定：「I 匯票應記載左列事項，由發票人簽名：一、表明其為匯票之文字。二、一定之金額。三、付款人之姓名或商號。四、受款人之姓名或商號。五、無條件支付之委託。六、發票地。七、發票年月日。八、付款地。九、到期日。II 未載到期日者，視為見票即付。III 未載付款人者，以發票人為付款人。IV 未載受款人者，以執票人為受款人。V 未載發票地者，以發票人之營業所、住所或居所所在地為發票地。VI 未載付款地者，以付款人之營業所、住所或居所所在地為付款地。」就本票之款式，票據法第一二〇條規定：「I 本票應記載左列事項，由發票人簽名：一、表明其為本票之文字。二、一定之金額。三、受款人之姓名或商號。四、無條件擔任支付。五、發票地。六、發票年、月、日。七、付款地。八、到期日。II 未載到期日者，視為見票即付。III 未載受款人者，以執票人為受款人。IV 未載發票地者，以發票人之營業所、住所或居所所在地為發票地。V 未載付款地者，以發票地為付款地。VI 見票即付，並不記載受款人之本票，其金額須在五百元以上。」就支票應記載之事項，票據法第一二五條規定：「I 支票應記載左列事項，由發票人簽名：一、表明其為支票之文字。二、一定之金額。三、付款人之商號。四、受款人之姓名或商號。五、無條件

支付之委託。六、發票地。七、發票年、月、日。八、付款地。II 未載受款人者，以執票人為受款人。III 未載發票地者，以發票人之營業所、住所或居所為發票地。IV 發票人得以自己或付款人為受款人，並得以自己為付款人。」

二、使票據得自由轉讓，而且讓與時無須通知債務人，以期手續簡便

例如，就匯票之轉讓方式，票據法第三十條第一項規定：「匯票依背書及交付而轉讓。無記名匯票得僅依交付轉讓之。」

為使票據權利取得確實，其立法之辦法，約有下列幾種：

(一)使票據為文義證券，藉以確定票據權利義務之範圍

例如，就票據簽名之責任，票據法第五條規定：「I 在票據上簽名者，依票上所載文義負責。II 二人以上共同簽名時，應連帶負責。」就發票人之責任，票據法第二十九條規定：「I 發票人應照匯票文義擔保承兌及付款，但得依特約免除擔保承兌之責。II 前項特約，應載明於匯票。III 匯票上有免除擔保付款之記載者，其記載無效。」

(二)使票據行使具有獨立性，避免票據關係被其他因素影響

例如，就票據行為之獨立性，票據法第八條規定：「票據上雖有無行為能力人或限制行為能力人之簽名，不影響其他簽名之效力。」就票據之偽造，票據法第十五條規定：「票據之偽造或票據上簽名之偽造，不影響於真正簽名之效力。」

(三)採用善意受讓制度，藉以保護善意受讓人之權益

例如，就非以正當方法取得票據之效果，票據法第十四條規定：「I 以惡意或有重大過失取得票據者，不得享有票據上之權利。II 無對價或以不相當之對價取得票據者，不得享有優於其前手之權利。」

(四)限制票據之抗辯，藉以保護票據受讓人之權益

例如，就票據抗辯權之限制，票據法第十三條規定：「票據債務人不得以自己與發票人或執票之前手間所存抗辯之事由對抗執票人。但執票人取

得票據出於惡意者，不在此限。」

(五)補救票據之喪失，藉以保護票據權利人之利益

例如，就票據喪失之救濟，票據法第十九條規定：「I 票據喪失時，票據權利人，得為公示催告之聲請。II 公示催告程序開始後，其經到期之票據，聲請人得提供擔保，請求票據金額之支付；不能提供擔保時，得請求將票據金額依法提存。其尚未到期之票據，聲請人得提供擔保，請求給與新票據。」

(六)設立參加承兌及參加付款制度，藉以加強執票人權利之保護

例如，就參加承兌之請求，票據法第五十三條規定：「I 執票人於到期日前得行使追索權時，匯票上指定有預備付款人者，得請求其為參加承兌。II 除預備付款人與票據債務人外，不問何人，經執票人同意，得以票據債務人中之一人，為被參加人，而為參加承兌。」就參加付款之制度，票據法第七十七條規定：「參加付款，應於執票人得行使追索權時為之。但至遲不得逾拒絕證書作成期限之末日。」

(七)設立追索權制度，藉以使執票人獲得最後保障

例如，就追索權之行使，票據法第八十五條規定：「I 匯票到期不獲付款時，執票人於行使或保全匯票上權利之行為後，對於背書人、發票人及匯票上其他債務人得行使追索權。II 有左列情形之一者，雖在到期日前，執票人亦得行使前項權利：一、匯票不獲承兌時。二、付款人或承兌人死亡、逃避或其他原因無從為承兌或付款提示時。三、付款人或承兌人受破產宣告時。」

(八)設立利益償還請求之制度，藉以使執票人獲得最後補救機會

例如，就利益償還請求權，票據法第二十二條第四項規定：「票據上之債權，雖依本法因時效或手續之欠缺而消滅，執票人對於發票人或承兌人，於其所受利益之限度，得請求償還。」

第三節　票據法之法系及其統一

第一款　票據法之法系

自 1930 年「統一票據法」(Uniform Law on Bills of Exchange and Promissory Notes, 1930) 及 1931 年「統一支票法」(Uniform Law on Cheques, 1931) 制定之後，各國票據法大多根據此等國際規則而加以修正，因此目前欲求純正之法系，已經甚為困難。而在 1930 年「統一票據法」及 1931 年「統一支票法」制定之前，世界各國之票據法，大略可分為法國法系、德國法系及英國法系。茲簡單說明如下：

一、法國法系

法國之票據法，以 Savery 於 1673 年所編纂之「商事條例」(Ordonnance Sur Le Commerce) 為基礎，此乃近代票據成文法之開始。其後拿破崙所編纂之「商法法典」(Code de Commerce) 中，亦有關於票據之規定，惟其內容僅匯票及本票而已。其後，又於 1865 年另行制定支票，作為有關支票之規範法規。亦即，在法國商法上，所謂票據，僅匯票及本票二種。法國法系之特點為，法規內容多沿舊習，認為票據僅為現金輸送之工具，對於現金支付之作用，規定較詳，而對於其他作用，則較為簡略。而且，法國法系之立法大多規定，票據關係與原因關係不得分離，票據具有強烈之要因性質，與我國現行民法有何規定代票據屬於無因證券之性質不同，因此流通較難，較不符合現代「助長票據流通，促進經濟發達」之需要。

屬於法國法系之國家計有：義大利、土耳其、希臘、波蘭、荷蘭、比利時、西班牙、葡萄牙、及拉丁美洲諸國。

二、德國法系

德國自 17 世紀以來，國內各邦多訂有票據法規，其中內容頗有牴觸，

適用時較為困難。因此 1846 年「關稅同盟」開會時，乃有票據法統一立法之倡議，嗣後遂於 1847 年根據普魯士邦法案，制定「普通票據條例」(Allgemeine Deutsche Wechselordung)，為同盟各邦所採用。其後幾經修改，遂成為 1871 年 4 月 16 日公布施行之德意志帝國之法律，惟其規定內容，僅有匯票及本票兩種。對於支票，亦於 1908 年 6 月 12 日另行訂定支票法，加以規範。其後，又於 1933 年 6 月，依據「日內瓦統一票據法」制定新票據法。德國法系立法之特點為，將票據關係與其基礎關係完全分離，而且強烈要求票據之要式性，較能符合助長票據流通，保護交易安全，促進經濟發達之需要。

德國法系國家計有：奧地利、瑞士、瑞典、丹麥、挪威、蘇俄及斯坎的那維亞半島諸國。另外，日本兼採英國法系及德國法系，義大利及葡萄牙兼採德國法系及法國法系，而我國則兼採英國法系、德國法系及日本法系。

三、英國法系

英國為不成文國家，向來多以習慣法、判例法為主。1882 年 Chalmers 所編纂之判例、習慣法、特別法，經國會正式通過而成為票據法 (Bills of Exchange Act)，並於同年頒布施行。該法規定，票據有匯票及本票兩種，而支票係匯票之一種。其後，英國票據法於 1909 年、1914 年、1917 年迭經修正。並於 1957 年另行頒布支票法，以輔助票據法之不足。英國法系之特徵為，內容頗似德國法系，但票據之形式較為簡便自由，例如承認附利息之票據及分期付款之票據。票據之手續亦較緩和實際，例如承認恩惠日之制度。設有因不可抗力不能行使追索權之救濟辦法等。

美國在殖民地時代，大抵沿襲英國法例。獨立建國之後，美國律師公會開始從事法律統一運動，1896 年紐約律師 Crawford 草擬「統一流通證券法」(Uniform Negotiable Instruments Law)，1897 年由康州、紐約州、科羅拉多州、佛羅里達州首先採為其州法，其後美國各州亦相繼從之。1945 年「美國法律協會」(American Law Institute) 與「全國專員會議」(National Conference of Commissioner on Uniform Laws) 合作起草統一商法，1952 年

完成草案，將「統一流通證券法」加以修改而併入「統一商法典」(Uniform Commercial Code)。「統一商法典」中之第三章「商業證券」(Commercial Paper)，其規範對象包括匯票、本票及支票。1953 年 4 月賓州率先立法承認，其後各州亦相繼立法採行，至 1965 年時，除路易斯安那州以外，全美各州均已採行美國「統一商法典」。

採行英美法系之國家，除英國、美國外，尚有加拿大、印度及英屬殖民地等國❶❶。

第二款　票據法之統一趨勢

票據之使用不限於一國之內，於國際間，票據亦為國際貿易等商業行為不可或缺之工具，若各國票據法規定不同，勢將阻礙國際貿易之發展。有鑑於此，自 19 世紀以來，乃有票據法統一運動之發生，茲簡單說明如下：

一、票據法統一運動之提倡

1869 年義大利之商業會議，首倡票據法統一運動。1872 年德意志之法律學會，議決編纂「歐洲統一票據法」。1876 年國際法律修正會擬定柏里門 (Bremen) 規則，其後經修正後稱為布達佩斯 (Budapest) 規則。1885 年比利時政府在安特衛普 (Antwerp) 召集國際商法會議，議決票據法案五十七條，1888 年比利時政府復於布魯塞爾召開國際商法會議，議決票據法案六十八條。

---

❶❶　鄭乃仁，《票據之理論與應用》，自行出版，文祥印刷有限公司印刷，1976 年 10 月初版，p. 7。
　　黃棟培，《票據法新論》，自行出版，總經銷三民書局，志華印刷有限公司印刷，1970 年 7 月初版，p. 12。
　　鍾兆民，《票據法論》，正中書局印行，1986 年 1 月臺初版，p. 4。
　　林咏榮，《商事法新詮（下）》，五南圖書出版公司發行，1989 年 4 月再版，pp. 25～27。

二、海牙會議

㈠第一次海牙會議

1910 年因德、義兩國之提議，荷蘭政府於海牙召開國際票據法統一會議，此乃第一次之海牙會議，參加國計有三十一國，擬定統一票據法草案八十八條，及票據統一有關條約草案二十六條。

㈡第二次海牙會議

1912 年荷蘭政府第二度召開票據法統一會議於海牙，有三十七國參加，我國亦派有代表赴會。在此次會議中，完成下列各項：

1. 擬定「票據法（匯票及本票）統一規則」，計八十條，大多自第一次會議草案修正而來。

2. 擬定「票據法統一公約」，計三十一條。

3. 擬定「支票法統一規則草案」，計三十四條。

自「票據法（匯票及本票）統一規則」制定之後，除英、美兩國聲明保留加入，及日本代表未簽署外，其他各國多已簽署，並承認「票據法（匯票及本票）統一規則」，惟各國政府尚未來得及批准，因第一次世界大戰之爆發，票據法之世界統一大業乃告中斷。

三、日內瓦會議

㈠第一次會議

第一次世界大戰以後，1920 年於布魯塞爾召開「國際財政會議」(The Brussels Financial Conference)，於會議中重提票據法統一事宜，並決定將此任務交由「國際聯盟經濟委員會」辦理。其後，為研究票據法統一問題，1926 年「國際聯盟經濟委員會」設置「票據專家委員會」，翌年又設置「法律專家委員會」，負責起草統一票據法及公約草案。

1930 年，國際聯盟理事會於日內瓦召開「國際票據法統一會議」，此乃第一次日內瓦會議，參加國計有三十餘國，我國並未派員參加。在此會議中，完成下列事項：

1.議定「統一票據法」(Uniform Law on Bills of Exchange and Promissory Notes, 1930)，計七十八條。

2.決議「匯票、本票統一公約」及第一附屬書、第二附屬書。第一附屬書即「新票據統一規則」，計七十八條；第二附屬書乃有關保留事項之規定，大體上係改良前述海牙「票據法（匯票及本票）統一規則」而來。簽署國計二十二國。

3.決議「解決匯票本票法律牴觸事項公約」。簽署國計二十二國。

4.決議「匯票本票印花稅公約」。簽署國計二十三國。

(二)第二次會議

1931 年復於日內瓦召開第二次國際票據法統一會議，討論支票統一問題。在此會議中，完成下列事項：

1.議定「統一支票法」(Uniform Law on Cheques, 1931) 及第一附屬書、第二附屬書。第一附屬書即「支票統一規則」，計五十七條。第二附屬書係有關保留事項之規定。

2.議定「解決支票法律牴觸事項公約」。

3.議定「支票印花稅法公約」。

兩次日內瓦公約，我國均未派員參加，亦為簽署。英美兩國雖然派員參加，但英國除對兩項印花稅公約，於事後加入外，對於其餘公約均未簽署，而美國亦僅以國際聯盟外之國家之資格列席而已。

自日內瓦會議之後，大陸法系之國家，大多參照日內瓦會議所通過之公約，將其國內票據法加以修訂。例如 1933 年德國修訂其票據法及支票法，1934 年日本修訂其手形法及小切手法，1935 年法國修訂其商事法中有關匯票及本票之規定，並另行修訂支票法，1936 年瑞士修訂其債務法中有關匯票及支票之規定。至此，大陸法系中，前述德國法系與法國法系之對立，乃告消滅，而融合為統一法系矣！而美國雖屬英國法系，但獨立建國後，亦另行發展，漸脫英國法系之拘絆，獨自形成自己之體系，固不得再稱美國為英國法系，而應與英國法系並稱英美法系。易言之，自日內瓦會議之後，世界原本之三大法系，德國法系、法國法系、英國法系，已變更為統一法系及英美法系矣！

四、聯合國之國際票據法統一會議

　　第二次世界大戰後，票據法統一問題，乃舊話重提。為推行「使用國際特別票據規則」，1973 年「聯合國國際貿易法委員會」(United Nations Commission on International Trade Law) 設置「國際票據法工作小組」，以 Mr. Moshen Chafik 為主席，以 Mr. Roberto Lins Mantilla-Molina 為秘書，擬定「國際票據法統一草案」(Draft Uniform Law on International Bill of Exchange and International Promissory Notes)，並分發予各國參考。

五、國際商會理事會之決議

　　為減少各國銀行實務之分歧及避免銀行術語之不同，1956 年國際商會理事會草擬「商業票據代收統一規則」(Uniform Rules for the Collection of Commercial Paper)，分送各國，以為參考。其後，1967 年 5 月 14 日國際商會理事會又將前述之「商業票據代收統一規則」加以修正，並將此修正本分送各國銀行，並建議各銀行於 1968 年 1 月 1 日起共同實施。此修正後之統一規則，雖無國際公法之強制效力，但各國銀行多樂於遵行，各國法院亦樂於依此作為判決之根據，承認其為習慣法❶❷。

第四節　我國票據法之沿革

　　臺灣之票據法，係沿國民政府於中國大陸時期之票據法而來。因此欲討論臺灣票據法之沿革，必先探討中國大陸時期之立法經過始可。簡單說明如下：

一、清末之立法

　　中國唐朝時之飛錢、宋朝時之交子，類似今日之匯票、本票，而唐朝時之帖子，則類似今日之支票，但直至大清末期，中國並無類似今日票據

---

❶❷　鄭玉波，《票據法》，三民書局印行，1991 年 8 月第 4 刷，p. 15。

法之成文規定。清光緒 33 年 7 月，憲政編查館延聘日本法學者志田鉀太郎起草票據法，此為第一次草案，但未及實施，清已覆亡。

二、1929 年之票據法

　　民國成立後，北京政府之法律編查會及修訂法律館，曾先後為第二次至第六次草案，惟均未公布實施。國民政府奠都南京後，於 1928 年 8 月由「工商部工商法規委員會」起草「票據法立法原則」計十九條，呈經中央政治會議通過，立法院商法委員會乃依據該項原則，並參考前此票據法之各種草案，及德、日、英、美各國之立法例，於 1929 年 9 月 28 日經立法院第 51 次會議通過，並經國民政府於 1929 年 10 月 31 日公布實施，此乃臺灣現行票據法之最初版本也。此最初版本之票據法，計分五章，共一三九條，內容尚稱完整，其後又於 1930 年 7 月 1 日公布「票據法施行法」，計二十條，至此中國票據法之體系，始告完整矣！其後，因社會情狀不斷變遷，前述第一版之票據法，乃不得不亦步亦趨，不斷修正，茲將其重大之修訂，簡單說明如下。

三、1960 年版之票據法

　　1960 年 3 月 22 日，立法院就票據法及票據法施行法加以修正，修正後之票據法增為一四五條，而票據法施行法則減為十二條，均於 1960 年 3 月 31 日公布施行。此次修正，增列條文六條，修正二十幾條，其重要修正內容，有如下述：

　　㈠增列各種票據之定義。

　　㈡規定支票僅限於見票即付。

　　㈢本票執票人於到期日為付款提示時，應即付款（舊§128）。

　　㈣本票執票人行使追索權時，得聲請法院裁定強制執行，藉以增強本票之信用（舊§123）。

　　㈤增列自由刑之處罰。亦即，發票人發行空頭支票時，處一年以下有期徒刑、拘役或科或併科支票面額以下之罰金（舊§142）。

　　㈥排除連續犯之適用。亦即，排除刑法第五十六條連續犯之適用

（舊§142）。

四、1973 年版之票據法

1973 年 5 月 28 日，總統以臺統㈠義字第 2380 號令，修正公布第六條、第八條、第十一條、第十三條、第十四條、第十六條、第十八條、第十九條、第二十二條、第二十三條、第二十五條、第二十九條、第三十條至第三十四條、第三十七條、第四十一條、第四十六條、第四十七條、第四十九條、第六十四條、第六十五條、第六十七條、第七十一條、第七十三條、第七十六條、第八十五條、第八十七條、第九十九條至第一○一條、第一一一條、第一一四條、第一一六條、第一二○條、第一二四條、第一二五條、第一二八條、第一三○條、第一三一條、第一三五條、第一三八條、第一三九條、第一四一條、第一四四條、第一四五條，並增訂第一四六條條文，刊登於總統府公報第 2578 號。本次之重大修正如下：

㈠增訂空白授權記載之規定（舊§11）

因應我國經濟之繁榮，工商業交易之需要，乃增訂發票人得簽發未完成之票據，將部分應記載事項，交由他人依事先之合意補充記載。

㈡分期付款票據之准許（舊§65、§124）

在此之前，分期付款之匯票、本票無效，對於當事人甚為不便。為適應工商發展之需要，乃仿英美立法例，准許分期付款之匯票及本票。

㈢增訂遠期支票之措置（舊§128 II）

支票原本僅限於見票即付款，無所謂遠期或不遠期，但因票據法第一四一條對於不兌現之支票，設有處罰之規定，因此一般債權人多樂於接受遠期支票，因此乃修正為，支票在票載發票日前，執票人不得為付款之提示。

㈣修正空頭支票處罰之規定（舊§141）

在此之前，票據法第一四一條係就發票行為加以處罰，無論發票人於發票後有無補入存款，均非所論，對於發票人未免過苛。因此修正為，僅對於不能兌現之結果予以處罰，並於該條增訂第四項規定，若於辯論終結前，清償支票金額之一部或全部者，減輕或免除其刑。

五、1977 年版之票據法

1977 年 7 月 23 日，總統以臺統㈠義字第 2375 號令，修正公布第四條、第一二七條、第一三九條及第一四一條條文，並刊登於總統府公報第 3229 號。本次修訂，其重要內容如下：

㈠增列農會得為支票付款人，但以該農會係經財政部核准辦理支票存款業務者為限。

㈡將第一四一條第一項、第二項規定之有期徒刑，自二年改為三年，並刪除同條第四項關於清償票款減免其刑之規定。

六、1986 年版之票據法

1986 年 6 月 29 日，總統以華總㈠義字第 3400 號令，修正公布第四條、第一二七條及第一三九條，並增訂第一四四條之一條文，並刊登於總統府公報第 4629 號。本次修訂，其重要內容如下：

㈠增訂支票及金融業者之定義（§4）。

㈡增訂支票劃兩條平行線之規定（§139）。

㈢增訂付款人以金融業者為限之規定（§127）。

㈣增訂票據連續犯（§141）、空頭支票刑罰之規定（§142），其施行期限至 1986 年 12 月 31 日屆滿之規定。亦即，自 1987 年 1 月起簽發空頭支票，除非構成詐欺罪，否則不適用刑罰制裁。

㈤增訂發票人於辯論終結前清償支票金額之一部或全部者，減輕或免除其刑（§144 之 1）。

七、1987 年版之票據法

1987 年 6 月 29 日，總統以華總㈠義字第 232304 號令，刪除第一四四條之一條文，並且刊登於總統府公報第 4787 號。1987 年 6 月 29 日財政部以臺財融字第 760817570 號公告、法務部以法檢字第 7423 號公告第一四一條、第一四二條之施行期限，已於 1986 年 12 月 31 日屆滿，當然廢止。

第二章

總　　論

第一節　票據之概念

第一款　票據之意義

票據，顧名思義，乃指充作憑據之票子也 (a note for evidence)，在法律上有廣狹二義。

廣義之票據，乃指一切商業上憑證之總稱也。舉凡商業上之憑證，如鈔票、發票、提單、保單、倉單等皆屬之。

狹義之票據，乃指由當事人（發票人）記載一定之時日與地點，簽名於其上，約定由自己或委託他人（付款人）無條件支付一定金額與受款人或執票人之有價證券也❶。

一般票據法所稱之票據，係指狹義之票據而言。因此種狹義之票據，得以輾轉流通，故美國法上將之稱為「流通證券」，美國之票據法，即稱為「流通證券法」(Negotiable Instruments Law)。

各國票據法之票據，多僅限於狹義之票據，惟因各國經濟發展背景之不同，各國票據法對於票據之意義及其種類，各有不同之規定，例如英美法系國家之票據法（如英國票據法第七十條、美國流通證券法第一八五條）多規定票據僅匯票、本票兩種，而支票則包括於匯票之中，亦即在英美法系的票據法中，所謂票據包括匯票、本票、支票三種。反之，大陸法系國家之票據法（例如日本、德國之票據法），則認為票據只包括匯票、本票兩種，而支票則被視為另外一種有價證券。我國票據法採英美法系之立法例，統稱匯票、本票、支票三種為票據（§1）。

就我國票據法規定之內容，吾人似可將我國票據法上之票據，定義如下：

票據〔英：bill, bill and note, negotiable instruments；日：手形（てがた）；德：Wechsel；法：billet, lettre de change et billet à ordre〕者，乃指由發票人

---

❶　黃棟培，《票據法新論》，自行出版，總經銷三民書局，志華印刷有限公司印刷，1970 年 7 月初版，p. 1。

簽名於票上，約定由自己或委託他人，以無條件支付一定金額為目的，依
票據法規定所發行之特種有價證券也❷。約定由自己無條件為一定金額之
支付者，謂之本票；委託他人無條件為一定金額之支付者，謂之匯票；委
託銀錢業者（例如銀行、信用合作社或經主管機關即財政部核准辦理支票
存款業務之農會及漁會）無條件為一定金額之支付者，謂之支票。

第二款　票據之要件

票據者，乃指由發票人簽名於票上，約定自己或委託他人以無條件支
付一定金額為目的，依票據法規定所發行之特種有價證券也。依此定義可
知，在我國現行票據法下之票據，應具備下列要件：

一、票據須為依票據法所發行之有價證券

證券〔英: instrument, security；日: 証券（しょうけん）；德: Papier；
法: titre〕者，乃指在社會交易上，以證明某種權利關係為目的或以設定某
種權利關係為目的所作成之文書也。有價證券〔英: valuable instrument；
日: 有価証券（ゆうかしょうけん）；德: Wertpapier〕者，乃指表彰財產
價值於其上且原則上須依其占有方能處分或行使其全部或一部權利之私權
證券也。

票據是一種有價證券，而且因其權利與證券不可分離，不占有證券即
不能主張權利，故票據不但是一種有價證券，而且是一種「完全的有價證
券」(complete valuable instrument)。惟此所謂之票據須為依票據法發行之有
價證券始可，否則若為依其他法律所發行之有價證券，縱為債權證券或金
錢證券（例如依民法發行之指示證券、依公司法發行之公司債券），均非此
所謂之票據也。

---

❷　林咏榮，《商事法新詮（下）》，五南圖書出版公司，1989 年 4 月再版，p. 3。
　　季發祥，《商事法概要》，瑞榮文具印刷公司，1980 年 9 月修訂版，p. 266。

二、票據須為以支付一定金額為標的之有價證券

依票據法之規定，票據乃以一定之金額為給付之標的（§24 II、§120 II、§125 II）。因此，以金錢以外之給付為標的之證券，例如記載給付馬二匹或在來米十公斤之證券，則非票據法上之票據也。

因票據是以支付一定金額為標的（目的）之有價證券，故票據不但是一種債權證券，而且是一種金錢證券。「一定」，乃發票人於票面上確切記載金錢額數之謂也。票據上所載之金額，須屬一定，才能確定票據上債權、債務之範圍，才能使票據達到迅速、確實之效果，才能使人人樂於接受票據，進而才能達到票據法助長票據流通之目的❸。

三、票據須為以無條件支付一定金額為目的之有價證券

票據上應記載付款之約定或委託，例如匯票大多記載「憑票祈於××年××月××日付××先生（或××公司）新臺幣××萬元整。此致××先生（或××公司）。發票人××（蓋印或簽名）」；支票大多記載「憑票即付××先生（或××公司）新臺幣××萬元整。此致××銀行臺照。發票人××（簽名或蓋章）」。惟此等約定或委託必須不附任何條件。「無條件支付」乃使票據成為流通證券所必備之要件也。因流通證券與金錢具有相同之目的及經濟效用，如付款之約定或委託，須繫於某一事故之發生或某一條件之完成，則人人將不敢收受票據，票據之流通性必將受其影響也。

四、票據上之付款時間必須確定

所謂確定，非指數學上之確定 (mathematical certainty)，只要在實際上或商務上具有相當程度之確定性即可。因此，票據之付款時間，得以下列方式為之（§65）：

㈠定日付款

定日付款 (at a fixed date) 者，乃指記載確定日期以為付款日期之謂也。

---

❸ 鄭玉波，《票據法》，三民書局印行，1991 年 8 月第 4 刷，p. 7。

㈡見票即付

見票即付 (at sight, on demand) 者，乃指執票人提示票據，付款人即應付款之謂也。亦即以票據之提示日為到期日之謂也。

㈢發票日後定期付款

發票日後定期付款 (at a fixed period after date) 者，乃指自發票日後以一定期限之屆至為到期日之謂也。

㈣見票後定期付款

見票後定期付款 (at a fixed period after sight) 者，乃指自承兌日或拒絕承兌證書作成日後，以一定期限之屆至為到期日之謂也 (§67)。亦即，在承兌之場合，自承兌日後，以一定期限之屆至為到期日。

五、票據之當事人及其對票據之關係必須明確

因為票據關係乃是一種法律關係,而法律關係乃是一種權利義務關係。權利義務須有其主體，其法律關係始能明白確實。因此，票據之當事人及其對票據之關係必須明確，此乃票據之基本要求也。例如票據關係之當事人中，誰為票據債權人？誰為票據債務人？

如為票據債權人者，其是否為受款人？或為其他之執票人？受款人通常為發票人、付款人以外之第三人，但亦得以發票人或付款人為受款人。其以發票人自己為受款人之匯票，稱為指己匯票；以付款人為受款人之匯票，稱為付受匯票。票據上未有受款人之記載者，以執票人為受款人 (§24 IV)。

如為債務人者，其是否為發票人？背書人？承兌人？保證人？均須究明。債務人在票據上簽名或蓋章後，必須對票據負履行之責任。

第三款　票據之性質

票據雖與通用貨幣（法定貨幣）同樣具有輾轉流通之性質，但票據到底不像通用貨幣那樣具有強制流通之效力。因債務人以通用貨幣清償債務時，債權人不得拒絕，但債務人若以票據清償債務時，則須經債權人之同意，此乃票據與通用貨幣之區別所在。又票據為票據關係成立之前提要件，

易言之，必先有票據之存在，票據之權利義務始得發生。因此，票據與普通權利證書之僅具有證據力者，頗不相同，而有如下之特質：

一、票據為設權證券

設權證券〔日：設権証券（せっけんしょうけん）；德：konstitutives Wertpapier〕者，乃指證券上所表彰權利之發生以作成證券為必要之有價證券也。票據為典型之設權證券，票據上所表彰之權利完全由票據行為而創設。故票據之作成乃在創設一種權利，而非在證明已經存在之權利，故與旨在證明已經存在權利之證權證券不同。

證權證券者，乃指非創設權利而僅能證明權利存在之證券也。海商法上之載貨證券及民法上之倉單、提單（民§615、§625）並非在創設權利，而僅在表彰運送契約或寄託契約所生之物品返還請求權，旨在證明已經存在之權利，故為證權證券。

公司之股票，乃表彰已發生股東權之證券也。與票據之為設權證券大不相同。股東之權利義務關係確定之後，公司才將股票發給股東，股東之權利，並非因股票而發生，故股票僅在證明一種已經存在之權利，而非在創設一種權利，故股票應為證權證券❹。

二、票據為文義證券

文義證券〔日：文言証券（もんごんしょうけん）；德：skripturrechtliches Papier〕者，乃指證券上權利義務概依其所載之文義，而決定其效力之證券也。票據法第五條第一項規定：「在票據上簽名者，依票上所載文義負責。」由此可知，票據上之權利義務，乃依票據上所記載之文義而決定其效力，故票據為文義證券，凡在票據上簽名者，則應依票上所載文義負責，不得以票據外之任何理由變更其效力。此等規定，乃旨在保護善意取得者之權利而謀交易之安全也。但記載本法所未規定之事項或以惡意、重大過失取

---

❹ 黃棟培，《票據法新論》，自行出版，總經銷三民書局，志華印刷有限公司印刷，1970年7月初版，p. 4。

得票據者，則不得依票據之文義行使其權利（§12、§14）。

　　海商法第六十條第一項規定:「民法第六百二十七條至第六百三十條關於提單之規定，於載貨證券準用之。」而民法第六二七條規定:「提單填發後，運送人與提單持有人間，關於運送事項，依其提單之記載。」因準用民法第六二七條規定之結果，運送人與載貨證券持有人間，關於運送事項，應依其載貨證券之記載，故載貨證券為文義證券。因為載貨證券為有價證券，需要輾轉流通，法律為保障善意持有人起見，不得不使其為文義證券，使運送人與載貨證券善意持有人間之權利義務，悉依載貨證券之記載（註:此之善意持有人須為 1.善意; 2.託運人以外之第三人，始有載貨證券文義性之適用）。如載貨證券之記載與運送人及託運人間之運送契約縱有不符，運送人與載貨證券持有人間之權利義務關係，仍以載貨證券之記載為準。因此當運送人或船長未受領貨物而簽發載貨證券或載貨證券所記載貨物之種類、數量等與實際所受領者不符時，運送人或船長仍依其所簽發載貨證券之記載負履行之債務; 如履行不能，則應負債務不履行 (default) 之賠償責任。海商法第五十五條規定:「I 託運人對於交運貨物之名稱、數量，或其包裝之種類、個數及標誌之通知，應向運送人保證其正確無訛，其因通知不正確所發生或所致之一切毀損、滅失及費用，由託運人負賠償責任。II 運送人不得以前項託運人應負賠償責任之事由，對抗託運人以外之載貨證券持有人。」

三、票據為債權證券

　　有價證券依其表彰權利之不同，分為債權證券、物權證券及社員權證券（團體證券）三種。物權證券〔日: 物権証券（ぶっけんしょうけん）; 德: Traditionspapier〕者，亦稱為物權的有價證券，乃指證券與物權化為一體之有價證券也。物權證券之轉讓交付視同記載於證券上物品之轉讓交付。債權證券〔日: 債権証券（さいけんしょうけん）; 德: obligationsrechtliches Wertpapier〕者，乃指表彰債權之有價證券也。社員權證券〔日: 社員権証券（しゃいんけんしょうけん）; 德: Mitgliedschaftspapier〕者，亦稱團體

證券，乃指表彰某團體之成員、社員之地位，亦即表彰社員權之有價證券也。

載貨證券與民法上之提單同，不僅為債權證券可據以決定運送上之權義關係，且為物權證券，依海商法第六十條準用民法第六二九條關於提單規定之結果，交付載貨證券於有受領貨物權利之人時，其交付就貨物所有權移轉之關係，與貨物之交付有同一之效力。易言之，載貨證券之轉讓交付視同記載於載貨證券上物品之轉讓交付，故載貨證券與提單均為物權證券。

公司之股票，股東持有股票，雖得享有股東權，但股東權在法律上之性質既非物權亦非債權，而係一種特殊之權利。股票僅為表彰股東之社員權（股東權）之有價證券，故為社員權證券。

至於票據，票據債權人持有票據，得就票據上所載一定之金額向特定之票據債務人行使其請求權，故票據為債權證券。但嚴格言之，票據須經過承兌後始能稱為純粹之債權證券。承兌〔英：acceptance；日：手形引受け（てがたひきうけ）；德：Annahme, Akzept；法：acceptation〕者，乃指匯票之付款人承諾其付款之委託，負擔票面金額支付之義務，將其意思表示於票上所為之附屬票據行為也。匯票未經承兌，付款人尚未承諾負擔票面金額支付之債務，付款人尚非債務人，而執票人亦尚未取得票載金額之給付請求權，此時該票據僅有表彰一定金額受領權之性質，尚不得謂為債權證券，故日本學者往往將之稱為「以期待票款支付為標的之一種期待權」❺。

四、票據為無因證券

要因證券 (causative instrument) 者，又稱有因證券，乃指其發行與其原因關係互有牽連之證券也。無因證券 (abstract instrument) 者，又稱不要因證券，乃指主張證券上應享有之權利得不明示其原因所在之證券也。

票據只要具備法定要件，其權利即告成立，至於該票據行為之原因如何發生，執票人如何取得票據，皆可不問也。例如，因賭博所生之債權而發行票據，賭博為不法行為，本於賭博所生之債權在法律上本為無效，但

---

❺　例如：田中誠二，《手形法、小切手法》，p. 44。

該票據一旦流入善意第三人之手，付款人（匯票之場合，則為承兌人）即不能以其原因行為不法而拒絕支付，故票據為無因證券，其目的乃在避免調查之麻煩而使授受者安心流通也。

載貨證券所記載者，係運送契約之權利義務，故其與運送契約（即其原因）具有密切關係，亦即載貨證券上之權利義務，並非因載貨證券之發行而發生，載貨證券上權利義務之存在，以運送契約之締結為前提。必先有運送契約之締結，載貨證券上所記載之權利義務始有所附麗。因此，載貨證券之發行，顯然與運送契約之締結（原因關係）互有牽連，故載貨證券為要因證券。載貨證券之要因性，多反映於運送人與託運人之債權關係上。運送人與託運人本為運送契約之當事人，運送人與託運人之債權關係自應以運送契約為準，易言之，在運送人與託運人間，載貨證券不過是貨物收受之收據以及運送契約之證明文件而已，對於運送人與託運人雙方並無絕對之拘束力。因此，當載貨證券上記載三千包木炭而實際上僅裝載三百包時，託運人不得向運送人請求三千包木炭之交付，惟實際上僅裝載三百包之舉證責任應由運送人負擔之❻。

五、票據為提示證券

提示證券〔日：呈示証券（ていじしょうけん）；德：Präsentationspapier〕者，乃指以證券之提示為債權人向債務人請求履行債務要件之證券也。易言之，提示證券者，乃證券債權人請求債務人履行證券上之義務時，必須向債務人提示其證券始得請求給付之謂也。

票據法第六十九條第一項、第二項規定：「I 執票人應於到期日或其後二日內為付款之提示。II 匯票上載有擔當付款人者，其付款之提示，應向擔當付款人為之。」擔當付款人，為付款人之付款代理人，付款之提示，以向付款人為之為原則，如付款人指定有代理人代辦付款事宜，則向該代理人為付款之提示亦同。由此可知，票據為提示證券，票據之執票人欲行使其票據上之權利，依法必須提示其票據於債務人，如執票人不提示票據，

❻　載貨證券之文義性，則存在於運送人與載貨證券善意持有人之間。

債務人仍不因其到期不履行而負遲延責任。票據法所以如此規定者，乃因票據權利係依票據文義而表彰，若不提示證券，則票據債務人無從知悉票據權利之內容而無法準備清償也。

載貨證券之場合，因載貨證券之持有人欲行使載貨證券之權利，必須提示其持有之載貨證券。載貨證券有數份者，在貨物目的港請求交付貨物之人，縱其僅持有載貨證券之一份，運送人或船長仍不得拒絕交付；不在貨物目的港時，運送人或船長非接受載貨證券之全數，不得為貨物之交付（海§58 I），因此，載貨證券之持有人必先提示其證券，始可請求貨物之交付，故載貨證券為提示證券❼。

六、票據為繳回證券

繳回證券〔日：受戾証券（うけもどししょうけん）；德：Einlösungspapier〕者，又稱返還證券，乃指證券債權人受領給付之時，須將證券交還於債務人之有價證券也。繳回證券為有價證券之一般特性。

票據法第七十四條第一項規定：「付款人付款時，得要求執票人記載收訖字樣，簽名為證，並交出匯票。」由此規定可知，票據債權人受領給付之時，須將票據交給票據債務人，故票據為繳回證券。因票據上權利與票據有不可分離之關係，票據債權人若不返還票據，則票據債務人對於善意之第三人將有再度付款之虞。此點與一般債權不同，在一般債權，債權人雖未繳回證書，而能給予收據或依其他方法證明債務已經履行，即可使債之關係歸於消滅❽。

海商法第六十條準用民法第六三〇條規定之結果，受貨人請求交付貨物時，應將載貨證券交還，運送人或船長始負交付貨物之義務，故載貨證券為繳回證券。受貨人必須為載貨證券之持有人，在禁止背書之載貨證券，

---

❼ 黃川口，《票據法要論》，自行出版，宜達電腦排版有限公司，1991 年 4 月修訂 3 版，p. 6。

❽ 王德槐，《票據法要論》，自行出版，裕台公司中華印刷廠，1987 年 7 月 3 版，p. 22。

持有人應為載貨證券所載之特定受貨人，在以背書轉讓之載貨證券（亦即記名式 B/L），持有人應為其最後之被背書人，在無記名之載貨證券，持有人應為善意占有人。載貨證券有數份者，在貨物目的港請求交付貨物之人縱僅持有載貨證券一份，運送人或船長不得拒絕交付（海§58 I），貨物交付後，其他之載貨證券失其效力（海§59 I）。不在貨物目的港時，運送人或船長非接受載貨證券之全數，不得為貨物之交付（海§58 II）。若運送人於貨物目的港交付貨物後，未收回載貨證券或於非貨物目的港交付貨物後，未收回載貨證券之全數者，運送人對於載貨證券之持有人仍負交付貨物之責。

七、票據為金錢證券

金錢證券〔日：金銭証券（きんせんしょうけん）；德：Geldpapier〕者，乃指以金錢給付為權利內容之有價證券也。物品證券〔日：物品証券（ぶっぴんしょうけん）；德：Warenpapier〕者，乃指以物品給付為權利內容之有價證券也。

票據法所稱之票據，均以支付一定金額為目的，故票據為金錢證券。因此以金錢以外之給付為目的者，例如記載給付在來米十公斤或母豬兩頭，則非票據法上之票據也。反之，載貨證券（提單、倉單亦是）則以交付一定之物品為目的，顯然係以物品給付為權利之內容，故載貨證券為物品證券。

八、票據為有價證券

有價證券〔英：valuable instrument；日：有価証券（ゆうかしょうけん）；德：Wertpapier；法：titre, valeurs〕者，乃指表彰財產權價值於其上，原則上須依其占有方能處分或行使其全部或一部權利之私權證券也。依其性質又可分為：

㈠完全的有價證券

完全的有價證券 (complete, perfect valuable instrument) 者，乃指證券與權利不可分離，不占有證券即不能主張權利之有價證券也。例如鈔票、票據等即是。

35

㈡不完全有價證券

不完全有價證券 (imcomplete, imperfect valuable instrument) 者，乃指原則上以證券之占有為權利移轉或行使之要件，但雖離開證券仍可依其他方法主張權利之有價證券也。例如股票、提單等即是。

票據為表彰一定金額給付之證券，其權利之行使，以票據之占有為必要，若不占有票據，執票人即無由行使票據債權，故票據為完全的有價證券❾。

載貨證券所表彰者為運送物之所有權，故為表彰財產權價值之私權證券。又載貨證券上權利之移轉必須移轉載貨證券，亦即其權利之處分或行使必須占有證券，故載貨證券為有價證券。但載貨證券上權利之處分或行使，雖以證券之占有為要件，但雖離開載貨證券之占有後，仍可依其他方法主張載貨證券上貨物之權利，故載貨證券為不完全有價證券。

九、票據為要式證券

要式證券〔英：formal instrument；日：要式証券（ようしきしょうけん）；德：formelles Papier〕者，乃指其作成必須具備法定之形式，始能發生效力之證券也。

票據上應記載之事項，我國票據法對於匯票以第二十四條規定之；對於本票以第一二〇條規定之；對於支票則以第一二五條規定之。為維護票據之信用及交易之安全，票據法明文規定，票據之作成須依法定方式為之，始生票據之效力（§24、§120、§125），故票據為要式證券。票據上應記載之事項若有欠缺，除別有規定外，該票據即為無效（§11）。

依海商法第五十四條第一項之規定，載貨證券必須載明船舶名稱及國籍、託運人之姓名或名稱等一定之事項，並由運送人或船長簽名，亦即載貨

---

❾　張國鍵，《商事法論》，三民書局印行，1978 年 7 月修訂 18 版，p. 4。
　　梁宇賢，《商事法要論》，三民書局印行，1991 年 8 月 4 刷，p. 292。
　　王啟亮，《中國商事法論》，國立成功大學管理學院叢書，1981 年 9 月 8 版，p. 329。

證券之作成必須具備法定之形式，始能發生效力，故載貨證券為要式證券。

十、票據為流通證券

流通證券〔英：negotiable instrument；日：流通証券（りゅうつうしょうけん）；德：Umlaufspapier, Zirkulationspapier〕者，乃指證券上之權利得依背書或交付之方法而自由轉讓之有價證券也。

依票據法之規定（§30、§32），除了發票人有禁止轉讓之記載外，票據得依背書或交付之方式自由轉讓之，故票據為流通證券。票據權利之轉讓，不適用民法第二九七條「債權之讓與，非經讓與人或受讓人通知債務人，對於債務人不生效力」之規定；對於轉讓之結果，亦不適用民法第二九九條「債務人於受通知時，所得對抗讓與人之事由，皆得以之對抗受讓人」之規定。票據得由執票人任意轉讓，這種「認票不認人」之作用，實有助於票據之流通及交易之安全也。

依海商法第六十條準用民法第六二八條之結果，當載貨證券為記名式（full endorsement, special endorsement，證券上記載特定權利人之姓名者稱為記名式）時，除有禁止轉讓之記載外，得依背書及交付之方式自由轉讓（須「背書」及「交付」兩個動作）；當載貨證券為無記名式（blank endorsement，證券上未記載特定權利人之姓名者稱為無記名式）時，得僅依交付之方式而為轉讓，故載貨證券為流通證券。

第四款　票據之種類

票據者，乃指由發票人簽名於票上，約定由自己或委託他人，以無條件支付一定金額為目的，依票據法規定所發行之特種有價證券也。票據之分類，各國立法例，殊不一致，英美法系國家的票據法，例如英國票據法、美國流通證券法，規定票據僅有匯票、本票兩種，而支票則包括於匯票之中，亦即在英美法系國家之票據法中，所謂票據，包括匯票、本票、支票三種。反之，大陸法系國家之票據法，則認為票據只包括匯票、本票兩種，而支票則被視為另外一種有價證券，另外制定法律以規範之。例如在日本

之票據法〔手形法（てがたほう）〕中，所謂票據，僅指匯票〔為替手形（かわせてがた）〕及本票〔約束手形（やくそくてがた）〕兩種，對於支票則另外制定支票法〔小切手法（こぎってほう）〕以規範之。

若依法律之形式而言，匯票與支票均為以委託他人，以支付一定金額為目的之有價證券，由此立場觀之，極為類似。英美法系之票據法採合併主義，將支票包括於匯票之中，似乎較為合理。若依經濟之功能而言，匯票、本票之功能，旨在其信用證券性，而支票之功能，則旨在其支付證券性，可謂極其不同。由此立場觀之，大陸法系的票據法採分離主義，將支票剔除於一般票據之外而另以支票法規範之，似乎較為合理。

我國票據法認為支票與匯票相同之處甚多，匯票中除承兌、參加承兌及複本等規定，其性質不同於支票之外，支票中有關背書、付款、償還請求、拒絕證書及追索權之行使，均可準用匯票之規定，加以我國向來習慣上多將支票視為票據之一種，乃仿英美兩國立法例，統稱匯票、本票、支票三種為票據，並為求簡明易曉，分別各以條文說明其定義。

我國票據法第一條規定：「本法所稱票據，為匯票、本票及支票。」由此規定，吾人可知，我國票據法上之票據可分為下列三種：

一、匯 票

票據法第二條規定：「稱匯票者，謂發票人簽發一定之金額，委託付款人於指定之到期日，無條件支付與受款人或執票人之票據。」由此規定，吾人可知，匯票〔英：bill of exchange；日：為替手形（かわせてがた）；德：gezogener Wechsel；法：lettre de change〕者，乃指發票人簽發一定之金額，委託付款人於指定之到期日，無條件支付與受款人或執票人之票據也。

匯票之樣式：參本書之附件。

二、本 票

票據法第三條規定：「稱本票者，謂發票人簽發一定之金額，於指定之到期日，由自己無條件支付與受款人或執票人之票據。」依此規定，吾人可

知，本票〔英：promissory note；日：約束手形（やくそくてがた）；德：eigener Wechsel, Eigenwechsel；法：billet à ordre〕者，乃指發票人簽發一定之金額，於指定之到期日，由自己無條件支付與受款人或執票人之票據也。

本票之樣式：參照本書之附件。

三、支　票

票據法第四條規定：「I 稱支票者，謂發票人簽發一定之金額，委託金融業者於見票時，無條件支付與受款人或執票人之票據。II 前項所稱金融業者，係指經財政部核准辦理支票存款業務之銀行、信用合作社、農會及漁會。」依此規定，吾人可知，支票〔英：cheque, check；日：小切手（こぎって）；法：cheque〕者，乃指發票人簽發一定之金額，委託金融業者（指經財政部核准辦理支票存款業務之銀行、信用合作社、農會及漁會），於見票時無條件支付與受款人或執票人之票據也。

支票之樣式：參照本書之附件。

第二節　票據之法律關係

第一款　票據關係

票據之法律關係，即票據之權利義務關係，可分為票據關係與非票據關係兩種。

票據關係〔英：bill relation；日：手形関係（てがたかんけい）；德：Wechselverhältnis〕者，乃指基於票據行為所發生之法律上債權債務關係也，簡言之，即為票據上權利義務之關係也。因係票據本身所生之法律關係，屬於固有之票據關係，故稱為「票據關係」。凡屬取得票據者，乃為權利之取得，故票據關係從權利方面觀之，可稱為票據上之權利。

票據上之權利與票據法上之權利有別。票據上之權利，乃指票據所表彰之權利也，係票據行為所直接發生之效果，與票據同存，凡不占有票據

者，即不能行使票據權利。易言之，所謂票據上之權利者，乃指對於票據簽名之人，因其票據行為，而依票據應行使之請求權也。反之，票據法上之權利者，乃指因票據法之規定而發生之權利也，並非基於票據行為本身所發生之權利，故屬於非票據關係。

票據行為有發票、背書、承兌、參加承兌、保證五種（容後說明）。

票據法所定票據上權利義務之關係，其重要者如下：

一、對於承兌人之付款請求權

例如票據法第五十二條第一項規定：「付款人於承兌後，應負付款之責。」承兌 (acceptance) 者，乃指匯票之付款人，承認其付款之委託，負擔票面金額支付之義務，將其意思表示於票上所為之附屬票據行為也。承兌之目的，乃在使付款人決定願否負擔匯票付款之義務，付款人如已在匯票上簽名承兌，即成為匯票之主債務人，對於經其承兌之匯票應負付款之責。不得以票款未經發票人給付為對抗之事由。

二、對於背書人、發票人及其他債務人得行使追索權

例如票據法第八十五條第一項規定：「匯票到期不獲付款時，執票人於行使或保全匯票上權利之行為後，對於背書人、發票人及匯票上其他債務人得行使追索權。」行使，指執票人已依規定為付款或承兌提示之行為；保全，指執票人依規定作成拒絕付款或拒絕承兌證書；追索權，乃指當票據不獲付款或不獲承兌，或有其他法定原因時，執票人得向其前手請求償還票據金額、利息及費用之一種票據上權利也。

三、對於參加承兌人及預備付款人之付款請求權

例如，票據法第七十九條第一項規定：「付款人或擔當付款人，不於第六十九條及第七十條所定期限內付款者，有參加承兌人時，執票人應向參加承兌人為付款之提示；無參加承兌人而有預備付款人時，應向預備付款人為付款之提示。」參加承兌 (acceptance for honor) 者，乃指為特定票據債

務人之利益，由第三人加入票據關係以阻止期前追索之一種附屬票據行為也。預備付款人 (referee in case of need) 者，乃指付款人之外，在付款地預備將來參加承兌或參加付款之人也。

四、對於保證人之權利

例如票據法第六十一條規定：「I 保證人與被保證人，負同一責任。II 被保證人之債務，縱為無效，保證人仍負擔其義務。但被保證人之債務，因方式之欠缺，而為無效者，不在此限。」票據法第六十二條又規定：「二人以上為保證時，均應連帶負責。」

五、已履行債務之保證人之追索權

例如票據法第六十四條規定：「保證人清償債務後，得行使執票人對於承兌人、被保證人及其前手之追索權。」

六、參加付款人之權利

參加付款，乃指為特定票據債務人之利益，由付款人或擔當付款人以外之人付款，以阻止追索權行使之謂也。例如票據法第八十四條第一項規定：「參加付款人對於承兌人、被參加付款人及其前手，取得執票人之權利。但不得以背書更為轉讓。」

第二款　非票據關係

一、總　說

非票據關係〔英：non-bill-relation；日：非手形関係（ひてがたかんけい）〕者，亦稱基礎關係，乃指票據關係以外，當事人相互間所存在之權利義務關係也。亦即，非票據本身所生，但與票據有關聯之法律關係也。非票據關係，實際上與票據行為有密切關係，而法律上不將之視為基於票據行為所發生之關係，因不屬於固有之票據關係，故稱之為非票據關係。例

如票據行為之終極目的在於金錢之支付，「為何支付」(Why are payments made)?「如何支付」(How to make payments)? 其行為之背後，常隱存著實質的法律關係，簡稱為票據之實質關係，此等關係，實際上與票據行為有密切關係，但法律上不將之視為基於票據行為發生之法律關係，故為非票據關係❿。

非票據關係可分為下列兩種：

(一)票據法上之非票據關係

票據法上之非票據關係，即在票據法上，與票據行為相牽連，而非票據行為本身所生之法律關係也。茲列舉其重要事例如下：

1.以惡意或重大過失取得票據者，不得享有票據上之權利（§14 I）。惡意，乃明知讓與人無讓與權利（如因詐欺、竊盜而取得）而受讓票據之謂也。重過失〔羅：culpa lata；英：gross negligence；日：重過失（じゅうかしつ）；德：grobe Fahrlässigkeit；法：faute lourde, faute grave〕者，乃指欠缺一般人之注意所犯之過失也。易言之，乃指稍一注意即可知之，而竟怠於注意因而不知之謂也，例如取自稚齡兒童大面額之票據，只要稍一注意，即可知之，而竟怠於注意而不知該兒童並無讓與權利。

2.票據上之債權，雖依票據法因時效或手續之欠缺而消滅，執票人對於發票人或承兌人，於其所受利益之限度，得請求償還（§22 IV）。利益返還請求權雖為票據法上之權利，但非票據上之權利，所以票據法有關時效之規定，於此並不適用。

3.付款人付款時，得要求執票人記載收訖字樣，簽名為證，並交出匯票（§74 I）。

(二)一般法上之非票據關係

一般法上之非票據關係者，乃指不受票據法之拘束，而應依民法之規定解決之法律關係也。因其應依民法之規定解決之，故又稱為「票據之實質關係」或「民法上之非票據關係」。

---

❿　林咏榮，《商事法新詮（下）》，五南圖書出版公司，1989年4月再版，p. 14。

二、利益償還請求權

請參照後述之「票據之利益償還請求權」。

三、票據之實質原因

「票據之實質關係」主要者有下列三種：

㈠票據原因（原因關係）

票據原因者，乃指當事人之間所以授受票據之緣由也。票據原因，乃當事人之間，所以授受票據之基本關係。例如因買賣、借貸、贈與等事由而授受票據，其買賣、借貸、贈與等事由即為票據原因，學者以其為票據行為之原因，故稱之為「原因關係」。

舊時學者認為原因關係是票據行為之要件，但近代學說認為票據係無因證券，票據原因與票據行為各自獨立，已具法定形式要件之票據行為，其實質關係縱有瑕疵，或為無效，票據行為之效力，仍不因此而受影響，此謂之「票據行為之無因性」。故執票人主張權利僅依票據文義，即可請求一定金額之給付，毋庸證明票據授受之原因。票據原因，係民法上之法律關係，與票據行為無關，票據債務人亦不得藉口票據原因之欠缺，而對抗善意之執票人。惟於授受票據之直接當事人間，仍得基於原因關係而為抗辯，例如甲發行本票一紙交與乙，購馬一匹，倘乙未交馬而請求付款時，甲得主張同時履行抗辯。

㈡票據資金

票據資金，亦稱資金關係，乃指匯票、支票之付款人或匯票之承兌人與發票人或其他資金義務人（如委託人）彼此間關於付款資金之民法上關係也。資金義務人，通常固為發票人，但發票人亦有受他人之委託而發行票據者，此種委託票據之資金義務人則係委託人而非發票人。在對己匯票之場合，資金義務人即係委託人而非發票人。對己匯票，亦稱己付匯票，乃發票人以自己為付款人之匯票也。例如，某 A 利用郵局自臺北寄款到高雄，以自己或第三人為受款人，此時該匯票之發票人為臺北郵局，付款人

為高雄郵局，兩地郵局應屬同一人，此種匯票應為對己匯票。而此時發票人臺北郵局乃因受某甲之委託而發行票據，故此等委託票據之資金義務人，乃為委託人某 A，而非發票人臺北郵局。

資金關係，乃委託付款之特殊民事關係，故僅匯票及支票有之。本票乃自付證券，無委託付款之事實，故無資金關係。但為付款之便利，本票之發票人得記載擔當付款人（§124 準用§26 I），因本票之發票人既不限於金融業者，故其付款有時較不方便，因此為了付款之便利，有時亦會指定金融業者（如臺灣銀行）為其擔當付款人，此時發票人則須提供資金給擔當付款人，這種關係，學者稱之為「準資金關係」❶。

匯票之付款人或承兌人、支票之付款人及本票之「擔當付款人」，其所以願為發票人負擔付款之義務者，通常乃基於下列各原因：

1. 發票人曾對付款人或承兌人提供資金者。

2. 發票人與付款人或承兌人預定有信用契約（透支契約）者。

3. 發票人與付款人未訂有信用契約，但付款人因信賴發票人之信用，願代發票人付款者。

4. 付款人對發票人負有債務，同意給付票據金額，藉以清償者。

5. 付款人對發票人未負有債務，但付款人於付款後得向發票人請求補償者。

根據上述，吾人可知，票據資金並不以金錢為限，即使是債權或信用亦無不可。

票據資金雖為發票人與付款人間的基礎關係，但票據是文義證券，票據上之權利義務係依票據記載之文義而定其效力。故近代立法例上，皆不

---

❶ 擔當付款人者，乃指發票人於付款人外，記載一人（發票人未記載者，付款人亦得指定之）代替付款人實際付款之人也（§26 I）。此人雖非票據債務人，但卻能代付款人實際付款，因而匯票上載有此人者，其付款之提示應向此人為之。擔當付款人如拒絕付款，與付款人拒絕付款有同一之效力。

鄭洋一，《票據法之理論與實務》，自行出版，總經銷三民書局，文太印刷有限公司印刷，1993 年 1 月修訂 18 版，p. 17。

認資金關係為票據關係，使之與票據行為絕對隔絕。茲將資金關係與票據關係之分離獨立，在票據法上所產生之效果說明如下：

1.無資金而發行票據者，其票據亦能有效

發票人簽發票據時，縱與付款人間無資金關係存在，其作成之票據仍不因之而失效。但支票之發票人若無資金，則付款人原則上應拒絕付款，使之成為「空頭支票」（§143）。空頭支票者，乃指發票人於付款人處並無可處分之資金，而對之發行之支票也。

2.發票人不得以既供資金於付款人為理由，拒絕執票人或其後手行使追索權

匯票與支票之發票人為票據債務之償還義務人，於付款人拒絕承兌或付款後，應負償還票據債務之責任，發票人不得以曾供資金於付款人或與付款人間存有其他資金關係為理由，對於執票人及其後手拒絕其行使追索權。

3.付款人雖受資金，但無必為承兌之義務

付款人雖受資金，但無必為承兌之義務，反之，付款人既已承兌，縱未受領資金亦不得以之為藉口，而推卸其票據之責任。

4.資金關係屬於民法債編之範疇

付款人受領資金而未為票據之付款時，對於發票人應負何種責任？付款人未受領資金而為票據之付款時，對發票人或其他資金義務人得如何請求補償？此乃屬於民法債編之範疇（委任、無因管理或保證等），與票據關係無涉❷。

資金關係雖非票據關係，但與票據關係仍有相當之牽連，亦即仍有下列密切關係：

1.有時承兌人可對發票人主張人的抗辯

匯票經承兌後，承兌人即成為匯票之主債務人，承兌人縱未受領資金，亦不得以之為藉口，對於執票人拒絕付款；此時執票人雖係原發票人，亦得就票據法所定之金額（§97、§98），如票面金額、利息、費用等，直接向承兌人請求支付，此乃匯票為無因證券之當然結果也（§52）。惟發票人與

---

❷　施文森，《票據法新論》，自行出版，總經銷三民書局，1990年修訂3版，p. 80。

承兌人間就匯票債務如有資金關係，而承兌人不克付款係因發票人未能如約供給資金者，此時承兌人得以此種原因向作為執票人之發票人，主張「人的抗辯」，只是此等抗辯已非票據上關係，而為票據外之一般關係而已（§52、§98）。抗辯權〔羅：exceptio；英：right of defence；日：抗弁権（こうべんけん）；德：Einrede〕者，亦稱反對權或對抗權，乃指對於請求權之反抗權利也。其中僅能對抗特定人者，謂之對人的抗辯，人的抗辯亦稱主觀抗辯；得以對抗一般人者，謂之物的抗辯，物的抗辯亦稱客觀抗辯。

2.執票人之利益返還請求權

發票人或承兌人如因發票或承兌而受有資金，則雖執票人在票據上之權利因時效或手續之欠缺而消滅，但執票人對於發票人或承兌人，於其所受利益之限度，仍得請求返還，此項權利，學者稱之為「利益返還請求權」（§22 IV）❸。

3.支票之付款人，於發票人之存款或信用契約所約定之數額，足敷支付支票金額時，原則上應負支付之責（§143）

付款人本非票據債務人，縱然發票人與付款人間訂有「委託支付票款」之契約，付款人在未為承兌之前，尚非票據債務人，其後即使拒絕承兌，亦構成民法上契約違反之問題而已，執票人對於付款人並不能直接主張票據上之權利。一般票據均係如此，但是支票因必須以金融業者為付款人之故，對於受委託約定代為支付之事項，如於發票人之存款或信用契約所約定之數額，足敷支付支票金額時，付款人基於營業上之義務，應負支付之責任，不得拒絕付款。但如已收到發票人受破產宣告之通知時，則票據上之債權亦屬破產債權之一種，自應依破產法有關規定辦理（破§99），付款人不得再予支付。

㈢票據預約

預約〔羅：pactum de contrahendo；英：preliminary agreement；日：予約（よやく）；德：Vorvertrag；法：avant-contrat, promesse de contrat〕者，

---

❸　王德槐，《新票據法釋論》，自行出版，總經銷全省各大書局，1987 年 7 月 3 版，p. 64。

乃指約定將來成立一定契約之初約也。票據預約者，乃當事人之間以授受票據為標的之契約也。當事人之票據授受，固均本於票據原因，但在票據授受之前，當事人間通常先有一種合意的約定以為依據，例如票據發行，其發票人與受款人之間，關於票據金額之多寡、記名之有無、到期日之遲早及付款地點與付款人之選定，必先有一種合意約定，然後再發行票據，此種合意約定即為票據預約也。又如票據之背書，背書人與被背書人必先以契約預先洽定背書之種類（記名或空白）及其他有關事項，亦為票據預約。此種票據預約一經成立，當事人一方即負有為票據行為之義務。故票據預約實為票據行為之基礎，而票據行為即為票據預約之實現。由此可知，票據權利之發生必先有票據行為，而票據行為之成立則必先有票據預約，而票據預約又必基於票據原因。

票據權利←票據行為←票據預約←票據原因

票據預約之結果，固能成立票據行為，票據行為之結果，固能發生票據上之權利義務，但票據上之權利義務並非直接由票據預約發生，票據預約只是票據行為發生之原因而已。

票據法僅規定因票據行為所發生之權利義務關係，而不及於發生票據行為之預約，故票據預約曾否成立，或票據行為是否遵守票據預約，均非票據法所規範之問題。因此，關於票據預約所發生之權利義務問題，純為民法上之關係，應依民法之規定解決之（尤其債編）。

第三節　票據行為

第一款　票據行為之概念

一、票據行為之意義

票據行為〔英：act of negotiable instrument；日：手形行為（てがたこうい）；德：Wechselakt, Wechselerklärung〕者，乃指票據債務人以發生或

轉讓票據上權利義務關係為目的，所為之要式的法律行為也。

二、票據行為之種類

票據行為之種類有五，即：

㈠發　票

發票〔英：issue, drawing；日：振出（ふりだし）；德：Ausstellung, Emission；法：création〕者，乃指發票人作成票據並以之發行之基本票據行為也。發票為創造票據之原始行為，稱為主票據行為；其餘之票據行為（如背書、承兌、參加承兌、保證）稱為從票據行為。因一切票據行為以發票為基本，由發票而開端，故發票為基本之票據行為。

㈡背　書

背書〔英：indorsement；日：裏書（うらがき）；德：Indossament；法：endossement〕者，乃指執票人對於他人以轉讓票據權利或其他之目的所為之一種附屬票據行為也。

㈢承　兌

承兌〔英：acceptance；日：手形引受け（てがたひきうけ）；德：Annahme, Akzept；法：acceptation〕者，乃指匯票付款人表示承諾支付委託之一種附屬票據行為也。亦即匯票之付款人，承諾其付款之委託，負擔票面金額支付之義務，將其意思表示於票上所為之附屬的票據行為也。

㈣參加承兌

參加承兌〔英：acceptance by intervention, acceptance for honor；日：參加引受（さんかひきうけ）；德：Ehrenannahme；法：acceptation par intervention, acceptation par honneur〕者，英美法稱為「榮譽承兌」(acceptance for honor)，乃指為特定票據債務人之利益，由第三人加入票據關係，以阻止期前追索之一種附屬票據行為也。

㈤票據保證

票據保證〔英：aval；日：手形保証（てがたほしょう）；德：Aval, Wechselbürgschaft；法：aval〕者，乃指票據債務人以外之人，為擔保票據

債務之履行所為之一種附屬票據行為也。民法上之保證 (suretyship, guaranty)，謂當事人約定，一方於他方之債務人不履行債務時，由其代負履行責任之契約也（民§739）。

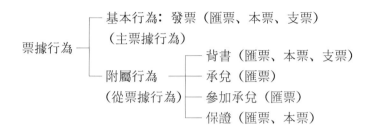

三、票據行為之性質

就票據行為之性質，其主要之學說約有下列幾種：

㈠契約行為說

主張契約行為說者認為，票據債務人之所以須負票據責任，全因票據債權人與票據債務人間之契約而來，又因此種契約具有流通性，故票據債務人須將票據交付於票據債權人，而票據債權人必須受領該票據始生票據之法律關係。依此見解，票據行為之成立要件為 1.當事人之意思表示必須相互一致； 2.票據債務人必須將票據交付於票據債權人； 3.票據債權人必須受領該票據（就票據之交付，當事人之意思表示必須一致）。

契約行為說又可分為下列兩種：

1.單數契約說

主張單數契約說者認為，票據行為屬於一個契約，發票人雖僅為一個票據行為，成立　個契約，但發票人對其相對人以外之取得票據者仍須負擔債務責任。易言之，發票人之發票行為，即屬發票人欲與相對人之後手簽訂契約之意思表示，因此發票人亦可能與該相對人之後手發生票據關係。依單數契約說之見解，票據行為之完成，必須具備下列要件：即⑴票據之作成（簽名及記載）；⑵票據之交付；⑶就票據之交付，當事人之意思表示必須一致（票據行為人有將票據交付相對人之要約意思表示而該相對人亦

有收受該票據之承諾意思表示)。

2. 複數契約說

主張複數契約說者認為,票據行為屬於複數契約,票據債務人對於其相對人受款人以外之多數票據債權人仍須負擔債務責任,乃因票據債務人對各票據債權人均分別有其契約存在之故。因此發票、背書、保證等應為不同之契約。

契約行為說之優點為,較符合民法上法律行為之一般原則;而其最大缺點則在於較無法保護交易安全,妨礙交易流通。若依契約行為說,「交付」應為行為成立之要件,票據作成之後,若於尚未交付之前,發生盜難或遺失,因票據行為尚未成立,發票人應不必負責。

(二)單獨行為說

主張單獨行為說者認為,票據行為係屬以票據債務人一方之意思表示為構成要素之單獨行為,在法律上,僅依當事人一方之意思表示即可成立,不以相對人之承諾為必要。

單獨行為說又可分為下列兩種:

1. 創造說

主張創造說者認為,票據行為係屬以票據行為人之簽名為票據債務成立要件之單獨行為,票據行為人一旦在票據上為意思表示(簽名),票據行為即告成立,毋庸另有「交付」之行為。易言之,依創造說之見解,票據權利係因「發票人作成票據」而創設,票據之交付僅在讓其相對人持有票據而已,因此只要票據作成(簽名及記載)完畢,票據行為即告完成,該票據縱非基於發票人之意思表示而交付,發票人亦應負擔票據責任。

2. 發行說

主張發行說者認為,票據行為固屬以票據行為人之簽名為票據債務成立要件之單獨行為,惟僅票據行為人在票據上為意思表示(簽名),票據行為尚未足以完成,必須另有基於票據行為人之意思所為之「交付」行為,票據行為始能成立。依此單獨行為發行說之見解,票據行為之成立要件為⑴票據行為人在票據上為意思表示(簽名);⑵票據債務人須將票據交付於

票據債權人。

單獨行為發行說與前述之契約行為說有點類似，但仍有下列之區別：

⑴依單獨行為發行說，在作成票據時，當事人之意思表示無須相互一致，只要票據行為人在票據上為意思表示（簽名）即可，不以相對人之承諾為必要；反之，依契約行為說之見解，在作成票據時，當事人之意思表示則必須相互一致。

⑵依單獨行為發行說之見解，就票據行為之完成，原則上固然包括票據之作成（簽名及記載）及票據之交付，非基於發票人之意思而為他人占有時（例如遺失被拾得），發票人原本無須負擔票據責任，但為保護善意之執票人，以助長票據流通，往往例外承認該占有之效力，發票人對於該善意執票人，仍須負擔票據責任。反之，依契約行為說之見解，似較可能危害到票據交易之安全，因此為維護票據交易之安全，必須借用「權利外觀理論」之法理。「權利外觀理論」之構成要件為，A.有權利外觀事實之存在；B.本人就權利外觀事實之存在具有可歸責性；C.第三人為善意無重大過失。因此，若採契約行為說之見解，票據非因發票人之意思而為他人占有時，欲使發票人例外地負擔票據責任，必須下列要件，即A.票據行為人有原因行為；B.票據行為人就該原因事實具可歸責性；C.執票人係屬善意而無重大過失。

契約行為說與單獨行為說各有利弊，一般而言，英、美之學者較傾向於契約行為說，而日、德之學者較傾向於單獨行為說。我國之學者，則較傾向於單獨行為說，例如林咏榮教授即主張：「愚以為票據行為在直接當事人之間、發票人與付款人之間、背書人與被背書人之間，乃至保證人與被保證人之間，固皆認為具有相互之契約關係；但票據為無因證券，票據行為祇要具備一定之要式，即生票據行為之效力，其相互間在票據的原因上之合意或契約，屬於票據之實質關係，票據關係既與其實質關係分離，相衡而論，自以單獨行為說，較為合理。」❶周金芳教授認為：「學者中有主張契約說，票據行為可經限制行為能力人之法定代理人

❶　林咏榮，《商事法新詮（下）》，五南圖書出版公司，1989年4月再版，p. 36.

或其本人承認即生效力，其有礙票據之流通性，實不足採。」❸楊建華教授亦認為：「依我票據法第五條規定：凡在票據上簽名者，即依票據上所載文義負責。是在合於形式要件之票據上簽名，即對執票人負擔票據上之債務，顯與所謂契約行為者有別，而近於單獨行為說，此亦為我國學者間之通說。」❻

國內某些少數學者（例如輔大之李欽賢教授），採契約行為說之見解，其理由為，票據行為既係法律行為之一種，而票據法又無特別規定，自應依一般原則認其性質為契約行為。依契約行為說之見解，票據行為之完成，除票據之作成（簽名及記載）外，尚包括票據之交付及票據交付之意思表示一致。依契約行為說之見解，在「票據非因發票人之意思而為他人占有」之場合，應用「權利外觀理論」解決，而非借用票據法第十四條第一項「善意取得」之規定。

吾人以為似應以單獨行為說之發行說為當。其理由如下：

⑴觀諸本法第二條、第三條、第四條對各種票據之定義中，均有「簽發」之字樣，含有「作成及發行」雙層之意義。例如在發票行為中，發票僅作成票據，尚未足以完成，必須發票人更將該票據交付於受款人始可❼。因此票據行為之有效成立，除應於票據上為合法之記載外，尚須將該票據交付於其相對人。

⑵票據法第五十一條規定：「付款人雖在匯票上簽名承兌，未將匯票交還執票人以前，仍得撤銷其承兌。」由此規定，吾人可知，承兌以交還匯票於執票人為生效要件，在未交還（交付）之前，承兌尚無效力之可言。因此票據行為之有效成立，除應於票據上為合法之記載外，尚須將該票據交付於其相對人。惟本條之「撤銷」，似係撤回或塗銷之誤。撤回〔英：revocation；日：撤回（てっかい）；德：Widerruf；法：rétractation, retrait〕

---

❸ 周金芳，《最新票據法論與實用》，自行出版，三興彩色印刷廠印刷，1977 年 10 月印行，p. 39。

❻ 楊建華，《商事法要論》，自行出版，廣益印書店印刷，1994 年 2 月出版，p. 224。

❼ 鄭玉波，《票據法》，三民書局印行，1991 年 8 月第 4 刷，p. 89。

者，乃指對於尚未發生效力之法律行為，阻止其發生效力之意思表示也。撤銷〔英：rescission；日：取消し（とりけし）；德：Anfechtung；法：rescision〕者，乃指對於已經發生效力之法律行為，使其效力溯及地歸於消滅之意思表示也。與撤回之對於尚未發生效力之法律行為，阻止其發生效力者不同。因在交付票據之前，承兌這個票據行為尚未成立，法律行為之意思表示尚未到達，應是「撤回」，而非「撤銷」。

(3)實務界亦肯定此種見解。1978 年 6 月 6 日最高法院 1978 年度第 6 次民事庭庭推總會議決議：「支票發票人票據債務之成立，應以發票人交付支票於受款人完成發票行為之時日為準，至支票所載發票日期，僅係行使票據債權之限制，不能認係票據債務成立之時期。」可見我國實務界，關於票據債務之成立，採單獨行為說之發行說。

(4)票據遺失或被盜時，依票據法第十八條、第十九條規定，須依公示催告之程序解決；依票據法第十四條之反面解釋，善意之票據取得人，可享有票據上之權利，此等規定乃屬發行說之例外規定❶⑧。

第二款　票據行為之特性

票據行為係法律行為之一種，但對於一般法律行為言之，具有獨立性、無因性、要式性、文義性等四大特性，茲簡單說明如下：

一、票據行為之獨立性

票據行為獨立原則〔日：手形行為独立の原則（てがたこういどくりつのげんそく）；德：Prinzip der Unabhängigkeit der Wechselerklärung〕者，乃指已具備基本形式要件之票據，在其上端所為之各個票據行為，各自獨立發生效力，不因其他票據行為之無效或被撤銷，或其他瑕疵而受影響之原則也。此一原則，亦稱為「票據行為之獨立性」，主要於下列三種情形見之：

㈠無行為能力人之簽名

---

❶⑧　梁宇賢，《票據法新論》，自行出版，益誠彩色印刷有限公司印刷，1994 年 3 月初版，p. 37。

票據法第八條規定:「票據上雖有無行為能力人或限制行為能力人之簽名,不影響其他簽名之效力。」因票據行為亦為法律行為,亦應受行為能力之限制。因此無行為能力人之票據行為無效,而票據行為係在無意識或精神錯亂中所為者亦同(民§75);限制行為能力人未得法定代理人事先允許,所為之票據行為,亦為無效(民§78)。此等無行為能力人均不負任何票據上責任,票據受讓人縱無惡意或重大過失,亦不得享有票據上之權利。但經執票人背書轉讓票據於他人時,即應受到票據行為獨立原則之限制。依票據行為獨立原則,前行之票據行為縱為無效,不影響後行票據行為之效力,亦即不影響後行票據行為人依票載文義負責之效力。例如,發票行為雖因發票人為無行為能力人或限制行為能力人而歸於無效,但該票據若經有行為能力人之承兌,則該承兌仍屬有效;或經有行為能力人背書,則該有行為能力人仍應依票載文義負票據上之責任。

(二)票據偽造

票據法第十五條規定:「票據之偽造或票據上簽名之偽造,不影響於真正簽名之效力。」此亦為票據行為獨立原則之一種表現。票據偽造者,乃指以行使之目的,假冒他人名義,而偽為票據行為之謂也。假冒他人名義發票者,為「票據之偽造」;假冒他人名義而為發票以外之行為者為「票據上簽名之偽造」。「票據偽造」固為自始無效,但無論是「票據之偽造」或「票據上簽名之偽造」,被偽造人或偽造人均未真正簽名,自不負票據上責任;執票人取得票據縱非出於惡意或重大過失,亦不得對該被偽造人或偽造人行使票據上之權利。但該票據如經背書轉讓,前行之票據行為雖無效,並不影響後行背書行為之效力,執票人自得向該背書人行使追索權。

(三)票據之保證

票據法第六十一條第二項規定:「被保證人之債務,縱為無效,保證人仍負擔其義務。」此亦票據行為獨立原則之一種表現。

民法上之保證債務,以主債務之存在為前提,若主債務無效,原則上保證債務亦當然歸於無效。但票據法上被保證人之債務,縱因無行為能力或簽名偽造而實質上歸於無效時,保證人仍不能免除票據上之責任。因為

票據行為注重形式，實質上的理由往往不易查知，故為保護交易之安全，仍不得不反乎民法上之原則，而使保證人仍然負擔其義務。惟此之所謂票據行為之無效，係指已成立之票據，雖具備形式要件，某一個票據行為由於實質要件之欠缺或瑕疵，致使該行為歸於無效而言。不論自始無效或嗣後無效，均得適用票據行為獨立性原則。若該行為於形式上無效時，則以該行為為前提之其他行為，仍不得不隨之無效也。例如發票係基本行為，因未簽名（未具形式要件）而無效時，則背書、承兌、參加承兌、保證等附屬行為皆不能獨立生效。又如背書在形式上應為連續，因而前一背書若實質上無效時（例如無行為能力人所為），固不能影響其他背書之效力，但若因形式要件之欠缺（例如背書人未簽名、蓋章而欠缺法定款式）而無效時，則其後之背書或其他票據行為，亦屬無效。又被保證之債務縱為無效，保證人仍負擔其債務一節，亦僅指被保證人之債務，在實質上無效而言。若被保證人之債務因欠缺法定款式（形式要件）而無效者，則保證人仍不必負擔債務也（§61 但書）。

票據行為須具有獨立性，其立法理由如下：

票據行為獨立原則，乃為保護票據權利人，以加強票據流通之一種措施。因票據為流通證券，輾轉交易，因此票上所為之多數票據行為，其中是否有效或可得撤銷之理由，非一般執票人所能知悉，若執票人取得票據須一一調查票據上其他票據行為毫無實質上之瑕疵，始能取得票據權利者，則票據行為之效力未能確定，票據之信用無法維持，影響所及，人人將視票據為畏途，票據之流通必將大受阻礙。故只有使同一票據上各個票據行為，各依票載之文義分別獨立，一行為之無效，不影響於他行為，方足保持票據之流通。至於形式上之事由（例如方式之欠缺），既明白表現於票據之上，任何人均得一望而知，故雖使之影響其他行為之效力，亦不致使受讓人蒙受不測之損害（因受讓人可以拒絕接受）也。

二、票據行為之無因性

票據行為之無因性者，亦稱票據行為之抽象性或無色性，乃指票據行

為成立後，縱其實質關係在法律上無效或有瑕疵，票據行為之效力，亦不因此而受影響之性質也。票據行為多以買賣、借貸為其原因關係，然於票據行為成立後，縱然該項原因（實質）關係在法律上無效或有瑕疵，票據行為之效力，亦不因此而受影響，因而執票人不負證明給付原因之責任。例如 A 向 B 購貨一批，簽發本票一紙交付與 B，其後買賣不成立，B 卻將該本票轉讓給善意第三人 C，此時本件之票據行為之效力，即不因買賣之不成立（原因關係）而受影響，A 對 C 即不得主張不負票據責任，C 對 A 主張票據權利時，亦不負證明給付原因之責任。

因票據行為具有無因性，故票據為無因證券。無因證券 (abstract instrument) 者，又稱不要因證券，乃指主張證券上應享有之權利得不明示其原因所在之證券也。票據行為無因性之規定，旨在保護票據受讓人，而加強票據之流通機能。基於票據行為之無因性，其在法律上發生如下之效果：

㈠票據行為既為無因行為，票據債務人不得以自己與發票人或執票人之前手間所存抗辯之事由對抗執票人。但執票人取得票據出於惡意者，不在此限（§13）。

㈡在授受票據之直接當事人間，若其原因關係在法律上無效或有瑕疵，票據債務人仍得以此為理由，而拒絕履行票據債務。因授受票據直接當事人間之票據債權，乃自該實質關係所由發生也。例如 A 向 B 購貨一批，簽發本票一紙交付與 B，其後買賣不成立，日後 B 持該本票向 A 請求付款時，因 A、B 係授受票據之直接當事人，A 即得以該買賣不成立（原因關係）為由，而拒絕付款。

㈢票據債權人就原因關係毋庸負舉證責任。惟此之所謂就原因關係毋庸負舉證責任者，僅指票據債權人就票據作成前之債務關係，毋庸負證明責任而已，至於該票據本身之是否真正，亦即該票據之是否為票據行為人所作成，依一般舉證責任分配之原則，仍應由執票人負舉證責任（最高法院 1961 年臺上字第 1659 號判決）。

三、票據行為之要式性

票據行為之要式性者，亦稱票據行為之定型性，乃指票據行為必須具備法定之形式，始能發生效力之性質也。此之所謂要式，不僅在內容上應記載法定之事項，且在形式上亦須將其法定事項記載於書面[19]。票據行為要式性之規定，旨在使票據之款式明確，易資辨認，方便授受，而助長票據之迅速流通也。

因票據行為具有要式性，故票據為要式證券，要式證券者，乃指其作成必須具備法定之形式，始能發生效力之證券也。一般而言，要式證券多具有「書面」、「法定之款式」、「當事人之簽名」等要素，茲簡述如下：

(一)書 面

票據為完全的有價證券，其權利與書面有不可分離之關係。票據權利之發生，固須依書面而作成之，票據權利之行使或移轉亦須依書面而為之。

發票、背書、承兌、參加承兌、保證等五種票據行為中，或須於票據之正面為之者，例如發票、承兌、參加承兌；或須於票據之背面為之者，例如背書；或得於票據之黏單上或謄本上為之者，例如背書、保證。此等票據行為均不能脫離書面而為之，且在完成書面行為之前，不發生票據行為之效力。此與一般法律行為不以書面為必要者不同。

(二)法定之款式

票據行為均有法定之款式，不僅發票如此（§24、§120、§125），其他如背書（§31）、承兌（§43 I）、參加承兌（§54 I）以及保證（§59 I）莫不如此，此與一般法律行為不以法定之款式為必要者不同。

(三)當事人之簽名

簽名為票據行為人願負票據責任之表示，亦為確認票據行為人責任最確實之方法。因此，無論發票、背書、承兌、參加承兌以及保證，均須由當事人簽名，始生效力。此與一般法律行為不以簽名為必要者不同[20]。

---

[19] 林咏榮，《商事法新詮（下）》，五南圖書出版公司，1989 年 4 月再版，p. 52。

[20] 施文森，《票據法新論》，自行出版，總經銷三民書局，1990 年修訂 3 版，p. 18。

簽名所用名稱，以簽署行為人之姓名為常，但所謂簽名，如僅簽姓或名者，亦生簽名之效力。有關簽名之問題，容後討論。

基於票據行為之要式性，其在法律上發生如下之效果：

1. 欠缺法定方式者，應為無效

票據法第十一條第一項規定：「欠缺本法所規定票據上應記載事項之一者，其票據無效。但本法別有規定者，不在此限。」

2. 記載本法所未規定之事項者，不生票據法上之效力

票據法第十二條規定：「票據上記載本法所不規定之事項者，不生票據上之效力。」此之所謂「不生票據上之效力」，僅指該本法所不規定之事項不生票據法上之效力，票據本身仍然有效，而且該本法所不規定之事項雖然不生票據法上之效力，仍生民法上之效力。例如：

(1)支票之背書人於支票上簽名或蓋章時，若加寫「連帶保證人」字樣，因支票並無保證規定之準用，此項「連帶保證人」字樣，係屬本法所不規定之事項，固不生票據法上之效力，但其背書行為本身，仍非無效。惟本法所不規定之事項雖然不生票據法上之效力，仍生民法上之效力，故執票人另依民法上保證契約之規定，向該連帶保證人請求給付，並無不可（最高法院 1980 年臺上字第 1347 號判決）。

(2)本票之發票人於本票上記載保付字樣時，該保付字樣之記載，不生票據法上之效力。票據法第一三八條第一項規定：「付款人於支票上記載照付或保付或其他同義字樣並簽名後，其付款責任與匯票承兌人同。」支票之付款人一旦在支票上記載照付或保付或其他同義字樣並簽名後，即應負絕對付款之責任。惟保付之制度僅支票有之，本票之發票人縱在本票上記明保付字樣，亦不生票據法上之效力，惟該本票本身，仍非無效。

(3)匯票之發票人在匯票劃平行線二道，並於其線內記載銀行、公司或特定銀錢業商號者，不生票據法上之效力。因劃平行線之規定，僅支票有之（§139），匯票、本票則無此規定，因此在匯票或本票上劃平行線二道，該平行線二道之記載，不生票據法上之效力，惟該本票本身，仍非無效。

(4)背書人於背書時附記條件者，該條件視為無記載。

票據法第三十六條規定：「就匯票金額之一部分所為之背書，或將匯票金額分別轉讓於數人之背書，不生效力，背書附記條件者，其條件視為無記載。」由此規定，吾人可知，背書必須要單純，不可附記條件，若附記條件，其條件視為無記載。蓋非如此，無法確定票據上所表彰之金額，無法達到謀求保障交易之安全，確保票據之迅速流通也。

(5)於支票上記載到期日者，該到期日之記載無效。

票據法第一二八條第一項規定：「支票限於見票即付，有相反之記載者，其記載無效。」由此規定，吾人可知，支票記載到期日者，其記載應為無效，因此執票人縱於該「到期日」之前提示，付款人亦須付款。

四、票據行為之文義性

票據行為之文義性者，乃指票據行為之內容，概依票上所載之文義而為決定之性質也。易言之，乃指票據行為之內容，概依票上所載之文義為準，縱該項記載與實質關係不符，亦不許當事人以票據以外之證明方法，加以變更或補充之性質也。

因票據行為具有文義性，故票據為文義證券。文義證券者，乃指證券上權利義務概依其所載之文義，而決定其效力之證券也。票據行為文義性之規定，旨在保護善意執票人，使其獲得之權利確實穩當，以助長票據之流通。基於票據行為之文義性，其在法律上發生如下之效果：

㈠在票據上簽名者，依票上所載文義負責

票據法第五條規定：「Ⅰ在票據上簽名者，依票上所載文義負責。Ⅱ二人以上共同簽名時，應連帶負責。」由此規定，吾人可知，票據行為之內容，概依票上所載之文義為準，縱該項記載與實質關係不符，亦不許當事人以票據以外之證明方法，加以變更或補充。

㈡不得以票據上未記載之事項主張或抗辯之

因票據行為之內容，概依票上所載之文義為準，票據債權人固不得以票據上未記載之事項，向票據債務人有所主張，而票據債務人亦不得以票據上未記載之事項，向票據債權人有所抗辯❷。

㈢票據行為解釋之原則

因票據行為具有文義性，票據行為之內容，概依票上所載之文義為準，縱該項記載與實質關係不符，亦不許當事人以票據以外之證明方法，加以變更或補充之。此與民法第九十八條之規定「解釋意思表示，應探求當事人之真意，不得拘泥於所用之辭句」，可謂大異其趣。惟本法對於票據行為之解釋原則，未作明文規定，學者間認為，對於票據行為之解釋，應依如下之原則解釋之：

1.票據外觀解釋之原則

票據外觀解釋之原則者，乃指票據行為極端重視外觀形式，只要票據行為具備法律所規定之形式要件，則其記載縱與事實不符，亦不影響該票據行為效力之原則也。例如票上所載發票地或發票日期與實際發票地或發票日期不符，其發票行為仍屬有效，發票人應依該記載負擔責任，執票人亦應依該記載行使權利。票據要件之存在與否，應就票據上之記載以為判斷之標準。此項原則無論對於收受票據之直接當事人或善意、惡意之執票人均有其適用❷。

2.票據客觀解釋之原則

票據客觀解釋之原則者，乃指票據行為應依票上所載文義為客觀之判斷，不得依票據上未記載之其他事實或證據，探求當事人之真意，而任意變更或補充票上文義之原則也。惟此之所謂票據客觀解釋之原則，並非嚴格限定必須拘泥於文字而為解釋，吾人在「客觀解釋」之際，仍須依據一般之法理、一般之習慣及一般之誠信原則，此與一般法律行為之解釋，並無任何差異❸。

---

❷ 鄭玉波，《票據法》，三民書局印行，1991 年 8 月第 4 刷，p. 31。

❷ 施文森，《票據法新論》，自行出版，總經銷三民書局，1990 年修訂 3 版，p. 21。

❷ 鄭洋一，《票據法之理論與實務》，自行出版，總經銷三民書局，文太印刷有限公司印刷，1993 年 1 月修正 18 版，p. 52。
梁宇賢，《票據法新論》，自行出版，益誠彩色印刷有限公司印刷，1994 年 3 月初版，p. 40。

3. 票據有效解釋之原則

票據有效解釋之原則者，乃指解釋票據行為時，應儘量使其有效之原則也。此乃早為一般學者公認之原則，因解釋票據行為時，若不儘量使其有效，則將人人不樂於接受票據，人人不樂於接受票據，則將無法助長票據之流通與保護交易之安全❷。

第三款　票據行為之要件

票據行為之成立要件，可分為實質要件、形式要件及交付三種，茲簡述如下：

一、實質要件

票據行為之實質要件者，係指一般法律行為之要件而言。因票據行為係法律行為之一種，法律行為〔英：juristic act, act in the law；日：法律行為（ほうりつこうい）；德：Rechtsgeschäft；法：acte juridique〕者，乃指以欲發生私法上效果之意思表示 (declaration of intention) 為要素之一種法律事實也。票據行為既為法律行為之一種，票據行為須由有行為能力者為之，且其意思表示須無瑕疵，始能有效成立。對於票據行為能力及意思表示之有無瑕疵，票據法並無特別規定，應適用民法有關之規定。茲就自然人之票據行為能力及法人之票據行為能力簡述如下：

(一)自然人之票據行為能力

1. 有票據行為能力人

完全行為能力人，有票據行為能力，依民法之規定，下列之人有行為能力，亦即下列之人有票據行為能力：

(1)成年人

民法第十二條規定：「滿二十歲為成年。」由此規定，吾人可知，無論男女，滿二十歲均為成年人，成年人即為有完全行為能力之人。

---

❷　黃棟培，《票據法新論》，自行出版，總經銷三民書局，1970 年 7 月初版，p. 27。
張國鍵，《商事法論》，三民書局印行，1978 年 7 月修訂 18 版，p. 391。

(2)未成年人已結婚者

民法第十三條第三項規定：「未成年人已結婚者，有行為能力。」

2. 無票據行為能力人

(1)未滿七歲之未成年人

民法第十三條第一項規定：「未滿七歲之未成年人，無行為能力。」

(2)受監護宣告之人（禁治產人）

民法第十五條規定：「受監護宣告之人，無行為能力。」❷⁵禁治產人〔英：interdicted persons；日：禁治産者（きんちさんしゃ）；德：Entmündigter；法：interdit〕者，乃指因精神障礙致不得處理自己事務，因一定之人向法院聲請，經法院宣告為無行為能力之自然人也。

(3)雖非無行為能力人，其行為係在無意識或精神錯亂中所為者

民法第七十五條規定：「無行為能力人之意思表示，無效。雖非無行為能力人，而其意思表示，係在無意識或精神錯亂中所為者，亦同。」依此規定，「在無意識或精神錯亂中所為」之票據行為，等同「無行為能力人」之票據行為，不發生票據法之效力。

3. 限制票據行為能力人

民法第十三條第二、三項規定：「II 滿七歲以上之未成年人，有限制行為能力。III 未成年人已結婚者，有行為能力。」由此規定，吾人可知，所謂限制行為能力人，係指滿七歲以上之未成年，而未結婚之人也。限制行為能力人有無票據行為能力，因票據行為性質學說之不同而不同。

(1)單獨行為說中之創造說

採單獨行為說中之創造說者認為，除非限制行為能力人事先已得法定代理人之允許，否則其票據行為，於行為完成之時，已經確定無效，事後縱經法定代理人之承認，亦無法使之生效。

(2)契約行為說或單獨行為說中之發行說

採契約行為說及單獨行為說中之發行說者認為，票據上之意思表示係

---

❷⁵ 2009 年 11 月 23 日開始施行之民法第十五條新修條文為：「受監護宣告之人，無行為能力。」過去所謂之「禁治產人」，即為此之「受監護宣告之人」。

為有相對人之意思表示。因此限制行為能力人未得法定代理人允許所為之票據行為，須經法定代理人事後予以承認，或限制行為能力人限制原因消滅後予以承認，始生效力。通說認為，該事後之承認，亦得向執票人為之，惟有無允許或承認，應由該行使票據權利之人，負舉證責任❷❻。

因此限制行為能力人未得法定代理人允許所為之票據行為，若採「單獨行為說中之創造說」，因該票據行為於行為完成之時，已經確定無效，因此事後縱經法定代理人之承認，亦無法使之生效；若採「契約行為說」或「單獨行為說中之發行說」，因該票據行為於行為完成時，尚未確定無效，因此該票據行為，經法定代理人事後予以承認，或限制行為能力人限制原因消滅後予以承認，即可發生效力❷❼。

惟有下列情形之一者，限制行為能力人之票據行為，雖未得法定代理人之允許，亦應認為有效：

⑴未成年人已結婚者

未成年人已結婚者，因已有完全之行為能力，故其所為之票據行為，應為有效。

⑵依其年齡、身分及其他具體情事，可認為日常生活所必需者

❷❻ 鄭洋一，《票據法之理論與實務》，自行出版，總經銷三民書局，文太印刷有限公司印刷，1993 年 1 月修正 18 版，p. 57。

❷❼ 有人或許懷疑：民法第七十八條明文規定：「限制行為能力人未得法定代理人之允許，所為之單獨行為，無效。」何來「該票據行為，經法定代理人事後予以承認，或限制行為能力人限制原因消滅後予以承認，即可發生效力」？事實上民法第七十八條所謂之「單獨行為」，大約僅相當於「單獨行為說中之創造說」之觀念，其單獨行為並未以「交付」為行為完成（成立）之要件。因此該未得法定代理人允許之單獨行為，在未「交付」之前，已經完成，而已經確定無效，無法再經法定代理人事後予以承認而發生效力。反之，若依「單獨行為說中之發行說」之見解，因該單獨行為之完成（成立）應以「交付」為要件，在未交付之前，該未經法定代理人允許之單獨行為，尚未完成，尚未確定無效，因此「該票據行為，經法定代理人事後予以承認，或限制行為能力人限制原因消滅後予以承認，即可發生效力」。當然，如此解釋，與前述「票據有效解釋之原則」不無關係。

依其年齡、身分及其他具體情事，可認為日常生活所必需者，縱然未得法定代理人之允許，其票據行為仍應認為有效。民法第七十七條規定：「限制行為能力人為意思表示或受意思表示，應得法定代理人之允許。但純獲法律上之利益，或依其年齡及身分，日常生活所必需者，不在此限。」由此規定，吾人可知，限制行為能力人之票據行為，若為依其年齡、身分及其他具體情事，可認為日常生活所必需者，縱未得法定代理人之允許，亦應認為有效。例如某位十七歲之高中學生，在文具店購買一支鉛筆，或一塊橡皮擦，係屬其日常生活所必須之行為，基此行為簽發票據時，雖未得法定代理人之允許，應屬有效之票據行為。惟在票據行為中，難有所謂「純獲法律上之利益」之行為（例如發票、背書、承兌、參加承兌、保證等五種票據行為，均屬負擔義務之行為，並無所謂「純獲法律上之利益」），因此在此所謂之「純獲法律上之利益」，未得法定代理人之允許，仍不得為之。因票據行為具有無因性，究屬利或不利，甚難論斷，再者，票據行為中之發票、背書、承兌、參加承兌、保證，均須依其票據行為，負擔票據債務，故不宜以「純獲法律上之利益」為理由，認為限制行為能力人之票據行為，縱未得法定代理人之允許，亦能發生效力❷⑧。

(3)處理法定代理人允許其處分之財產所為者

民法第八十四條規定：「法定代理人，允許限制行為能力人處分之財產，限制行為能力人，就該財產有處分之能力。」故處理法定代理人允許其處分之財產所為之票據行為，縱未得法定代理人之允許，亦能發生效力。

(4)法定代理人允許其獨立營業者

民法第八十五條規定：「I 法定代理人允許限制行為能力人獨立營業者，限制行為能力人，關於其營業，有行為能力。II 限制行為能力人，就其營業有不勝任之情形時，法定代理人得將其允許撤銷或限制之。但不得對抗善意第三人。」法定代理人允許限制行為能力人獨立營業者，限制行為能力人在經營業務之範圍內，有完全之票據行為。

---

❷⑧ 梁宇賢，《票據法新論》，自行出版，益誠彩色印刷有限公司印刷，1994 年 3 月初版，p. 44。

⑸強制有效之法律行為

民法第八十三條規定:「限制行為能力人用詐術使人信其為有行為能力人或已得法定代理人之允許者,其行為能力為有效。」例如限制行為能力人偽報年齡,使人信其已成年,其設戶存款,開發支票,或為其他票據行為,則其行為應為有效。

㈡法人之票據行為能力

民法第二十六條規定:「法人於法令限制內,有享受權利、負擔義務之能力。但專屬於自然人之權利,不在此限。」可見於法令限制內,法人具有權利能力,故法人亦具有票據權利能力。又依法人實在說之見解,法人於票據權利能力之範圍內,亦有票據行為能力。

非法人團體,例如同學會、祭祀公會,有無票據行為能力?有下列不同見解:

1. 否定說

主張否定說者認為,非法人團體因無行為能力,故無票據行為能力。

2. 肯定說

主張肯定說者認為,民事訴訟法第四十條第三項規定:「非法人之團體,設有代表人或管理人者,有當事人能力。」因此非法人之團體,其董事或其他代表人得以團體之名義而為票據行為,其票據債務則得以團體之財產負擔之。

通說為肯定說,故非法人團體,其董事或其他代表人得以團體之名義而為票據行為。

合夥因無權利能力,自無票據權利能力,更無票據行為能力。惟票據行為往往為經營合夥事業所必要之行為,故執行合夥事務之合夥人,在其權限內所為之票據行為,對於全體合夥人應有效力。因此執行合夥事務之合夥人,以合夥代表人之身分簽發票據時,縱然其所蓋印之戳記為該代表所私刻,其簽發票據之行為,對於其他合夥人仍屬有效。

二、形式要件

票據行為之形式要件者，乃指票據行為人須於票據上為合乎法定款式記載之要件也。因票據行為係一種要式之法律行為，除具備上述之實質要件之外，尚須將其意思表示依法定方式記載於票據上，由行為人簽名，並將票據交付之。茲將其形式要件簡述如下：

㈠記載法定事項

法定事項者，乃指依法律規定必須記載之事項也。又可分為下列四種：

1.絕對必要記載事項

絕對必要記載事項者，乃指依法律之規定，若不記載，該票據行為即歸無效之事項也（§11）。茲就三種票據（匯票、本票、支票）之共通「絕對必要記載事項」，簡述如下：

⑴表明票據種類之文字

表明票據種類之文字，稱為「票據文句」〔日：手形文句（てがたもんく）；德：Wechselkausel〕。票據有匯票、本票及支票三種，各種票據於作成之時，均應記載表明其為匯票、本票或支票等票據種類之文字，若未為此記載，則不生票據之效力。惟此種票據文句，只要足以表明其為某種票據之文字即可，例如表明其為匯票之場合，不必限於「匯票」字樣，使用「匯券」、「匯兌券」等字樣，亦無不可。而且其所用之文字，亦不以本國文字為限，使用商業上通用之英文，亦無不可。

⑵無條件支付之委託

所謂支付之委託，乃發票人委託付款人支付匯票金額之意思表示也。所謂無條件，乃單純之意，易言之，即對於支付之資金及方法，不得附帶任何條件而阻礙票據流通之謂也。無條件支付之委託者，乃指發票人委託付款人支付匯票金額時，不得對於支付之資金及方法，附帶任何條件而阻礙票據流通之謂也。依票據法第二十四條之規定，「無條件支付之委託」，係匯票絕對必要記載之事項；依票據法第一二〇條之規定，「無條件擔任支付」，係本票絕對必要記載之事項；依票據法第一二五條之規定，「無條件

支付之委託」，係支票絕對必要記載之事項。例如在票據上記載「於受款人如期交貨後，始付票據金額新臺幣壹佰萬元整」、「於1999年2月28日當天下雨時，始付新臺幣壹佰萬元整」、「請以貴處保管之某筆款項中支付新臺幣壹佰萬元整」等，均不合法，票據因之而無效，只能視其情形適用民法上有關指示證券之規定。

⑶金　額

票據法第七條規定：「票據上記載金額之文字與號碼不符時，以文字為準。」所謂文字，係指數目字之文字而言。有大寫之數目字文字與小寫之數目字文字之分。前者，如壹、貳、參、肆、伍、陸、柒、捌、玖、拾即是；後者，如一、二、三、四、五、六、七、八、九、十即是。所謂號碼，如通常所用之阿拉伯數字，1、2、3、4、5、6、7、8、9、10 即是。惟在目前金融實務上，票據金額非以大寫之數目字文字記載，則構成退票之原因❷❾。倘票據上同時以文字及號碼表示，而文字之金額含混不清或有欠確切時，應參考號碼表示，以確定其應支付之金額。

票據法施行細則第三條規定：「票據上之金額，以號碼代替文字記載，經使用機械辦法防止塗銷者，視同文字記載。」所謂經使用機械辦法防止塗銷者，例如使用機械加熱壓縮，使記載號碼之處發生皺紋，以致不易塗銷即是。惟號碼之記載，縱經使用機械辦法防止塗銷，若與文字之記載不符時，仍應以文字之記載為準。因畢竟票據法施行細則僅具命令性質，其目的僅在補助其母法票據法之不足，不可超過其母法票據法之規定而適用也。

票據法第十一條第三項規定：「票據上之記載，除金額外，得由原記載人於交付前改寫之。但應於改寫處簽名。」由此規定之反面解釋，有變更權利之人得以變更票據之內容，但須於交付之前為之，且須於改寫之處簽名，以示負責。票據金額乃屬票據之靈魂所在，無論如何，不得更改，倘若更改，不論有無於改寫處簽名或蓋章，該票據仍歸無效。因此當票據金額記載錯誤時，原記載人既然無法「改寫」，此時最安全之方法即為，原記載人將該票據撕毀重開另一張票據。

❷❾　參照財政部 (44) 臺財錢發第 5321 號令。

票據金額之記載，須為「一定之金額」始可。其記載「憑票祈付新臺幣壹萬元或貳萬元整」或「憑票祈付新臺幣壹萬元至貳萬元之間」者，因違反「票據金額必須確定」之原則，應為無效。再者，票據金額之記載，不以本國貨幣為限，其記載外國貨幣者，亦為有效。惟該外國貨幣之記載必須確定，例如記載「憑票祈付美金一千元整」則可，若記載「憑票祈付到期依匯率相當於新臺幣壹萬元之美金」則不可，因匯率每天變動，如此記載有違「票據金額必須確定」之原則也。

票據金額之多寡，本法不設任何限制。票據法第一二○條第六項規定：「見票即付，並不記載受款人之本票，其金額須在五百元以上。」此乃本法對於票據金額之多寡，所作唯一之限制規定。惟 1981 年，中央銀行曾令示須以「圓」為單位，其後最高法院之判決亦主張：「文字部分雖未表明貨幣單位，惟參以號碼部分之記載，以及目前社會上、經濟上之一般觀念，應認為係以『元』為其單位，該支票仍非無效。」❸⓿因此，票據金額之記載，其以「角」、「分」為單位，例如票據金額僅記載「伍拾角」時，其票據應為無效之票據，但若記載為「參拾元及參拾分」時，吾人以為「參拾元」之部分應為有效，而「及參拾分」之部分，應為無效之記載，但其票據並不因之而全部無效。

按慣例，票據金額不但須以大寫之數目字文字記載，且須於該文字之末尾附加「整」字，若不記載「整」字，銀行常以「金額文字記載不清」為由予以退票，但最高法院持不同見解，認為漏記「整」字，尚不致使票據歸於無效❸❶。

(4)發票年月日

發票年月日〔英：date of issue；日：振出日（ふりだしび）；德：Ausstellungstag；法：date de creation〕者，乃指形式上記載於票據上簽發票據之日期也。此之所謂發票年月日，係指形式上記載於票據上之發票年月日而言。因此，發票年月日之記載，僅為發票人意思表示之內容，而非事

---

❸⓿　最高法院 1982 年臺上字第 494 號判決。

❸❶　施文森，《票據法新論》，自行出版，總經銷三民書局，1990 年修訂 3 版，p. 25。

實之記錄，縱然記載於票據上之發票年月日與實際之發票年月日不符，亦不影響票據之效力，而應以記載於票據上之發票年月日為準。例如實際之發票年月日為「1991 年 10 月 10 日」，而記載於票據上之發票年月日為「1992 年 11 月 11 日」，該票據仍然有效（必須記載發票年月日之立法理由，請參照本書第三章第二節「發票之款式」之「發票之年月日」之說明）。

發票年月日之記載，須依曆法表示之，且須為曆法上所具有之日。其以曆法上所無之日期為發票年月日者，應以該月之末日為發票年月日。例如發票年月日之記載為「1991 年 11 月 31 日」，則應以該月之末日「民國 1991 年 11 月 30 日」為發票年月日；又如發票年月日之記載為「1991 年 2 月 29 日」，則應以該月之末日「1991 年 2 月 28 日」為發票年月日。

將票據之發票年月日與到期日顛倒記載時，例如發票年月日為「1991 年 11 月 11 日」，而到期日卻記載為「1991 年 10 月 10 日」時，該票據之效力如何，約有下列二說：

A.無效說

主張無效說者認為，到期日理應在發票年月日之後，將到期日記載於發票年月日之前，顯與票據之本質不符，故應為無效。主張無效說之理由為：1.將到期日記載於發票年月日之前，顯與票據之本質不符，故應為無效。2.依票據之文義性，發票日後於到期日之票據，應視為無發票日記載之票據，欠缺票據之絕對必要記載事項（§24、§120、§125），依票據法第十一條第一項之規定，該票據應為無效。

目前我國銀行實務，多採此說，一旦發票年月日與到期日顛倒記載時，往往將之視為無效之票據而予以退票。

B.有效說

主張有效說者認為，到期日固然應在發票年月日之後，但將到期日誤記於發票年月日之前，該票據仍非無效。又可分為下列兩種見解：

(A)以發票年月日為到期日說

主張此說者認為，到期日理應在發票年月日之後，今將到期日記載於發票年月日之前，顯係發票人一時之疏忽，基於票據有效解釋之原則，吾

人應探求發票人之真意，以發票年月日為到期日，使該票據仍具效力。

⒝視為見票即付說

主張此說者認為，發票年月日與到期日顛倒記載時，應將該票據視為見票即付之票據，使之發生效力。票據法第十二條規定：「票據上記載本法所不規定之事項者，不生票據上之效力。」票據法第二十四條第二項規定：「未載到期日者，視為見票即付。」

依目前我國票據法之規定，到期日之記載方式，僅有四種，亦即 1. 定日付款；2. 見票即付；3. 發票日後定期付款；4. 見票後定期付款（§65）。將發票年月日與到期日顛倒記載，顯為「本法所不規定之事項」，應「不生票據上之效力」（§12），而應視為未記載，既然「未載到期日」，自應「視為見票即付」（§24 II）。

吾人以為似應以「視為見票即付說」為妥。其理由簡述如下：

⒜自「票據有效解釋之原則」言之，無效說之見解難以令人苟同

基於票據有效解釋之原則，吾人似乎不應徒因發票年月日與到期日之顛倒記載，而立刻將票據解釋為無效之票據。否則，勢將導致人人不願接受票據，進而妨礙票據之流通也。因此基於票據有效解釋之原則，無效說之見解似非的論。

⒝自「票據客觀解釋之原則」言之，「以發票年月日為到期日說」之見解似非的論

基於票據客觀之解釋原則，票據係屬文義證券，票據行為之內容，概依票上所載之文義決定之。因此對於票據上之權利義務，吾人應依票上所載文義為客觀之判斷，並無依票據上未記載之其他事實或證據，探求當事人真意之必要也。因此基於票據客觀解釋之原則，「以發票年月日為到期日說」之見解似非的論。

以上所述四項，係匯票、本票、支票共通絕對必要記載事項。其他例如依票據法第一二五條之規定，在支票之場合，除前述四大共通絕對必要記載事項之外，「付款地」、「付款人之商號」亦為支票之絕對必要記載事項。

2. 相對必要記載事項

相對必要記載事項者，乃指雖為法定記載事項，但若未記載時，法律另有補充規定，票據並不因之而無效之事項也。茲就票據之共通「相對必要記載事項」，約有下列二種：

(1)受款人之姓名或商號

受款人〔英：payee；日：受取人（うけとりにん）；德：Remittent, Nehmer；法：preneur〕者，乃指形式上記載於票據上接受票據金額支付之人也。票據之受款人，乃票據之最初執票人及第一次權利人，故法律規定為必要記載事項之一，但若未記載時，法律另有補充規定，故受款人之姓名或商號僅為相對必要記載事項。依票據法第二十四條第四項之規定：「未載受款人者，以執票人為受款人。」其未記載受款人姓名或商號之票據，稱為「無記名票據」。對於無記名票據，票據法第二十五條第二項規定：「匯票未載受款人者，執票人得於無記名匯票之空白內，記載自己或他人為受款人，變更為記名匯票。」

受款人得為一人，亦得為數人。當受款人為數人時，其記載方法有二，即一為重疊記載，例如在票據上記載 A 及 B，此時，其內部關係，固得依一定之比例而享受權利，但其外部關係，票據權利之行使，則須由全體受款人共同為之，倘以背書將票據轉讓於他人，亦應以全體之名義行之。另一為選擇記載，例如在票據上記載 A（或 B），則該票據僅歸 A（或 B）持有，此時，僅現實占有票據之人為權利人，票據權利之行使或移轉，僅得由該現實占有票據之人單獨為之。

受款人通常為發票人以外之第三人，票據法第二十五條第一項規定：「發票人得以自己或付款人為受款人，並得以自己為付款人。」可見，本法亦許發票人與受款人為同一人，此種以發票人自己為受款人之匯票，稱為「指己匯票」或「己受匯票」。例如賣方 A 與買方 B，甚具信用關係，當買方 B 向賣方 A 購物之時，賣方 A 即得簽發匯票乙張，以賣方 A 自己為受款人，以買方 B 為付款人，經由付款人 B 承兌之後，再將該票據輾轉流通即是。例如 A 在匯票上記載「憑票祈於 1990 年 10 月 10 日付 A 新臺幣壹百萬元整。此至 B 發票人 A（印）

發票年月日 1990 年 8 月 8 日」。再經 B 承兌後由 A 保留，然後再於到期日或其後兩日內向 B 請求付款即是。

⑵發票地

發票地〔英：place of issue；日：振出地（ふりだしち）；德：Ausstellungsort；法：lieu de creation〕者，乃指形式上記載於票據上之發票地域也。因此，發票地之記載，僅為發票人意思表示之內容，而非事實之記錄，縱然記載於票據上之發票地與實際之發票地不符，亦不影響票據之效力，而應以記載於票據上之發票地為準。例如實際之發票地為「臺北市」，而記載於票據上之發票地為「高雄市」，該票據仍然有效。

發票地之記載，具有決定票據行為準據法之作用，例如英國票據法第七十二條規定，發行匯票未貼有印花者，其匯票無效，而在我國則無此規定，今有某張匯票未貼印花，依照英國票據法應為無效，依照我國票據法應為有效，此時應以何國之票據法為準據法，則應依發票地之記載以為判斷也。因發票地之記載在法律上甚具實益，故法律規定為必要記載事項之一，但若未記載時，法律另有補充規定，故發票地之記載僅為相對必要記載事項。「未載發票地者，以發票人之營業所、住所或居所所在地為發票地。」（§24 V、§120 IV、§125 III）

發票地之記載，通常多以最小之獨立之行政區域為之，例如「臺北市」、「臺南市」即是。惟在解釋上並不以此為限，其僅記載國名例如「日本國」、「大韓民國」、「美國」者，亦非無效。因此種國名之記載，於決定何國之準據法時，甚有實益也。

發票地僅能為單數之記載，其在票據上記載數個不同之發票地者，國內某些學者認為，因其有害票據之同一性，自非合法，應將之解為無效之票據。例如林咏榮教授即謂：「在同一票據上記載數個不同之發票地者，則有害於票據之同一性，自非合法，應以『無效』解釋之。」❸❷惟吾人以為，記載數個不同之發票地者，雖然有違發票地單數記載之原則，但尚未違反票據之本質或票據絕對必要記載之事項，故該票據尚不致流於全部無效，

❸❷　林咏榮，《商事法新詮（下）》，五南圖書出版公司，1989 年 4 月再版，p. 118。

而應僅該「數個發票地之記載」無效，而應視為未記載發票地，而應以發票人之營業所、住所或居所所在地為發票地而已（§24 V、§120 IV、§125 III）。

3.得記載之事項

得記載之事項者，亦稱任意記載之事項，乃指記載與否聽任當事人之自由，但一經記載即發生票據效力之事項也。得記載之事項，僅以票據法有明文規定者為限，凡票據法規定中有「得記載」之字樣者，皆為得記載之事項。再者，票據法施行細則第十四條規定：「依本法得為特約或約定之事項，非載明於票據，不得以之對抗善意第三人。」由此規定，吾人可知，得記載之事項，必須載明於票據之上，始得對抗善意第三人。

茲將票據法中有關得記載事項之規定，姑舉數條於下，以為例示：

⑴利　息

票據法第二十八條規定：「I 發票人得記載對於票據金額支付利息及其利率。II 利率未經載明時，定為年利六釐。III 利息自發票日起算。但有特約者，不在此限。」

⑵禁止背書

票據法第三十條第二、三項規定：「II 記名匯票發票人有禁止轉讓之記載者，不得轉讓。III 背書人於票上記載禁止轉讓者，仍得依背書而轉讓之。但禁止轉讓者，對於禁止後再由背書取得匯票之人，不負責任。」

⑶付款處所

票據法第五十條規定：「付款人於承兌時，得於匯票上記載付款地之付款處所。」

⑷平行線

票據法第一三九條規定：「I 支票經在正面劃平行線二道者，付款人僅得對金融業者支付票據金額。II 支票上平行線內記載特定金融業者，付款人僅得對特定金融業者支付票據金額。但該特定金融業者為執票人時，得以其他金融業者為被背書人，背書後委託其取款。III 劃平行線支票之執票人，如非金融業者，應將該支票存入其在金融業者之帳戶，委託其代為取款。IV 支票上平行線內，記載特定金融業者，應存入其在該特定金融業者

之帳戶，委託其代為取款。∨劃平行線之支票，得由發票人於平行線內記載照付現款或同義字樣，由發票人簽名或蓋章於其旁，支票上有此記載者，視為平行線之撤銷。但支票經背書轉讓者，不在此限。」

4.不得記載之事項

不得記載之事項者，乃指不得於票據上記載，否則不但該記載無法發生票據上之效力，甚或導致該票據歸於無效之事項也。不得記載之事項，依其效果之不同，尚可分為下列三種：

(1)不生票據上效力之事項

不生票據上效力之事項者，乃指其記載或可發生民法上之效力，但無法發生票據上效力之事項也。票據法第十二條規定：「票據上記載本法所不規定之事項者，不生票據上之效力。」例如票據上除記載給付新臺幣伍拾萬元整尚附加黃金貳拾兩，該黃金貳拾兩部分，不生票據上效力，但非絕對不生民法上之效力。又如支票不適用票據法上保證之規定，故於支票上為保證之票據行為者，不生票據法上保證之效力，惟若該保證合乎民法規定時，亦得發生民法上之效力。

(2)記載無益之事項

記載無益之事項者，亦稱記載無效之事項，乃指縱然記載之亦不發生任何效力之事項也。「記載無效之事項」與前述「不生票據上效力之事項」不同，前者不生任何效力，後者僅不生票據上之效力而已，至於民法上之效力，只要符合規定，尚無礙其發生。記載無效之事項，若記載之，僅該記載本身無效，至於票據之效力，則不因之而受影響。

凡票據法規定中，載有「視為無記載」或「其記載無效」之字樣者，皆為記載無益之事項。例如票據法第三十六條規定：「就匯票金額之一部分所為之背書，或將匯票金額分別轉讓於數人之背書，不生效力，背書附記條件者，其條件視為無記載。」又如票據法第二十九條第三項規定：「匯票上有免除擔保付款之記載者，其記載無效。」此外尚有在解釋上，應將之解為記載無效之事項者，例如劃平行線之制度，僅支票有之，若於匯票或本票上劃平行線，該「劃平行線」之記載，應屬記載無效之事項，不生票據

上之效力（1945 年院字第 2830 號）。因民法或其他法律亦無劃平行線之規定，所以亦不發生民法上或其他法律上之效力。易言之，若於匯票或本票上劃平行線，其結果並未發生任何法律上之效力。

(3)記載有害之事項

記載有害之事項者，亦稱「記載則票據無效之事項」，乃指若記載之則票據歸於無效之事項也。凡違反票據本質或票據要件之事項（絕對必要記載事項），多屬記載有害之事項。例如無論匯票、本票或支票，均應為無條件支付，若支付委託附以條件或限定付款之方法，因違反票據「無條件支付之委託」之本質，若予記載，則將使該票據歸於無效也。「有條件支付之委託」之記載，支付委託之附記條件者，因已違反票據本質或票據要件（絕對必要記載事項），導致該票據全部歸於無效；此與票據法第三十六條「背書附記條件者」不同，「背書附記條件者，其條件視為無記載。」僅該條件視為無記載而已，該背書仍然有效，當然該票據不全部歸於無效。

(二)簽　名

簽名〔英：signature；日：署名（しょめい）；德：Unterschrift；法：signature〕者，乃指當事人基於願意負擔法律責任之意思，將其姓名記載在文書上之行為也。我國及日本民法常將之稱為署名，簽名為法律行為之一種，簽名人一旦在某文書上簽名，即應負擔某種法律上之責任。票據上之簽名，乃指票據行為人將其自己之姓名簽寫於票據之行為也。

票據行為乃要式行為，票據行為人在票據上所為之行為，均以簽名為有效及負責之共通要件，亦即任何一種票據行為，均以簽名為成立要件。任何票據行為未經簽名，縱然其他實質要件、形式要件均已具備，亦無法發生效力，票據行為人自無債務可言。票據法第五條規定「I 在票據上簽名者，依票上所載文義負責。II 二人以上共同簽名時，應連帶負責。」即採此旨。惟票據簽名之方式，因自然人或法人而略有不同，茲簡述如下：

1. 自然人之簽名

自然人之簽名，以簽全部姓名為原則。票據上之簽名未簽全名者，是否發生簽名之效力？對此，吾人以為，此之所謂簽名，不以簽全名為必要，

如僅簽姓或名者，亦生簽名之效力。而且簽名所用之名稱，不必限於真實之姓名，只須足以表明簽名者本人之文字記載即可，因此其以簽名者一般之通稱，如別名、筆名、藝名、雅號、渾名簽署者，亦能發生簽名之效力。

對於此點，實務界亦認為不以簽全名為必要。例如 1975 年 7 月 8 日，最高法院 1975 年度第 5 次民事庭庭推總會決議：「所謂簽名，法律上並未規定必須簽其全名，且修正前票據法第六條更規定，票據上之簽名得以畫押代之，僅簽姓或名，較畫押慎重，足見票據上之簽名，不限於簽全名，如僅簽姓或名者，亦生簽名之效力。至於所簽之姓或名，是否確係該人所簽，發生爭執者，應屬舉證責任問題（依臺北市銀行商業公會 1975.2.27 會業字第 0138 號復函，實務上關於票據上之簽名，雖非簽全名，而能證明確係出於本人之意思表示者，仍承認其效力）。」

票據法第六條規定：「票據上之簽名，得以蓋章代之。」因此在票據上簽名或蓋章，二者如具其一，即可生效（最高法院 1983 年臺上字第 474 號判決）。惟此之蓋章，須該圖章為票據行為人所有，且其蓋章須出自票據行為人之意思而為之，始生「代替簽名」之效力。若圖章為他人所盜用或盜刻而蓋之者，則其蓋章非出自票據行為人之意思表示，應不生代替簽名之效力。至於圖章之材質及形式，本法並無特別之規定，故此之所謂圖章，不以票據行為人之印鑑或通常使用之印章為限，其以現成之戳記或戳條蓋之，亦無不可。惟在金融實務上認為，以鉛字組成條戳形式之組合章或以橡皮作成之簽名章均不得作為印鑑使用。因以鉛字組成條戳形式之組合章，可拆可合，未具固定之形體，不具印信之意義，不認為印章。以橡皮作成之簽名章，蓋印之時，常因用力之輕重而影響形體，缺乏印信之意義，故亦不認為印章。惟為保護執票人計，發票人以鉛字組成條戳形式之組合章或以橡皮作成之簽名章簽發票據時，仍應負發票人之票據責任❸。

---

❸　周金芳，《最新票據法論與實用》，自行出版，三興彩色印刷廠印刷，1977 年 10 月印行，p. 35。

梁宇賢，《票據法實例解說》，自行出版，益誠彩色印刷有限公司印刷，1993 年 9 月增訂 5 版，p. 56。

民法第三條第三項規定：「如以指印、十字或其他符號代簽名者，在文件上，經二人簽名證明，亦與簽名生同等之效力。」此項規定是否可適用於票據行為？亦即票據上之簽名，是否可以畫押、捺指印代之？例如支票之背書僅畫押、捺指印，是否可生背書之效力？吾人以為不可，其理由如下：

⑴票據法第六條僅規定「票據上之簽名，得以蓋章代之。」在票據上畫押、捺指印等行為，應屬票據法所未規定之記載，不生票據上之效力（§12）。

⑵在實際上，無再允許以畫押、捺指印代替簽名之必要。因目前教育十分普及，文盲甚少，使用票據而無法自簽其名者，殊不多見。何況無法自簽其名者，亦得以蓋章代替簽名，已足救濟其無法簽名之缺陷。

⑶就現行票據法之立法旨趣言之，畫押、捺指印應不得代替簽名。1973年修正前之票據法規定：「票據上之簽名，得以蓋章或畫押代之。」（1960年版之第六條、1929年版之第三條）惟於1973年修正後之票據法則僅於第六條規定：「票據上之簽名，得以蓋章代之。」由此可知，現行票據法之立法主旨，乃在排除民法第三條第三項之適用。

⑷票據內容，重在迅速確實，捺指印、畫押，須借助機械與特別技能，始能明瞭其異同真偽，一般人無法單憑肉眼加以鑑別，實在有違票據流通之性質。

對此，新竹地方法院1978年4月司法座談會曾經決議：「在支票上捺指印代簽名為背書，是否發生背書之效力？研究結果：不生背書效力。蓋票據債務人，以在票據上簽名或蓋章為必要，蓋捺指印係依指紋以明瞭其異同真偽，非借助於機械與特別技能，無從憑肉眼鑑別，與票據流通之性質不相容，故1973年5月修正票據法第六條時，已將『畫押』刪除，排除民法第三條第三項之適用。」

再者，簽名係票據行為人願負票據責任之最具體表示，亦為確認票據行為人票據責任之最具體方法，因此票據法第五條第一項規定：「在票據上簽名者，依票上所載文義負責。」惟非以背書轉讓之意思，而簽名於票據背面者，應否負背書人之責任？吾人以為，非以背書轉讓之意思，而簽名於票據背面者，仍不能免除背書人之責任。其理由如下：

⑴票據法第五條第一項規定：「在票據上簽名者，依票上所載文義負責。」由此可知，票據上之簽名，係採形式說，而非採主觀說，故以外觀形式及客觀形式為準，而非以簽名人主觀意思為準。易言之，票據上簽名之效力，應依票據外觀解釋之原則及票據客觀解釋之原則判定之，與當事人之真意無關，縱其記載與事實不符，亦不影響該簽名之效力。因此，凡在票據背面或其黏單上簽名者，只要形式上已合背書之規定，即應負票據法上背書人之責任❸❹。

⑵票據行為解釋之三大原則為：A.票據外觀解釋之原則；B.票據客觀解釋之原則；C.票據有效解釋之原則。票據行為人是否以背書轉讓之意思，而簽名於票據背面或黏單，其內心之意思，實非一般人所能輕易得知，徒因「非以背書轉讓之意思，而簽名於票據」為理由，而免除票據行為人之背書責任，實在有違票據行為解釋之三大原則，票據之流通性勢將蒙受損害。

對此，1974 年 12 月 3 日，最高法院 1974 年度第 6 次民事庭庭推總會曾為如下決議：「在票據上簽名者，依票上所載文義負責，票據法第五條第一項定有明文，凡在票據背面或其黏單上簽名而形式上合於背書之規定者，即應負票據法上背書人之責任。縱令非以背書轉讓之意思而背書，其內心之意思，非一般人所能知或可得而知，為維護票據之流通性，仍不得解免背書人之責任。」

2.法人之簽名

法人之簽名，通常皆以章程所記載且經登記之名稱表示之。惟如前所述，自然人之簽名，不以簽全名為限，亦不以戶籍登記之姓名為限，其以通稱、雅號、筆名、藝名簽署者亦無不可，故法人之簽名，亦不以章程所記載且經登記之名稱為限，其以法人通常之簡稱表示者，亦為有效之簽名。例如台灣塑膠工業股份有限公司，其簡稱為「台塑」；中國鋼鐵股份有限公司，其簡稱為「中鋼」，因此以「台塑」、「中鋼」之簡稱表示者，應屬有效之簽名。

法人為票據行為時是否須經其代表人簽名蓋章？亦即法人之票據行為是否得以代表行使？學界約有下列兩種見解：

---

❸❹ 黃文濱，《票據法要務》，渤海堂文化公司印行，1986 年 12 月初版，p. 28。

⑴代理方式說

主張代理方式說者認為，法人為票據行為時，須由法人之代表人簽名蓋章，並載明代表法人之意旨，方為有效。其理由如下：

A.事實上法人無法自行簽名，其真正簽名者，乃法人之代表機關（董事）或經其授權之代理人，若該代表人或代理人之簽名竟予省略，自不能謂法人已為簽名。

B.若僅有法人之蓋章而無法人代表人或代理人之簽名，必將難以證明該法人之蓋章，是否係經授權，徒增糾紛。因此，為防票據之偽造及代表權、代理權之欠缺，須使法人之代表人、代理人簽名蓋章。

根據代理方式之見解，法人為票據行為時，尤其公司為票據行為時，其票據行為方式，必須具備下列三個要件，即⑷法人名稱之表示；⒝代表或代理法人之意旨；⒞代表人或代理人之簽名或蓋章。因關於法律行為之代表行使，其方式、要件等，原則上不妨皆以代理之方式為準據，故此種必須具備三個要件之票據行為方式，稱為「代理方式」。代理〔英：agency；日：代理（だいり）；德：Stellvertretung；法：représentation〕者，乃指以他人之名義，向第三人為意思表示或由第三人受意思表示，而直接對本人發生效力之行為也（民 §103）。其代為意思表示或代受意思表示之人，稱為代理人 (agent)，其承受意思表示效力之人，稱為本人 (principal)。

⑵代表方式說

主張代表方式說者認為，法人為票據行為時，無須其代表人簽名蓋章，僅須由其代表人記載法人名稱或蓋押法人印章，即可發生簽名之效力。其理由如下：

A.法人與自然人同樣具有權利能力（人格）及行為能力，自然人之蓋章，既然可以代表行使，在理論上法人之蓋章，即無不許代表行使之理。

B.在法律上，代表人之行為既然直接被視為法人本身之行為，代表人之簽名應可直接被視為法人之簽名，故僅由正當之代表人代簽法人之名稱或代蓋法人之印章，即為已足。

根據代表方式說之見解，法人為票據行為時，尤其公司為票據行為時，

其票據行為，僅由代表人代簽法人之名稱或代蓋法人之印章，即為已足。此種方式，稱為「代表方式」，又稱為「代行方式」。代表〔英：representation；日：代表（だいひょう）；德：Repräsentation；法：représentation〕者，乃指某人之行為在法律上直接被視為他人行為之謂也。例如法人之機關（自然人），在其職務範圍內，對外所為之行為，在法律上直接被視為法人之行為，則該機關（自然人）之行為，即為代表法人所為之行為。代表與代理有下列之區別：即(A)代表人之行為，在法律上直接被視為本人之行為，代表人與本人之間，並非兩個獨立而各別之關係。例如在法人之場合，代表人（如董事）與法人是一個權利主體間之關係，是一部與全部之關係。反之，代理人與本人是兩個權利主體間之關係，是兩個獨立且各別之關係。(B)代表人之行為，在法律上直接被視同為本人之行為，無所謂效力歸屬之問題。反之，代理人之行為，並非直接被視為本人之行為，僅在法律上其效力歸於本人而已。(C)代表人之行為，不論是法律行為、事實行為乃至於不適法行為（如侵權行為、債務不履行）均得為之。反之，代理人之行為，則僅限於法律行為及準法律行為。

　　吾人以為，代表方式說似較可採，法人為票據行為時，固可以「代理方式」為之，但不以「代理方式」為限，其以「代表方式」為之者，亦無不可。易言之，法人為票據行為時，不必限其代表人親自蓋章，僅須由其代表人記載法人名稱或蓋押法人印章，即可發生簽名之效力。因對於法人之本質，通說採法人實在說，認為法人亦有行為能力，其所為之法律行為得單獨以法人之名義為之，票據行為既為法律行為之一種，自亦得單獨以法人之名義為之，其代表人所為之行為，即視為法人所為之行為，故不必由其代理人依據代理之法理為之。

　　對此，實務界亦採代表方式說之見解。例如1981年5月19日，最高法院1981年度第13次民事庭庭推總會決議：「商號名稱（不問商號是否為法人組織）既足以表彰營業之主體，則在票據背面加蓋商號印章者，即足生背書之效力，殊不以另經商號負責人簽名蓋章為必要。除商號能證明該印章係出於偽刻或被盜用者外，要不能遽認未經商號負責人簽名或蓋章之

背書為無效。」最高法院 1987 年臺上字第 68 號亦曾做出相同內容之判決。

如上所述，法人為票據行為時，不必限其代表人親自蓋章，僅須由其代表人記載法人名稱或蓋押法人印章，即可發生簽名之效力。因此，公司發行本票，若僅由公司負責人蓋用公司印章，而未由公司負責人簽名或蓋用印章時，該簽名仍為有效之簽名。如公司負責人僅捺指印者，其效力又如何？如前所述，公司負責人若以「代理方式」為之者，法人之簽名必須具備下列三個要件，即 1.法人名稱之表示； 2.代理法人之意旨； 3.代理人之簽名或蓋章。代理人之簽名，固不以簽全名為必要，惟票據之內容，重在迅速確實，而捺指印必須借助機械或特別技能，始能明瞭其異同真偽，有違票據之流通性質，故公司負責人僅捺指印者，應不生簽名之效力。公司負責人若以「代表方式」為之者，如前所述，法人為票據行為時，僅須由其代表人記載法人名稱或蓋押法人印章，即可發生簽名之效力。公司負責人是否簽名其上，無關宏旨，只要已載公司名稱或已蓋公司印章，縱然公司負責人僅捺指印，亦生公司簽名之效力也。

公司之董事 A，代表公司 B 以自己為受款人所發行之票據是否有效？吾人以為，法人負責人若以「代表方式」為之者，如前所述，代表人所為之票據行為在法律上直接被視為法人之行為，因此本件票據之發票人仍為公司 B，而票據之受款人則為 A，在法律上係屬完全不同之二人格，其發票行為，若無違反公司法董事競業禁止之規定（公§209）及票據法上其他無效之規定時，應即認為合法有效之發票行為。

以上法人之簽名方式，對於非法人之團體，亦應有其適用，非法人團體之代表人（理事），亦得依照前述法人之簽名方式，代表法人簽名。至於合夥之票據行為，因全體合夥人對於債務須負連帶責任（民§681），故合夥為票據行為時，理應由全體合夥人共同簽名，始能發生連帶責任（§5），惟若貫徹此等原則，對於票據內容之迅速確實，難免發生不良之影響，故習慣上，凡由具有代表權之合夥代表人以前述之代理方式為之，亦即在票據上載明代理之意旨，並加以代理人之簽名或蓋章者，即可認為合法有效之票據行為。其以前述之代表方式為之，亦即僅由執行合夥事務之合夥人或

具有代表權之合夥代表人，以合夥代表人之身分簽發票據時，其簽發票據之行為，對於其他合夥人仍屬有效。

三、票據之交付

票據行為之成立，除具備上述形式要件及實質要件之外，是否尚須為票據之交付？易言之，票據之交付是否為票據行為之成立要件？對此問題，因票據行為性質學說之不同而不同。

㈠單獨行為說中之創造說

主張單獨行為說中之創造說者認為，票據書面記載完成之時，票據行為即告成立，毋庸另有「交付」之行為。

㈡契約說及單獨行為說中之發行說

主張契約說及單獨行為說中之發行說認為，「交付」為票據行為成立之要件，票據非經交付，則票據行為尚未完成，該票據行為仍為無效。

有關票據行為之性質，請參照第二章第三節第一款「票據行為之概念」之敘述，於此不再重複說明。如前所述，吾人認為似以「單獨行為說之發行說」為當，故票據之交付應為票據行為之成立要件。

今設有某甲製作一紙具備法定應記載事項並已蓋章之本票，於交付受款人乙之前，因不小心而遺失，A 拾得後偽造乙背書讓與善意而無重大過失之丙。試問：1.甲之發票行為是否已完成？ 2.丙得否依票據法第十四條第一項之規定向甲行使票據權利？

就此問題，吾人以為：

1. 甲之發票行為是否已完成？

甲之發票行為是否已完成，須視就票據行為之性質採何學說而定。茲簡述如下：

(1)契約行為說

契約行為說又可分為下列兩種：

A.單數契約說

主張單數契約說者認為，票據行為屬於一個契約，發票人雖僅為一個

票據行為，成立一個契約，但發票人對其相對人以外之取得票據者仍須負擔債務責任。易言之，發票人之發票行為，即屬發票人欲與相對人之後手簽訂契約之意思表示，因此發票人亦可能與該相對人之後手發生票據關係。依單數契約說之見解，票據行為之完成，必須具備下列要件：即 1.票據之作成（簽名及記載）； 2.票據之交付； 3.就票據之交付，當事人之意思表示必須一致（票據行為人有將票據交付相對人之要約意思表示而該相對人亦有收受該票據之承諾意思表示）。

　　B.複數契約說

　　主張複數契約說者認為，票據行為屬於複數契約，票據債務人對於其相對人受款人以外之多數票據債權人仍須負擔債務責任，乃因票據債務人對各票據債權人均分別有其契約存在之故。因此發票、背書、保證等應為不同之契約。

　　契約行為說之優點為，較符合民法上法律行為之一般原則；而其最大缺點則在於較無法保護交易安全，妨礙交易流通。若依契約行為說，「交付」應為行為成立之要件，票據作成之後，若於尚未交付之前，發生盜難或遺失，因票據行為尚未成立，發票人應不必負責。

　　(2)單獨行為說

　　單獨行為說又可分為下列兩種：

　　A.創造說

　　主張創造說者認為，票據行為係屬以票據行為人之簽名為票據債務成立要件之單獨行為，票據行為人一旦在票據上為意思表示（簽名），票據行為即告成立，毋庸另有「交付」之行為。易言之，依創造說之見解，票據權利係因「發票人作成票據」而創設，票據之交付僅在讓其相對人持有票據而已，因此只要票據作成（簽名及記載）完畢，票據行為即告完成，該票據縱非基於發票人之意思表示而交付，發票人亦應負擔票據責任。

　　B.發行說

　　主張發行說者認為，票據行為固屬以票據行為人之簽名為票據債務成立要件之單獨行為，惟僅票據行為人在票據上為意思表示（簽名），票據行

為尚未足以完成，必須另有基於票據行為人之意思所為之「交付」行為，票據行為始能成立。依此單獨行為發行說之見解，票據行為之成立要件為1.票據行為人在票據上為意思表示（簽名）；2.票據債務人須將票據交付於票據債權人。此與前述之契約行為說有點類似，惟依前述之契約行為說，在作成票據時，當事人之意思表示須相互一致；而依單獨行為發行說，在作成票據時，當事人之意思表示則無須相互一致，只要票據行為人在票據上為意思表示（簽名）即可，不以相對人之承諾為必要。再者，依單獨行為發行說之見解，就票據行為之完成，原則上固然包括票據之作成（簽名及記載）及票據之交付，非基於發票人之意思而為他人占有時（例如遺失被拾得），發票人原本無須負擔票據責任，但為保護善意之執票人，以助長票據流通，往往例外承認該占有之效力，發票人對於該善意執票人，仍須負擔票據責任。

契約行為說與單獨行為說各有利弊，一般而言，英、美之學者較傾向於契約行為說，而日、德之學者較傾向於單獨行為說。我國學術界之通說，採單獨行為說之發行說。

2.丙得否依票據法第十四條第一項之規定向甲行使票據權利？

(1)學界通說之見解

票據法第十四條規定：「I 以惡意或有重大過失取得票據者，不得享有票據上之權利。II 無對價或以不相當之對價取得票據者，不得享有優於其前手之權利。」依票據法第十四條第一項之反面解釋，善意且無重大過失自無處分權人受讓取得票據者，仍得享有票據上之權利。在本設例中，本票上雖有 A 偽造乙之背書，但票據法第十五條規定：「票據之偽造或票據上簽名之偽造，不影響於真正簽名之效力。」

就票據之性質，我國學界之通說採「單獨行為說中之發行說」，認為就票據行為之完成，原則上包括票據之作成（簽名及記載）及票據之交付，票據非因發票人之意思而為他人占有時，發票人原不必負擔票據責任，但為保護善意之執票人，以助長票據之流通，乃例外承認，發票人對於善意之執票人，仍須負擔票據責任。依此，根據實務界及學界通說之見解（「單

獨行為說中之發行說」），本設例之執票人丙，得依票據法第十四條第一項之規定向甲行使票據權利，甲對丙應負發票人之責任，但依票據法第十四條第二項之規定，丙必須以相當於票面金額之對價取得票據，否則丙仍無從取得票據上之權利。

(2)少數說之見解

國內某些少數學者（例如輔大之李欽賢教授），採契約行為說之見解，其理由為，票據行為既係法律行為之一種，而票據法又無特別規定，自應依一般原則認其性質為契約行為。依契約行為說之見解，票據行為之完成，除票據之作成（簽名及記載）外，尚包括票據之交付及票據交付之意思表示一致。因此本設例之執票人丙，不得依票據法第十四條第一項之規定向甲行使票據權利。其理由大約如下：

A.在「票據非因發票人之意思而為他人占有」之場合，非屬善意取得之問題

善意取得制度乃在處理權利歸屬之問題,因此須先發生效力,「有權利」之後，始有權利歸屬之問題。若依契約行為說之見解，因票據尚未交付，尚無權利，尚無處理權利歸屬之問題，非屬善意取得之問題。

B.在「票據非因發票人之意思而為他人占有」之場合，應用「權利外觀理論」解決

「權利外觀理論」之構成要件為 1.有權利外觀事實之存在； 2.本人就權利外觀事實之存在具有可歸責性； 3.第三人為善意無重大過失。因此，若採契約行為說之見解，票據非因發票人之意思而為他人占有時，欲使發票人例外地負擔票據責任，必須下列要件，即 1.票據行為人有原因行為； 2.票據行為人就該原因事實具可歸責性;3.執票人係屬善意而無重大過失。在本設例中，甲既已蓋章，已具「權利外觀事實之存在」之要件；票據係因不小心而遺失，已具「本人就權利外觀事實之存在具有可歸責性」之要件；丙又是善意而無重大過失，已具「第三人為善意無重大過失」之要件，因此本設例之執票人丙得依「權利外觀理論」向甲行使票據權利，而非依票據法第十四條第一項「善意取得」之規定向甲行使票據權利。

　　吾人以為，似應以學界之通說，採單獨行為說之發行說為當。其理由如下：

　　⑴觀諸本法第二條、第三條、第四條對各種票據之定義中，均有「簽發」之字樣，含有「作成及發行」雙層之意義。例如在發票行為中，發票僅作成票據，尚未足以完成，必須發票人更將該票據交付於受款人始可❸❺。因此票據行為之有效成立，除應於票據上為合法之記載外，尚須將該票據交付於其相對人。

　　⑵票據法第五十一條規定：「付款人雖在匯票上簽名承兌，未將匯票交還執票人以前，仍得撤銷其承兌。」由此規定，吾人可知，承兌以交還匯票於執票人為生效要件，在未交還（交付）之前，承兌尚無效力之可言。因此票據行為之有效成立，除應於票據上為合法之記載外，尚須將該票據交付於其相對人。惟本條之「撤銷」，似係撤回或塗銷之誤。撤回者，乃指對於尚未發生效力之法律行為，阻止其發生效力之意思表示也。撤銷者，乃指對於已經發生效力之法律行為，使其效力溯及地歸於消滅之意思表示也。與撤回之對於尚未發生效力之法律行為，阻止其發生效力者不同。因在交付票據之前，承兌這個票據行為尚未成立，法律行為之意思表示尚未到達，應是「撤回」，而非「撤銷」。

　　⑶實務界亦肯定此種見解。1978 年 6 月 6 日最高法院 1978 年度第 6 次民事庭庭推總會議決議：「支票發票人票據債務之成立，應以發票人交付支票於受款人完成發票行為之時日為準，至支票所載發票日期，僅係行使票據債權之限制，不能認係票據債務成立之時期。」可見我國實務界，關於票據債務之成立，採單獨行為說之發行說。

　　⑷票據遺失或被盜時，依票據法第十八條、第十九條規定，須依公示催告之程序解決；依票據法第十四條之反面解釋，善意之票據取得人，可享有票據上之權利，此等規定乃屬發行說之例外規定❸❻。

---

❸❺　鄭玉波，《票據法》，三民書局印行，1991 年 8 月第 4 刷，p. 89。

❸❻　梁宇賢，《票據法新論》，自行出版，益誠彩色印刷有限公司印刷，1994 年 3 月初版，p. 37。

第四節 空白授權票據

第一款 空白授權票據之概念

一、空白授權票據之意義

空白授權票據〔英：inchoate instrument；日：白地手形（しらじてがた）；德：Blankowechsel；法：lettre de change en blanc〕者，亦稱未完成票據，乃指票據行為人預行簽名於票據上，而將票據上應記載事項之全部或一部，授權於他人補充完成之未完成票據也。

空白授權票據係屬有意識（故意）之未完成票據，與無意識（疏忽）之不完全票據不同。不完全票據，係指票據行為人已記載完成，但欠缺票據法法定絕對必要記載事項之全部或一部，以致歸於無效之票據而言（§11 I）。不完全票據，將來並無成為完全票據之可能性。反之，空白授權票據，係屬附補充權之未完成票據，雖與不完全票據同為欠缺法定要件之票據，但將來得因其欠缺要件之補充，有成為完全票據之可能性。易言之，空白授權票據，係屬以欠缺要件之補充為停止要件，於此停止條件成就時發生票據上權利之票據。

某些學者認為，空白授權票據與空白票據之意義不同。例如梁宇賢教授即謂：「空白授權票據，以與社會上俗稱之空白票據，有所不同。空白票據，係指印妥票據格式之用紙而言，例如坊間書店所出售之空白本票，以及金融業者，為便利其客戶所印妥之空白支票等即是。此等空白本票及空白支票，既無發票人之簽章，亦無票據應記載之事項，故尚非屬於票據。」[37] 惟一般學者多認為，自銀行所領取之支票簿，只能稱為支票用紙，不能稱為空白票據，空白票據係空白授權票據之簡稱。例如施文森教授即謂：「空

---

[37] 梁宇賢，《票據法實例解說》，自行出版，益誠彩色印刷有限公司印刷，1993 年 9 月增訂 5 版，p. 84。

白票據亦稱空白授權票據。」❸林咏榮教授亦謂：「空白授權票據簡稱空白票據或未完成票據。」❹陳世榮教授亦主張：「所謂空白票據乃指業經簽名或蓋章而未記載完成之票據而言。」❹

二、空白授權票據之利弊

空白票據之授權記載者，乃指票據行為人預行簽名於票據上，而將票據上應記載事項之全部或一部，授權於他人補充記載完成之謂也。關於空白授權票據之效用以及弊端，分析如下。

㈠空白授權票據之效用

空白授權票據之效用，亦即空白授權票據之優點，有下列幾點：

1. 在金融上及經濟上易達成融資之目的

我國銀行界於辦理授信業務時，習慣上常向債務人索取票據，作為金錢借貸之擔保或清償方法，如授信當時無法預知確定到期日，此時若由借款人簽發空白授權票據，授權銀行填載日期，堪稱甚為方便，故空白授權票據之使用，在金融上及經濟上易達成融資之目的。

2. 在商業交易上易達票據流通簡易化之目的

空白授權票據之利用，乃因我國近年來，經濟繁榮，貿易活躍，當事人間基於事實之需要，對於票據上部分應記載事項，或因無法即時確定，須俟日後確定始能補充者，此時若能允許票據行為人預行簽名於票據上，而將票據上應記載事項之全部或一部，授權於他人補充記載完成，當可減輕交易上之困難，故空白授權票據之使用，在商業交易上易達票據流通簡易化之目的。

3. 未載發票日之票據足以阻止時效之進行

未載發票日之空白授權本票、匯票，可免罹於短期時效，而致票據權

---

❸　施文森，《票據法新論》，自行出版，總經銷三民書局，1990 年修訂 3 版，p. 36。

❹　林咏榮，《商事法新詮（下）》，五南圖書出版公司，1989 年 4 月再版，p. 44。

❹　陳世榮，《票據法實用》，自行出版，國泰印書館有限公司承印，1988 年 3 月修訂版，p. 49。

利消滅（§22）**❹**。未載發票日之空白授權本票，若由銀行補充記載，則對背書人不易喪失追索權，故未載發票日之票據足以阻止時效之進行**❷**。

㈡空白授權票據之弊端

空白授權票據之使用，亦可能發生下列弊端：

1. 空白授權票據之使用，易致發票人受累無窮

當補充權人恣意填寫票據金額時，因票據債務人不得以未依授權意旨記載之理由，對抗善意執票人（§11 II），故空白授權票據之使用，易致發票人受累無窮。

2. 空白授權票據之使用，易致空頭支票之增加

當補充權人任意填寫到期日時，因發票人無法預知存款之有無，常常導致退票之損失，因此空白授權票據之使用，易致空頭支票之增加。

三、空白授權票據之是否有效

1973 年修正前之舊票據法第十一條規定：「欠缺本法所規定票據上應記載事項之一者，其票據無效。但本法別有規定者，不在此限。」由此規定，吾人可知，舊票據法並未承認空白授權票據。惟因近年來工商發達，貿易繁盛，當事人間基於事實之需要，對於本法所規定票據上應記載之事項，

---

❹ 票據法第二十二條規定：「I 票據上之權利，對匯票承兌人及本票發票人，自到期日起算；見票即付之本票，自發票日起算；三年間不行使，因時效而消滅；對支票發票人自發票日起算，一年間不行使，因時效而消滅。II 匯票、本票之執票人，對前手之追索權，自作成拒絕證書日起算，一年間不行使，因時效而消滅；支票之執票人，對前手之追索權，四個月間不行使，因時效而消滅；其免除作成拒絕證書者，匯票、本票自到期日起算；支票自提示日起算。III 匯票、本票之背書人，對於前手之追索權，自為清償之日或被訴之日起算，六個月間不行使，因時效而消滅。支票之背書人，對前手之追索權，二個月間不行使，因時效而消滅。IV 票據上之債權，雖依本法因時效或手續之欠缺而消滅，執票人對於發票人或承兌人，於其所受利益之限度，得請求償還。」

❷ 黃川口，《票據法要論》，自行出版，宜達電腦排版有限公司，1991 年 4 月修訂 3 版，pp. 57, 58。

無法立時決定，須俟日後始能補充者，在實務上乃屬常有之事。例如日商 A 欲向臺商 B 購買電子產品一批，其價格須俟臺商 B 返回臺灣之後，始能決定，若 AB 相互信賴，A 可簽發空白授權支票一紙，交付與 B，將票據金額保留空白，授權 B 俟貨物價金確定時，再將票據金額補充之，如此空白授權票據之授受，於當事人之雙方，可謂相當方便。

基於經濟繁榮過程中之事實需要，1972 年 2 月行政院向立法院提出之票據法修正草案中，將舊法之第十一條修正為：「I 欠缺本法所規定票據上應記載事項之一者，其票據無效。但本法別有規定或發票人於發票時授權補充記載完成者，不在此限。II 前項經授權補充記載完成之票據，票據債務人不得以未依授權意旨記載之理由，對抗善意執票人。」其修正理由，即謂：「茲擬仿日內瓦統一票據法及英美票據法例，改採空白授權記載主義，以資適應，並明文限制票據債務人之抗辯權，以保障善意第三人之利益。」由此內容，吾人可知，行政院之票據法修正草案，承認空白授權票據之存在，應無疑義。

惟上述草案於立法院司法、財政、經濟三委員會聯席會議上，並未被採納。其後行政院將該草案撤回，另提報立法院聯席會修正草案，修正草案第十一條第一項、第二項之規定內容為：「I 欠缺本法所規定票據上應記載事項之一者，其票據無效。但本法別有規定者，不在此限。II 執票人善意取得已具備本法規定應記載事項之票據者，得依票據文義行使權利；票據債務人不得以票據原係欠缺應記載事項為理由，對於執票人，主張票據無效。」其修正理由謂：「第一項維持現行條文。第二項防止票據債務人對於所簽發欠缺記載之票據任意主張無效，以維持執票人之權益。」立法院照修正草案之內容，三讀通過，即為現行票據法之規定❹❸。

因現行票據法第十一條第二項僅規定為：「執票人善意取得已具備本法規定應記載事項之票據者，得依票據文義行使權利；票據債務人不得以票據原係欠缺應記載事項為理由，對於執票人，主張票據無效。」此項規定，

---

❹❸ 梁宇賢，《票據法新論》，自行出版，益誠彩色印刷有限公司印刷，1994 年 3 月初版，pp. 68, 69。

並無任何文字明白記載有關空白授權票據之意義，因此現行法是否承認空白授權票據，實務界之判決，前後不一，學界之見解，亦眾說紛紜，莫衷一是。茲簡述如下：

㈠肯定說

　　主張肯定說者認為，我國現行票據法承認空白授權票據之存在。例如鄭洋一教授即謂：「立法院修正後之條文，雖未將發票人得將空白票據授權他人補充記載之意旨明定於條文，然由其修正理由觀之，實有意承認空白授權票據之合法地位，僅文字上之表現似較不明確而已，自不能以修正本條之立法技術不如行政院原修正案條文之簡潔明瞭，而否定之。」❹主張肯定說者，其所持之理由，大致如下：

1.現行法之文義雖與行政院原修正草案不同，但其立法之意旨則屬相同

　　1973年修正後之條文，雖未將發票人得將空白票據授權他人補充記載之意旨明定於條文，然由其修正理由觀之，實有意承認空白授權票據之合法地位，僅文字上之表現似較不明確而已，吾人自不能以修正本條之立法技術不如行政院原修正草案條文之簡潔明瞭，而否定之。

2.將票據法第十一條第二項解為承認空白授權票據之存在，始能與票據法第十四條相呼應

　　票據法第十四條第一項規定：「以惡意或重大過失取得票據者，不得享有票據上之權利。」根據此規定之反面解釋，吾人可知，執票人非以惡意或重大過失取得票據者，亦能善意取得。易言之，以善意取得票據者，得享有票據上之權利。若將票據法第十一條第二項解為不承認空白授權票據之存在，主張票據無效，則將變成「無效之票據亦能善意取得」（非以惡意或重大過失取得已經確定無效之票據者，亦得享有票據上之權利）之狀態，在法理上實在難以自圓其說。

---

❹　鄭洋一，《票據法之理論與實務》，自行出版，總經銷三民書局，文太印刷有限公司印刷，1993年1月修正18版，p.93。

3. 為適應工商發展之需要，減少當事人無謂之爭執，有承認空白授權票據存在之必要

目前工商發達，當事人間基於事實之需要，對於本法所規定票據上應記載之事項，無法立時決定，須俟日後始能補充者，在實務上乃屬常有之事。為強化交易安全之保護，促進票據之流通，吾人實在不宜故步自封，而應效法日內瓦國際統一票據法及英美立法例，承認空白授權票據之存在。

4. 票據法施行細則已有空白授權票據之規定

票據法施行細則第五條第四項規定：「通知止付之票據如為業經簽名而未記載完成之空白票據，而於喪失後經補充記載完成者，準依前兩項規定辦理，付款人應就票載金額限度內予以止付。」票據法施行細則既已使用「空白票據」一詞，並就其止付明文規定，足見票據法施行細則已經承認「空白票據」。細則〔英：detail regulation；日：施行規則（しこうきそく）〕者，乃指以執行特定法規為目的而制定之詳細施行規則也。細則，多由執行機關根據執行命令權而頒布之，屬於命令性質。例如：「保險法施行細則」、「非訟事件法施行細則」。若不將票據法第十一條第二項解為承認空白授權票據之存在，則將發生命令抵觸法律之現象，票據法施行細則第五條第四項之規定將無存在之餘地。

5. 票據法第十一條第一項並未否定空白票據補充權之存在

票據法第十一條第一項固然規定，欠缺該法所規定票據上應記載事項之一者，其票據無效。但此規定，並未否定空白票據補充權之存在。又空白票據仍為有價證券之一種，並不失其流通性。只要補充之行為，係出於票據行為人之授權，尚難認為該票據無效[45]。

(二)否定說

主張否定說者認為，我國現行票據法不承認空白授權票據之存在。例如李欽賢教授即謂：「肯定說之立論雖均言之成理，但仍有疑義，故本文不贊同此說。現行票據法第十一條第二項，並非空白授權票據之規定。」[46]主

---

[45] 最高法院 1982 年臺上字第 1474 號判決。又最高法院 1981 年臺上字第 2468 號判決、最高法院 1981 年臺上字第 2407 號判決亦然。

張否定說者，其所持之理由，大致如下：

1. 票據法第十一條第一項係屬強制規定

票據法第十一條第一項規定：「欠缺本法所規定票據上應記載事項之一者，其票據無效。但本法別有規定者，不在此限。」此項規定，係屬強制規定，因此除非本法別有規定，否則一旦欠缺本法所規定票據上應記載事項之一者，其票據無效。票據行為人縱與直接相對人之間曾有授權之合意，其合意亦因抵觸法律之強制規定而歸於無效。因此除非本法別有規定，否則空白授權票據之發行應為自始無效。

2. 票據法第十一條第二項僅為保護善意執票人之規定

票據法第十一條第二項規定：「執票人善意取得已具備本法規定應記載事項之票據者，得依票據文義行使權利；票據債務人不得以票據原係欠缺應記載事項為理由，對於執票人，主張票據無效。」此項規定，係屬對於票據債務人抗辯權之限制規定，其目的僅在保護善意之執票人，而非在認許空白授權票據之發行。因此票據行為人與直接相對人之間，縱有授權補充之合意，其合意仍因抵觸票據法第十一條第一項之強制規定而歸於無效。

3. 承認空白授權票據之發行將與票據法第十四條之規定相互抵觸

票據法第十四條第一項規定：「以惡意或重大過失取得票據者，不得享有票據上之權利。」根據此規定之反面解釋，吾人可知，第三人須非以惡意或重大過失取得票據者，始能善意取得。收受欠缺本法所規定票據上應記載事項之票據，在外觀上足以判別而未判別，難謂無重大過失，若使之亦能善意取得，顯與票據法第十四條限於非惡意或重大過失取得票據始得善意取得之規定抵觸。

4. 除非法有明文規定，在票據法上所確立之原則不應隨便破壞

票據行為之要式性（形式要件），本係基於票據文義性所為之規定，其目的乃在強化交易之安全及促進票據之流通，與票據行為獨立性、無因性之規定，具有相同之目的。此等在票據法上所確立之原則，除非法律別有

---

❹⑥　李欽賢，《票據法專題研究(一)》，自行出版，輔仁大學法學叢書編輯委員會編輯，瑞明彩色印刷有限公司印刷，1992 年 8 月 4 版，p. 9。

明確之規定，不應隨便將之破壞。

5.票據法施行細則第五條無法成為票據法之創設規定

雖然票據法施行細則第五條業已使用「空白票據」一詞，並就其止付明文規定，惟票據法施行細則僅屬命令性質，其位階自在票據法之下，票據法施行細則第五條無法成為票據法之創設規定。因此不能因票據法施行細則第五條第四項有「空白票據」之詞句，即謂空白票據為票據法上之票據。所謂空白票據喪失得為止付通知者，似宜解釋為對於付款人「止付之預示」，應待空白票據補充記載完成，始生止付之效果❹。

上述二說，各有優劣。一般而言，肯定說較能適應我國工商發展經濟繁榮社會之需要，卻較缺乏法理之根據；反之，否定說較有法理之根據，卻較不能適應我國工商發展經濟繁榮社會之需要❹。目前學術界，似以肯定說為多數說❹。就目前工商發展之社會需要而言，吾人似有承認空白授權票據存在之必要。其主要理由為：⑴為適應工商發展之需要，實有承認空白授權票據之必要。⑵若採否定說之見解，對於執票人甚易發生「愛之適足以害之」之效果。例如今有某公司須向外國購買原料，而其負責人 A 又不能親自前往，委由其職員 B 前往辦理，並將由 A 簽章之空白授權票據交予 B，授權 B 空白補充權。如此 B 得於各批貨物成交時，分別填入票據金額、發票日期，作為價金之支付，並將之背書轉讓於出賣人 C，C 再將之背書轉讓於 D，此時 D 所得之票據，已是各項要件齊全之票據，理應受到法律之保障。在此情況下，若採否定說，因發票人 A 於發票時，既無票據金額、發票日期之記載，欠缺票據上絕對必要記載事項之記載，該票據應屬無效，且因發票行為係屬基本行為之故，屬於基本行為之發票行為既為無效，其後屬於附屬行為之背書、承兌、參加承兌、保證等票據行為亦將隨之無效，B、C 之背書行為既屬無效，則 D 所持之票據自將無法請求

---

❹ 1979 年 10 月 23 日最高法院 1979 年度第 15 次民事庭會議決議。

❹ 梁宇賢，《票據法新論》，自行出版，益誠彩色印刷有限公司印刷，1994 年 3 月初版，p. 71。

❹ 施文森，《票據法新論》，自行出版，總經銷三民書局，1990 年修訂 3 版，p. 36。

付款，如此否定說之見解，對於執票人，愛之適足以害之，對於強化票據之流通，保護交易之安全，勢將造成不良之影響❺⓪。

現行票據法第十一條之規定，對於空白授權票據未作明確之規定，實為今日學術界、實務界爭論不休之主要原因，因此為使本法關於空白授權票據之規定更行明確，避免學術界、實務界之爭論不休，其根本之解決方法，應在於現行票據法第十一條之修正。來日之修法中，對空白授權票據之效力及其補充權之授與，應作明確之規定。

四、空白授權票據可否公示催告

票據法第十九條第一項規定：「票據喪失時，票據權利人，得為公示催告之聲請。」遺失空白授權票據時，可否向法院為公示催告之聲請？因對於空白授權票據之是否合法有效，尚有肯定說與否定說之爭，故空白授權票據之可否向法院為公示催告之聲請，亦未有定論。

㈠否定說

主張否定說者認為，遺失空白授權票據時，不可向法院為公示催告之聲請。其理由如下：

1.空白授權票據為無效之票據，既為無效之票據，即非證券，自不得依民事訴訟法第五三九條第一項之規定聲請為公示催告❺①。

2.公示催告之目的，不外在催告權利人出來申報權利，空白授權票據既為無效之票據，如何申報？除權判決之目的，不外在宣示證券之無效，空白授權票據既為無效之票據，何待除權判決之宣告？

3.空白授權票據將來是否能補充記載完成，尚處於一種不確定狀態，對於此種尚處於不確定狀態之票據，法院實不宜遽准為公示催告。

㈡肯定說

主張肯定說者認為，遺失空白授權票據時，可向法院為公示催告之聲請。其理由如下：

---

❺⓪　林咏榮，《商事法新詮（下）》，五南圖書出版公司，1989 年 4 月再版，p. 50。

❺①　1979 年 10 月 23 日最高法院 1979 年度第 15 次民事庭會議決議。

1.依票據法第十一條第二項之規定，票據債務人不得以票據原係欠缺應記載事項為理由，對於執票人，主張票據無效。因此遺失空白授權票據時，將來仍有對善意執票人負擔票據債務之可能，故有聲請公示催告之必要，法院對此聲請自應准許。

2.公示催告程序開始後，票據權利人本得依民事訴訟法第五四五條之規定，於法定期間內聲請法院為除權判決，並宣告該喪失之票據為無效。聲請人依該項除權判決，對於票據債務人尚得主張票據上之權利（民訴§565 I）。若採否定說，其因除權判決而得主張票據上權利之實益者，勢將無法依民事訴訟法第五五八條之規定聲請公示催告，如此解釋實非票據法第十九條第一項修正之本旨。

3.現行票據法第十九條第一項並未排除民事訴訟法第五五八條之適用，遺失空白授權票據時，若能向法院為公示催告及除權判決之聲請，使該遺失之空白授權票據歸於無效，使第三人無法善意取得，聲請人其在票上簽名者，得以免除票據債務，其未在票上簽名者，亦得以確保對其前手之原因上權利，頗有公示催告之實益，故公示催告之聲請應為民事訴訟法第五五八條之所許❺❷。

如前所述，肯定說較能適應我國當前工商社會之需要，惟較缺乏法律明確之根據。反之，否定說較無法適應我國當前工商社會之需要，卻較有法理上之支持。

第二款　空白授權票據之成立要件

空白授權票據之成立，必須具備下列要件：

一、須空白授權票據行為人簽名於票據

票據行為人負擔債務之意思表示，必須表現於票據上，因此空白授權票據之行為人必須簽名於票據之上，否則無法成立有效之票據行為。

---

❺❷　陳世榮，《票據法實用》，自行出版，國泰印書館有限公司承印，1988 年 3 月修訂版，p. 53。

二、須票據應記載事項全部或一部有所欠缺

此之所謂「票據應記載事項全部或一部有所欠缺」，或為絕對必要記載事項之欠缺，或為相對必要記載事項之欠缺。若為相對必要記載事項之欠缺，該票據並非自始無效。惟就票據實務而言，所欠缺者多為金額、發票日、到期日等事項而言。

三、須有空白補充權之授與

空白授權票據之成立，必須票據行為人有空白補充權之授與，明示或默示，均無不可。可以言詞為之，亦可以書面為之；以書面為之時，亦可於票據正面記載之，亦可由空白授權票據行為人以補充授權書為之。惟以補充授權書為之者，當空白授權背書移轉時，該補充授權書必須隨同移轉之。因空白補充權具有使未完成之票據變成完全票據之效果，因此此空白補充權之性質應屬於一種形成權。空白補充權之內容，應依票據授受雙方當事人間之合意定之，若無特別合意，應依民法之法理、交易習慣及誠信原則決定之。至於空白補充權之時效，則應依各種票據之消滅時效期間決定之❺❸。

四、須有空白授權票據之交付

空白授權票據之行為人須將具備上述要件之票據交付於相對人，使得成立空白授權票據，否則未交付前，因遺失或盜難等原因而流至他人之手時，仍無法成立空白授權票據。

第三款　空白授權票據之認定標準

空白授權票據之認定標準，約有下列幾種學說：

---

❺❸　鄭洋一，《票據法之理論與實務》，自行出版，總經銷三民書局，文太印刷有限公司印刷，1993 年 1 月修正 18 版，p. 94。

一、主觀說

　　主張主觀說者認為，應以空白簽名人預留第三人補充之意思存在為前提，若無此意思存在，則屬欠缺應記載要件之無效票據，無法成立空白授權票據。

二、客觀說

　　主張客觀說者認為，空白授權票據之決定標準，應就證券本身論之，只要在票據上有空白簽名之外觀存在，即得認為票據行為人有使該票據成為完全票據之期待性存在，無論空白簽名人有無預留第三人補充之意思存在，均得成立空白授權票據。易言之，空白授權票據之決定標準，應就證券本身論之，而與是否空白簽名人有無預留第三人補充之意思無關。

三、折衷說

　　主張折衷說者認為，空白授權票據之決定標準，得就實際情形，選擇主觀說或客觀說之標準以決定之。易言之，空白授權票據之決定標準，得以簽名者之意思為標準，或以票據之外觀為標準，依實際情況以決定之。

　　日本學界以主觀說為通說，日本實務界亦多採主觀說之見解。此乃因日本票據法第十條及日本支票法第十三條明文規定，空白授權票據之成立須以授權為前提之故。但我國票據法並無類似之規定，因此不以授權為前提，在解釋上似乎應以折衷說之見解較為妥當❺❹。

第四款　空白票據行為之性質

　　空白票據行為者，乃指以補充權之授與，以期待完成票據債務為目的

---

❺❹　鈴木竹雄，《手形法・小切手法》，有斐閣，昭和 51 年 3 月 30 日初版第 40 刷發行，pp. 206, 207。
　　鄭洋一，《票據法之理論與實務》，自行出版，總經銷三民書局，文太印刷有限公司印刷，1993 年 1 月修正 18 版，p. 94。

之書面行為也。其性質如下：

一、空白票據行為者書面行為也

空白票據行為本身雖非票據行為，但與一般之票據行為相同，均為一種書面行為。惟此所謂之書面行為，其效力不應拘泥於書面外觀，而應由存在於證券外之行為人意思決定之。

二、空白票據行為者要式行為也

空白票據行為本身雖非嚴格之要式行為，但畢竟空白票據行為係以將來發展為正式票據為目的，因此在性質上，應與一般之票據行為相同，均為一種要式行為。

三、空白票據行為者以成立將來債務為目的之行為也

空白票據行為，係以補充權之授與，以期待完成票據債務為目的，因此係屬一種以成立將來債務為目的之行為。因空白票據於行為時，尚未成立票據債務，必待所授權之票據要件日後完成時，始能發生票據債務，因此空白票據行為應屬一種以成立將來債務為目的之行為。

四、空白票據行為者以證券交付為要件之契約行為也

空白票據行為，係屬一種有相對人之行為，因此必須將證券交付於相對人，始生效力。再者，空白票據行為係屬一種契約行為，其授權內容及範圍應依當事人間之契約而定，超越此授權範圍，空白票據行為人對於相對人，得加以對抗，因此嚴格說來，空白授權票據既非無因證券，亦非設權證券❺。

---

❺ 鄭洋一，《票據法之理論與實務》，自行出版，總經銷三民書局，文太印刷有限公司印刷，1993 年 1 月修正 18 版，p. 99。
　梁宇賢，《票據法新論》，自行出版，益誠彩色印刷有限公司印刷，1999 年 11 月修訂版，p. 76。

第五款　空白票據授權人之責任

空白票據授權人之責任如下：

一、有授與補充權之場合

㈠責任發生之時點

在被補充之前，因該空白授權票據欠缺票據要件，尚未發生票據效力，但若該欠缺要件一經補充，即轉變為完全之票據，即發生票據之效力，票據持有人即開始取得票據上之權利，空白授權票據簽名人即須與一般票據行為人負同一責任。惟空白授權票據簽名人之票據責任，係自補充時起發生，而非溯及至空白票據行為時發生。

㈡濫用補充權時之效力

空白授權票據之補充，應於空白票據行為人所定之補充權內為之，若超越補充權之範圍而補充，空白票據行為人對於非因惡意或重大過失而取得票據者，仍然須負票據責任。對於此點，票據法第十一條第二項規定：「執票人善意取得已具備本法規定應記載事項之票據者，得依票據文義行使權利；票據債務人不得以票據原係欠缺應記載事項為理由，對於執票人，主張票據無效。」此等規定，旨在保護交易之安全，因此本法規定，對於非因惡意或重大過失而取得票據者，空白票據行為人仍須負票據責任。

二、未授與補充權之場合

空白票據行為人未授與補充權而將票據交付於他人者，推定其有授權他人為補充之意思存在，須負票據責任，若空白票據行為人有反對之意思，須自負舉證之責任。因空白補充權之存在，固然應以空白票據行為人授與補充權之意思存在為前提，但空白票據行為人將票據交付於他人時，本有預期票據被補充而流通之危險，因此空白票據行為人未授與補充權而貿然將票據交付於他人時，應認為空白票據行為人有甘受其危險之意思，而推定其有授權他人為補充之意思存在，須負票據責任❺❻。

第五節 票據行為之代理

第一款 票據行為代理之意義及要件

一、票據行為代理之意義

票據行為之代理者，乃指代理人基於本人之授權，載明為本人代理之意旨，而簽名於票據之行為也。因票據行為係屬法律行為之一種，法律行為既得代理，票據行為自然亦得代理，亦即，民法有關代理之規定，自然得以適用。惟因票據行為係屬要式行為，因此票據行為代理之成立，必須具備形式要件及實質要件。

二、票據行為代理之要件

㈠票據行為代理之形式要件

就代理人簽名之責任，票據法第九條規定：「代理人未載明為本人代理之旨而簽名於票據者，應自負票據上之責任。」依此規定之反面解釋，票據行為之代理，必須具備下列形式要件：

1. 必須明示本人之名義

票據行為之代理，必須載明本人之名義，否則本人無須負票據責任。就代理人簽名之責任，票據法第九條規定：「代理人未載明為本人代理之旨而簽名於票據者，應自負票據上之責任。」由此規定可知，我國現行票據法係採顯名主義之立法，代理人未載明為本人代理之旨趣而僅由代理人簽名於票據上者，應該代理人自負票據責任，不生代理之效果。本條之立法理由，旨在避免票據關係之趨於複雜。惟此之所謂「載明本人之名義」，係指載明本人之姓名或商號即可，不以加蓋本人或公司行號印章為必要（最高

---

❺⑥ 鄭洋一，《票據法之理論與實務》，自行出版，總經銷三民書局，文太印刷有限公司印刷，1993 年 1 月修正 18 版，p. 101。

法院 1960 年臺上字第 2434 號判例）。再者，若代理人未載明本人名義於票據上，縱然本人曾經授與該代理人正當之代理權，縱然取得票據之相對人明知或可得而知代理人係代理本人為票據行為，該本人仍無須負擔票據責任。因票據為文義證券，票據上之權利義務概依票上所載文義決之，票據上既未載明本人之名義，自難使本人負擔票據責任也。

2. 必須載明代理之意旨

票據行為之代理，除須於票據上記載本人之名義外，尚須載明為本人代理之意旨，亦即必須載明「代理關係之表示」。至於載明代理意旨之方式，法無明文規定，應從寬解釋，只要依社會觀念，足以認為代理人係代理本人為票據行為即可。例如在票據上直接載明「A 之代理人 B」固然甚佳，載明「A 股份有限公司之董事長 B」、「A 股份有限公司之經理 B」、「A 股份有限公司之管理人 B」、「A 股份有限公司之負責人經理 B」等亦可。依一般商業習慣，票據行為之代理，除蓋用公司行號之印章外，其代表人或經理人多在緊接於公司行號之下，加蓋私人印章，藉以表示其為公司行號代理為票據行為之意旨。

3. 須有代理人之簽章

簽名乃各種票據行為之共同方式，因此票據行為之代理，亦應由代理人簽名。於代理人未於票上簽名之場合，若代理人未得本人代理權之授權，應屬票據之偽造，本人不負任何責任；若代理人曾得本人代理權之授權，應屬本人簽名之代理或票據行為之代行，本人必須負擔票據責任。

㈡票據行為代理之實質要件

票據行為代理之實質要件者，係指代理人須有代理權存在而言。因代理關係之最大作用，乃在於使代理行為之效果歸屬於本人，因此代理人必須具有代理權，然後代理人再據此代理權為代理行為，以此代理權為使代理效力歸屬於本人之基礎。票據行為代理權之發生原因有兩種，一為「意定代理」，一為「法定代理」。意定代理〔英：agency by agreement；日：任意代理（にんいだいり）〕者，亦稱委任代理，乃指基於本人授權行為而發生之代理也。就意定代理權之授與，民法第一六七條規定：「代理權係以法

律行為授與者，其授與應向代理人或向代理人對之為代理行為之第三人，以意思表示為之。」法定代理〔英：legal agency；日：法定代理（ほうていだいり）〕者，乃指基於法律規定而發生之代理也。法定代理無須本人為授權之表示，例如父母為未成年子女之法定代理人（§1086）、監護人為受監護人之法定代理人（§1098）等即是。

第二款　無權代理

一、票據行為無權代理之意義

無權代理〔英：unauthorized agency；日：無權代理（むけんだいり）；德：Vertretung ohne Vertretungsmacht；法：représentation non fondée〕者，乃指無代理權之代理也。亦即具備其他代理之各要件而欠缺代理權之代理行為也。票據之無權代理者，乃指已具備票據行為之形式要件，而僅欠缺代理權授與實質要件之代理也。

二、無權代理人之責任範圍

無代理權之人，以代理人身分作成票據時，無論其方式如何，對本人均無法發生效力。惟因其代理方式之不同，而有如下不同之效力：
㈠無代理權而表明為他人代理意旨之場合
就無權代理人簽名之責任，票據法第十條規定：「I 無代理權而以代理人名義簽名於票據者，應自負票據上之責任。II 代理人逾越權限時，就其權限外之部分，亦應自負票據上之責任。」此之所謂「應自負票據上之責任」，係指無權代理人應自負有權代理時本人原應負擔之責任而言。
就無權代理，民法第一七○條規定：「I 無代理權人以代理人之名義所為之法律行為，非經本人承認，對於本人，不發生效力。II 前項情形，法律行為之相對人，得定相當期限，催告本人確答是否承認，如本人逾期未為確答者，視為拒絕承認。」由此規定可知，民法上之無權代理，若事後經本人承認，仍可發生效力；若事後本人拒絕承認，則不發生效力，足見在

民法上，無權代理係屬效力未定之法律行為。相對人並無向無權代理人追究依據該法律關係履行責任之能力，亦即強制無權代理人履行其無權代理行為之義務，效力十分薄弱。惟在票據法上，票據行為之無權代理則不然，為促進票據之流通及保護交易之安全，票據法第十條乃明文規定：「I 無代理權而以代理人名義簽名於票據者，應自負票據上之責任。II 代理人逾越權限時，就其權限外之部分，亦應自負票據上之責任。」

無權代理人之責任內容，與本人原本應負擔之票據責任相同。因此本人原本得主張之抗辯事由，無權代理人均得主張之。例如基於本人與執票人間之買賣關係而簽發支票時，若嗣後買賣契約被解除，則屬票據原因之欠缺，本人得以之對抗執票人，本人既得以之對抗執票人，則無權代理人亦得以之對抗執票人。

㈡無代理權人逕寫他人姓名之場合

無代理權人逕寫他人之姓名而未記載自己姓名者，應屬票據偽造，已非票據行為無權代理之問題。在此情況下，被偽造之本人及偽造之無權行為人，均無須負擔票據責任，惟偽造之無權行為人應負刑法第二〇一條之「偽造有價證券罪」及民法第一八四條之侵權行為損害賠償責任[57]。

三、無權代理人之權利

無權代理人履行票據責任而付款時，取得與本人相同之權利。因此，本人對於其前手及承兌人所得主張之權利，無權代理人於清償債務後均得主張之。因票據法第十條所謂之「應自負票據上之責任」，係指無權代理人應自負有權代理時其本人原應負擔之票據責任。無權代理人所負之責任，既與本人相同，則其所享之權利自亦應與本人相同。同理，無權代理人所享權利既與本人相同，則承兌人及其他前手所得對抗本人之事由，均得以之對抗無權代理人[58]。

---

[57] 姚嘉文，《票據法論》，自行出版，雲祥印刷出版公司印刷，1974 年初版，p. 80。

[58] 鄭洋一，《票據法之理論與實務》，自行出版，總經銷三民書局，文太印刷有限公司印刷，1993 年 1 月修正 18 版，p. 77。

第三款　越權代理

一、票據行為越權代理之意義

越權代理者，乃指超越本人授權範圍之代理也。亦即有代理權而逾越其範圍之代理權也。票據行為之越權代理者，乃指雖具代理權，但為票據行為時，逾越代理權之代理也。例如本人僅授權代理人發行一百萬元之支票，但代理人卻發行超過一百萬元之支票即是。

二、越權代理人之責任範圍

就越權代理人簽名之責任，票據法第十條第二項規定：「代理人逾越權限時，就其權限外之部分，亦應自負票據上之責任。」由此規定可知，代理人就超越授權範圍之票據行為代理，應自負票據責任。例如 A 僅授權 B 簽發一張票據金額五十萬元之支票，但 B 卻簽發六十萬元之支票，則 B 顯然逾越代理權限，就其逾越權限之十萬元，B 應自負票據責任，A 仍僅負五十萬元之責任。

對於此點，日本票據法有不同規定。日本票據法第八條規定：「無權代理而以代理人名義簽名於匯票者，自負票據上之責任，因而付款者，享有與本人同一之權利，逾越權限之代理人亦同。」（代理権ヲ有セザル者ガ代理人トシテ為替手形ニ署名シタルトキハ自ラ其ノ手形ニ因リ義務ヲ負フ其ノ者ガ支払ヲ為シタルトキハ本人ト同一ノ権利ヲ有ス権限ヲ超エタル代理人ニ付亦同ジ。）由此規定可知，在日本票據法上，越權代理人須負全部之票據責任，而在我國之票據法上，越權代理人僅負逾越部分之責任。

第四款　表見代理

一、票據行為表見代理之意義

表見代理〔英：obtensible agency, apparent agency；日：表見代理（ひ

ょうけんだいり）；德：Scheinvollmacht〕者，乃指原無代理權，但表面上足以令人信為有代理權之代理也。票據之表見代理者，乃指代理人為票據行為時，雖無代理權，但足以令人信為有代理權之代理也。表見代理之成立，必須具備下列要件：

㈠主觀要件

此之所謂表見代理之主觀要件，係指無代理權利人行為時，第三人必須善意並且無過失而言。

㈡客觀要件

此之所謂表見代理之客觀要件，係指無代理權利人行為時，無權代理人雖無代理權，但在外觀上有足以令第三人相信其有代理權之事實而言。客觀要件發生之情形，約有下列幾種：

1. 代理人雖有代理權限，但逾越授權範圍而為票據行為。
2. 代理人於代理權消滅後或撤銷後所為之票據行為。
3. 本人知道他人以其代理人之身分為票據行為，而不為反對之表示者。

票據行為係屬法律行為之一種，法律行為既得成立表見代理，則基於票據行為之要式性及文義性，更應擴大承認票據行為之表見代理，只要在客觀上存有得相信代理人有代理權存在之事實，而且本人對之亦有可歸責之事由時，即得成立票據行為之表見代理。

二、票據行為表見代理之責任

成立票據行為之表見代理時，本人必須負擔票據責任。惟根據票據法第十條之規定，無權代理人就其無權代理或越權代理行為，必須自負其責，因此表見代理人就其表見代理之行為，自亦不能免責。易言之，在票據行為表見代理之場合，本人及表見代理人均須負擔票據責任。執票人得向本人或表見代理人之任何一方追究責任，而表見代理人不得要求執票人向本人追究責任。因表見代理之制度，旨在保護善意之第三人（執票人），而非在保護表見代理人。但執票人對本人主張表見代理責任，獲得付款後，不得再向表見代理人追究責任；反之，執票人對表見代理人主張表見代理責任，獲得付

款後，亦不得再向本人追究責任，否則將構成執票人不當得利也。

再者，表見代理之認定，須當事人有主張時，始得為之。若法院調查結果，認係該無權代理之行為成立表見代理，但原告不主張表現代理時，法院不得逕以表見代理處理，而應以一般之無權代理處理之。

第六節　票據之瑕疵

第一款　票據偽造

一、票據偽造之意義

偽造 (forge) 者，乃指不法模仿真品製造，以冒充真貨之謂也。票據偽造〔日：手形の偽造（てがたのぎぞう）；德：Verfälschung〕者，乃指以行使為目的，假冒他人名義而偽為票據行為之行為也。依此定義，吾人析述如下：

(一)票據偽造者，偽為票據行為也

票據偽造者，乃指以行使為目的，無權限而假託他人之名義而偽為票據行為之行為也。票據行為，只有發票、背書、承兌、參加承兌、保證五種行為而已。票據偽造本身雖非票據行為，但其所偽造者必為票據行為，倘其所偽造者非票據行為，則不足以使人誤信其為真正之票據，故不構成票據之偽造。

(二)票據偽造者，假冒他人名義偽為票據行為也

偽造之成立，必須假冒他人名義始可，如以自己之名義而為票據行為，自無偽造可言。票據法第十五條規定：「票據之偽造或票據上簽名之偽造，不影響於真正簽名之效力。」由此規定，吾人可知，票據偽造之種類，有下列兩種：

1.票據之偽造

票據之偽造，亦即票據本身之偽造，乃指以行使為目的，假冒他人名

107

義而偽為發票之行為也。例如偽造他人之簽名或盜用他人之印章，作成票據並以之發行之行為，即為票據之偽造。

2. 票據上簽名之偽造

票據上簽名之偽造者，乃指以行使為目的，假冒他人名義而偽為發票以外之其他票據行為也。例如偽為背書人之簽名而為背書之偽造；偽為承兌人之簽名而為承兌之偽造；偽為保證人之簽名而為保證之偽造。票據上簽名之偽造，係在已存在之票據上，實施偽造簽名之行為，而票據之偽造（發票之簽名）則係創設票據之行為。

所謂他人，不論係實在之人或假設之人、或已死亡之人均是，偽造是否故意或過失均非所問。偽造之方法，或為摹擬他人之簽名、或為偽刻他人印章、或為盜用他人真正之印章，甚至濫用保管中之他人印章而為票據行為，均屬票據偽造。例如 A 僅委託 B 代為保管其印章，B 卻擅自以其印章偽為票據行為即是。

簽名之代理或蓋章之代表行使，如代表行使者有代表行使權限，即屬於前述票據行為代理中之「有權代理」；如代表行使者無代表行使權，究係無權代理或屬票據偽造❺？因票據係文義證券，票據行為之內容概依票據上所載文義而決定，不得於票據外別求解釋，因此無權限而為簽名、蓋章，應屬票據之偽造而非票據之無權代理。足見未經他人之授權，即以他人名義簽發票據之方式，約有下列兩種：

(1)票據之偽造

票據之偽造，亦即票據本身之偽造，乃指以行使為目的，假冒他人名義而偽為發票之行為也。偽造者之姓名，並未記載於票據之上。

(2)無權代理之偽造

因票據係文義證券，票據行為之內容概依票據上所載文義而決定，不

---

❺ 無權代理 (unauthorized agency) 者，乃指欠缺代理權之代理行為也。民法第一七〇條規定：「I 無代理權人以代理人之名義所為之法律行為，非經本人承認，對於本人，不生效力。II 前項情形，法律行為之相對人，得定相當期限，催告本人確答是否承認，如本人逾期未為確答者，視為拒絕承認。」

得於票據外別求解釋，因此無代理權限而代理本人為簽名、蓋章之行為者，在無權代理人未露名之場合，應屬票據之偽造而非票據之無權代理；在無權代理人露名之場合，應依票據法第十條之規定，由無權代理人自負票據之責任（參照後文「票據變造」之說明）。

㈢票據偽造者，係以行使為目的而偽為票據行為也

票據之偽造，須以行使為目的，如非以行使為目的，縱然假冒他人名義而為票據行為，仍不構成票據之偽造。例如為供人觀覽或教學之用而製造票據之樣本，雖然假冒他人之名義，但因無行使之目的，仍不構成票據偽造。

二、票據偽造之效力

票據偽造之效力，可由下列三點述之：

㈠對被偽造人之效力

簽名為票據行為之共通要件，故唯簽名於票據者始依票據上文義負責。票據上雖有被偽造人之「簽名」，但該簽名係屬他人假冒，既非被偽造人自行簽名或蓋章，亦非被偽造人代理人之簽名或蓋章，被偽造人自不負任何票據責任，此乃絕對抗辯之事由，得對抗一切執票人（物的抗辯），故執票人就該偽造之票據，縱係善意取得，亦不能對被偽造人主張任何票據上之權利。此時執票人若蒙受損害，自可依民法向偽造人請求損害賠償。

㈡對偽造人之效力

於偽造票據時，因偽造人未在票據上簽名，故不負票據上之責任。至於在刑事上應成立偽造有價證券罪，在民事上應成立侵權行為而負侵權行為之損害賠償責任，則為另外之問題。偽為發票行為者，偽造人應負刑法上之偽造有價證券罪（刑 §201）**⑩**；偽為發票以外之其他票據行為者（例如偽為背書行為），則應負刑法上之偽造私文書罪（刑 §210）**⑥**，因偽為

---

⑥ 刑法第二○一條第一項規定：「意圖供行使之用，而偽造、變造公債票、公司股票或其他有價證券者，處三年以上十年以下有期徒刑，得併科三千元以下罰金。」

⑥ 刑法第二一○條規定：「偽造、變造私文書，足以生損害於公眾或他人者，處五年以下有期徒刑。」

發票以外之其他票據行為者（例如偽為背書行為），係在已經作成之票據上假冒他人之名義所為之行為，此時票據（有價證券）已經製作完成，故不成立偽造有價證券罪。

㈢對真正簽名人之效力

所謂真正簽名人，係指就偽造之票據為背書、承兌或保證等票據行為，而真正簽名於票據上之人也。「票據之偽造或票據上簽名之偽造，不影響於真正簽名之效力。」（§15）亦即凡真正簽名於票據者，不論其真正簽名係在票據偽造之先或後，均應依票據上所載文義負責。因票據行為具有獨立性，不因他行為之無效而受影響也。例如 A 假冒 B 之名義偽造本票一張，將該票據背書轉讓與 C，C 再以背書轉讓與 D，D 再以背書轉讓與 E，此時 E 若向 A 或 B 請求付款，則 A、B 均可不負任何票據責任（因票據未有 A 之名，雖有 B 之名，但其名既非 B 自行簽名或蓋章，亦非 B 之代理人所簽名或蓋章，A 於此時固應負刑事上之偽造有價證券罪及民事上之侵權行為責任，此乃另一問題），但此張偽造之票據既由 C、D 真正簽名轉讓而轉讓於 E，則 E 向 D、C 行使追索權時，C、D 須負票據上之責任，C、D 雖然因而蒙受損害，亦只能向 A 請求損害賠償而已。

$$B \xrightarrow{\text{背}} C \xrightarrow{\text{背}} D \xrightarrow{\text{背}} E$$

$$\uparrow \text{假冒}$$

$$A$$

第二款　票據變造

一、票據變造之意義

票據之變造〔英：alteration；日：手形の変造（てがたのへんぞう）；德：Änderungen〕者，乃指無變更權限之人，以行使為目的，對於合法票據之內容加以變更之行為也。依此定義，吾人析述如下：

(一)票據變造係變更票據內容之行為也

所謂變更票據內容者，係指變更簽名以外之事項而言。如變更金額、到期日、付款地或其他事項，但一般情形多於金額之變更上見之，若變更簽名，則屬票據之偽造矣。

變造者，必使票據之內容發生不同之觀念，並使票據上權利之內容發生變更，始得謂之。倘對票據上無益之記載事項加以變造，因票據內容不生變更，不得謂為票據之變造。例如將阿拉伯數字之金額加以變更，對於票據之內容，並不發生變更，因票據法第七條規定：「票據上記載金額之文字與號碼不符時，以文字為準。」因變造致使票據成立要件欠缺（例如欠缺應記載事項），致使票據變成無效時，此種情形已非票據變造之範圍，而應構成票據毀損之問題。

(二)票據變造，係變更已成立合法票據內容之行為

變造，係以對形式上有效成立之票據加以變更及變更後仍未喪失其形式要件為其前提。如原本為形式上未有效成立之票據，因變更而成為有效成立之票據，此種情形，無從成立票據之變造，而應構成票據偽造之問題。易言之，變更原本無效票據之記載內容而使其有效者，係一種新的票據行為，非屬票據之變造，而應成立票據之偽造。如原本為形式上有效成立之票據，因變更而成為未有效成立之票據，此種情形，無從成立票據之變造，而應構成票據毀損之問題。如原本為形式上未有效成立之票據，變更後亦成為未有效成立之票據，此種情形，無從成立票據之變造，亦無從構成票據之毀損。

有效→有效（票據之變造）

無效→有效（票據之偽造）

有效→無效（票據之毀損）

無效→無效（票據之無聊？！）

(三)票據變造，係以行使為目的，變更票據內容之行為

變更票據之內容，其目的須在行使該票據。例如執票人變更匯票金額後，向付款人為承兌之提示；背書人變更票據金額後，將之轉讓；執票人

變更支票金額後，向銀行請求付款。若變造後不行使，僅供觀賞之用或供教學之用，則不構成票據之變造。

㈣票據變造，係無變更權者變更票據內容之行為

票據之變更，如由有變更權人為之者，不得謂為變造。例如由發票人自行變更發票年、月、日時，依票據法第十一條第三項規定：「票據上之記載，除金額外，得由原記載人於交付前改寫之。但應於改寫處簽名。」依此規定，吾人可知，有權利人（原記載人）變更票據之內容固非不可，但應於交付前為之，並應於改寫處簽名以示負責。至於票據金額則強行規定不得改寫，如加以變更，則該票據歸於無效，亦不得謂為變造也。

二、票據變造之效力

票據法第十六條規定：「Ⅰ票據經變造時，簽名在變造前者，依原有文義負責；簽名在變造後者，依變造文義負責；不能辨別前後時，推定簽名在變造前。Ⅱ前項票據變造，其參與或同意變造者，不論簽名在變造前後，均依變造文義負責。」依此規定，吾人可將票據變造之效力，分述如下：

㈠簽名在變造前者之責任

票據經變造時，簽名在變造前者，依原有文義負責。所謂原有文義，係指票據未經變造前之真正文義而言，其文義是否為票據要件？原有文義是否留有得辨認之痕跡？均非所問。例如票據金額經變造時，票據因之而失效（§11 Ⅲ），但簽名在變造前者，仍依原有金額負責，易言之，票據既已歸於無效，此時應為票據之毀損，而非票據之變造，但票據債務人不得因票據之毀損而免除其原有之票據責任也；又如發票日期經變造者，發票人既未於變造之處簽名，則應依原發票日期負票據責任❷。

㈡簽名在變造後者之責任

---

❷ 在此或許有人會懷疑：票據金額既然已因金額變造歸於無效，何來「簽名在變造前者，仍依原有金額負責」？本段之意思乃指，變造露出痕跡時，票據應歸無效，此時已非票據之變造，而應屬票據之毀損，但任何人不得因票據之毀損而免除其原有之票據責任也。

簽名在變造後者，依變造文義負責。因簽名在變造後者，係以變造文義為自己意思表示之內容而為票據行為，基於票據行為獨立原則，其簽名在變造前或變造後責任當然不同，故簽名在變造後者，依變造文義負責，不負變造前文義（原有文義）之責任。所謂變造文義，即票據有效記載經變造後之非真正文義也。例如發票人 A，發行一千元之本票交付與受款人 B，B 將之改為三千元，以背書轉讓給 C，C 再轉讓給 D。此時，A 之簽名在變造之前，應負一千元責任，而 B、C 之簽名則在變造三千元之後，應負三千元之責任。

$$A \xrightarrow{\text{1000 元}} B \xrightarrow{\text{3000 元}} C \longrightarrow D$$

㈢不能辨別變造前後時之效力

票據經變造，不能辨別簽名於變造前後時，推定簽名在變造前（§16 I 後段）。此乃因變造究係何時所為無從認定時，為減輕票據債務人之責任，推定其在變造以前簽名。惟所謂推定〔英：presumption, assumption；日：推定（すいてい）；德：Vermutung〕者，乃指對於某種不明確之事實，姑且將其作為某種事實之認定，使其發生法律效力，其後尚可提出反證加以推翻之一種法律規定也。例如民法第十一條規定：「二人以上同時遇難，不能證明其死亡之先後時，推定其為同時死亡。」視為〔英：deemed to be；日：見なす（みなす）〕者，乃指將他種性質不同之事實，將其作為某種事實之認定，使其發生同一之法律效力，其後不得再依反證加以推翻之一種法律擬制也❻❸。例如民法第七條規定：「胎兒以將來非死產者為限，關於其個人利益之保護，視為既已出生。」推定與視為不同。視為，其後不得以反證加以推翻之；推定，其後尚可以反證加以推翻之。

票據經變造，不能辨別簽名於變造前後時，推定簽名在變造前，既僅為「推定」，並非不能提出反證加以推翻，只是主張簽名在變造後之人，應

---

❻❸　竹内昭夫、松尾浩也，《新法律学辞典》，有斐閣，平成 2 年 4 月 20 日第 3 版第 2 刷發行，p. 1351。

就變造後簽名之事實負舉證責任而已。

(四)參與或同意變造者之效力

票據變造之參與或同意變造者，無論其簽名在變造前或變造後，均應依變造之文義負責（§16 II），因參與或同意變造與自己變造者並無不同，故不論其簽名在變造前或變造後，均應依變造之文義負其責任。變造人並未在票據上簽名時，變造人不負票據上之責任，此時變造人應負刑事上之責任（刑§210）及民法上之侵權行為責任（民§184）。

今設有某 A 假冒 B 之名義發行支票乙紙給某 C，以 X 銀行為付款人，票面金額一千元，C 將票面金額變造為二千元後再背書轉讓給 D，D 再背書轉讓給 E，E 再背書轉讓給 F，F 經 D 之同意將票面金額變造為三千元後，又將票據背書轉讓給 G′，G 無代理權卻代理 G′ 背書將支票轉讓給 H，H 再背書轉讓給 J 時，附記條件，聲明 J 須按時交貨否則不負背書責任，其後 J 再背書轉讓給 K，設本件 E 之簽名無法確定究為三千元變造之前後，而本件 X 銀行拒絕付款時，本案例中之 A、B、C、D、E、F、G、H、J 等人各應負如何之票據責任？設本件付款人 X 銀行對 K 所持變造後之支票予以付款時，X 銀行之責任又如何？

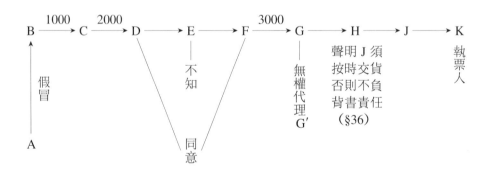

茲將本件 A、B、C、D、E、F、G、H、J 等人之票據責任簡述如下：

1. A 之責任

於偽造票據時，因偽造人未在票據上簽名，不負票據上之責任，故本件偽造人 A 無須負票據上之責任。惟本件 A 係偽為發票行為之人，在刑事

上應負刑法之「偽造有價證券罪」（刑§201），在民事上應負基於侵權行為之「損害賠償責任」（民§184）。

2. B 之責任

簽名為票據行為之共通要件，故唯簽名於票據者始依票據上文義負責。票據上雖有被偽造人之「簽名」，但該簽名係屬他人假冒，既非被偽造人自行之簽名或蓋章，亦非被偽造人代理人之簽名或蓋章，被偽造人自不負任何票據責任。此乃絕對抗辯之事由，得對抗一切執票人（物的抗辯），故本件被偽造人 B 無須負票據上之責任。執票人就該偽造之票據，縱係善意取得，亦不能對被偽造人主張任何票據上之權利。此時執票人若蒙受損害，自可依民法向偽造人 A 請求損害賠償。

3. C 之責任

票據法第十六條規定：「I 票據經變造時，簽名在變造前者，依原有文義負責；簽名在變造後者，依變造文義負責；不能辨別前後時，推定簽名在變造前。II 前項票據變造，其參與或同意變造者，不論簽名在變造前後，均依變造文義負責。」依本條第二項之規定，票據之變造，其實施變造者倘簽名於票據，則縱簽名於變造之前，亦應依變造文義負責，雖非變造之人而同意他人變造者，亦同。本件 C 係二千元之變造者，縱簽名於二千元變造之前，亦應依變造文義負二千元之責任。

4. D 之責任

依前述票據法第十六條第二項之規定，D 係同意變造者，不論簽名在變造前後，均依變造文義負責，而應負三千元之票據責任。

5. E 之責任

依前述票據法第十六條之規定，「不能辨別前後時，推定簽名在變造前」，本件 E 之簽名無法確定究為三千元變造之前後，推定簽名在三千元之變造前，而應負二千元之票據責任。然而此僅為「推定」之效力，若票據債權人能提出證據，證明 E 之簽名係在三千元之變造後者，E 仍須負擔變造後三千元之責任。

6. F 之責任

　　F 係三千元之變造者，不論其簽名在變造前後，均依變造文義負責，故 F 應負三千元之票據責任。其理由同「C 之責任」之說明。

　7. G 之責任

　　因票據係文義證券，票據行為之內容概依票據上所載文義而決定，不得於票據外別求解釋，因此無代理權限而為簽名、蓋章之行為者，在露名代理之場合，應依票據法第十條之規定，無權代理人應自負票據上之責任；在未露名代理之場合，應屬票據上簽名之偽造（因係屬以行使為目的，假冒他人名義而偽為發票以外之其他票據行為，故應屬票據上簽名之偽造，而非票據之偽造），而非票據之無權代理。足見未經他人之授權，即以他人名義簽發票據之方式，約有下列兩種：即(1)票據之偽造；(2)無權代理之偽造。

　　票據偽造之效力，參照前述之說明。茲將無權代理偽造之效力，簡單說明如下：

　　(1)露名代理之場合

　　露名代理之場合者，乃指無權代理人之姓名顯露於票據上之場合也。例如 A 非 B 之代理人，卻擅自加蓋 B 之印章於票據上，使 B 為發票人或背書人，並於票據上記載「B 之代理人 A」之意旨，在此情況，無權代理人 A 之姓名既已顯露於票據之上，即屬「露名代理之場合」。票據法第十條規定：「I 無代理權而以代理人名義簽名於票據者，應自負票據上之責任。II 代理人逾越權限時，就其權限外之部分，亦應自負票據上之責任。」足見對於無權代理之偽造，在露名代理之場合，票據法逕使無代理權人自負票據上之責任，而不使該行為無效，藉以保護受讓人，而助長票據之流通。

　　(2)未露名代理之場合

　　未露名代理場合者,乃指無權代理人之姓名未顯露於票據上之場合也。例如 B 將印章交與 A，而 A 在「無權」之情況下，擅自將 B 之印章蓋於票據上，在此情況，無權代理人 A 既未露名於票據之上，即屬「未露名代理之場合」。因無權代理人之姓名未顯露於票據上，自無前述票據法第十條之適用。因票據係文義證券（§5、§6），應由票據上簽名之人負責，不能以未簽名之人負責，否則即失去文義證券之意義。最高法院 1962 年臺上字第

1326 號判決亦認為：「如謂未露名之代理人須負票據之責任，必將失去票據之要旨，故票據僅蓋本人名義之圖章者，不能依票據法第十條命未露名義之代理人負票據之責任。」吾人以為，在此情況，其無權代理之發票行為應與「票據之偽造」（§15）同其效力；其無權代理之背書行為應與「票據上簽名之偽造」（§15）同其效力。因唯有如此解釋，始能符合票據係文義證券之性質，亦唯有如此解釋，始能保護執票人之權益，始能促進票據之流通也。

因此本件 G 之背書責任，若 G 露名於票據上，依前述票據法第十條之規定，應自負票據責任；若 G 未露名於票據上，則不負票據責任，惟在刑事上應負刑法上「偽造、變造私文書罪」（刑§210），在民事上應負基於侵權行為之「損害賠償責任」（民§184）。

8. H 之責任

票據法第三十六條規定：「就匯票金額之一部分所為之背書，或將匯票金額分別轉讓於數人之背書，不生效力，背書附記條件者，其條件視為無記載。」由此規定可知，為謀票據之安全與流通，票據所表彰之權利必須確定。背書附記條件者，不論其為解除條件或停止條件，均視為無記載。因此無論 J 有無按時交貨，本件之 H 均應負三千元之票據責任。

9. J 之責任

依前述票據法第十六條第一項之規定，J 簽名於三千元變造之後，應依變造文義負三千元之票據責任。

10. X 銀行之責任

民法第一八四條規定：「因故意或過失，不法侵害他人之權利者，負損害賠償責任；故意以背於善良風俗之方法，加損害於他人者亦同。」依此規定，X 銀行之是否應負損害賠償責任，應以 X 銀行之有無故意或過失為斷。吾人以為，若本件變造人技術精良，致使銀行之行員非肉眼所能辨知其為變造，因而予以付款，付款人既無故意或過失，自不負損害賠償責任。倘非如此，則付款人應負損害賠償責任。

(五)舉證責任

票據有無變造？何時由何人變造？對於在票據上簽名人之責任影響至鉅。因此認定票據之有無變造，應依客觀之常理推斷之。倘票據之外觀並無異狀，執票人依其文義請求時，債務人欲免除該文義之責任，應對變造之事實負舉證責任。對於簽名於變造前後無法證明時，本法推定簽名在變造前，此種舉證責任，應依民事訴訟法第二七七條之規定為之，亦即「當事人主張有利於己之事實者，就其事實有舉證之責任。」

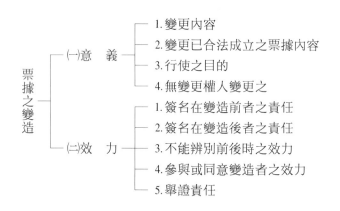

票據之變造
├─ (一)意　義
│　　├─ 1.變更內容
│　　├─ 2.變更已合法成立之票據內容
│　　├─ 3.行使之目的
│　　└─ 4.無變更權人變更之
└─ (二)效　力
　　　├─ 1.簽名在變造前者之責任
　　　├─ 2.簽名在變造後者之責任
　　　├─ 3.不能辨別前後時之效力
　　　├─ 4.參與或同意變造者之效力
　　　└─ 5.舉證責任

第三款　票據塗銷

一、票據塗銷之意義

票據塗銷〔英：cancellation of bills；日：手形の抹消（てがたのまっしょう）〕者，乃指將票據上之簽名或其他記載事項，加以塗抹或消除之行為也。例如以濃墨重抹、以橡皮輕擦、以刀片刮削、以紙片糊蓋、以藥水塗抹，將票據上之簽名或其他記載事項，加以塗抹或消除之行為即是。惟票據塗銷過分，致使票據歸於無效時，應屬票據之毀損，在此情況，已非票據塗抹之問題矣！

二、票據塗銷之效力

(一)塗銷係由於票據權利人所為者

就票據之塗銷,票據法第十七條規定:「票據上之簽名或記載被塗銷時,非由票據權利人故意為之者,不影響於票據上之效力。」由此規定可知:

1. 票據權利人故意塗銷者

由前述票據法第十七條之反面解釋可知,票據權利人對票據有處分之權,其故意塗銷票據上之簽名或記載者,顯然具有拋棄該部分權利之意思,該被塗銷之權利義務,自應歸於消滅。

2. 票據權利人非故意塗銷者

因票據權利人之過失或基於其他非故意之原因而塗銷者,其塗銷不生票據上之效力。因票據上之權利,既已發生,則除非法定消滅或變更之原因,自不應使其隨便消滅也。

(二)塗銷非由於票據權利人所為者

塗銷若非由票據權利人所為者,無論其塗銷是否故意,均不影響票據之效力。惟被塗銷票據之執票人,若欲行使票據權利,須負舉證責任,證明其塗銷係屬票據權利人之非故意塗銷或非票據權利人之塗銷。再者,由非票據權利人故意塗銷時,有時會構成票據偽造或變造之問題[64]。

第七節　票據權利

第一款　票據權利之意義

票據權利者,亦稱票據上權利,乃指票據所表彰之金錢債權,亦即以直接達到票據上一定金額之支付為目的,票據法所賦予執票人之權利也。

票據權利,係指以直接達到票據目的所賦予之權利而言,而票據之目的,即在於一定金額之支付。票據法所賦予之權利,以直接達到此一目的者有之,例如付款請求權、追索權;不以直接達到此一目的者亦有之,如利益償還請求權(票據法第二十二條第四項規定:「票據上之債權,雖依本法因時效或手續之欠缺而消滅,執票人對於發票人或承兌人,於其所受利

---

[64] 黃文濱,《票據法要務》,渤海堂文化公司印行,1986年12月初版,p. 84。

益之限度，得請求償還。」)、發行複本請求權（§114），付款人之交出匯票請求權（§74）。

票據權利可分為:

一、付款請求權

付款請求權者,乃指執票人向票據債務人請求支付票據金額之權利也。付款請求權為票據之第一次權利。

二、追索權

追索權〔英: right of recourse; 日: 遡及權 (そきゅうけん); 德: Regreß, Rückgriff; 法: recours〕者，亦稱溯求權，乃指票據不獲付款或不獲承兌或有其他之法定原因時，執票人於行使或保全票據權利之行為後，得向其前手請求償還票據金額、利息及費用之一種票據上權利也 (§85)。追索權，係票據之第二次權利，原則上，須行使付款請求權被拒絕後，始得行使之。

第二款　票據權利之取得

票據權利之取得方式，有下列兩種:

一、原始取得

票據之原始取得者，乃指因發票行為創設取得或自無處分權人，以相當對價受讓票據，於受讓當時並無惡意或重大過失，而取得票據所有權之謂也。

(一)發　票

發票者，乃指發票人作成票據，並以之發行之基本的票據行為也。票據權利，依發票行為而創設，學者所以稱票據為設權證券，其因即在於此。發票既在創設票據權利，自屬於一種原始取得。

(二)善意取得

票據之善意取得〔日: 手形の善意取得 (てがたのぜんいしゅとく);

德：gutgläubiger Erwerb〕者，亦稱票據之「即時取得」，乃指票據之受讓人，不知讓與人無處分票據之權利，而取得票據所有權之謂也。民法關於動產物權之取得，設有善意受讓之制度（例如民法第八〇一條即規定：「動產之受讓人占有動產，而受關於占有規定之保護者，縱讓與人無移轉所有權之權利，受讓人仍取得其所有權。」），以保護交易之安全。票據雖為動產之一種，但其法律性質，與一般動產相較，不盡相同，且其流通效力甚強，範圍亦廣，票據法乃另立專條以為適用。票據法第十四條第一項規定：「以惡意或有重大過失取得票據者，不得享有票據上之權利。」即屬此旨。就其反面解釋，本條即為票據善意受讓之規定；易言之，就此規定之反面解釋，以善意或無重大過失而取得票據者，即可享有票據上權利。民法上之善意取得，對於盜贓或遺失物，設有例外規定（例如民法第九四九條：「占有物如係盜贓或遺失物，其被害人或遺失人，自被盜或遺失之時起，二年以內，得向占有人請求回復其物。」），而票據法上之善意取得，則不問票據係否被盜或遺失，只要受讓人善意且無重大過失，即一律適用，並無例外。此乃票據具有高度之流通性，票據之「動的安全」須要特別保護之故也。

根據上述票據法第十四條之反面解釋，吾人可知，票據權利之善意取得，必須具備下列要件：

1. 須自無權利人取得票據

票據之讓與人如為正當權利人，則受讓人取得票據具有正當之權源，無須主張善意取得。所謂無權利人，係指讓與人對於票據無實質上之權利或處分權而言。例如票據之竊取人或拾得人即是。惟此之所謂無權利人，以受讓人之直接前手為限，其間接前手則不包括在內。例如 A 之支票，B 竊得後，因向 C 購物之故，將該支票背書轉讓予 C，則 C 即係由無權利人 B 取得，在此情況，若 C 無「惡意」或「重大過失」，即應受到「善意取得」之保護，而成為「得享有票據上之權利」之人。若其後再由 C 背書轉讓予 D 時，D 即非此之所謂「善意取得」。

2. 須依票據法之轉讓方法而取得

所謂依票據法之轉讓方法，即依背書或交付之方法也。取得票據須依

背書（背書須連續）或交付之方法取得，始能受此善意受讓之保護，非依背書或交付之方法取得票據者，例如因繼承、公司合併、普通債權轉讓而取得票據者，並無善意取得之適用❻。

3. 須受讓時取得人無惡意或重大過失

惡意者，乃知情也，亦即明知讓與人無讓與之權利而仍受讓其票據之謂也。例如受讓人明知讓與人所有之票據係竊取之票據或侵占之遺失票據，而仍自讓與人受讓該票據即是。重大過失，乃指欠缺一般人之注意所犯之過失也。亦即雖非明知，但若稍加注意即可知悉讓與人並非合法之權利人，而竟怠於注意以致不知情之謂也，例如讓與人平時家貧無業，突將百萬元之支票讓與，此時只要稍加注意，即可知其並非合法之權利人，而竟怠於注意，以致貿然受讓該票據，即為重大過失。

實務上，惡意或重大過失之有無，應就具體之情形而認定之。是否為惡意，可以受讓當時是否支付相當之對價為準，如已支付相當之對價，則可推定其為善意。惟此種明知或可得而知之狀態，須受讓人於取得票據當時存在。若於受讓票據後始知讓與人為無權利者，其已取得之票據權利，不受影響。

4. 須給付相當之對價

票據法第十四條第二項規定：「無對價或以不相當之對價取得票據者，不得享有優於其前手之權利。」對價 (consideration) 者，乃兩足相償，互為代價之謂也。此之所謂「對價」，乃指讓與票據時之代價也。例如 A 僱 B 為會計，月薪三萬元，A 付給 B 一張三萬元支票，以為月薪之支付，則 B 之取得票據，即為有相當之對價。若 B 取得之支票被 C 竊去，而以半價讓與或贈與 D，此際 D 之取得票據，即為無相當之對價，縱為善意取得票據，亦因無相當對價而取得，仍不得享有優於前手之權利。當 C 為無權利人時，D 亦不得主張善意而取得票據權利，當其前手 C 之權利有瑕疵時，D 亦應

---

❻ 依普通債權轉讓而取得票據者，例如記名匯票，發票人有禁止轉讓之記載者，因其已無背書性，僅能依普通債權轉讓之方法轉讓（§30 II）；到期後之背書，僅有通常債權轉讓之效力（§41 I）。

繼承其瑕疵。易言之，此之所謂「不得享有優於其前手之權利」，係指下列情形而言：

(1)當前手之權利有瑕疵時，執票人應繼受其瑕疵

亦即當前手得被抗辯時，執票人亦應受抗辯，此乃票據法第十三條「票據抗辯切斷」之例外。例如 A 簽發支票一張交與 B，作為購物之貨款，B 將該支票贈與善意之 C，其後 B 未交貨與 A，依票據法第十三條之規定，A 本不得對抗 C，但在此情況，因 C 以「無對價」（受贈）取得票據，不得享有優於其前手 B 之權利，因 A 得對抗 C 之前手 B，A 亦得對抗 C。亦即當執票人之前手得被抗辯時，執票人亦得被抗辯。

(2)當前手未取得票據權利時，執票人亦不得取得票據權利

此乃票據法第十四條第一項「善意取得」之例外規定。依票據法第十四條第一項之規定，若執票人取得票據時係屬善意，不知讓與人係無處分權人時，仍得享有票據權利，但若其取得票據無對價或未支付相當對價時，則不得享有票據權利。例如 A 竊取 X 簽發給 Y 之票據，將該票據贈與 B，則 B 雖屬善意，不知該票據係竊取而來，但因係無對價取得，故因其前手 A 未取得票據權利，執票人 B 亦無法取得票據權利。

順帶一提者，就非以正當方法取得票據之效果，票據法第十四條規定：「I 以惡意或有重大過失取得票據者，不得享有票據上之權利。II 無對價或以不相當之對價取得票據者，不得享有優於其前手之權利。」票據法第十四條第一項規定：「以惡意或有重大過失取得票據者，不得享有票據上之權利。」本規定係指執票人由無權利處受讓票據，而受讓之時，明知或稍加注意即可知道讓與人並無權利讓與票據，則該受讓人不得享有票據上之權利。例如 A 簽發本票一張，未交付予 X 之前，被 B 偷取，B 隨即將該本票轉讓予 C，C 於受讓之時，明知 B 無讓與票據之權利或稍加注意即可知道 B 無讓與票據之權利，則 C 不得取得票據上之權利。

票據法第十四條第二項規定：「無對價或以不相當之對價取得票據者，不得享有優於其前手之權利。」本規定係指執票人受讓票據時，未支付對價（例如受贈）或所支付之對價與票面金額不相當（例如僅交付五萬元之貨

物即取得十萬元之支付作為貨款），則縱然執票人善意取得票據，亦不得享有優於讓與人之權利。

票據法第十四條第一項與第二項之規定，就其「適用對象」、「法律效果」、「立法理由」，有下列之不同：

(1)適用對象之不同

第一項之適用對象，係屬明知或顯然欠缺注意以致不知讓與人無讓與票據權利而取得票據之人。第二項之適用對象，係屬無對價或以不相當對價而取得票據之人。

(2)法律效果之不同

第一項之法律效果為，「不得享有票據上之權利」；第二項之法律效果為，「不得享有優於其前手之權利」，即：1.當前手之權利有瑕疵時，執票人應繼受其瑕疵；2.當前手未取得票據權利時，執票人亦不得取得票據權利。

(3)立法理由之不同

第一項之立法理由，旨在保護交易之安全；第二項之立法理由，旨在維持誠信、公平之原則。

二、繼受取得

票據之繼受取得者，乃指執票人自有正當處分權人之處，依背書轉讓或依交付受讓票據而取得其所有權之謂也。繼受取得之方式有二：

(一)票據法上之繼受取得

票據法上之繼受取得，即依背書及交付（記名式票據、記名背書之票據）或依交付（無記名式票據、空白背書後之票據）之方式，自有正當處分權人取得票據之謂也。記名式票據或指示式票據之繼受取得，須依背書及交付之方式（此之所謂背書及交付之方式，係指須具備背書「及」交付兩個行為而言，而非背書「或」交付其中一個行為）為之；無記名式票據或空白背書後之票據，其繼受取得，須依交付之方式為之。

記名式票據者，乃指發票人記載受款人之姓名或商號之票據也。指示式票據者，乃指發票人不僅記載受款人之姓名或商號，同時更附加「或其

指定人」字樣之票據也。無記名式票據者，乃指發票人未記載受款人之姓名或商號，或僅記載「來人」字樣之票據也。空白背書者，亦稱略式背書，乃指不記載被背書人之姓名或商號，而僅由背書人簽名之背書也（§31 II）。

票據為流通證券，依票據法所規定之方式（即背書、交付），取得票據者，最為普遍。其他如償還義務人或參加付款人❻❻，因清償或付款而取得票據權利者，雖亦有之，但畢竟這種繼受取得，只是票據法上繼受取得之一種異象而已。

㈡非票據法上之繼受取得

非票據法上之繼受取得者，乃指非基於票據法所規定之方式取得票據之謂也。非票據法上之繼受取得，首推繼承，其他因公司合併、轉付命令❻❼或普通債權之轉讓，而取得票據者，亦為非票據法上之繼受取得。

第三款　票據權利之行使及保全

一、票據權利行使及保全之意義

票據權利之行使者，乃指票據權利人請求票據債務人履行票據債務之行為也。例如票據權利人行使付款請求權以請求票據金額之支付、行使追索權以請求票據金額之償還即是。票據權利之保全者，乃指票據權利人防止票據權利喪失之行為也。例如票據權利人中斷時效，以保全付款請求權及追索權之行為、票據權利人作成拒絕證書以保全追索權之行為即是。票據權利行使之行為常常同時亦為票據權利保全之行為，因此兩者時常相提並論。

---

❻❻ 參加付款人 (payment for honor) 者，乃指為特定債務人之利益，由付款人或擔當付款人以外之人付款，以阻止追索權行使之謂也。

❻❼ 轉付命令 (assignment) 者，乃指民事執行機關，依債權人之聲請，使債務人對於第三人之債權或其他財產權得移轉於該債權人之命令也。

二、票據權利行使及保全之方法

票據權利行使之方法，不外乎「依期提示」。所謂依期提示者，乃指在法定期限內，向票據債務人出示票據，請求履行票據債務之行為也。票據上之提示，相當於民法上之請求，惟民法上之請求，不拘形式，口頭請求、書面請求，均無不可。但因票據係屬提示證券，票據權利人向票據債務人請求履行票據債務時，非提示票據不可。至於票據權利保全之方法，則不外乎「遵期提示」及「作成拒絕證書」兩者。

三、票據權利行使及保全之處所

就行使或保全票據上權利之處所，票據法第二十條規定：「為行使或保全票據上權利，對於票據關係人應為之行為，應在票據上指定之處所為之；無指定之處所者，在其營業所為之；無營業所者，在其住所或居所為之。票據關係人之營業所、住所或居所不明時，因作成拒絕證書，得請求法院公證處、商會或其他公共會所調查其人之所在；若仍不明時，得在該法院公證處、商會或其他公共會所作成之。」由此規定可知，行使或保全票據權利之處所，應依下列次序以定之：

㈠有指定處所者

為尊重當事人之意思，當票據上有指定處所時，行使或保全票據權利，自應先於票據上指定之處所為之。所謂「票據上指定之處所」，例如票據法第二十七條、第五十條所指定之付款處所即是。

㈡無指定處所者

票據上無指定處所者，應於票據關係人之營業所為之。因票據上之問題，多屬商事上之問題，自應於營業所為之，較為合適。

㈢無營業所者

無營業所者，應於票據關係人之住所或居所為之。

㈣住所或居所不明者

票據關係人之營業所、住所或居所不明時，因作成拒絕證書，得請求

法院公證處、商會或其他公共會所調查其人之所在；若仍不明時，得在該法院公證處、商會或其他公共會所作成之。

四、票據權利行使及保全之時間

就行使或保全票據上權利之時間，票據法第二十一條規定：「為行使或保全票據上權利，對於票據關係人應為之行為，應於其營業日之營業時間內為之，如其無特定營業日或未訂有營業時間者，應於通常營業日之營業時間內為之。」由此規定可知，行使或保全票據權利之時間，應依下列次序以定之：

㈠特定營業日之營業時間

票據權利之行使或保全，應於特定營業日之營業時間為之，否則不生效力。所謂特定營業日之營業時間，係指各別行業之營業日及營業時間而言。例如銀行之營業日為每星期之星期一至星期五，其營業時間為早上九點至下午三點半，則票據權利之行使或保全，應於每星期之星期一至星期五之早上九點至下午三點半為之，否則不生效力。

㈡通常營業日之營業時間

無特定營業日或未定營業時間者，應於通常之營業時間內為之。在我國商場，除規模較大之公司外，多無特定營業日或未定營業時間，在此情況下，票據權利之行使或保全，自應於通常營業日之營業時間為之，例如星期一至星期五之早上九點至下午五點即是。

第四款　票據權利之消滅

一、票據權利消滅之意義

票據權利之消滅者，乃指票據上之付款請求及追索權因一定事實之發生，而客觀地失其存在也。例如因付款及消滅時效之完成，付款請求權及追索權因而歸於消滅即是。

二、付款請求權及追索權之共同消滅原因

付款請求權及追索權，其共同消滅原因有下列幾種：

㈠付　款

付款有廣狹二義，狹義之付款者，乃指票據付款人或擔當付款人向票據權利人支付票據金額全部或一部之行為也。廣義之付款者，除狹義之付款外，尚包括被追索人之償還、保證人之清償及參加付款之行為也。此之所謂付款，僅指狹義之付款而言。因廣義付款中之被追索人之償還，僅能使追索權相對消滅（§96 IV）；保證人之清償及參加付款，僅能使執票人之權利消滅，並非付款請求權及追索權消滅之共同原因。

㈡時　效

時效〔英：prescription；日：時効（じこう）〕者，乃指一定之事實狀態，繼續達一定之期間，即發生一定法律效果之制度也。時效既可發生此等法律效果，故時效應為權利變動問題之一種。易言之，時效應為一種法律事實也。時效依其成立要件及效果之不同，可分為取得時效及消滅時效兩種。惟此之所謂時效，應僅指消滅時效而言。消滅時效〔羅：praescriptio extinctiva；英：extinctive prescription；日：消滅時効（しょうめつじこう）；德：Verjährung；法：prescription extinctive ou liberatoire〕者，乃指因權利不行使所形成之無權利狀態，繼續達一定之期間，致其請求權消滅之法律事實也。票據權利亦為債權之一種，自得因消滅時效之完成而歸於消滅。就票據時效，票據法第二十二條規定：「I 票據上之權利，對匯票承兌人及本票發票人，自到期日起算；見票即付之本票，自發票日起算；三年間不行使，因時效而消滅；對支票發票人自發票日起算，一年間不行使，因時效而消滅。II 匯票、本票之執票人，對前手之追索權，自作成拒絕證書日起算，一年間不行使，因時效而消滅；支票之執票人，對前手之追索權，四個月間不行使，因時效而消滅；其免除作成拒絕證書者，匯票、本票自到期日起算；支票自提示日起算。III 匯票、本票之背書人，對於前手之追索權，自為清償之日或被訴之日起算，六個月間不行使，因時效而消滅。

支票之背書人，對前手之追索權，二個月間不行使，因時效而消滅。」由此規定可知，票據權利因消滅時效之完成而歸於消滅之情形，有下列幾種：

1.執票人對於匯票承兌人、本票、支票發票人之請求權

票據上之權利，對匯票承兌人及本票發票人，自到期日起算；見票即付之本票，自發票日起算；三年間不行使，因時效而消滅；對支票發票人自發票日起算，一年間不行使，因時效而消滅。

2.匯票、本票及支票執票人對其前手之追索權

匯票、本票之執票人，對前手之追索權，自作成拒絕證書日起算，一年間不行使，因時效而消滅；支票之執票人，對前手之追索權，四個月間不行使，因時效而消滅；其免除作成拒絕證書者，匯票、本票自到期日起算；支票自提示日起算。

3.匯票、本票及支票背書人對其前手之追索權

匯票、本票之背書人，對於前手之追索權，自為清償之日或被訴之日起算，六個月間不行使，因時效而消滅。支票之背書人，對前手之追索權，二個月間不行使，因時效而消滅。

第八節　票據之抗辯

第一款　票據抗辯之意義

票據權利之保護者，乃指法律上對於票據權利特設之保護方法也。我國現行票據法對於票據權利特別設有兩種保護之方法，一為票據抗辯之限制，一為票據喪失之補救。本節先就有關票據抗辯之問題，粗淺論之。

抗辯權者，乃指對於請求權之反抗權利也，亦即對於請求權具有反抗拒絕作用之一種債務人特別權利也。票據抗辯〔英：defense or plea of negotiable instruments；日：手形抗弁（てがたこうべん）；德：Wechseleinrede, Wechseleinwendung〕者，乃指票據債務人提出合法之事由，以拒絕票據權利人行使權利之行為也。

民法第二九七條規定：「I 債權之讓與，非經讓與人或受讓人通知債務人，對於債務人不生效力。但法律另有規定者，不在此限。II 受讓人將讓與人所立之讓與字據提示於債務人者，與通知有同一之效力。」民法第二九九條第一項規定：「債務人於受通知時，所得對抗讓與人之事由，皆得以之對抗受讓人。」足見在民法上，一般債權之轉讓，以「後手繼受前手瑕疵」為原則，債務人所有之抗辯，不因債權之轉讓而受影響。但因票據為流通證券，為使票據債務之迅速履行，以利票據之流通，確保交易之安全，各國票據法對於票據之抗辯，莫不加以限制。

第二款　票據抗辯之立法例

為促進票據流通，確保交易安全，各國對於票據之抗辯，多有嚴格限制。茲將各國之立法例，簡單說明如下：

一、積極限制主義

所謂積極限制主義者，乃指票據債務人所得抗辯之事由，以在票據法上所規定者為限之立法原則也。大陸法系國家之舊票據法，大多採積極限制主義之立法，例如德國及日本之舊商法均規定，票據債務人所得抗辯之事由，以在票據法上所列舉規定者為限，除此以外，均不得主張抗辯。積極限制主義之立法，其範圍較不易確定，此乃其缺點。

二、消極限制主義

所謂消極限制主義者，乃指僅將票據債務人不得抗辯之事由在票據法作列舉規定之立法原則也。例如美國票據法、英國票據法、日本票據法、日內瓦統一票據法均採此立法原則，僅將票據債務人不得抗辯之事由，於票據法作列舉規定。此等立法之優點為，對於票據債務人之抗辯，限制較為嚴密，較可防止票據債務人無謂之抗辯❸。

---

❸　鄭洋一，《票據法之理論與實務》，自行出版，總經銷三民書局，文太印刷有限公司印刷，1993 年 1 月修正 18 版，p. 121。

第三款 票據抗辯之規定

我國票據法，仿日、德之立法例，採消極的限制方法，於第十三條規定:「票據債務人不得以自己與發票人或執票人之前手間所存抗辯之事由對抗執票人。但執票人取得票據出於惡意者，不在此限。」依此規定，吾人可將須受法律限制不得為抗辯之事由，及不受法律限制得為抗辯之事由，分述如下:

一、須受法律限制不得為抗辯之事由

須受法律限制不得為抗辯之事由（票據抗辯之限制），其事由又可分為下列兩種:

㈠票據債務人不得以自己與發票人間所存抗辯之事由對抗執票人

票據債務人不得以自己與發票人間所存抗辯之事由對抗執票人，即票據債務人，不得以其與發票人間，因特種關係所得主張之事由，對抗善意之執票人也。例如 A 為發票人，發行匯票乙紙，以 B 為執票人，C 為付款人。匯票經 C 承兌後，B 於到期日向 C 請求付款，則此時承兌人 C 不得以自己與發票人 A 間所存抗辯之事由（例如發票人 A 尚未提供資金）對抗執票人 B。

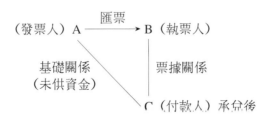

因 A、C 關係（未供資金）為基礎關係，B、C 關係為票據關係（付款人 C 一旦承兌後即為主債務人，負有絕對付款之義務），二者不相關連。故票據債務人 C，不得以發票人 A 未曾提供資金為理由向執票人 B 抗辯，而仍應負付款之責。票據關係應依票據法之規定以解決之，至於基礎關係則

屬於民法之範圍，依民法之規定即可也。

㈡票據債務人不得以自己與執票人之前手間所存抗辯之事由對抗執票人

票據債務人不得以自己與執票人之前手間所存抗辯之事由對抗執票人，即票據債務人不得以其與執票人前手間因特種關係所得主張之事由，對抗善意之執票人也。例如：

發票人 A 因向 B 訂購貨物，簽發一本票與 B，定期二十日後付款，屆時 B 未依約交貨，卻將 A 所簽發之本票轉讓於善意之 C，C 於本票到期日，持票向 A 請求付款，此時發票人 A 即不得以自己與 C 之前手 B 所存抗辯之事由（如 B 未交貨）對抗善意之執票人 C。因 A、B 間的關係（B 未交貨）為基礎關係，A、C 間的關係為票據關係，二者不相關聯。票據債務人 A 不得以自己與執票人前手 B 所存抗辯之事由（未交貨），對於善意之執票人 C 有所抗辯。

因票據為流通證券，若容許票據債務人得以對抗發票人或執票人前手之事由對抗執票人，勢必將執票人置於易受票據債務人抗辯抵禦之地位，如此將無人敢收受票據，票據之流通勢將受阻也。易言之，票據之轉讓以後手不繼承前手之瑕疵為原則，因而票據債務人之抗辯權，當票據轉讓於善意之第三人時，其抗辯權即被切斷矣！惟此之所謂抗辯之限制，係指票據債務人與發票人或執票人前手間所存之抗辯而言；若票據債務人與執票人間所存之抗辯事由則可抗辯也。例如前例中，發票人 A 因向 B 訂購貨物，簽發一本票與 B，定期二十日後付款，屆時 B 未依約交貨，卻於本票到期日，持票向 A 請求付款。在此情況，發票人 A 即得以「票據債務人與執

人間所存之抗辯事由」，向 B 主張抗辯。

二、不受法律限制得為抗辯之事由

票據債務人所不得抗辯者，以上述兩種為限，此外，凡票據法上所規定之事由，以及債務人自己與執票人間基於個人特殊關係之事由，均得以之對抗執票人。分述如下：

㈠物的抗辯

物的抗辯，亦稱客觀抗辯或絕對抗辯，乃指得以對抗一切票據權利人之請求，不因執票人變更而受影響之抗辯也。又可分為下列兩種：

1.任何票據債務人得對抗任何票據債權人之抗辯

⑴票據要件欠缺之抗辯

例如票據法第十一條規定：「I 欠缺本法所規定票據上應記載事項之一者，其票據無效。但本法別有規定者，不在此限。II 執票人善意取得已具備本法規定應記載事項之票據者，得依票據文義行使權利；票據債務人不得以票據原係欠缺應記載事項為理由，對於執票人，主張票據無效。III 票據上之記載，除金額外，得由原記載人於交付前改寫之。但應於改寫處簽名。」依此規定，絕對必要記載事項若未記載，即屬票據要件之欠缺，該票據根本無效，在此情況，任何票據債務人均得對任何票據債權人主張抗辯。

⑵到期日尚未屆至之抗辯

例如票據法第七十二條規定：「I 到期日前之付款，執票人得拒絕之。II 付款人於到期日前付款者，應自負其責。」依此規定，於票據到期日之前，任何票據債務人均得對任何票據債權人主張抗辯。

⑶票據債務業經合法付款而消滅之抗辯

例如票據法第七十四條規定：「I 付款人付款時，得要求執票人記載收訖字樣，簽名為證，並交出匯票。II 付款人為一部之付款時，得要求執票人在票上記載所收金額，並另給收據。」依此規定，票據債務既經合法付款而消滅，任何票據債務人均得對任何票據債權人主張抗辯。

⑷票據債務業經合法提存而消滅之抗辯

例如票據法第七十六條規定:「執票人在第六十九條所定期限內不為付款之提示時,票據債務人得將票據金額依法提存,其提存費用,由執票人負擔之。」票據法第六十九條規定:「I 執票人應於到期日或其後二日內為付款之提示。II 匯票上載有擔當付款人者,其付款之提示,應向擔當付款人為之。III 為交換票據,向票據交換所提示者,與付款之提示,有同一效力。」依此規定,票據債務既經合法提存,票據債務已歸消滅,在此情況,任何票據債務人均得對任何票據債權人主張抗辯。

提存〔英:deposit, lodgment;日:供託(きょうたく);德:Hinterlegung;法:consignation〕者,乃指清償人以消滅債務為目的,將其給付物為債權人寄託於提存所之行為也。亦即清償人以消滅債務為目的,將其給付物寄託於清償地之提存所或依該地初級法院之命令將該物寄託於指定之提存所或選任保管人之行為也(民§327)。

⑸票據因除權判決而歸無效之抗辯

例如票據法第十九條規定:「I 票據喪失時,票據權利人,得為公示催告之聲請。II 公示催告程序開始後,其經到期之票據,聲請人得提供擔保,請求票據金額之支付;不能提供擔保時,得請求將票據金額依法提存。其尚未到期之票據,聲請人得提供擔保,請求給與新票據。」

公示催告〔英:public summons procedure;日:公示催告(こうじさいこく);德:Aufgebotsverfahren;法:progrès de l'assignation publique〕者,乃指法院依據當事人之聲請,以公示方法,催告不確定之相對人或其他利害關係人,於一定期間內申報權利或提出證券,否則法院得以除權判決,宣告該未申報之權利隨之喪失或該證券歸於無效之程序也。

除權判決〔英:judgment of exclusion;日:除權判決(じょけんはんけつ);德:Ausschlußurteil〕者,乃指在公示催告之法定期間內,因不明之權利人或其他利害關係人(均稱為受催告人)未將其權利申報於法院,法院依公示催告聲請人之聲請,經過普通訴訟之程序所下除滅其權利之判決也。票據經除權判決宣告無效後,雖善意取得該票據,取得人亦不能享有票據上之權利。在此情況,任何票據債務人均得對任何票據債權人主張

抗辯。

2.特定票據債務人得對任何票據債權人之抗辯

(1)行為能力欠缺之抗辯

票據法第八條規定：「票據上雖有無行為能力人或限制行為能力人之簽名，不影響其他簽名之效力。」依此規定，「無行為能力人」或「限制行為能力人」等特定票據債務人，得對任何票據債權人，主張抗辯。

(2)票據偽造、變造之抗辯

票據法第十五條規定：「票據之偽造或票據上簽名之偽造，不影響於真正簽名之效力。」票據法第十六條規定：「I 票據經變造時，簽名在變造前者，依原有文義負責；簽名在變造後者，依變造文義負責；不能辨別前後時，推定簽名在變造前。II 前項票據變造，其參與或同意變造者，不論簽名在變造前後，均依變造文義負責。」

依此規定，被偽造人、被變造人等特定票據債務人，得對任何票據債權人，主張抗辯。

(3)承兌撤銷之抗辯

票據法第五十一條規定：「付款人雖在匯票上簽名承兌，未將匯票交還執票人以前，仍得撤銷其承兌。但已向執票人或匯票簽名人以書面通知承兌者，不在此限。」依此規定，撤銷承兌之付款人，得對任何票據債權人，主張抗辯，而其他之票據債務人則不可。

(4)保全手續欠缺之抗辯

票據法第一三二條規定：「執票人不於第一百三十條所定期限內為付款之提示，或不於拒絕付款日或其後五日內，請求作成拒絕證書者，對於發票人以外之前手，喪失追索權。」依此規定，執票人不於第一三○條所定期限內為付款之提示，或不於拒絕付款日或其後五日內，請求作成拒絕證書者，發票人以外之「特定」票據債務人，得對於任何執票人（票據債權人）之行使追索權，主張抗辯，而發票人則無此抗辯之權利。票據法第一三○條規定：「支票之執票人，應於左列期限內，為付款之提示：一、發票地與付款地在同一省（市）區內者，發票日後七日內。二、發票地與付款地不

在同一省（市）區內者，發票日後十五日內。三、發票地在國外，付款地在國內者，發票日後二個月內。」

(二)人的抗辯

人的抗辯，亦稱相對的抗辯或主觀的抗辯，乃指僅得對抗特定票據債權人之抗辯也。又可分為下列兩種：

1.任何票據債務人得對抗特定票據債權人之抗辯

(1)票據債權人受領能力欠缺之抗辯

票據債權人（執票人）已經破產，此時任何票據債務人均得對此「特定」之票據債權人主張抗辯，但對於其他非破產之票據債權人，則不得主張抗辯。

(2)票據債權人形式受領資格欠缺之抗辯

票據法第七十一條第一項規定：「付款人對於背書不連續之匯票而付款者，應自負其責。」依此規定，任何票據債務人得對特定「背書不連續」之債權人主張抗辯，對於「背書連續」之債權人，則不得主張抗辯。

背書不連續，即為票據債權人形式上受領資格之欠缺，在此情況下，付款人應拒絕付款，否則應自負其責。所謂「自負其責」，係指票據債務人，對於背書不連續之匯票，並非絕對禁止付款，但該執票人若非真正債權人時，付款人不得主張其已善意付款而免其責任也。

(3)票據債權人實質受領資格欠缺之抗辯

票據法第七十一條第二項規定：「付款人對於背書簽名之真偽，及執票人是否票據權利人，不負認定之責。但有惡意或重大過失時，不在此限。」依此規定，付款人對於具有「形式受領資格之執票人」付款後雖可免責，但以付款人善意並無重大過失時為限，若有惡意或有重大過失時則不可免責，因此當付款人明知執票人無實質之受領資格時，自「應」拒絕付款。易言之，對於該特定「實質受領資格欠缺」之票據債權人，任何票據債務人均得主張抗辯（「應」拒絕付款，當然「得」拒絕付款）。

2.特定票據債務人得對抗特定票據債權人之抗辯

(1)原因關係不法之抗辯

　　例如基於賭博原因而取得債務人之票據，在其直接當事人之間，票據債務人即得以原因關係不法之抗辯，拒絕付款。

　　⑵原因關係欠缺或消滅之抗辯

　　例如為給付貨款而簽發票據，嗣後該買賣契約解除或因給付不能而買賣歸於無效時，在其直接當事人之間，票據債務人即得以原因關係欠缺或消滅之抗辯，拒絕付款。但當該票據轉讓於善意之第三人時，則不可對該善意之第三人主張抗辯。

　　⑶抵銷之抗辯

　　例如 A 簽發三萬元之本票給 B，而 B 欠 A 一萬元，當 B 向 A 請求票據金額三萬元之支付時，A 即得以抵銷之抗辯，僅向 B 支付二萬元（三萬元減去一萬元，僅剩二萬元）。

　　⑷欠缺對價之抗辯

　　例如發票人 A 以「執票人 B 應貸與三萬元」為條件，簽發票面金額三萬元之本票乙張，並交付與 B，其後執票人 B 若未履行貸款，發票人 A 即得以欠缺對價之抗辯，對 B 拒絕付款。

㈢惡意抗辯

　　票據債務人固不得以自己與發票人或執票人之前手間所存抗辯之事由對抗執票人，但執票人取得票據出於惡意者，則票據債務人仍得以自己與發票人或執票人之前手間所存抗辯之事由對抗之，此即所謂票據之惡意抗辯也（§13 但書）。因票據抗辯之限制原為保護善意執票人而設，若執票人取得票據係出於惡意，應無再以「票據抗辯之限制」加以保護之必要也。

　　所謂「取得票據出於惡意」者，乃指執票人明知票據債務人與發票人或執票人之前手間存有抗辯之事由，而仍受讓其票據之謂也。例如 A 向 B 購貨，B 開一己受匯票，由 A 承兌、C 保證 B 準時交貨與 A，屆時 B 未交貨卻將匯票轉讓給 C，C 明知而受讓，則 C 之受讓即為惡意，A 對 C 即得抗辯之，惟就 C 之惡意，A 應負舉證責任。又如 A 與 B 訂立買賣契約，A 開本票一張，以 B 為受款人，作為買賣契約之對價，嗣後 A、B 之買賣契約經合法解除，C 明知而仍受讓 B 持有之本票，則 C 之受讓即係惡意（在

法律上,「惡意」本為「知情」、「明知」之意),A 得對 C 抗辯之。

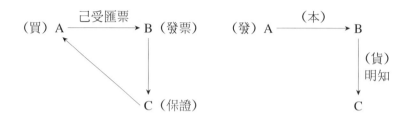

第四款　票據抗辯與票據善意取得之區別

票據抗辯與票據善意取得,其相同點為,兩者之目的均旨在保護善意取得人,促進票據流通,保障交易之安全。但兩者仍有下列不同:

一、意義之不同

票據抗辯者,乃指票據債務人提出合法之事由,以拒絕票據權利人行使權利之行為也。票據之善意取得者,亦稱票據之「即時取得」,乃指票據之受讓人,不知讓與人無處分票據之權利,而取得票據所有權之謂也。

二、法律根據之不同

票據抗辯之限制,根據票據法第十三條之規定;而票據善意取得,則根據票據法第十四條之規定而來。

三、制度目的之不同

票據抗辯旨在解決票據權利存在之問題,因票據法第十三條限制不得以對抗前手之抗辯事由,對抗後手,因此票據債務人原可拒絕履行(消滅)之票據債務,仍然存在,仍須履行而不得拒絕。而票據善意取得之目的,則旨在解決權利歸屬之問題,因在票據善意取得之制度下,執票人之前手縱非真正權利人,為保護善意受讓之執票人,只好犧牲真正權利人,使其喪失原有權利,而使該權利歸屬於善意受讓之執票人。

四、規範重點之不同

　　票據抗辯之規範重點乃在，票據債務人得否對受讓人，拒絕履行票據債務；反之，票據善意取得之規範重點乃在，原執票人與讓與人（即現在執票人之直接前手）間，誰為真正票據權利人。若讓與人本為真正之票據權利人，則無主張善意取得之必要，亦不合票據善意取得之要件。

五、構成要件之不同

　　在票據抗辯之場合，不論有無過失，只要不知抗辯事由存在，即可主張抗辯；反之，在票據善意取得之場合，須執票人善意且無重大過失，而不知讓與人無讓與權利，始得主張票據善意取得。

六、犧牲對象之不同

　　在票據抗辯之場合，被犧牲對象為票據債務人，因在票據抗辯制度下，票據債務人不得以其與發票人間或執票人前手間所存之抗辯事由對抗執票人。反之，在票據善意之場合，被犧牲對象為原來之真正權利人，因在票據善意取得制度下，只要票據受讓人於受讓之時，不知讓與人無處分票據之權利，即可取得票據所有權，而原來真正權利人之權利乃被犧牲矣！

第九節　票據喪失

第一款　票據喪失之意義

　　票據喪失〔英：loss；日：手形の喪失（てがたのそうしつ）；德：Verlust, Abhandenkommen；法：perte〕者，乃指票據脫離執票人之占有或票據毀損滅失之謂也。其脫離執票人之占有者，謂之相對喪失，例如遺失或被盜；其毀損滅失者，謂之絕對喪失，例如沉水、火焚或毀損等。

　　票據喪失占有之後，其所表彰之權利，在實質上並未歸於消滅，惟在

形式上因票據係提示證券，票據權利之行使以提示為要件，原占有人一旦喪失其證券，即無法憑其主張權利，且此票據如落於第三人，可能發生「善意取得」之情事，基於保護票據喪失人之權利，並防止票據債務人雙重清償之危險，各國立法例均設有救濟之規定。

第二款　票據喪失之救濟

依我國票據法之規定，票據喪失時，其救濟方法如下：

一、止付通知

票據法第十八條規定：「I 票據喪失時，票據權利人得為止付之通知。但應於提出止付通知後五日內，向付款人提出已為聲請公示催告之證明。II 未依前條但書規定辦理者，止付通知失其效力。」

止付通知〔英：notice to stop payment；日：事故届（じことどけ）〕者，乃指將票據喪失之情形通知付款人，使停止付款之謂也。因票據權利人遺失票據時，票據上所表彰之實質權利並未消滅，但形式上票據權利人已喪失占有，無法持之行使票據權利，為防止第三人善意取得票據，並保護票據權利人之權益，本法乃規定，票據喪失時，票據權利人得為止付之通知。

止付通知係純屬票據權利人保全其票據之權利，如票據權利人自甘損失，不為止付行為，法律亦不得強制其行使。「聲請公示催告之證明」者，係指公示催告聲請狀繕本及法院之收狀收據。所謂五日之期間者，係指法定之不變期間，倘遇例假日仍不扣除，但其末日為星期日、紀念日或其他之休息日時，仍適用民法之規定，即以次日代之（民§122），且依民法之規定，其始日不算入（民§120 I）。

至於止付通知之手續，依票據法施行細則第五條之規定：「I 票據權利人依本法第十八條規定為止付之通知時，應填具掛失止付通知書、載明左列事項、通知付款人。一、票據喪失經過。二、喪失票據之類別、帳號、號碼、金額及其他有關記載。三、通知止付人之姓名、年齡、住所。其為機關、團體者，應於通知書上加蓋正式印信。其為公司、行號者，應加蓋

正式印章，並由負責人簽名。個人應記明國民身分證字號。票據權利人為發票人時，並應使用原留印鑑。II 付款人對通知止付之票據，應即查明，對無存款又未經允許墊借票據之止付通知，應不予受理。對存款不足或超過付款人允許墊借金額之票據，應先於其存款或允許墊借之額度內，予以止付。其後如再有存款或續允墊借時，仍應就原止付票據金額限度內，繼續予以止付。III 票據權利人就到期日前之票據為止付通知時，付款人應先予登記，俟到期日後，再依前項規定辦理。其以票載發票日前之支票為止付通知者，亦同。IV 通知止付之票據如為業經簽名而未記載完成之空白票據，而於喪失後經補充記載完成者，準依前兩項規定辦理，付款人應就票載金額限度內予以止付。V 經止付之金額，應由付款人留存，非依本法第十九條第二項之規定，或經占有票據之人及止付人之同意，不得支付或由發票人另行動用。」

二、公示催告

止付之通知，其效力僅限於消極性之「止付」，而不能實現積極性之「付款」。票據喪失人為達到票據上金額支付之目的，尚須進一步聲請公示催告始可。票據法第十九條第一項規定：「票據喪失時，票據權利人，得為公示催告之聲請。」

公示催告者，乃指法院依據當事人之聲請，以公示方法，催告不確定之相對人或其他利害關係人，於一定期間內申報權利或提出證券，否則法院得以除權判決，宣告該未申報之權利隨之喪失或該證券歸於無效之程序也。公示催告為民事訴訟法上之特別程序，因票據喪失而聲請公示催告者，亦應依民事訴訟法之規定為之。公示催告程序完了後，無人申報權利時，票據權利人得聲請法院為「除權判決」，以宣告該票據為無效。票據經除權判決宣告無效後，雖善意取得該票據，取得人亦不能享有票據上之權利。聲請人得依該判決，對於票據債務人主張票據上之權利（民§565 I）不必提示票據❻。

---

❻ 民事訴訟法第五六五條第一項規定：「有除權判決後，聲請人對於依證券負義

141

　　惟自聲請為公示催告起至取得除權判決止，須經相當之時日（至少六個月），法律為優遇票據權利人起見，乃於票據法第十九條第二項規定：「公示催告程序開始後，其經到期之票據，聲請人得提供擔保，請求票據金額之支付；不能提供擔保時，得請求將票據金額依法提存。其尚未到期之票據，聲請人得提供擔保，請求給與新票據。」民事訴訟法第五六二條規定：「申報權利之期間，自公示催告之公告最後登載公報或新聞紙之日起，應有六個月以上。」民事訴訟法第五四五條規定：「公示催告，聲請人得於申報權利之期間已滿後，三個月內聲請為除權判決；但在期間未滿前之聲請，亦有效力。」

　　請求支付必須提供擔保者，乃在防止請求人之詐欺，且在公示催告中，倘有善意取得人出面主張權利，可藉此擔保以補償之。聲請人無力提供擔保時，為防付款人資力發生變化，故僅得請求將票據金額提存，不得對票據債務人行使票據上之權利，提起請求支付票據金額之訴。喪失之票據，其期限尚未到期者，因為票據既未到期，付款人即無付款之義務，而喪失票據之人又難免欲利用票據以為轉讓，聲請人得提供擔保，請求給予新票據，以便促進票據之流通也。

　　除權判決者，乃指在公示催告之法定期間內，因不明之權利人或其他利害關係人（均稱為受催告人）未將其權利申報於法院，法院依公示催告聲請人之聲請，經過普通訴訟之程序所下除滅其權利之判決也。

　　設今有某 A 發行本票一紙給 B，其金額授權 B 填寫，B 取得本票後，未及填寫，即告遺失。則㈠ B 能否聲請公示催告？法院應否准許？㈡設上述本票被 C 拾得，填妥金額後轉讓與善意之第三人 D 時，D 得否向 A 請求付款？吾人以為：

　　㈠空白授權票據者，乃指票據行為人預行簽名於票據之格式紙上，而將票據應記載事項之全部或一部，授權與他人補充完成之未完成票據也。現行票據法是否承認空白授權票據之存在，最高法院判決不一，而學者之意見亦不同。例如最高法院 1978 年臺上字第 3896 號判例、最高法院 1982

　　　務之人，得主張證券上之權利。」

年臺上字第 1474 號判決,即承認空白授權票據之效力;反之,1979 年 10 月 23 日最高法院 1979 年度第 15 次民事庭會議決議,則不承認空白授權票據具有任何效力。學者中,施文森、鄭洋一等人承認空白授權票據之存在,而陳世榮教授則認為空白授權票據無效。

　　一般而言,肯定說較能適應我國當前社會之需要,但缺乏法律明確之根據。否定說較無法適應我國當前社會之需要,但卻較有法理上之支持。若採肯定說,則可聲請公示催告;若採否定說,則不可(參照前述空白授權票據之說明)。

　　㈡依票據法第十一條第二項規定:「執票人善意取得已具備本法規定應記載事項之票據者,得依票據文義行使權利;票據債務人不得以票據原係欠缺應記載事項為理由,對於執票人,主張票據無效。」依此規定,D 自可向 A 行使票據上一切權利。

第十節　票據時效

　　時效者,乃指一定之事實狀態,繼續達一定之期間,即發生一定法律效果之制度也。時效既可發生此等法律效果,故時效應為權利變動問題之一種。時效依其成立要件及效果之不同,可分為取得時效及消滅時效兩種。取得時效〔羅:praescriptio acquisitive;英:aquisitive prescription;日:取得時効(しゅとくじこう);德:Ersitzung;法:prescription acquisitive, usucapion〕者,乃指占有他人之不動產或動產,繼續達一定之期間,即因之而取得其所有權(以外之財產權亦準此)之法律事實也。消滅時效者,乃指因權利不行使所形成之無權利狀態,繼續達一定之期間,致其請求權消滅之法律事實也。

　　票據法上所謂之時效,係專指消滅時效而言。依民法一般之規定,普通債權之消滅時效為十五年、五年或二年,亦即普通之債權因十五年、五年或二年之不行使,將因消滅時效之完成而歸於消滅。惟票據之交易,貴在迅速流通,較諸普通權利更重敏捷。因此票據債務人,較諸普通債務人

所受之拘束，自然更為嚴苛，藉以避免票據關係久懸不決，此乃票據法設有特別短期時效規定之理由。

民法規定之消滅時效，最長為十五年。票據法本於票據流通及交易安全之理念，特別作成短期時效之規定。易言之，票據權利比民法上之一般權利較有強力，票據債務人所受之拘束亦較民法上一般債務人為重，而且票據債務往往牽涉多數債務人，此等法律關係錯綜複雜，實在不宜久懸不決，因此票據法乃採較短消滅時效之規定，以便票據債務人早日脫卸責任，以資調劑並藉以避免舉證之困難。就票據時效及利益償還請求權，票據法第二十二條規定：「I 票據上之權利，對匯票承兌人及本票發票人，自到期日起算；見票即付之本票，自發票日起算；三年間不行使，因時效而消滅；對支票發票人自發票日起算，一年間不行使，因時效而消滅。II 匯票、本票之執票人，對前手之追索權，自作成拒絕證書日起算，一年間不行使，因時效而消滅；支票之執票人，對前手之追索權，四個月間不行使，因時效而消滅；其免除作成拒絕證書者，匯票、本票自到期日起算；支票自提示日起算。III 匯票、本票之背書人，對於前手之追索權，自為清償之日或被訴之日起算，六個月間不行使，因時效而消滅。支票之背書人，對前手之追索權，二個月間不行使，因時效而消滅。IV 票據上之債權，雖依本法因時效或手續之欠缺而消滅，執票人對於發票人或承兌人，於其所受利益之限度，得請求償還。」由此規定可知：

一、票據時效期間

㈠付款請求權之時效期間

付款請求權之時效，即執票人對於票據主債務人之請求權時效。執票人對於匯票承兌人或本票發票人之付款請求權時效，其期間為三年。支票執票人對支票發票人之付款請求權時效，其期間為一年。

㈡追索權之時效期間

追索權之時效，即執票人對於票據主債務人以外其他債務人之請求權時效，亦即執票人對於其前手之追索權時效。執票人對於其前手之追索權時效，

在匯票及本票之場合，其期間為一年；在支票之場合，其期間為四個月。

(三)再追索權之時效期間

　　再追索權之時效，即被追索之票據債務人對其前手之再追索權時效。被追索之票據債務人對其前手之再追索權時效，在匯票及本票之場合，其期間為六個月；在支票之場合，其期間為二個月。

二、票據時效期間之起算日

(一)付款請求權時效期間之起算日

　　付款請求權之時效期間，應自得請求付款時起算。亦即在匯票、本票之場合，自到期日起算；於支票之場合，自發票日起算；於見票即付本票之場合，亦自發票日起算。

(二)追索權時效期間之起算日

　　追索權之時效期間，應自得行使追索權時起算。亦即在作成拒絕證書之場合，自拒絕證書作成日起算；於免除作成拒絕證書之場合，匯票、本票自到期日起算；支票自提示日起算。

(三)再追索權時效期間之起算日

　　再追索權之時效期間，應自得行使再追索權時起算。亦即不論匯票、本票或支票，均自清償之日或被訴之日起算。

　　就此期間之計算，票據法並未明文規定。其始日是否應予算入？約有下列二說：

　　1.肯定說

　　主張肯定說者認為，有關票據期間之計算，應無民法第一二〇條第二項規定之適用，亦即該到期日之始日應予算入該時效期間之內。主張此說之理由為，票據權利義務關係理應及早確定，以資維護交易之安全，因此票據到期日之始日應予算入該時效期間之內。

　　2.否定說

　　主張否定說者認為，有關票據期間之計算，應有民法第一二〇條第二項規定之適用，亦即該到期日之始日應不予算入該時效期間之內。主張此

說之理由為，因依照社會之一般習慣，票據到期日之始日多不足一日，因此應有民法第一二○條第二項規定之適用，亦即該到期日之始日應不予算入該時效期間之內。

我國實務上多採否定說，我國學界之通說，亦採否定說。例如鄭洋一即謂：「有關時效之計算，因票據法無特別規定者，自亦適用民法」**❼**。本人亦以否定說為妥，有關票據時效期間之計算，應有民法第一二○條第二項規定之適用。「以日、星期、月或年定期間者，其始日不算入」，亦即不包括到期日或發票日當天在內，而應自到期日或發票日之隔天起算。例如2003 年 10 月 10 日簽發之支票，其時效期間之計算應自發票日之隔日 2003 年 10 月 11 日起算，至 2004 年 10 月 10 日滿一年。

若時效期間業已屆滿，亦即時效完成之後，票據債務人即得拒絕付款，若債務人未拒絕付款，而仍為票據金額之給付，則依民法第一四四條第二項之規定，票據債務人不得請求執票人歸還票據金額。就時效完成之效力，民法第一四四條規定：「I 時效完成後，債務人得拒絕給付。II 請求權已經時效消滅，債務人仍為履行之給付者，不得以不知時效為理由，請求返還。其以契約承認該債務，或得提出擔保者，亦同。」

三、票據時效期間之中斷

票據法對於「時效中斷」及「時效不完成」等問題，並未予以明文規定，因此有關「時效中斷」及「時效不完成」等問題自應回歸民法之適用。

第十一節　票據之利益償還請求權

一、利益償還請求權之意義

利益償還請求權〔日：利得償還請求權（りとくしょうかんせいきゅ

---

❼ 鄭洋一，《票據法之理論與實務》，自行出版，總經銷三民書局，文太印刷有限公司印刷，1993 年 1 月修正 18 版，p. 130。

うけん）；德：Wechselbereicherungsanspruch〕者，亦稱利得償還請求權或受益償還請求權，乃指票據上之債權，雖因時效或手續之欠缺而消滅，但執票人對於發票人或承兌人於其所受利益之限度內，仍得請求償還其利益之權利也（§22 IV）。

二、利益償還請求權之當事人

㈠權利人

利益償還請求權之權利人為執票人，但此執票人並不以「最後之被背書人」為限。其他例如「被追索時已償還，而後取得票據之背書人」、「因清償債務而取得追索權之保證人」（§64）、「因參加付款而取得執票人權利之參加付款人」（§84）等人，亦可能為利益償還請求權之權利人。

㈡義務人

利益償還請求權之義務人為發票人及承兌人。在匯票之場合，利益償還請求權之義務人為承兌人及發票人；在本票、支票之場合，因無承兌人之存在，其利益償還請求權之義務人則僅為發票人。

在背書人之場合，當初背書人自其前手取得票據之時，多已付出代價（例如因出售貨物而取得票據），其後背書人將其票據轉讓給被背書人時，亦多受有代價（例如因取得貨物而讓予票據），受取與讓與之間，各有代價，並無「空受利益」之可言，因此背書人不可能成為利益償還請求權之義務人。再者，發票人或承兌人之保證人，雖然可能成為付款請求權或追索權行使之對象，但充當發票人或承兌人之保證人，只有苦頭沒有甜頭，並無「空受利益」之可言，因此保證人亦無成為利益償還請求權義務人之可能。

三、利益償還請求權之要件

利益償還請求權須具備下列要件，始能成立：

㈠須票據上之權利形式上有效成立

利益償還請求權雖非票據上之權利，但畢竟係基於「合法有效之票據」而發生，因此利益償還請求權之成立，自以「票據上之權利形式上有效」

作為要件。若該票據上之權利在形式上有所欠缺，則其執票人自不得行使利益償還請求權。

㈡須票據上權利因時效或手續欠缺而消滅

須票據上權利已因時效或手續欠缺而消滅，始得行使利益償還請求權。若票據上權利尚未因時效或手續欠缺而消滅，則執票人自得行使付款請求權或追索權，無須行使利益償還請求權矣！此之所謂「因時效而消滅」，係指票據法第二十二條第一項至第三項所規定之時效完成而言。所謂「因手續欠缺而消滅」，係指票據法第八十七條所規定，執票人未於法定期限內為付款之提示或作成拒絕證書而言。而且須票據上權利已因時效或手續欠缺而消滅，始得行使利益償還請求權。若因其他原因而消滅，例如債務之免除等原因而消滅時，執票人則不得行使利益償還請求權。至於票據上權利已因時效或手續欠缺而消滅，係因執票人之故意或過失所致，則在所不問。

㈢須發票人或承兌人因之而受利益

須票據債務人因票據上權利之消滅，而享受發票所得之對價或因不為付款所得之利益，執票人始得行使利益償還請求權。其受益情形，約有下列幾種：

1.匯票之發票人已因發行票據取得對價，但尚未提供資金於付款人。

2.本票之發票人已因發行票據取得對價，但因票據上權利之消滅，以致免去付款義務。

3.支票之發票人已因發行票據取得對價，但因票據上權利之消滅，而該款項仍於銀行保存於自己帳戶之下。

4.匯票之承兌人已因發行票據取得資金，但因票據上權利之消滅，以致免去付款義務。

至於本票之發票人因贈與而發行票據時，如因票據上權利之消滅，以致免去給付義務，固未受益，此時之背書人（受款人）縱然受有利益，但仍非此之所謂受益人，因其受益與票據上權利之消滅，並無因果關係也[71]。

---

[71]　鄭玉波，《票據法》，三民書局印行，1991 年 8 月第 4 刷，p. 71。

四、利益償還請求權之行使

㈠利益償還請求權之管轄法院

就票據涉訟之特別審判籍，民事訴訟法第十三條規定：「本於票據有所請求而涉訟者，得由票據付款地之法院管轄。」由此規定可知，有關票據之訴訟，應由票據付款地之法院管轄。惟利益償還請求權並非票據上之權利，因此並無民事訴訟法第十三條之適用。一般而言，利益償還請求權之性質，應屬民法上之普通債權，因此對於債務人提起利益償還請求之訴時，應依民事訴訟法第一條普通審判籍之規定，而由票據債務人住所地之法院管轄。

就普通審判籍，民事訴訟法第一條第一項規定：「訴訟，由被告住所地之法院管轄。被告住所地之法院不能行使職權者，由其居所地之法院管轄。訴之原因事實發生於被告居所地者，亦得由其居所地之法院管轄。」

㈡起訴前之應否經法院調解

因票據涉訟者，無論金額之多寡，均無須經由法院調解，即得提起訴訟。但因利益償還請求權，並非票據上之權利，因此基於利益償還請求權提起訴訟時，自應適用有關民事訴訟法之規定，而民事訴訟法第四二七條規定：「關於財產權之訴訟，其標的之金額或價額在新臺幣五十萬元以下者，適用本章所定之簡易程序。」因此，若票據債權之金額低於新臺幣十萬元以下者，在起訴之前應經法院調解，始可提起訴訟（民訴§403 I ⑪）**�72**。

㈢舉證責任之分配

除非原告能提出確實證據，否則不得一概推定票據債務人受有利益。因此就票據債務人受有如何程度之利益？是否已經具備利益償還請求權之成立要件？均應由原告負擔舉證責任。

五、利益償還請求權之性質

就利益償還請求權之性質，約有下列幾種見解：

�72　鄭洋一，《票據法之理論與實務》，自行出版，總經銷三民書局，文太印刷有限公司印刷，1993 年 1 月修正 18 版，p. 139。

(一)票據上權利說

主張此說者認為，利益償還請求權係屬票據上權利之殘存物，其性質乃屬一種票據上之權利。然而，利益償還請求權之發生，係以票據上權利因時效或手續之欠缺而消滅為前提，並非因票據行為而發生，自非票據上權利之殘存物，故此說之見解殊難贊同。

(二)民法上之不當得利說

主張此說者認為，利益償還請求權之性質，屬於民法上之一種不當得利。按不當得利〔羅：condictio；英：unjust enrichment；日：不当利得（ふとうりとく）；德：ungerechtfertigte Bereicherung；法：enrichissment sans cause, enrichissement injuste ou illégitime〕者，乃指無法律上之原因，而受利益，致他人受損害者，應負返還義務之一種事件也（民§179）。不當得利之構成要件有三，即 1.受利益； 2.致他人受損害； 3.無法律上之原因。然而，償還義務人之得利，並非無法律上之原因，其得利亦不以直接得自損失者為必要，此與民法上之不當得利大異其趣。故此說之見解，亦難苟同。

(三)民法上之損害賠償說

主張此說者認為，利益償還請求權之性質，屬於民法上之一種損害賠償。按損害賠償〔英：compensation for damage or injury；日：損害賠償（そんがいばいしょう）；德：Schadensersatz；法：dommages-intérêts, réparation des dommages〕者，乃指填補他人所受之損害，使其如同未受損害之法律上義務也。一般在民商法上，僅在侵權行為或債務不履行等場合，始有「賠償」一詞之使用。然而，利益償還請求權係以票據上權利因時效或手續欠缺而消滅為前提，與侵權行為或債務不履行毫無關係，故此說之見解難以令人贊同。

(四)票據法上之特別請求權說

主張此說者認為，利益償還請求權之性質，屬於票據法上之一種特別請求權。

「票據法上之特別請求權說」為目前國內之通說。例如鄭洋一教授即謂：「通說以此種權利為票據法上之一種特別請求權，具有民法上指示債權

之性質。此權利之讓與，應依指示債權讓與之方法，而不依票據背書之方法為之，其行使亦不以票據之持有為必要。若以訴訟請求時，因非求為清償票據上債務之判決，應無民事訴訟法第三八九條第一項第四款之適用，法院不得依職權宣告假執行。」❼

六、利益償還請求權之時效

有關利益償還請求權之消滅時效，我國現行票據法並未設有明文規定，且其權利性質既屬民法上之指示債權，自應適用民法之規定，以十五年作為消滅時效之期間。就一般之消滅時效期間，我國現行民法第一二五條規定：「請求權，因十五年間不行使而消滅。但法律所定期間較短者，依其規定。」

利益償還請求權消滅期間之起算，原則上應自票據權利消滅日之翌日起算。亦即應自票據利益償還請求權罹於時效或權利保全之欠缺，無法向發票人或承兌人行使追索權之翌日起算。例如對於支票發票人之付款請求權，自發票日起算，因一年間不行使罹於時效而消滅，則執票人仍得於票據時效完成時起，在十五年之期間內，向發票人行使利益償還請求權。而此十五年期間之計算，應自票據權利消滅日之翌日起算。亦即應自票據債權罹於時效或權利保全之欠缺，無法向發票人或承兌人行使追索權日期之翌日起算❼。

七、利益償還請求權之效力

利益償還請求權之效力如下：
㈠須依民法上指示債權之轉讓方法轉讓之
因利益償還請求權非屬票據上之權利，其性質屬於民法上之指示債權，

---

❼　鄭洋一，《票據法之理論與實務》，自行出版，總經銷三民書局，文太印刷有限公司印刷，1993 年 1 月修正 18 版，p.138。惟 2003 年修正民事訴訟法時，已將第三八九條第一項第四款予以刪除。

❼　鄭洋一，《票據法之理論與實務》，自行出版，總經銷三民書局，文太印刷有限公司印刷，1993 年 1 月修正 18 版，p.140。

因此其轉讓須依民法上指示債權之方法而轉讓之。易言之，其轉讓須依當事人之合意而成立，而不得依票據法所規定之背書方法而轉讓。

就債權讓與之通知，民法第二九七條規定：「I 債權之讓與，非經讓與人或受讓人通知債務人，對於債務人不生效力。但法律另有規定者，不在此限。II 受讓人將讓與人所立之讓與字據提示於債務人者，與通知有同一之效力。」由此規定可知，當利益償還請求權轉讓時，非經讓與人或受讓人通知債務人，對於債務人不生效力。

㈡適用民法一般消滅時效期間之規定

有關利益償還請求權之消滅時效，我國現行票據法並未設有明文規定，且其權利性質既屬民法上之指示債權，自應適用民法之規定，以十五年作為消滅時效之期間。

㈢發票人或承兌人之抗辯

凡發票人或承兌人對於執票人原本所得主張之抗辯，於執票人行使利益償還請求權時，發票人或承兌人均得主張之。但發票人或承兌人原本所得主張之抗辯，因票據轉讓而被切斷時，則不在此限。

㈣利息之請求

因利益償還請求權屬於一種索取債權，因此必待執票人之請求，發票人或承兌人始負遲延利息。其遲延利息之利率，應依法定利率週年百分之五計算。

就法定利率，民法第二○三條規定：「應付利息之債務，其利率未經約定，亦無法律可據者，週年利率為百分之五。」❼❺

---

❼❺　梁宇賢，《票據法新論》，自行出版，益誠彩色印刷有限公司印刷，1999 年 11 月修訂版，p. 153。

第三章

匯　　票

第一節　總　說

第一款　匯票之意義

票據法上之所謂匯票，與我國一般社會觀念上所謂之匯票大不相同。一般社會觀念上之所謂匯票，舉凡委託第三人付款之一切票據或證券均包括在內。票據法上之所謂匯票，不但為有價證券且其記載事項必須合乎法定之要件始可，若其票上所載之事項欠缺票據法所定之要件者，則只能依其情形，適用民法上有關指示證券之規定。

匯票〔英、美：bill of exchange, draft；日：為替手形（かわせてがた）；德：der wechsel, gezogener Wechsel；法：lettre de change〕者，乃指發票人簽發一定金額，委託付款人於指定之到期日無條件支付與受款人或執票人之票據也。依此規定，吾人析述如下：

一、匯票者，一種票據也

依據票據法第一條之規定，本法所稱票據，為匯票、本票及支票。因此，匯票係屬票據之一種。

二、匯票者，委託他人支付之票據也

匯票為委託證券，非自付證券，匯票之發票人，僅為票據之發行人而非票據之付款人，一般匯票之付款人須另有他人在，此點與本票不同而與支票相同。支票之付款人須以金融業者為限（§4，§127），但匯票之付款人並無資格之限制，無論個人、商號均得充當之。

三、匯票者，於指定之到期日無條件支付與受款人或執票人之票據也

匯票須指定到期日，付款須於指定之到期日無條件為之，此點與本票

同而與支票不同。因支票限於見票即付（§128 I），而匯票則不然。因支票屬於支付證券，支票之簽發，即所以代現金之支付，故支票在票據中所占之地位，主要作為解送現金之工具，因此支票必須為見票即付；而匯票則屬於信用證券，原則上利於遠期付款。

第二款　匯票之種類

匯票依各種區別標準之不同，得分類如下：

一、依記載之形式，可分為下列幾種

㈠記名式匯票

記名式匯票者,乃指發票人在票上載明受款人之姓名或商號之匯票也。例如「憑票祈於 2002 年 11 月 11 日付 A 先生（或 A 公司）美金二百元整。此至 B 先生（或 B 公司）。C（或 C 公司）（印）」，在此等匯票中，因載明「A 先生（或 A 公司）」受款人之姓名或商號，故此種匯票即為記名式匯票。在英、美法律亦規定須載明 Pay to Messrs B & Co. and to them only。Messrs, 本為 Messieur 之簡稱，乃法國人對貴族、學者之尊稱。

㈡指示式匯票

指示式匯票者，乃指在票上記載受款人姓名、商號外，並記載「或其指定之人」文句之匯票也。例如「祈付與林先生或其指定之人」(Pay to Messrs Lin or order)；「祈付與臺灣銀行代理處或其指定人」(Pay to the Agency of The Taiwan Bank or the order of Messrs)，「或其指定人」字樣，學者往往將之稱為「指示文句」，但此之指示與民法上指示證券之指示不同。

依民法第七一〇條之規定，稱指示證券 (orders of payment, Instrument to order) 者，謂指示他人將金錢、有價證券或其他代替物給付第三人之證券也。前項為指示之人，稱為指示人 (drawer)，被指示之他人，稱為被指示之人 (drawee)，受給付之第三人，稱為領取人 (payee)。故民法上指示證券之「指示」二字乃在指示給付人，而票據法上指示式匯票之「指示」二字乃在指示受款人，其指示之內容實在大不相同，故票據法上之指示式匯票，

雖然通稱為指示式匯票，但為避免與民法上之指示證券混淆，實應稱為「指定證券」（指定票據），較為妥當。指示式匯票，其目的本在強調匯票之流通性及轉讓性，但在現行法上，除發票人有禁止轉讓之記載外，任何記名式匯票皆可背書轉讓，故實務上甚少用之。

㈢無記名匯票

無記名匯票者，乃指在票上不記載受款人之姓名、商號或僅記「來人」字樣之匯票也。此種匯票無論誰為執票人，皆得逕向付款人提示請求付款，票據法第二十四條第四項規定：「未載受款人者，以執票人為受款人。」(Where a bill does not name the payee, the holder shall be the payee.) 票據法第二十五條第二項規定：「匯票未載受款人者，執票人得於無記名匯票之空白內，記載自己或他人為受款人，變更為記名匯票。」本條所稱空白，通常指匯票上一般記載受款人位置之空白而言，但不以此為限，只要依其記載能表明為受款人，縱其位置不在通常一般之位置上，亦認為適法，但其記載如在匯票背面者，自不在此限。

本法特別規定，無記名匯票得改為記名匯票，其立法理由如下：

1.因無記名匯票以執票人為受款人，因此票據一旦遺失而由第三人持有時，該第三人即為執票人而得行使票據上之權利。如此對於真正票據權利人之保護，自較記名式匯票為薄弱。

2.匯票為有價證券之一種，有價證券中如無記名股票、無記名公司債等，幾無不許可變更為記名式股票或記名式公司債，匯票亦自然不宜例外。

以上三者之區別實益，在乎其流通方法之不同，申言之，記名式匯票、指示式匯票須依「背書」及「交付」轉讓（註：須「背書」及「交付」兩個行為始可），無記名式匯票僅依交付而轉讓。惟記名式匯票、指示式匯票如經「空白背書」後，則亦得僅依「交付」而轉讓，此時空白背書後的「記名式匯票」、「指示式匯票」之轉讓方法，與「無記名匯票」相同矣！

二、依票據關係人為準，可分為下列幾種

㈠一般匯票

　　一般匯票者，乃指發票人、付款人及受款人各異其人，至少由三人組成票據關係人（當事人）之匯票也。匯票之當事人（關係人），以各異其人為原則，故此種匯票，稱為一般匯票。

　　一般匯票之當事人（關係人），有下列三種：

　1.發票人

　　發票人〔英：drawer；日：振出人（ふりだしにん）；德：Aussteller；法：tireur〕者，乃指簽名及發行票據，負有擔保承兌及擔保付款責任之義務人也。發票人並非票據上之第一（主）債務人，承兌後之付款人方為匯票之第一債務人，應負付款之義務，因此發票人僅於付款人拒絕承兌或拒絕付款時，始負給付之義務，係第二債務人 (Parties secondarily liable)。

　2.受款人

　　受款人〔英：payee, remittee；日：受取人（うけとりにん）；德：Remittent, Nehmer；法：preneur〕者，乃指票據第一次之債權人也。受款人接受票據後，即取得付款請求權，惟在未經付款人承兌前，僅係一種期待權，此種權利非具備一定條件不得行使。

　3.付款人

　　付款人〔英：drawee；日：支払人（しはらいにん）；德：Bezogener；法：tiré〕者，乃指受發票人之委託，而為票據金額支付之人也。付款人並非票據上之絕對義務人，因匯票有承兌之制度，付款人於未承兌前尚無責任可言，惟一經承兌之後即為承兌人，而成為票據之主債務人，應負絕對之付款責任（§52 I）。

(二)變式匯票

　　變式匯票者，乃指發票人、付款人及受款人中，有一人兼充二個以上當事人之匯票也。匯票之當事人，以各異其人為原則，但票據法第二十五條第一項規定：「發票人得以自己或付款人為受款人，並得以自己為付款人。」(The drawer may make himself or the drawee the payee, and may also make himself the drawee.) 像這種發票人、付款人及受款人中有一人兼數票據當事人身分之匯票，屬於一種變例，故稱為變式匯票。

變式匯票，可分為下列四種：

1. 指己匯票

指己匯票者，亦稱己受匯票，乃指以發票人自己為受款人之匯票也，亦即發票人兼受款人之匯票也。此種匯票多係由售貨人發行，記載自己為受款人，而由購貨人承兌，售貨人取得此種匯票後，或屆期自己受款、或依背書轉讓、或以「貼現」方法獲取現金，均無不可，可謂極其方便。所謂貼現〔英：discount；日：手形割引（てがたわりびき）；德：Diskonto；法：escompte〕者，乃指以未到期之票據，減折兌取現款之行為也。

2. 付受匯票

付受匯票者，乃指以付款人為受款人之匯票也，亦即付款人兼受款人之匯票也。此種匯票，受款人與付款人同為一人，乍看之下，似無必要，但在實務上仍有實益，尤其對於付款人內部債務之結算，頗為便利。例如彰化銀行之總行為付款人，而以其臺南分行為受款人，可藉此付受匯票以結清債務。此種匯票，其受款人取得票據後，固可用於內部債務之結算，亦可利用背書方法而為轉讓，使之流通以發揮其效用。

3. 對己匯票

對己匯票者，亦稱己付匯票，乃指以發票人自己為付款人之匯票也，亦即發票人兼付款人之匯票也。對己匯票，既係由發票人自己付款，實際上與本票之情形並無大別，此種匯票通常為同一銀行或同一公司行號，不在同一地區而有數營業所，彼此之間，相互發行匯票，因同一銀行（或公司）之各分行間，其人格為同一，故稱為對己匯票。例如某人由臺北郵局利用匯票寄款到高雄，以自己或第三人為受款人，此時該匯票之發票人為臺北郵局，而付款人為高雄郵局，兩地郵局應屬於同一人，故此種匯票為對己匯票。依票據法第二十四條第三項規定：「未載付款人者，以發票人為付款人。」依此規定，發票人於發票時未記載付款人時，亦可成立對己匯票。

（發）臺北郵局 ——— 高雄郵局（付款）

4. 己付己受匯票

己付己受匯票者，乃指以發票人自己為受款人同時為付款人，以一人而兼三種身分之匯票也。此種匯票，係三種資格集於一人之上，實務上雖甚少發生，但就匯票之流通性言之，亦非不可能成立。己付己受匯票，多於同一銀行之各分行間，相互簽發之。例如臺灣銀行之臺北分行，簽發匯票乙張交付予臺灣銀行之高雄分行，以臺灣銀行之高雄分行為受款人，而以臺灣銀行之臺中分行為付款人，即為己付己受匯票。

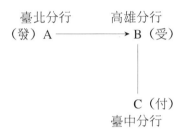

三、依付款之期限為準，可分為下列幾種

㈠即期匯票

即期匯票（sight draft, demand draft，簡稱 D/D）者，乃指見票後立即付款之匯票也（§65 I）。此種匯票以提示日為到期日（§66 I），例如「憑票祈付×××新臺幣伍萬元整」，故其到期日之屆至，恆因執票人提示請求付款之遲早而定，但其期限仍非漫無限制。票據法第六十六條規定：「I 見票即付之匯票，以提示日為到期日。II 第四十五條之規定，於前項提示準用之。」票據法第四十五條規定：「I 見票後定期付款之匯票，應自發票日起六個月內為承兌之提示。II 前項期限，發票人得以特約縮短或延長之。但延長之期限不得逾六個月。」易言之，依本法第六十六條準用第四十五條之結果，在即期匯票之場合，自發票日起，執票人至遲應於六個月內為提示。

㈡定期匯票

定期匯票者，俗稱板期匯票，乃指發票人於發行匯票時記載一定日期為到期日之匯票也。亦即定日付款之匯票也（§65 I），例如記載「憑票祈於

2000 年 10 月 10 日付×先生美金伍萬元整」之匯票即是。

㈢計期匯票

計期匯票者，乃指發票時未指定特定日期為到期日，而以發票日後一定期間為到期日之匯票也（§65 I）。例如「憑票祈於發票日後二個月付 B 新臺幣伍萬元整。此致 C」之匯票即是。此種匯票與定日付款之匯票，在實質上並無不同。

㈣註期匯票

註期匯票者，乃指見票後定期付款之匯票也（§65 I）。所謂見票，乃指承兌時之見票而言，故註期匯票即「到期日自提示承兌之日起算，經過一定之期間後付款」之匯票。例如記載「憑票祈於見票後三個月付 B 新臺幣伍萬元整。此致 C」。此種匯票之到期日，不以發票日起算，而以承兌日起算，故在承兌前，無由決定該匯票之到期日。惟自承兌之日起算經若干日之記載，應由發票人預先指定，並非由承兌人在承兌時決定。

第二節　發　票

第一款　發票之意義

發票〔英：drawing, issue；日：振出（ふりだし）；德：Ausstellung, Emission；法：création, tirage〕者，乃發票人作成票據，並以之發行之基本的票據行為也。依此定義，吾人析述如下：

一、發票者乃基本的票據行為也

一切票據行為以發票為基本，由發票而開端，故發票為基本的票據行為。

二、發票者乃發票人作成票據之行為也

所謂作成票據，即於證券上為適法之記載，以創設票據權利義務關係之行為也。故發票乃發票人創始的作成票據之行為，此點與背書、承兌等

僅就已成立之票據而為意思表示者，有所不同。票據之作成，必須具備法定之形式要件，即應為適法之記載，否則該票據應為無效，在無效之票據上所為之其他票據行為，如背書或承兌等亦皆不能有效。惟票據依印花稅法之規定應貼用印花，以我國現制論，如未貼用印花，因違反印花稅法應受處罰，但票據並不因之而無效，因印花並非票據法定的形式要件之一。

三、發票者乃發票人發行票據之行為也

所謂發行票據，乃將票據交付於受款人之行為也。票據之作成，僅為潛在之創立，必須將其交付於相對人，然後票據上之權利始為明顯。不過此之交付，其目的在乎票據之發行，故與票據轉讓時之交付及承兌後之交還（§5上段）均不相同也。因就匯票而言，其於發行後未經承兌前，僅有表彰一定金額受領權限之性質，尚不得謂為債權證券，日本學者常將之稱為「以期待票據金額支付為標的之一種期待權」，故票據作成後交付前被竊時，發票人如已為止付通知並聲請法院循公示催告程序而為除權判決宣告其失權時，即不負票據之責任。

第二款　發票之款式

發票之款式，即發票之記載事項也。票據為要式證券，故各種票據均有其應記載之事項，發票之記載事項，可分下列各項述之：

一、應記載之事項，尚可分為絕對必要記載事項及相對必要記載事項

㈠絕對必要記載事項

絕對必要記載事項者，乃指依法必須記載，若不予記載，則該匯票無法發生效力之事項也。發票行為之絕對必要記載事項者，乃指票據行為人為發票行為時，依票據法之規定應該記載，若未記載則票據歸於無效之事項也。發票行為之絕對必要記載事項，計有五項：

1. 簽　名 (signature)

簽名〔英：signature；日：署名（しょめい）〕者，乃指當事人基於願意負擔法律責任之意思，將其姓名記載在文書上之行為也。我國及日本民法常將之稱為署名，簽名為法律行為之一種，簽名人一旦在某文書上簽名，即應負擔某種法律上之責任。票據上之簽名，乃指票據行為人將其自己之姓名簽寫於票據之行為也。

簽名為發票之最基本行為，簽名為發票人願負發票責任之表示，發票人由於簽名於票據，始負擔票據上之責任。否則縱已具備票據之形式，如未經發票人簽名，該票據仍不發生效力。故發票人之簽名為票據效力發生之要件。

發票人不妨有複數，故本法第五條第二項明定：「二人以上共同簽名時，應連帶負責。」

1973 年修訂前之票據法曾規定：「票據上之簽名，得以蓋章或畫押代之。」（1960 年公布之票據法第六條）但 1973 年修訂後之票據法第六條僅規定：「票據上之簽名，得以蓋章代之。」1973 年修法時，故意將「或畫押」三字刪除之，可見當時之立法者，旨在排除民法第三條之適用，因為畫押、按指印或畫其他符號，單憑肉眼往往無法加以鑑別，必須借助於機械或特別技能始能判斷其真偽，顯與票據之流通性質不相符合，故票據之發行、背書等行為，僅畫押、按指印或畫其他符號，不生票據行為之效力（新竹地院 1978 年 4 月司法座談會）。

再者，簽名並不以簽全名為必要，如僅簽姓或名者，亦生簽名之效力。最高法院 1975 年度第 5 次民事庭庭推總會議決：「所謂簽名，法律上並未規定必須簽其全名，且修正前票據法第六條更規定，票據上之簽名得以畫押代之，僅簽姓或名，較畫押慎重，足見票據上之簽名，不限於簽全名，如僅簽姓或名者，亦生簽名之效力。至於所簽之姓或名，是否確係該人所簽，發生爭執者，應屬舉證責任問題，此與簽全名，而就其真正與否發生爭執者，並無差異。」

2. 表明其為匯票之文字 (the term "bill of exchange")

表明其為匯票之文字者，此即學者所謂之票據文句〔日：手形文句（てがたもんく）；德：Wechselkausel〕，以示與他種證券容易辨別，且使發票人了解其票據上之責任。此種文句固多用匯票二字，但不以此為限，只要能表明其為匯票之性質，即為已足。例如匯券、匯兌券等均應認為有效，且所用文字亦不以本國文字為限，凡商業上通用之英語亦屬無妨。又記載之處所，法無規定，學者間有所謂標題說（記載於本文之外，作為標題）與本文說（記載於本文之中，作為本文之一部）之別，因記載本文句之用意，乃在表明其為匯票，使人易於辨認，故似應記載於匯票正面之上端或右端為宜（直式）。

3.一定之金額 (sum certain in money)

匯票為金錢證券，其表示之數目，應以金額為之，故票面上之記載倘非金額而為某種實物之數額，如黃金多少兩、稻穀多少斤，均不能發生票據上之效力也。所謂一定之金額者，乃指在票據上用某種確定之文字或號碼，記載金額之一定數目也。其金額之多寡雖無限制，但其金額必須確定始可，如為重疊之記載（一千元及三千元）或選擇之記載（一千元或二千元），或最高、最低之記載（例如一千元以上、三千元以下），該票據即屬無效。發票人亦得記載對於票據支付利息或利率，惟一定金額之記載，並不以本國法定貨幣為限，其記明外國貨幣為給付者，亦屬有效（§75）。而且票據上所記載之金額不得改寫，一經改寫，其票據即為無效（§11 III）。記載金額應以文字為之，號碼金額之記載，非為法定記載事項，惟「票據上之金額，以號碼代替文字記載，經使用機械辦法防止塗銷者，視同文字記載」（票據法施行細則第三條），所謂經使用機械辦法防止塗銷者，乃指以機械花紋壓蓋於票據之上，使其紙質變化而防止塗改之謂也。又「票據上記載金額之文字與號碼不符時，以文字為準。」（§7）例如票據上文字記載之金額為四百元，而號碼標示之金額為 NT$4000，依法應以文字為準，票據上權利人不得以其他方法為證明，以主張票據債務人須負 NT$4000 元之責任，此與民法之規定異其旨趣（民法第四條規定：「關於一定之數量，同時以文字及號碼表示者，其文字與號碼有不符合時，如法院不能決定何

163

者為當事人之原意，應以文字為準。」）。易言之，同時為文字及號碼之記載時，縱經使用機械辦法防止塗銷，如文字與號碼不符時，仍應以文字為準；反之，已用文字記載一定之金額而欠缺號碼之記載者，並不影響票據之效力。記載「到期依市場相當於一百英鎊之國幣」，因非確定固屬非法，即以分數記載（例如 1/2 元）或非以「元」單位記載者（例如 100 角或 100 錢）者，雖非不確定，但因無此習慣，而且容易被塗改，故在解釋上仍屬不可。

4.無條件支付之委託 (unconditional order to pay)

所謂支付之委託，乃發票人委託付款人支付匯票金額之意思表示也。所謂無條件，乃單純之意，易言之，即對於支付之資金及方法，不得附帶任何條件而阻礙票據流通之謂也。無條件支付之委託者，乃指發票人委託付款人支付匯票金額時，不得對於支付之資金及方法，附帶任何條件而阻礙票據流通之謂也。例如在匯票上記載「須資金到達後，始得付款」、「限以新臺幣一千元大鈔付款」、「請以貴處保管之某筆款項中支付」等，均不合法，票據因之而無效，只能視其情形適用民法上有關指示證券之規定。但附期限者，不在此限，因附期日，乃到期日之問題，不能與附條件相提並論。

5.發票年月日 (date of issue)

發票年月日〔英：date of issue；日：振出日（ふりだしび）；德：Ausstellungstag；法：date de creation〕者，乃指形式上匯票發行之年月日而於票面所記載之年月日也。票上所記載之年月日，如與其真實之發票年月日不相符合，亦屬無妨，因票據重在外觀形式，形式具備即可有效也。

發票日如有二個以上不同之記載，該票據應認為無效。如所記載之年月日為曆中所無者，例如 2 月 30 日、4 月 31 日，有的學者認為非適法，該票據應為無效❶。但一般學者認為應以該月之末日為發票日，使該票據仍為有效。我票據法將發票年月日列為匯票應記載事項，其立法理由如下：

(1)藉以知道發票人於發票當時是否有行為能力，發票人如為公司或其他法人時，藉以知其發票當時是否成立。

(2)在發票日後定期付款之票據中，可藉以決定其到期日之起算點（§65

---

❶ 如鄭玉波，《票據法》，三民書局印行，1991 年 8 月第 4 刷，p. 92。

I、II)。

　　⑶在見票即付之匯票中（§65 I、III），可藉以決定其提示期限之標準（§66 II準用§45）。易言之，見票即付之匯票，自發票日起，執票人至遲應於六個月內為付款之提示。

　　⑷在見票後定期付款之匯票中（§65 I），可藉以決定承兌提示期限之標準（§67 II）。易言之，以發票日後六個月之末日為見票日，其經發票人約定縮短或延長者，以其約定期限之末日為見票日，再依此計算到期日。

　　⑸發票日得用以決定票據利息之起算日（§28 III，「利息自發票日起算，但有特約者不在此限」）及保證之成立日（§59 II，「保證未載明年月日者，以發票年月日為年月日」）。

㈡相對必要記載事項

　　相對必要記載事項者，乃指若未記載時，法律將另行擬制其效果，而不使票據無效之法定事項也。發票行為之相對必要記載事項者，乃指票據行為人為發票行為時，依票據法之規定應該記載，若未記載時，法律將另行擬制其效果，而不使票據無效之法定事項也。發票行為之相對必要記載事項有五：

　　1. 付款人之姓名或商號 (name of drawee)

　　付款人者，乃指受發票人之委託，於到期日負擔支付票據金額之人也。付款人經承兌後，即為匯票之第一債務人，自應予以記載，惟未記載付款人時，法律另有擬制之規定，即以發票人為付款人（§24 III），故付款人姓名或商號之記載屬於相對必要記載之事項。

　　發票人得以自己為付款人，此種匯票稱為對己匯票或己付匯票（§25）。再者，付款人之姓名或商號可否為複數之記載？學者之間頗有爭議，就理論而言，法律既無禁止明文，自得為複數之記載。惟記載數付款人之住所，須以同在一地為條件，因票據付款地必須單一，付款地如為複數或分離者，其記載應為無效，但該票據尚不致歸於無效，因付款地並非絕對必要記載事項。

　　2. 受款人之姓名或商號 (name of payee)

　　受款人者，乃指票據第一次之權利人也，故亦為必要記載事項之一，

惟如未記載受款人時，法律另有擬制之規定，亦即「未載受款人者，以執票人為受款人」，故受款人之姓名或商號之記載亦屬於相對必要記載之事項。其未記載受款人之姓名或商號者，稱為「無記名匯票」。受款人得為複數之記載，若為重疊記載時（例如 A 及 B 及 C），其內部關係依一定之比例而享有權利，但行使票據權利或轉讓票據（背書）時應共同為之。若為選擇記載（例如 A 或 B 或 C）時，則僅現實占有票據者為權利人，因而無論行使票據權利或轉讓票據（背書）均得由該權利人單獨為之。

3. **發票地 (the place of issue)**

發票地〔英：the place of issue；日：振出地（ふりだしち）；德：Ausstellungsort；法：Lieu de creation〕者，乃指匯票發行時，形式上所記載之發票地域也。票據上所記載之發票地如與事實上之發票地不一致時，依外觀原理並不影響票據之效力。因發票地有「決定發票行為準據法」之作用，故為必要記載事項之一（§24 I）。但如未記載發票地時，法律另有擬制之規定，亦即「未載發票地者，以發票人之營業所、住所或居所所在地為發票地。」故發票地之記載屬於相對必要記載之事項。

凡票據上行為人或行為地涉及兩國以上時，則發生法律準據問題，其中如係準據於行為地之法律者，則發票地之記載具有實益。例如在英國國內發行之匯票未貼有印花者，應認為無效（英票據法第七十二條第一項），而在我國則否。在同一票據上記載數個不同之發票地者，國內某些學者認為，因其有害票據之同一性，自非合法，應將之解為無效之票據（參照本書第二章第三節「票據行為之要件」中「相對必要記載事項」發票地之說明）。惟吾人以為，記載數個不同之發票地者，雖然有違發票地單數記載之原則，但尚未違反到票據之本質或票據絕對必要記載之事項，故該票據尚不至流於全部無效，應僅該「數個發票地之記載」無效，而應視為未記載發票地，應以發票人之營業所、住所或居所所在地為發票地而已（§24 V、§120 IV、§125 III）。

4. **付款地 (the place of payment)**

付款地〔英：the place of payment；日：支払地（しはらいち）；德：

Zahlungsort；法：lieu de paiement〕者，乃指票據所應支付之地域也。付款地之記載可避免執票人隨地請求付款，而且在涉訟時亦得由付款地之法院管轄（民訴§13），故付款地為必要記載之事項。但如未記載付款地時，法律另有擬制之規定，亦即「未載付款地者，以付款人之營業所、住所或居所所在地為付款地。」故付款地之記載，亦屬於相對必要記載之事項。

付款地之記載方法，一般以最小之獨立行政區域為準（例如臺北市、三重市）。付款地與付款人之住所不必為同一地，但付款地與發票地不以相異為必要，同為一地亦屬無妨。

付款地之記載必須單純而一定，因付款地之記載若不單一，則票據關係不易確定，有礙追索權之行使也。若記載數付款地或分地付款者，其匯票之效力如何？國內某些學者認為，記載數付款地或分地付款者，因違反付款地之單純性（單一性），該匯票應歸於無效。例如鄭洋一先生即謂：「付款地即支付匯票金額之所在地，其在票據關係上甚為重要；如因票據涉訟時，得由付款地法院管轄（民訴§13），決定貨幣種類之標準（§75 II），決定預備付款人是否在付款地之標準（§26 II、§35），及為執票人請求付款及拒絕證書作成之地等。故付款地為必要記載之事項，且其作成必須單純而一定，若記載數付款地或分地付款者，其匯票無效。」❷ 惟吾人以為，「記載數付款地或分地付款」之匯票，其匯票並非歸於無效。「記載數付款地或分地付款」，固然違反付款地之單一性，如此之記載，固屬付款地之無效記載，惟付款地究非匯票之絕對必要記載事項，付款地之未記載或無效之記載，尚不至於導致匯票之全部無效，而應屬僅該記載無效而已。在此情況，票據法第二十四條第六項規定：「未載付款地者，以付款人之營業所、住所或居所所在地為付款地。」依此規定，在匯票上「記載數付款地或分地付款」者，應以付款人之營業所、住所或居所所在地為付款地。同樣道理，在本票之場合，因付款地亦非本票之絕對必要記載事項，付款地之未記載或無效之記載，亦不至於導致本票之全部無效。在此情況，票據法第一二〇條

---

❷ 鄭洋一，《票據法之理論與實務》，自行出版，總經銷三民書局，文太印刷有限公司印刷，1993 年 1 月修正 18 版，p. 151。

第五項規定:「未載付款地者,以發票地為付款地。」依此規定,在本票上「記載數付款地或分地付款」者,應以發票地為付款地。反之,在支票上「記載數付款地或分地付款」者,該支票則應全部歸於無效。因付款地係支票之絕對必要記載事項(§125),支票之絕對必要記載事項,除前述「表明票據種類之文字」、「無條件支付之委託」、「金額」、「發票年月日」等四大共通事項外,「付款地」及「付款人之商號」亦為絕對必要記載事項。付款地既為支票之絕對必要記載事項,付款地之未記載或無效之記載,將導致支票之全部無效,因此「記載數付款地或分地付款」時,將導致該支票之全部無效。

5. 到期日 (maturity)

到期日〔英:maturity;日:満期,支払期日,満期日(まんき,しはらいきじつ,まんきじつ);德:Verfallzeit;法:échéanee〕者,票據上金額應為支付之日期也。到期日為確定匯票債權人行使權利及債務人履行義務之時期,故到期日為必須記載之事項。但如未記載到期日時,法律另有擬制之規定,亦即「未載到期日者,視為見票即付。」故亦屬相對必要記載之事項。

二、得記載之事項

得記載之事項,亦稱任意記載事項,乃指記載與否全由當事人自由決定之事項也。根據本法匯票章中「發票及款式」一節之規定,得記載之事項,有下列五種:

㈠擔當付款人 (paying agent)

擔當付款人〔英:paying agent;日:支払担当者,支払代理人(しはらいたんとうしゃ,しはらいだいりにん);德:Zahlungsleister, Domiziliat;法:domiciliataire〕者,亦即付款人之代理人,乃指代理付款人實際為付款行為之人也。擔當付款人與付款人間之關係,係屬一種代理關係。

擔當付款人與發票人之間,並無資金關係存在;但在擔當付款人與付款人之間則有某種類似資金關係存在,學者將之稱為「準資金關係」,故擔當付款人之指定,原則上應由付款人指定之。當付款人與發票人指定之擔

當付款人不一致時，應以付款人指定者為準，依我國現行票據法之規定，付款人指定原則如下：

1.若事先已得付款人之同意時，發票人亦得指定之，故票據法第二十六條第一項規定：「發票人得於付款人外，記載一人為擔當付款人。」

2.若發票人於發票時未記載擔當付款人，付款人於承兌時，亦得指定擔當付款人。故票據法第四十九條第一項規定：「付款人於承兌時，亦得指定擔當付款人。」

3.若發票人於發票時已記載擔當付款人，付款人於承兌時認為不便者，仍得塗銷或變更之。故票據法第四十九條第二項規定：「發票人已指定擔當付款人者，付款人於承兌時，得塗銷或變更之。」例如住在臺北之發票人 A，以住在臺南之 B 為付款人，發行匯票乙張，於發票時，徵詢付款人 B 之同意，記載第一銀行為擔當付款人，付款人 B 於承兌時，已改與第二銀行往來，認為以第一銀行為擔當付款人甚為不便時，仍得將擔當付款人變更為第二銀行。

擔當付款人並非票據債務人，故承兌之提示時，仍應向付款人為之，只有在付款之提示時，始得向擔當付款人為之。亦因擔當付款人並非票據債務人，發票人或付款人指定擔當付款人時，通常須得擔當付款人事先之同意。

擔當付款人記載之實益，僅匯票與本票有之，支票則無任何實益可言。因支票本以金融業者為付款人，而匯票與本票（發票人本身）則可能以一般之個人或商號為付款人。當匯票與本票以一般之個人或商號為付款人時，該個人或商號未必保有支付票據金額之現金，亦未必於付款期日居留於國內，此時該個人或商號（付款人）若能指定與自己有來往之銀行或方便代理自己付款之其他個人或商號為擔當付款人，則對於付款人、執票人均感方便。本票若指定金融業者為擔當付款人者，即為甲存本票。

(二)預備付款人 (referee in case of need)

預備付款人〔英：referee in case of need；日：予備支払人（よびしはらいにん）；德：Notadressat；法：besoin, recommendataire〕者，乃指住於付款地且非為付款人，由發票人或背書人記載於票上，預備將來參加承兌

169

或參加付款之人也。票據法第二十六條第二項規定：「發票人亦得於付款人外，記載在付款地之一人為預備付款人。」票據法第三十五條規定：「背書人得記載在付款地之一人為預備付款人。」由此規定，吾人可推知下列事項：

1. 預備付款人之記載，僅匯票有之，而本票及支票則無

因預備付款人係為將來參加承兌（§53）或參加付款（§79 I）而設，亦即當付款人拒絕承兌時，執票人得請求預備付款人參加承兌（§53 I），當付款人或擔當付款人拒絕付款時，執票人應向預備付款人為付款之提示（§79 I），而參加承兌、參加付款係匯票特有之制度，故僅匯票有預備付款人之設，而本票及支票則無。

2. 預備付款人之指定權人，應僅限於發票人及背書人

因預備付款人既為參加承兌或參加付款而設，而參加承兌之目的，旨在防止期前追索，參加付款之目的，旨在防止到期追索，亦即預備付款人之指定乃在防止追索權之行使，而追索權行使之對象為發票人及背書人，故發票人及背書人均有指定預備付款人之權。

3. 預備付款人須為記載時居住於付款地且須為付款人以外之人始可

因預備付款人之指定，除在藉以維持票據之信用，防止追索權之行使外，亦在兼顧謀求執票人向其請求參加承兌或參加付款之便利，故如有違反，自不生票據上之效力。例如記載時該預備付款人並非住於票據付款地，此項記載不生票據上之效力。又如，記載時該預備付款人並非住於票據付款地，惟於嗣後遷入，執票人請求參加承兌或參加付款時，已居住於付款地，此種情況，亦因違反「預備付款人須為記載時居住於付款地且須為付款人以外之人」之原則，故亦不生票據上之效力（1982 年司法院司法業務研究會第一期會議之決議）。

再者，預備付款人與擔當付款人有下列不同：

1. 地位不同

預備付款人係票據之第二付款人，亦稱從付款人；而擔當付款人只是付款人之代理人，並非票據之債務人。

2. 指定者不同

預備付款人係由發票人或背書人指定；而擔當付款人則由發票人或付款人指定。

3.資格限制不同

預備付款人限於付款地之第三人；而擔當付款人則不限於付款地之人。

4.目的不同

預備付款人之指定，除在藉以維持票據之信用，防止追索權之行使外，亦在兼顧謀求執票人向其請求參加承兌或參加付款之便利；而擔當付款人之指定，旨在謀取付款人、執票人實際上之方便。

預備付款人與付款人亦有下列不同：

1.地位不同

預備付款人承兌後，即成為票據之第二承兌人；反之，付款人承兌後，則係票據之第一承兌人。

2.承兌後之效果不同

預備付款人承兌後，即成為參加承兌人，執票人對之得行使請求付款，請求其負擔參加承兌人之責任；反之，付款人承兌後，即成為承兌人，執票人對之具有付款請求權，請求其負擔承兌人之責任。

3.付款後之效果不同

預備付款人參加付款後，僅對參加付款人之後手，免除債務，預備付款人對於被參加付款人及其前手，取得執票人之權利，其票據關係，並不因此而消滅；反之，付款人付款之後，其票據關係，乃因此而消滅。

(三)付款處所 (detailed address where payment is to be made)

付款處所〔英：detailed address where payment is to be made；日：支払場所（しはらいばしょ）〕者，乃指發票人於發票時或付款人於承兌時，於票據上所記載在付款地內之具體付款地點也。票據法第二十七條規定：「發票人得記載在付款地之付款處所。」票據法第五十條規定：「付款人於承兌時，得於匯票上記載付款地之付款處所。」

付款處所與付款地不同。付款地通常指特定之行政區域而言，例如臺北市或臺南市是；而付款處所則為具體指定之地點，例如臺北市徐州路21

號臺大法學院、臺北市指南路 1 段 35 號臺北市銀行木柵分行即是。

付款處所之記載，或出於發票人或付款人之自動記載，或出於受款人之要求，但一經記載，即發生票據上之效力，「為行使或保全票據上之權利，對於票據關係人應為之行為，應在票據上指定之處所為之。」(§20)

付款處所之記載，具有如下之實益：

1.對付款人甚為方便

「無指定之處所者，在其營業所為之，無營業所者，在其住所或居所為之。」(§20) 付款人如不欲或不能在其營業所、住所或居所付款者，可於承兌之時，另行記載付款處所，如此一來，對付款人而言，可謂甚為方便。

2.對受款人甚為方便

若付款人之營業所、住所或居所距發票人之住處甚遠，對受款人甚不方便時，受款人自可要求發票人或付款人另行記載距離自己較近之處所為付款處所，甚至可要求記載受款人自己之住處為付款處所，如此一來，對受款人而言，可謂甚為方便。

3.對發票人甚為方便

若付款人之營業所、住所或居所距發票人之住處甚遠時，則發票人往往無法知悉匯票是否如期付款，甚為不便。此時，發票人自可另行記載較近之處所為付款處所，甚至記載發票人自己之住處為付款處所，如此一來，即可就近監視匯票是否如期付款，對發票人而言，可謂甚為方便。

㈣利息及利率 (interest and rate)

票據法第二十八條規定：「I 發票人得記載對於票據金額支付利息及其利率。II 利率未經載明時，定為年利六釐。III 利息自發票日起算。但有特約者，不在此限。」

在票據上，就票據金額，依一定利率，附以利息之記載，稱為利息文句。利息文句，多少有礙票據金額之一定性，在票據上記載利息文句，利息文句記載之是否有效，各國之法例不同，大約有下列幾種：

1.票上載有利息文句者，該票據無效。例如奧國票據法第七條之規定即採此種見解。

2.票上載有利息文句者，該記載無效。例如瑞士債務法第七二五條、匈牙利票據法第三條、義大利商法第二五四條、德國票據法第七條之規定，即採此種見解，將支付利息之記載，視為無記載❸。

3.僅許見票即付及見票後定期付款之匯票，發票人得記載利息文句。例如統一票據法 (Uniform Law on Bills of Exchange and Promissory Notes, 1930) 第五條第一項即規定：「匯票為見票即付，或見票後定期付款，發票人得為對票據金額支付利息之記載，此外其他匯票載有利息者，視同未經記載。」日本票據法第五條亦規定：「I 匯票為見票即付，或見票後定期付款者，發票人得為對票據金額支付利息約定之記載，於其他匯票為此項約定之記載者，視為無記載。」

4.發票人得於匯票上，就票據金額記載利息文句。例如英國票據法第九條之規定即採此種見解。美國統一商法典第三編第一〇六條 (Uniform Commercial Code Article 3–Commercial Paper) 亦規定：「I 縱有下列情形之一，其應付金額，仍屬一定之金額：一、載明支付利息，或分期付款者；二、載明於拒絕（付款或承兌），或特定日期之前後，適用不同之利率者；三、載明於規定付款日之前或後付款，應予折扣或加成者；四、載明依固定或當時匯率折算者；五、載明於經拒絕（付款或承兌）時，支付催收費用或律師費用，或兩者併付者。II 本條規定並不使原屬不合法之任何條款，成為有效。」❹亦認為票據得記載利息文句。

我國票據法第二十八條之規定，係採英美之立法例。法律所以允許匯票附記利息者，乃因匯票係屬信用證券，多為遠期匯票故也。本票亦屬信用證券，亦多為遠期本票，故本票亦得附記利息。反之，支票因非信用證券，具有見票即付之性質，因此不得附記利息。雖然票據法第一三二條規定：「執票人向支票債務人行使追索權時，得請求自為付款提示日起之利息，如無約定利率者，依年率六釐計算。」但票據法第一三三條之利息，係屬遲

---

❸　張國鍵，《商事法論》，三民書局印行，1991 年 10 月修訂初版，p. 422。

❹　國立中興大學法律研究所主譯，《美國統一商法典及其譯註》，臺灣銀行經濟研究室編印，臺灣銀行發行，1979 年 8 月出版，p. 171。

延利息，與此之所謂利息，性質不同也❺。

利息文句，原屬匯票之得記載事項，其記載與否，自得認隨發票人之自由。發票人得記載對於票據金額支付利息，若發票人未記載對於票據金額支付利息，則執票人不得請求利息之支付。至於利率，其有載明時，依其所載之利率計算，惟其載明之利率，不得超過民法週年百分之二十之規定（民§205）；其未載明時，則依年利六釐計算，是為法定利率。此與民法之法定利率週年百分之五者不同（民§203）。因特別法優於普通法，有關票據之利率，票據法之規定應優先適用。

匯票上記載利率之方法，約有下列兩種：

1.約定利息之利率

約定利息之利率，係指自發票日或約定利息起算日起，至到期日止之利率（§28 III）。

2.到期日後之利率

到期日後之利率，係指自到期日起至清償日止之遲延利息利率。到期日後之利率，其有約定者，從其約定；其無約定者，則依年利六釐計算（§97 I）。

上述兩種之利率，得為不同利率之記載，且應分別記載，如僅記載其一者，另一利率應依法定利率年利六釐計算，不得適用或準用已記載之利率❻。

匯票如為定期付款或發票日後定期付款者，當事人可先將利息金額算出，加入票據金額之中，而不附記利息。日內瓦統一票據法第五條及日本票據法第五條明文禁止一般匯票之發票人記載利息文句，如前所述，因日內瓦統一票據法第五條及日本票據法第五條均僅限於見票即付或見票後定期付款之匯票，發票人始得為對票據金額支付利息之記載，其所以如此規定者，係因其他之匯票，不外乎定期付款或發票日後定期付款之匯票，此二者既有預定之日期可資計算，自可先將利息金額算出，加入票據金額之

---

❺ 鄭玉波，《票據法》，三民書局印行，1991 年 8 月第 4 刷，p. 99。

❻ 鄭洋一，《票據法之理論與實務》，自行出版，文太印刷有限公司印刷，1993 年 1 月修訂 18 版，p. 153。

中，在實際上無附記利息之必要也❼。

㈤免除擔保承兌之責任 (Free from the liability on warranty for acceptance)

票據法第二十九條規定：「I 發票人應照匯票文義擔保承兌及付款。但得依特約免除擔保承兌之責。II 前項特約，應載明於匯票。III 匯票上有免除擔保付款之記載者，其記載無效。」

匯票為文義證券，匯票之發票人於作成票據之後，應照票據文義負擔保承兌及擔保付款之雙重責任。因此，付款人於到期日前拒絕承兌時，執票人亦得向發票人行使追索權，付款人於到期日不為付款時，執票人亦得向發票人行使追索權。惟因發票人在到期日前或因與付款人尚未洽商，或因票款尚未送達付款人，預知此時請求承兌，亦屬無益，故票據法規定發票人「得依特約免除擔保承兌之責」(§29 I) ❽。

因匯票為流通證券，當事人之特約若不載明於票上，票據受讓人之權益可能蒙受損害，因此為保票據受讓人之權益，票據法規定發票人為此特約時，「應載明於匯票」(§29 II)。發票人依法有此記載時，匯票縱使不獲承兌，執票人亦不得於到期日前，依票據法第八十五條向發票人行使追索權。

至於付款，因付款乃票據之主要目的，且發票人為票據債務之最後償還義務人，若許發票人得依特約免除擔保付款之責，則票據法上之追索權勢將形同虛設，票據交易之安全勢將遭受妨害也。故票據法規定發票人「匯票上有免除擔保付款之記載者，其記載無效。」(§29 III)

以上五種，係本法第二章第一節所列之任意記載事項，除此之外，尚有下列幾種：

1. 禁止轉讓文句

票據法第三十條第二項：「記名匯票發票人有禁止轉讓之記載者，不得轉讓。」

---

❼　林咏榮，《商事法新詮 (下)》，五南圖書出版公司發行，1989 年 4 月再版，p. 120。

❽　黃棟培，《票據法新論》，自行出版，總經銷三民書局，志華印刷有限公司印刷，1970 年 7 月初版，p. 60。

2.指定及禁止承兌期限之記載

票據法第四十四條規定：「I除見票即付之匯票外，發票人或背書人得在匯票上為應請求承兌之記載，並得指定其期限。II發票人得為於一定日期前，禁止請求承兌之記載。III背書人所定應請求承兌之期限，不得在發票人所定禁止期限之內。」

3.法定承兌期限延縮之特約

票據法第四十五條規定：「I見票後定期付款之匯票，應自發票日起六個月內為承兌之提示。II前項期限，發票人得以特約縮短或延長之。但延長之期限不得逾六個月。」

4.付款提示期限延縮之特約

票據法第六十六條規定：「I見票即付之匯票，以提示日為到期日。II第四十五條之規定，於前項提示準用之。」就法定承兌期限，票據法第四十五條規定：「I見票後定期付款之匯票，應自發票日起六個月內為承兌之提示。II前項期限，發票人得以特約縮短或延長之。但延長之期限不得逾六個月。」

5.指定付款貨幣種類之記載

票據法第七十五條規定：「I表示匯票金額之貨幣，如為付款地不通用者，得依付款日行市，以付款地通用之貨幣支付之。但有特約者，不在此限。II表示匯票金額之貨幣，如在發票地與付款地，名同價異者，推定其為付款地之貨幣。」

6.免除拒絕事實通知之記載

票據法第九十條規定：「發票人、背書人及匯票上其他債務人，得於第八十九條所定通知期限前，免除執票人通知之義務。」就拒絕事由之通知，票據法第八十九條規定：「I執票人對於拒絕證書作成後四日內，對於背書人、發票人及其他匯票上債務人，將拒絕事由通知之。II如有特約免除作成拒絕證書時，執票人應於拒絕承兌或拒絕付款後四日內，為前項之通知。III背書人應於收到前項通知後四日內，通知其前手。IV背書人未於票據上記載住所或記載不明時，其通知對背書人之前手為之。」

7.免除作成拒絕證書之記載

票據法第九十四條規定:「I 發票人或背書人,得為免除作成拒絕證書之記載。II 發票人為前項記載時,執票人得不請求作成拒絕證書而行使追索權。但執票人仍請求作成拒絕證書時,應自負擔其費用。III 背書人為第一項記載時,僅對於該背書人發生效力。執票人作成拒絕證書者,得向匯票上其他簽名人,要求償還其費用。」

8.禁發回頭匯票之記載

票據法第一○二條規定:「I 有追索權者,得以發票人或前背書人之一人或其他票據債務人為付款人,向其住所所在地發見票即付之匯票。但有相反約定時,不在此限。II 前項匯票之金額,於第九十七條及第九十八條所列者外,得加經紀費及印花稅。」由此規定可知,追索權人行使追索權時,固得直接向被追索權人請求給付,但當追索權人不方便直接向被追索權人請求給付時(例如兩人之居所相距甚遠),追索權人即得以發行回頭匯票之方式,達到行使追索權之目的。亦即,追索權人為了行使追索權,得以發票人或前背書人之一人或其他票據債務人為付款人,向其住所所在地發見票即付之匯票。

此等事項,如記載於票據,均為本法所許,容於其後各該當章節中說明之。

三、不得記載之事項

不得記載之事項,又可分為下列兩種:

㈠無益之記載事項

無益之記載事項,係指不生票據法效力之記載事項。例如匯票上有免除擔保付款之記載者,該記載無效(§29 III);支票有到期日之記載(§128)。

㈡有害之記載事項

有害之記載事項,係指致使票據歸於無效之記載事項。例如支付委託附以條件或限定付款方法等記載,因違反票據之本質,若予記載,則將使該票據歸於無效也。

第三款 發票之效力

發票之效力，大致如下：

一、對發票人之效力

票據法第二十九條規定：「I 發票人應照匯票文義擔保承兌及付款。但得依特約免除擔保承兌之責。II 前項特約，應載明於匯票。III 匯票上有免除擔保付款之記載者，其記載無效。」此乃票據法有關發票人法定擔保責任之規定。因匯票係委託他人付款之有價證券，發票人僅為第二債務人，其本身不負付款責任，而僅負擔保責任❾。發票人之擔保責任，可分下列兩種：

(一)擔保承兌

擔保承兌者，乃指匯票於到期日前，付款人拒絕承兌，執票人作成拒絕承兌證書，向發票人行使追索權時，發票人即應負擔償還票據債務之擔保責任也。簡言之，匯票不獲承兌時，發票人即應負擔償還票據債務之擔保責任，發票人不得以資金業已交付付款人為理由，對抗執票人。此項擔保承兌責任，發票人得依特約免除之（§29 I 但書），惟此項特約應載明於匯票，始生免責之效力（§29 II）。因匯票係發票人委託他人付款而發票，對於承兌一事，在到期日前，或因與付款人尚未洽商，或因票款尚未送達付款人，預知此時請求承兌，亦屬無益，因此不妨在票據上免除擔保承兌之記載也❿。匯票一旦有此免除擔保承兌之記載，執票人即不得因不獲承兌，而於到期日前，對發票人行使追索權（§85 II）。

(二)擔保付款

擔保付款者，乃指匯票到期不獲付款，執票人行使追索權時，發票人即應負擔償還票據債務之擔保責任也。發票人對於擔保付款之責任，應絕

❾ 梁宇賢，《票據法新論》，自行出版，益誠彩色印刷有限公司印刷，1994 年 3 月初版，p. 173。

❿ 陳世榮，《票據法實用》，自行出版，國泰印書館有限公司承印，1988 年 3 月修訂版，p. 67。

對負責,不得依特約免除,「匯票上有免除擔保付款之記載者,其記載無效。」（§29 III）因匯票最終之目的乃在於付款,而未經承兌之匯票,付款人本可不負付款責任,若再允許發票人得以依特約免除擔保付款責任,則該匯票將無人負擔最後之責任矣! 如此一來, 又將何能促進票據之流通, 保護交易之安全❶!

除擔保承兌、擔保付款之外, 發票人之責任, 尚有票據利益償還之義務（§22 IV）、發行複本之義務（§114 I）等等。

二、對受款人之效力

發票人將匯票交付於受款人後, 受款人即取得付款請求權。惟如前所述, 匯票未經承兌, 付款人尚未承諾負擔票面金額支付之債務, 付款人尚非真正之債務人, 而執票人亦尚未真正取得票載金額之給付請求權, 此時該票據僅有表彰一定金額受領權之性質, 尚不得謂為債權證券, 故日本學者往往將之稱為「以期待票款支付為標的之一種期待權」。承兌或付款, 經付款人拒絕者, 執票人須依法完成保全程序（例如作成拒絕承兌證書或拒絕付款證書）後, 始得向發票人行使追索權❷。

三、對付款人之效力

匯票之發票, 僅為發票人一方之行為, 匯票一經發票, 因有支付委託文句之關係, 付款人即取得承兌之地位。惟付款人並不因發票人之發票行為而當然負擔付款之義務, 付款人須經承兌之後, 始生付款之義務, 始成為票據之主債務人。因此付款人在承兌之前, 縱與發票人具有資金之關係, 仍無支付票據金額之義務, 該匯票尚無確定之主債務人存在。

---

❶ 鄭玉波,《票據法》,三民書局印行, 1991 年 8 月第 4 刷, p. 101。

❷ 施文森,《票據法新論》,自行出版,總經銷三民書局, 1990 年修訂 3 版, p. 105。

第三節　背　書

第一款　背書之意義

背書〔英：indorsement, endorsement；日：裏書（うらがき）；德：Indossament；法：endossement〕者，乃指執票人對於他人，以轉讓票據權利或其他之目的所為之一種附屬的票據行為也。依此定義，吾人可知，背書之性質如下：

一、背書者，乃一種附屬之票據行為也

票據行為中，僅發票為票據基本行為，必先有發票行為，始得為背書行為，故背書為票據附屬行為。

如票據因發票行為欠缺法定方式而致票據形式上無效時（§11 I），背書行為亦因之而無效。但票據行為具有獨立性，只要發票行為已具備基本形式要件，在實質上縱然無效，其背書行為並不因之而無效。

發票人若在票據上記載禁止轉讓，則該票據失其背書性，受款人如欲轉讓票據，只能依民法上一般債權轉讓之規定（民§249～§299）轉讓之。

二、背書者，乃以轉讓票據權利或其他目的所為之票據行為也

票據法第三十條第一項規定：「匯票依背書及交付而轉讓。」(A bill of exchange is negotiated by indorsement and delivery.) 可見背書的目的，乃在於將票據權利轉讓他人，故與其他票據行為之目的不同。例如發票乃在於以創設票據權利為目的，承兌乃在於以負擔票據債務為目的。然而，背書亦有以其他目的為之者，例如以委任他人代為取款為目的而為背書者，稱為「委任取款背書」，簡稱「委任背書」。委任取款背書之格式如下：

票據金額委託 A 代收 　　　　　　B 印　年　月　日	票據金額祈付與本人之代理人 A 　　　　　　B 印　年　月　日

以為債務之擔保設定質權為目的所為之背書，稱為「設質背書」，簡稱「質背書」。設質背書之格式如下：

票據金額設定質權與 A 　　　受款人 B 印　年　月　日	票據金額因設定質權祈支付與 A 　　　受款人 B 印　年　月　日

三、背書者，乃執票人對他人所為之票據行為也

背書人 (endorser) 須為執票人，亦僅有執票人始具背書權。執票人，或為票據之受款人，或為自背書人受讓票據之人（被背書人）、或為償還債務或履行保證債務而收回票據之人。執票人苟在票據背面或黏單上簽名者，縱無背書之文句亦屬背書，此種背書即為空白背書（§31 III）。

執票人所得為之票據行為僅有背書而已，而且背書須對於他人為之，故背書係一種有相對人之單獨行為。因係單獨行為，故只要背書人簽名即可，不須被背書人簽名承諾。因係有相對人之單獨行為，故僅由背書人簽名而未交付於相對人時，尚不發生效力❸。此之「他人」，稱為被背書人 (endorsee)，被背書人因背書目的之不同而異其地位，在讓與背書，即為受讓人，在委任背書，即為受任人，在設質背書，即為質權人。

第二款　背書之要件

背書為附屬之票據行為，除了應具備一般法律行為之要件（實質要件）及背書之法定方式（形式要件）外，尚應具備下列要件：

❸　鄭玉波，《票據法》，三民書局印行，1991 年 8 月第 4 刷，p. 103。

一、背書須完整

票據為提示證券，亦為返還證券，其權利之轉讓，除了在票據上背書外，尚須移轉票據之占有。為了使被背書人方便行使或保全票據之權利，在性質上不容許背書人就票據金額為一部分之轉讓，亦不容許背書人將其金額分別轉讓於數人，否則其背書不生效力。

二、背書須單純

「背書附記條件者，其條件視為無記載。」（§36 後段）為謀票據之安全與流通，其所表彰之權利必須確定。背書附記條件者，不論其為解除條件或停止條件，均視為無記載。

解除條件〔羅：condicio resolutiva；英：condition subsequent；日：解除条件（かいじょじょうけん）；德：auflösende Bedingung；法：condition résolutoire〕者，乃指法律行為之效力消滅，繫於不確定事實之意思表示也。易言之，解除條件者，乃指促使法律行為之效力歸於消滅之條件也。附解除條件之法律行為，於條件成就時失其效力。例如 A 與 B 約定，贈與汽車一輛，但若 1991 年 10 月駕駛執照考試不及格則須返還即是。雙方約定時，贈與契約即已成立，而且發生效力，但若其後「1991 年 10 月駕駛考試不及格」時，亦即條件成就時，即失其效力。又如 A、B 約定贈與機票一張，但若 B 於 1991 年 10 月 1 日前未出國，則須返還。雙方約定時，機票之贈與契約，即已成立，而且生效，A 須將機票交予 B，但若其後「B 於 1991 年 10 月 1 日前未出國」時，亦即解除條件成就時，贈與契約即失其效力，B 須將機票返還予 A。停止條件〔英：condition precedent；日：停止条件（ていしじょうけん）；德：aufschiebende Bedingung；法：condition suspensive〕者，乃指法律行為之效力發生，繫於不確定事實之意思表示也。易言之，停止條件者，乃指促使法律行為之效力開始發生之條件也。附停止條件之法律行為，於條件成就時，始發生效力。例如 A 與 B 約定，B 若於 1991 年 10 月汽車駕照考試及格，即贈與汽車一輛。雙方

約定時,汽車之贈與契約即已成立,但尚未發生效力,必須等到「B 於 1991年 10 月汽車駕照考試及格」之條件(停止條件)成就時,始發生效力,因此又稱開始條件。又如 A 與 B 約定,若某 B 在 1991 年 10 月 1 日前出國,則贈與機票一張,當事人為此約定時,「贈與契約」即已成立,但尚未發生效力,必須等到「於 1991 年 10 月 1 日前出國」之停止條件成就時,始發生效力。

三、背書須連續

票據法第三十七條第一項規定:「執票人應以背書之連續,證明其權利,但背書中有空白背書時,其次之背書人視為前空白背書之被背書人。」背書之連續〔英: uninterrupted series of endorsements; 日: 裏書の連続(うらがきのれんぞく); 德: ununterbrochene Reihe von Indossamenten; 法: suite ininterrompue dé endossement〕者,乃指票據之背書,在形式上除第一次之背書人為票據受款人外,其次以下之各背書人均為其前一背書之被背書人,遞次銜接,以至於最後之執票人而不相間斷之狀態也。例如 A → B → C → D, A 發行一匯票與 B, B 自為背書人,以 C 為被背書人將匯票轉讓給 C, C 再自為背書人,以 D 為被背書人將匯票轉讓與 D, D 再將票據背書轉讓於 E。

被背書人	B	C	D	E
背書人	A	B	C	D

如此,其為第一背書之被背書人,而於再背書時即為第二背書之背書人;第二背書之被背書人,而於再背書時即為第二背書之背書人;依此類推,凡前背書之被背書人與後背書之背書人,須同為一人,如此不相間斷,始有連續關係。

所謂「背書中有空白背書時,其次之背書人視為前空白背書之被背書人」,空白背書者,亦稱略式背書、無記名背書或不完全背書,乃指背書人為背書時僅簽名於票上而不記載被背書人姓名或商號之背書也。例如下圖

中，B 將票據背書轉讓予 C 時，僅由背書人 B 簽名於票上而不記載被背書人 C 姓名或商號，此即所謂空白背書也。在此情況下，應將「其次之背書人 C 視為前空白背書之被背書人」，如此一來，本票據之背書則可「連續」矣。

被背書人	B		D	E
背書人	A	B	C	D

背書不連續，執票人即無法證明其權利。票據法第七十一條第一項規定：「付款人對於背書不連續之匯票而付款者，應自負其責。」足見對於背書不連續之匯票並非絕對禁止付款，只是當該執票人確非真正權利人時，付款人縱屬善意亦不得免責也。易言之，對於背書連續之匯票，付款人固不必調查該執票人是否為真正權利人，即可逕行付款；但對於背書不連續之匯票，付款人應拒絕執票人之請求，除非該執票人能證明其為真正之權利人，否則不得付款，付款人若貿然付款，則該付款人應自負其責。亦即若該執票人為真正權利人時，固屬萬幸，若該執票人非為真正權利人時，付款人不得主張其已善意付款而免其責任也（縱然票上載有「收訖」字樣，亦不得免除其責任）。

票據法第七十二條第二項與第七十一條第一項所稱付款人應自負其責之意義，二者並無不同。又所謂付款人對背書不連續之票據而付款或期前付款者，應自負其責之意義，係指對於真正權利人仍應負擔支付票款之義務而言。至於真正權利人，若未持有票據，無法提示票據行使票據權利時，則仍須對其所喪失之票據為止付通知及公示催告之聲請，並取得除權判決後，始得向付款人請求付款❶❹。

---

❶❹　王志誠，〈論背書不連續之付款與期前付款〉，《月旦法學教室》第 14 期，2003 年 12 月發行，p. 128。

背書不連續

被背書人	C	D	E	L	M	N執
背書人	B	C	D	K?	L	M
蓋章	印	印	印	印	印	印
年月日	79 7 15	79 8 15	79 9 15	79 10 15	79 11 12	79 12 15

背書連續

C 票據金額讓與 受款人B	D 票據金額讓與 C	E 票據金額讓與 D
年月日 印	印 年月日	印 年月日

第三款　背書之法律性質及特性

一、背書之法律性質

　　背書之法律性質如何，國內眾說紛紜，其重要學說約有下列幾種：

(一)讓與債權說

　　主張讓與債權說者認為，背書係屬票據債權之讓與行為。此說為目前日本學界之通說[15]。

(二)所有權取得說

　　主張所有權取得說者認為，背書係屬背書人使被背書人取得票據所有權之行為。

(三)保證行為說

　　主張保證行為說者認為，背書係屬使背書人負擔擔保付款或擔保承兌之行為。亦即背書係屬使在票據上簽名之人負擔擔保責任之行為。

(四)債權契約說

---

[15]　田中誠二、山村忠平、堀口亘，《手形法》，勁草書房，1971 年 9 月 5 日第 1 刷發行，p. 449。

主張債權契約說者認為，背書係背書人使被背書人取得票據金額償還請求權之行為。

㈤物權契約說

主張物權契約說者認為，背書係背書人使被背書人取得票據所有權之行為。

㈥有相對人之單獨行為說

主張有相對人之單獨行為說者認為，背書與發票一樣，係屬一種有相對人之單獨行為。

「有相對人之單獨行為說」為我國學界目前之通說。因背書係屬單獨行為，背書人為背書簽名時，無須被背書人簽名承諾（契約始須相對人承諾），因背書係屬有相對人之單獨行為，因此背書人為背書簽名後，須將該票據交付於相對人始生背書之效力。若僅由背書人背書簽名而未交付於被背書人，該背書尚未發生效力。依此原理，票據經背書人背書簽名後，在未交付前，若因被盜或遺失而被第三人取得時，背書人對於該第三人原本無須負責，因尚未交付於相對人，背書行為尚未真正完成也。惟票據法為保護善意之第三人，增強票據之流通，票據法乃以第十一條第二項規定，背書人仍須負擔背書責任，此乃對於背書法律性質之例外規定❶❻。

票據法乃以第十一條第二項規定:「執票人善意取得已具備本法規定應記載事項之票據者，得依票據文義行使權利；票據債務人不得以票據原係欠缺應記載事項為理由，對於執票人，主張票據無效。」

二、背書之特性

背書為票據行為之一種，具有下列之特性:

㈠不可分性

背書之不可分性者，亦稱背書之完整性，乃指背書不得就票據金額之一部分為背書或不得將票據金額分別轉讓於數人之性質也。就票據之不可

---

❶❻ 梁宇賢，《票據法新論》，自行出版，益誠彩色印刷有限公司印刷，1999 年 11 月修訂版，p. 176。

分性，票據法第三十六條規定：「就匯票金額之一部分所為之背書，或將匯票金額分別轉讓於數人之背書，不生效力，背書附記條件者，其條件視為無記載。」所謂就匯票金額之一部分所為之背書，例如匯票金額為十萬元，但僅將其中之五萬元背書轉讓於他人即是。所謂將匯票金額分別轉讓於數人之背書，例如匯票金額為十萬元，而將其中之七萬元背書轉讓於 A，其中之三萬元轉讓於 B 即是。此兩種背書，學界稱之為一部背書，因違反背書之不可分性，不生效力。

(二)單純性

　　背書之單純性者，乃指背書不得附記條件之性質也。就票據之單純性，票據法第三十六條規定：「背書附記條件者，其條件視為無記載。」由此規定可知，因背書時若附記條件，無論其為停止條件或解除條件，將使背書效力陷於不確定之狀態，妨礙票據之流通，因此本法規定，其條件視為無記載。惟違反背書之單純性與前述違反背書之不可分性，其效力不同。在違反背書不可分性之場合，該背書不生效力，但在違反背書單純性之場合，該背書仍然有效，只是其條件視為無記載而已。

(三)連續性

　　背書之連續性者，乃指在票據上所為之背書，自最初之受款人（第一被背書人）直至最後之執票人（最後之被背書人），必須前後連續不間斷之性質也。就票據之連續性，票據法第三十七條第一項規定：「執票人應以背書之連續，證明其權利，但背書中有空白背書時，其次之背書人，視為前空白背書之被背書人。」由此規定可知，執票人應以背書之連續證明其權利，無須另求其他證據，學界將之稱為背書之證明力。再者，空白背書既為法所允許，若背書自空白時，即將之視為背書不連續，無異自相矛盾，因此本法明文規定，背書中有空白背書時，其次之背書人，視為前空白背書之被背書人。

　　空白背書〔英：blank indorsement, blank endorsement；日：略式裏書，白地式裏書（りゃくしきうらがき，しらじしきうらがき）；德：Blankoindossament；法：endossament en blanc〕者，亦稱略式背書、無記名

背書或不完全背書，乃指背書人為背書時僅簽名於票上而不記載被背書人姓名或商號之背書也。就空白背書之定義，票據法第三十一條第三項規定：「背書人不記載被背書人，僅簽名於匯票者，為空白背書。」

㈣要式性

背書之要式性者，乃指在票據上所為之背書，應由背書人在票據背面或黏單上簽名，亦即背書時須依一定方式記載之性質也。違反背書之要式性者，不生背書之效力（最高法院 1970 年臺上字第 433 號判例）。

㈤抽象性

背書之抽象性者，乃指執票人對於背書人之背書不負證明實質關係或取得票據原因責任之性質也。依此背書之抽象性，執票人要求背書人負票據責任時，無須就其實質關係，亦即無須就其取得票據原因，負舉證責任。

㈥文義性

背書之文義性者，乃指背書人一旦在票據上簽名必須依照票據文義負責之性質也。就票據簽名之責任，票據法第五條規定：「I 在票據上簽名者，依票上所載文義負責。II 二人以上共同簽名時，應連帶負責。」

㈦獨立性

背書之獨立性者，乃指票據上之各個背書行為，各自獨立，不因其中某一背書行為之無效或得撤銷而影響其他背書行為效力之性質也。就票據行為之獨立性，票據法第八條規定：「票據上雖有無行為能力人或限制行為能力人之簽名，不影響其他簽名之效力。」票據法第十五條規定：「票據之偽造或票據上簽名之偽造，不影響於真正簽名之效力。」

第四款　背書之種類

背書可分為下列幾種：

一、正則背書

正則背書 (regular indorsement) 者，亦稱固有背書，又名讓與背書，即以讓與票據權利為目的所為之背書也。通常背書多屬正則背書，又可分為

正式背書與略式背書：

㈠正式背書

正式背書 (special indorsement) 者，亦稱記名背書或完全背書，乃指背書人須於應為背書之處所載明背書意旨，並記載被背書人之姓名或商號，而由背書人簽名之背書也。其格式如下：

所謂被背書人，即因背書而取得票據權利之人也，被背書人之資格，法律並無加以限制。記載之處所，限於票據之背面，不得在正面為之，以免與承兌、保證等記載相混淆，故票據法第三十一條第一項規定：「背書由背書人在匯票之背面或其黏單上為之。」惟背書之次數，法無限制，而票據背面，地位有限，不無用盡之時，此時如再為背書，自可於黏單上為之。票據法施行細則第八條規定：「票據得於其背面或黏單上加印格式，以供背書人填寫。但背書非於票背已無背書地位時，不得於黏單上為之。」

正式背書，又可分為通常記載背書與特種記載背書兩種。

1.通常記載背書

通常記載背書者，乃指於背書時無任何特種文句記載之背書也。又可分為下列三種：

⑴到期前背書

到期前背書 (indorsement prior to the maturity of the bill) 者，乃指於票據所載期限屆滿前所為之背書也。易言之，到期前背書者，乃指於到期日前所為之背書也。此種背書自有完全之效力，通常之背書即係指此而言。票據法第四十一條第二項規定：「背書未記明日期者，推定其作成於到期日

前。」此種規定旨在保護執票人之利益，惟既云「推定」(presumption) 自得以反證推翻之也。

(2)到期後背書

到期後背書 (indorsement subsequent to the maturity of the bill) 者，乃指於票據所載期限屆滿後所為之背書也。易言之，到期後背書者，乃指於到期日後所為之背書也。票據法第四十一條第一項規定：「到期日後之背書，僅有通常債權轉讓之效力。」因匯票於到期日後繼續流通，期限極為短促，實益有限，而徒增法律事實之複雜性，易生糾紛，而且執票人於票據到期時不立即請求付款而仍將票據流通，亦不合常理，故本法規定到期後之背書僅有通常債權轉讓之效力，以限制到期日後票據之流通性。

(3)回頭背書

回頭背書〔英：reindorsement；日：戾裏書（もどりうらがき）；德：Rückindossament〕者，亦稱還原背書、回環背書或回背書，乃指以匯票上之債務人為被背書人時所為之背書也。票據法第三十四條規定：「I 匯票得讓與發票人、承兌人、付款人或其他票據債務人。II 前項受讓人，於匯票到期日前，得再為轉讓。」所謂匯票上之債務人，包含發票人、承兌人、付款人或其他票據債務人（如背書人、保證人、參加人等）而言。例如 A 發行一匯票與 B，B 轉讓給 C，C 轉讓給 D，D 再轉讓給 A，如此匯票自 A、B、C、D 而復歸於 A 之背書行為，A→B→C→D→A，即為回頭背書之適例。按民法混同之規定（民§344）應歸消滅，但票據法為助長票據流通起見，認其仍有效力。回頭背書之被背書人，於票據未到期前，仍得更以背書轉讓之。惟回頭背書之效力，因執票人所處地位之不同而不同。茲簡述如下：

A.發票人為回頭背書之被背書人時

票據法第九十九條第一項規定：「執票人為發票人時，對其前手無追索權。」例如 A→B→C→D→A，A 因 D 之回頭背書再取得匯票後，對於 D、C、B 均不得行使追索權，因 A 本為匯票之最後償還義務人，若 A 可向 D，甚至於 C、B 行使追索權，而 D、C、B 又可溯及地向 A 行使追索權，

如此循環往復，最後仍應由 A 自負其責，法律為免此種無謂之追索起見，故以明文限制之。惟如匯票已經付款人承兌，則因承兌人為匯票主債務人之故，A 仍得對承兌人主張匯票上之權利。故票據法第五十二條第二項規定：「承兌人到期不付款者，執票人雖係原發票人，亦得就第九十七條及第九十八條所定之金額，直接請求支付。」

票據法第九十七條規定：「I 執票人向匯票債務人行使追索權時，得要求左列金額：一、被拒絕承兌或付款之匯票金額，如有約定利息者，其利息。二、自到期日起如無約定利率者，依年利六釐計算之利息。三、作成拒絕證書與通知及其他必要費用。II 於到期日前付款者，自付款日至到期日前之利息，應由匯票金額內扣除。無約定利率者，依年利六釐計算。」票據法第九十八條規定：「I 為第九十七條之清償者，得向承兌人或前手要求左列金額：一、所支付之總金額。二、前款金額之利息。三、所支出之必要費用。II 發票人為第九十七條之清償者，向承兌人要求之金額同。」

B.承兌人為回頭背書之被背書人時

承兌人為回頭背書之被背書人時（亦即執票人為承兌人時），承兌人不論對於任何人均不得主張權利。因承兌人為票據之第一債務人（主債務人），負有絕對付款之責，而追索權之行使係以承兌人不付款為條件，則承兌人焉有因其自己之不付款而得向他人行使追索權之理。故當承兌人為回頭背書之被背書人時，承兌人無論對於任何人均不得主張權利。

C.背書人為回頭背書之被背書人時

票據法第九十九條第二項規定：「執票人為背書人時，對該背書之後手無追索權。」例如 A 發票給 B，B 背書轉讓給 C，A → B → C → D → E → F → C，此時 C 對「該背書之後手」D、E、F 無追索權，其理由乃在避免追索之循環也。事實上，條文中「該背書之後手」之「該」字，應為「原」之意思，即「原背書之後手」也。然對原背書之前手，B、A 仍有追索權；易言之，即恢復 C 第一次持有票據時之權利狀況也。

D.保證人或參加承兌人為回頭背書之被背書人時

票據法第六十四條規定：「保證人清償債務後，得行使執票人對承兌人、

被保證人及其前手之追索權。」由此可知，保證人除得向被保證人行使追索權一點外，餘者準於被保證人之地位。例如 A 簽發匯票乙紙與 B，以 K 為承兌人，其後 B 背書轉讓與 C，C 請 C′ 保證後背書轉讓與 D，D 背書轉讓與 E，E 再背書轉讓與 C′。

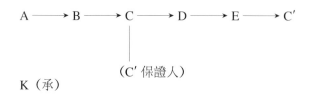

則 C′ 為被背書人及 C 之保證人，當 C′ 不獲付款時，得對承兌人 K、被保證人 C 及其前手 B、A 行使追索權。至於 E、F，因 C′ 原本對之負有保證責任，故不得行使追索權。

在參加承兌人之場合亦同。例如上例中，若 C 為被參加承兌人、C′ 為參加承兌人時，其關係亦然，當 C′ 不獲付款時，C′ 亦僅能對承兌人 K、被參加承兌人 C 及其前手 B、A 行使追索權而已。

E.付款人為回頭背書之被背書人時

付款人於未承兌前並非票據債務人，其雖曾受發票人為付款之委託，亦非當然有付款之義務，自得對一切票據債務人，行使票據上之權利。故此種背書與一般背書同，並非真正之回頭背書，學者有的稱之為「廣義的回頭背書」或「準回頭背書」。

F.其他擔當付款人或未經承兌之參加付款人為回頭背書之被背書人時

參加付款者，乃指為特定票據債務人之利益，由付款人或擔當付款人以外之人付款，以阻止追索權行使之行為也。擔當付款人或未經承兌之參加付款人，僅為票據關係人而非票據債務人，如為回頭背書之被背書人（執票人）時，得對任何人行使追索權。

2.特種記載背書

特種記載背書者，乃指於背書時記有特種文句之背書也。亦可分為下列三種：

(1)禁止背書

禁止背書 (restrictive indorsement) 者，乃指發票人或背書人因有某種原因，記有禁止轉讓文句之背書也。分為下列兩種情形：

A.發票人之禁止背書

票據法第三十條第二項規定：「記名匯票發票人有禁止轉讓之記載者，不得轉讓。」由此規定，吾人可知，記名匯票發票人有禁止轉讓之記載者，不得再行轉讓，此時僅可依普通債權讓與之方法而為票據權利之移轉。日、德等國立法例，均認許發票人得為此項禁止之記載，我國票據法第三十條第二項之規定，乃從日、德立法例所為之規定。

發票人之所以為禁止轉讓之記載者，其目的乃在於對 1.對受款人保留其抗辯權； 2.不欲與受款人以外之他人發生複雜之法律關係； 3.免除追索費用之償還等等。

B.背書人之禁止背書

票據法第三十條第三項規定：「背書人於票上記載禁止轉讓者，仍得依背書而轉讓之。但禁止轉讓者，對於禁止轉讓後再由背書取得匯票之人，不負責任。」由此規定，吾人可知，曾為禁止背書之背書人，只對於自己之被背書人負其責任，而對於其他之被背書人則不負責任也。例如背書人 A 以匯票轉讓於 B，雖在匯票上載明禁止轉讓，B 仍將之轉讓於 C，則 A 僅對 B 負責，對 B 之後手 C 則不負任何責任。

茲將「禁止轉讓」記載之效力，圖解說明如下：

(一)發票人禁止轉讓之場合

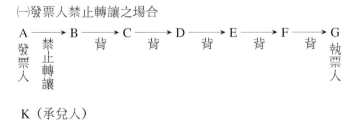

票據法第三十條第二項規定：「記名匯票發票人有禁止轉讓之記載者，不得轉讓。」在本案例中，因禁止轉讓之記載者為發票人 A，故本票據已不

得再轉讓。本案例之 B，不顧 A 禁止轉讓之記載，仍將票據背書轉讓予 C，C 再背書轉讓予 D，D 再背書轉讓予 E，E 再背書轉讓予 F，F 再背書轉讓予 G。G 為執票人，但 G 不得向任何人行使追索權，因本案例 B → C → D → E → F → G 之各項背書，均無票據法之效力，而僅具一般民法上普通債權讓與之效力而已。因此，執票人 G 僅能向其直接前手 F，基於一般債權債務之關係，請求票據金額之支付，F 為 G 之唯一債務人，若 F 無錢清償，則 G 可能遭受損害。G 無法向 F 以外之任何他人要求清償，因 K、E、D、C、B、A 等人均非 G 之債務人也。若 F 向 G 清償債務，則 G 須將該票據（當作民法上之收據）交付予 F，F 再將該票據當作民法上之收據（借據），向其前手 E，基於一般債權債務之關係請求票據金額之支付。E 為 F 之唯一債務人，若 E 無錢清償，則 F 可能遭受損害。F 無法向 E 以外之任何他人要求清償，因 K、D、C、B、A 等人均非 G 之債務人也。

㈡背書人禁止轉讓之場合

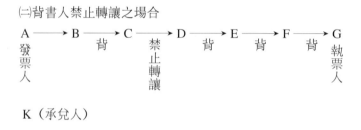

票據法第三十條第三項規定：「背書人於票上記載禁止轉讓者，仍得依背書而轉讓之。但禁止轉讓者，對於禁止後再由背書取得匯票之人，不負責任。」在本案例中，因禁止轉讓之記載者為背書人 C，故本票據仍得再為轉讓，只是禁止轉讓者 C，對於禁止轉讓後再由背書取得匯票之人，不負責任。本案例之 D 再背書轉讓予 E，E 再背書轉讓予 F，F 再背書轉讓予 G。G 為執票人，除了 C 外，G 得向 K、F、E、D、B、A 等人行使追索權，因本案例 D → E → F → G 之各項背書，均有票據法之效力。因此，執票人 G 之直接前手 F，縱然無錢清償，G 尚不至於遭受損害。因除了 F 之外，G 尚得向 K、E、D、B、A 等人行使追索權（無須按其次序）。惟執票人 G 無法向 C 要求清償，因背書人 C 係禁止轉讓之記載者，C 僅對自己之被背書人

D 負其責任，禁止轉讓者 C，對於禁止後再由背書取得匯票之人 (E、F、G)，不負責任。

(2)無擔保承兌背書

無擔保承兌背書 (qualified indorsement) 者，乃發票人或背書人於背書時在票上記載不負擔承兌責任文句之背書也。票據法第二十九條規定：「I 發票人應照匯票文義擔保承兌及付款。但得依特約免除擔保承兌之責。II 前項特約，應載明於匯票。III 匯票上有免除擔保付款之記載者，其記載無效。」票據法第三十九條規定：「第二十九條之規定，於背書人準用之。」準用之結果，背書人得依特約免除擔保承兌之責，因發票人對於付款人之債權，可能係繫於未來發生之交易行為，在交易行為尚未完成前，付款人自不願對匯票承諾負擔任何責任，故准予免除擔保承兌之責任。有此不負擔承兌責任文句之記載時，該背書人無論對於何人，一概不負票據上擔保承兌之責。有此免除擔保承兌之記載時，如因不獲承兌或無從承兌時，執票人既已因特約免除發票人或背書人擔保承兌之責任，則不宜認其得期前行使追索權。但如有免除擔保付款之記載者，其記載無效，因此我國票據法對於無擔保背書，僅為有限度之承認而已。因為付款原為匯票發票或背書之目的所在，若允許任何票據關係人免除擔保付款之責任，將減少票據之流通價值，故法律不予承認。

(3)記載預備付款人背書

記載預備付款人背書 (indorsement containing a referee in case of need) 者，乃指發票人或背書人於票據上記載在付款地之一人為預備付款人所為之背書也。就預備付款人之指定，票據法第二十六條第二項規定：「發票人亦得於付款人外，記載在付款地之一人為預備付款人。」票據法第三十五條規定：「背書人得記載在付款地之一人為預備付款人。」預備付款人者，乃指住於付款地且非為付款人，由發票人或背書人記載於票上，預備將來參加承兌或參加付款之人也。

預備付款人為主付款人以外之從付款人，亦稱第二付款人。預備付款人之指定，原為堅固票據信用，防止追索權之行使。除發票人得依票據法

195

第二十六條第二項之規定為預備付款人之記載外，票據法第三十五條復規定背書人亦得記載在付款地之一人為預備付款人。因背書人既因背書而對其後手負擔保證承兌及付款之責，其情形與發票人並無不同，自亦宜許其記載在付款地之一人為預備付款人，使其在匯票不獲承兌或付款時，出而為參加承兌或參加付款，以免追索權之行使也。

㈡略式背書

略式背書〔英：blank indorsement, blank endorsement；日：略式裏書，白地式裏書（りゃくしきうらがき，しらじしきうらがき）；德：Blankoindossament；法：endossament en blanc〕者，亦稱空白背書、無記名背書或不完全背書，乃指背書人為背書時僅簽名於票上而不記載被背書人姓名或商號之背書也。票據法第三十一條第三項規定：「背書人不記載被背書人，僅簽名於匯票者，為空白背書。」

背書原僅限於記名背書，空白背書係自記名背書演變而來，最初係記名背書人以空白地位預留，執票人自行填入被背書人之姓名，如同發票人不記載受款人姓名一般。執票人自行填入受款人或被背書人之姓名，並未增加原發票人或原背書人之責任，與原約定亦無不符，此乃空白背書之由來也。

法律承認空白背書之理由如下：

1.使票據易於流通

以空白背書轉讓時，可以不必背書，可謀票據轉讓之自由。例如執票人委託他人出賣（轉讓）其票據時，如有空白背書之制，則委託人僅以空白背書之票據交付於受委託人（行紀人）即可，甚為便利。

2.執票人可免背書人之責任

空白背書票據之執票人轉讓票據時，可不負背書人之責任，因空白背書之票據轉讓時，得以票據之交付而為轉讓。在此情況，執票人無須簽名於票據之上，可免背書人之責任也。

3.追索權之範圍不致擴大

因空白背書可依交付而轉讓，受讓人再為轉讓時，不必簽名於其上，

因此日後拒絕付款時，追索權之範圍不致擴大。

空白背書票據之轉讓方法如下：

1. 交付轉讓

票據法第三十二條規定：「I 空白背書之匯票，得依匯票之交付轉讓之。II 前項匯票，亦得以空白背書或記名背書轉讓之。」（§124、§144）依票據法第三十二條第一項之規定，對於空白背書之匯票，執票人得不加一字，亦不簽名，而將該匯票交付予受讓人即可。其手續至為簡便，可見匯票一經空白背書，在轉讓之時，即與無記名式匯票之轉讓相同，僅將該匯票交付予受讓人即可。執票人依此種方式轉讓票據，因未於背書處簽名，自不負背書人之責，此即空白背書實益之所在。

2. 空白背書轉讓

依前述票據法第三十二條第二項之規定，空白背書之票據，得以空白背書轉讓之。例如空白背書之執票人 B，依空白背書將匯票轉讓於 C，C 亦可僅簽名於匯票而為空白背書再轉讓給 D。執票人 D（我是 D）交票據轉讓於 E 時，亦可僅簽背書人 D 之姓名於票據，而以空白背書之方式，再將匯票交付予 E（此時票上並無被背書人 E 之姓名）。

被				(E)
背	A	B	C	D
				(我)

C → D 時為空白背書（至於 A → B, B → C 時，係記名背書或無記名背書，則在所不論）。

D → E 時，得再以空白背書轉讓，只簽 D 之姓名而不簽 E 之姓名。

3. 記名背書轉讓

空白背書之票據，得以記名背書轉讓之（§32 II）。亦即空白背書之執票人再轉讓時，得記載被背書人之姓名或商號而轉讓之。例如 D 持有 C 簽名之票據，該票據於 C 轉讓予 D 時，本為空白背書之票據，票上並無被背書人 D 之姓名。惟其後 D 將該票據轉讓予 E 時，除於背書人欄簽上背書人

D 之姓名外，得於被背書人之欄內記載 E 之姓名為被背書人，將票據交付予 E。

被	B			E
背	A	B	C	D
				（我）

C → D 時原為空白背書（至於 A → B, B → C 時，係記名背書或無記名背書，則在所不論）。

D → E 時，可於被背書欄內記載 E 之姓名為被背書人，以「記名背書之方式」將票據交付予 E。

4. 變更為記名背書再轉讓之

票據法第三十三條規定：「匯票上之最後背書為空白背書者，執票人得於該空白內，記載自己或他人為被背書人，變更為記名背書，再為轉讓。」

被			D	E
背	A	B	C	D
				（我）

C → D 時原為空白背書（至於 A → B, B → C 時，係記名背書或無記名背書，則在所不論）。

D → E 時，於原被背書人之空白欄內，先記自己之名 D 再轉給 E。

所謂最後背書為空白，乃指已經多次背書，不論其前之背書均為完全背書或雜有空白背書，其最後之背書必須為空白背書之謂也。此時其執票人再轉讓時，得依交付或下列兩種方法之一為之。

⑴於空白內記載自己為被背書人再為轉讓

			（我）	
被	B	C	D	E
背	A	B	C	D
				（我）

　　C→D時原為空白背書（至於A→B, B→C時，係記名背書或無記名背書，則在所不論）。

　　D→E時，執票人D可先於原被背書人欄之空白處記載自己之姓名D，再依背書之方式轉讓給E（可能為記名背書，亦可能為空白背書）。亦即將自己之姓名填入原空白背書之被背書人欄內，使原空白背書變為「記名背書」再為轉讓。惟原空白背書既已變為記名背書，已經無法再僅以「交付」之方式轉讓。在此情況，執票人欲再轉讓票據時，僅得依「背書」及「交付」之方式（兩個行為須兼而有之，否則「僅有背書而未交付」，或「僅有交付而未背書」，均無法發生轉讓之效力也），惟此之所謂「背書」方式之轉讓，可能為「記名背書」，亦可能為「不記名背書」（空白背書）。亦即：

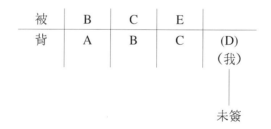

　　(2)於空白內記載他人為被背書人再為轉讓

被	B	C	E	
背	A	B	C	(D)
				(我)
				未簽

　　C→D原為空白背書（至於A→B, B→C時，係記名背書或無記名背書，則在所不論）。

　　D→E時，D未簽名而直接在原被背書人之空白處，記載E名而轉讓予E。

　　易言之，執票人D得不填自己姓名而直接於原空白處填寫受讓人E之名，而將票據交付予E。在此情況，因D自己並未記名於票上，D無須負擔票據責任也。易言之，執票人D得將票據受讓人E之姓名直接記入原空白背書之被背書人欄內，使原空白背書變為記名背書，同時將該票據交付

予受讓人 E，以完成轉讓手續。在此情況，實質上，票據雖曾經由 D 手，但在形式上，票上並無 D 之簽名，D 自可不負票據責任也。

二、變則背書

變則背書 (irregular indorsement) 者，乃指非以讓與票據權利為目的，而是以其他目的所為之背書也。可分為質權背書與委任背書：

㈠質權背書

質權背書〔英：indorsement of pledge；日：質入裏書（しちいれうらがき）；德：Pfandindossament；法：endossement de garantie〕者，亦稱質背書或質入背書，乃指執票人以設定或轉移票據上之質權為目的所為之背書也。

此種背書，僅能使被背書人取得質權並非移轉票據權利，故與一般移轉性之背書不同，故必須記載其目的以免混淆。其被背書人即質權人，票據債務人不得以自己對抗背書人之事由對抗質權人，但質權人有惡意或重大過失時，不在此限。

設質背書在我國商場上甚為普遍，一般多以未到期之票據作質，設質貸款。但我國票據法對於質權背書並無明文規定，因此不發生票據上之效力（§12），而應解為適用民法權利質權之規定（民§908）。質權背書以記名背書或完全背書為限，因若為無記名票據或空白背書之票據，執票人得僅以交付票據於質權人而生設定質權之效力，無須背書，故不生設定質權背書之問題也。且票據如經發票人記載禁止轉讓者，亦不得再為設定質權。其款式如下：

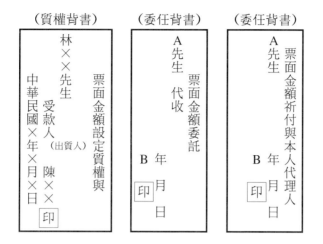

（質權背書）　　　（委任背書）　　　（委任背書）

(二)委任背書

委任背書〔英：indorsement by mandate；日：委任裏書（いにんうらがき）〕者，乃指執票人（背書人）以行使票據上之權利為目的，而授與被背書人以代理權限所為之背書也，故又稱為代理背書（如前所示之圖）。所謂行使票據上之權利，例如領取票據上之金額。依其委任意旨之是否明白記載，可分為下列兩種：

1.委任取款背書

委任取款背書〔英：agency or restrictive indorsement, indorsement for collection；日：取立委任裏書（とりたていにんうらがき）；德：Prokuraindossament od. Vollmachtsindossament；法：endossement de procuration〕者，乃指於票據上載明執票人委任被背書人取款為目的所為之背書也（§40 I），亦稱為顯名委任取款背書。此種背書，不發生權利移轉之效力，而僅發生代理權授與之效力。易言之，僅授與被背書人以行使票據上權利之資格，得以代理取款並非以轉讓票據之所有權為目的，故與普通之背書有別。

委任之意旨，應如何記載？法無明文。除明文記載「為收款用」(for collection)、「委託代收」(by procuration) 等字樣外，依英美慣用例，凡票據背面載有「入帳戶」(for deposit only)、「因收款」(value in collection) 等字樣，亦有委任取款之效力。若背書人未載明委任取款之旨而為背書之簽名

者，對善意執票人應負普通背書人之責任。

票據法第四十條規定：「I 執票人以委任取款之目的，而為背書時，應於匯票上記載之。II 前項被背書人（委任取款背書之被背書人），得行使匯票上一切權利，並得以同一目的，更為背書。III 其次之被背書人，所得行使之權利，與第一被背書人同。IV 票據債務人對於受任人所得提出之抗辯，以得對抗委任人者為限。」依此規定，在委任取款之背書，被背書人有兩種權限：

(1)被背書人得行使匯票上一切之權利（§40 II）。例如請求承兌付款、作成拒絕證書，以及向前手追索及提起票據訴訟等權利。其行使權利之結果，仍由背書人承受，與被背書人無涉。

(2)被背書人得以同一目的更為背書（§40 II）。亦即被背書人得更以「委任取款」為目的，而以背書移轉其代理權予第三人也，但其他背書（例如一般轉讓背書或設質背書）則不得為之。此時，其次之被背書人所得行使之權利與第一被背書人同（§40 III）。而且「票據債務人對於受任人所得提出之抗辯，以得對抗委任人者為限」（§40 IV）。例如下圖 D 委託 E 向 F 取款時：

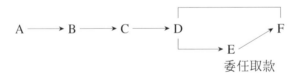

E 向承兌人 F 請求付款時，如 F 對於 D 曾取得金錢債權，依法可以抵銷者，F 得向 E 為抵銷之抗辯。因受任人 E 僅為 D 之代理人而非票據所有人 D 之後手，但承兌人 F 對 E 所得提出之抗辯，以得對抗委任人 D 者為限。至於 F 對於 C、B、A 等人雖有抗辯事由存在，亦不得向 E 提出也。

2.信託背書

信託背書〔英：indorsement of credits；日：信託裏書（しんたくうらがき）〕者，亦稱隱的委任取款背書，乃指在實際上係以委任取款為目的，但於票據上並未記載執票人以委任被背書人取款為目的所為之背書也。此種背書，在實質上係以委任取款為目的，而形式上卻係一般轉讓之背書。惟其如此（因為票據係文義證券），票據上之權利應移轉於被背書人，其委

任取款之合意，僅成為直接當事人間之人的抗辯事由而已。易言之，此種背書，其取款之委任，乃以當事人間之信託行為為依據，僅為被背書人與背書人間之內部關係而已，我票據法並未規定。

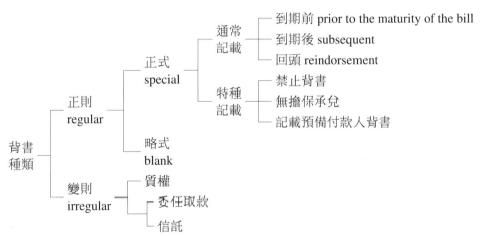

第五款　背書之禁止

一、背書之禁止之意義

背書之禁止〔英：restrictive indorsement；日：裏書禁止裏書（うらがききんしうらがき）；德：Rektaindossament〕者，亦稱禁止背書，乃指發票人或背書人所為關於此後不得再為背書文句記載之背書也。

二、背書之禁止之種類

匯票本為流通證券，無論其為記名匯票或無記名匯票，原則均得依背書或交付之方法而為轉讓，但有時基於特殊原因，往往在票據上記載「禁止轉讓」之旨，剝奪其流通性。記載禁止背書之情形有二，一為「發票人禁止轉讓之背書」，一為「背書人禁止轉讓之背書」，茲簡單說明如下：

㈠發票人禁止轉讓之背書

1.發票人禁止轉讓背書之規定

就發票人禁止轉讓之背書，票據法第三十條第二項規定：「記名匯票發票人有禁止轉讓之記載者，不得轉讓。」由此規定可知，當記名匯票之發票人在匯票上記載禁止轉讓時，持有該匯票之受款人不得再將該匯票轉讓於任何人，若受款人仍將該匯票轉讓於第三人時，將不發生票據轉讓之效果，僅能發生民法上一般債權轉讓之效果，發票人得以對抗受款人之事由對抗受讓之第三人。例如 A 向 B 購貨時，簽發一張以 B 為受款人之匯票，交付予 B，在匯票上有禁止轉讓之記載，嗣後 B 不但未交貨予 A，反將該匯票背書轉讓於 C，在此情況，當 C 持該匯票向 A 請求支付票據金額時，A 即得主張 B 未交貨而拒絕負責。惟應注意下列幾點：

⑴有禁止背書記載之匯票，雖然不得依背書而轉讓，但不妨以之作為債權轉讓意思表示之證明，亦即仍得依一般債權轉讓之方法轉讓之。

⑵有禁止背書記載之匯票，雖不得再為轉讓之背書，但仍得為委任取款背書。

⑶有禁止背書記載之匯票，僅在禁止轉讓背書而已，因此除以轉讓背書之部分外，其餘有關票據之規定（例如付款之提示、公示催告等）仍有適用❶。

2. 發票人禁止轉讓記載之理由

發票人所有為禁止轉讓之記載，其理由約有下列幾點：

⑴發票人不欲與受款人以外之人發生票據關係。

⑵發票人欲藉此保留對於受款人之抗辯權。

⑶發票人欲藉此防止票據追索時，追索金額之擴大。

3. 發票人禁止轉讓之記載方式

⑴記載文句

禁止背書轉讓之記載方式，法無明文規定，實務上認為只要將其禁止轉讓之意思明白敘述即可。例如於匯票上記載「此票不得背書」、「此票不得轉讓」、「禁止轉讓」、「本票僅限於對受款人×××負責」等字樣即可。

⑵記載位置

記載禁止背書之位置，法無明文規定，實務界認為，應在票據正面或在票據背面記載之（最高法院 1986 年 5 月 20 日第 9 次民事庭會議之決議）。惟學界多主張，發票人禁止背書之記載，應僅限於票據正面為之始可。其理由為，因發票人在票據背面為禁止轉讓而簽章時，極易被誤認為「回頭背書」。

⑶發票人之需否簽章

發票人為禁止背書之記載時，是否應該簽章？實務界曾認為，必須在其記載下簽名或蓋章，始生禁止轉讓之效力（最高法院 1986 年 5 月 20 日第 9 次民事庭會議之決議）。惟學界多以為，若在票據背面記載「禁止轉讓」者，固須簽章，但若記載於票據正面則無須簽章，其理由為，因發票人於發票時，係整體以簽名、蓋章而為發票，該票據已具文義證券之性質，無須再於各項記載下各自簽章，否則整張匯票是將充滿發票人之簽章也。吾人以為，發票人於票據正面記載「禁止轉讓」者，若依一般社會通念，足

---

❶　鄭玉波，《票據法》，三民書局印行，1991 年 8 月第 4 刷，p. 200。

以辨認係由發票人記載時，縱然發票人未予簽章，亦生禁止轉讓背書之效力⑱。

(二)背書人禁止轉讓之背書

1.背書人禁止轉讓背書之規定

就背書人禁止轉讓之背書，票據法第三十條第三項規定：「背書人於票上記載禁止轉讓者，仍得依背書而轉讓之。但禁止轉讓者，對於禁止後再由背書取得匯票之人，不負責任。」由此規定可知，背書人（讓與人）將匯票背書轉讓於被背書人（受讓人）時，亦得在票據上為禁止轉讓之記載，有此記載時，若被背書人仍將該匯票轉讓於第三人，背書人僅直接對被背書人負責，而無須對該第三人或更由該第三人受讓票據之任何人負責。亦即，背書人（讓與人）僅對其直接後手負責，對於直接後手之其他任何人無須負責。例如 A 向 B 購物時，簽發匯票一張交付於 B，其後 B 將該匯票背書轉讓於 C 時，在該票據上為「禁止轉讓」之記載，但 C 仍將該匯票背書轉讓於 D，D 又將該匯票背書轉讓於 E，則 B 僅對其直接後手 C 負背書人責任，對於禁止後再由背書取得匯票之人 D、E，則不負背書責任。至於 C，因非禁止轉讓者，仍須對於 D、E 負責，至於 A，亦因非禁止轉讓者，對於上述每個人均須負責。

2.背書人禁止轉讓背書之方式

背書人於匯票上為禁止轉讓之記載，學理上稱之為「禁止背書之背書」〔禁転裏書，裏書禁止裏書（きんてんうらがき，うらがききんしうらがき）〕或「禁轉背書」。背書人為禁止轉讓之記載，其位置應僅限於匯票背面或黏單上，不得於匯票正面為之，因背書本應於票據背面為之，若於票據正面為之，已違背書之性質矣！而且若於票據正面為之，極易被誤以為係發票人之記載，因此背書人為禁止轉讓之記載時，若於票據正面所為之，應認為無效。

---

⑱　梁宇賢，《票據法新論》，自行出版，益誠彩色印刷有限公司印刷，1999 年 11 月修訂版，p. 202。

第六款　背書之效力

背書之效力，因讓與背書及非讓與背書而異，茲分別簡述如下：

一、讓與背書之效力

讓與背書 (regular indorsement) 者，亦稱固有背書，又名正則背書，即以讓與票據權利為目的所為之背書也。讓與背書之效力，約有下列幾種：

㈠權利移轉之效力（移轉力）

權利移轉之效力者，乃指讓與背書之背書行為完成後（背書及交付），有關票據上之權利，即由背書人移轉於被背書人之效力也（§30）。權利移轉之效力，係讓與背書之最基本之效力，亦僅讓與背書始有此種效力，非讓與背書（如委任取款背書、質權背書）則無權利移轉之效力。

讓與背書之背書人因背書行為而喪失票據上之權利，讓與背書之被背書人因背書行為而取得票據上之權利，故讓與背書之背書行為發生權利移轉之效力。惟讓與背書之權利移轉與一般債權之權利移轉，具有下列之不同：

1.移轉範圍之不同

讓與背書之權利移轉，其所移轉之權利，應僅限於票據本身之權利，票據上之付款請求權、追索權、對於保證人之權利，因係票據本身之權利，固可移轉，但其他之擔保，如質權、抵押權或其他權利（如違約金請求權），則非當然隨同移轉。此等因票據債務而設定之擔保物權，仍須另為移轉行為，始生移轉之效力也。反之，一般債權之權利移轉，民法第二九五條規定：「I 讓與債權時該債權之擔保及其他從屬之權利，隨同移轉於債權人。但與讓與人有不可分離之關係者，不在此限。II 未支付之利息，推定其隨同原本移轉於受讓人。」依此規定，吾人可知，依一般方法移轉債權者，原則上該債權之擔保及其他從屬之權利，隨同移轉於債權人。

2.抗辯切斷之不同

就票據抗辯權之行使，票據法第十三條規定：「票據債務人不得以自己與發票人或執票之前手間所存抗辯之事由對抗執票人。但執票人取得票據

出於惡意者，不在此限。」由此規定可知，讓與背書之權利移轉，原則上其被背書人可取得優於背書人之權利，為保護善意之執票人起見，票據被背書於善意之被背書人時，債務人之抗辯權即被切斷也。反之，一般債權之權利移轉，民法第二九九條規定：「債務人於受通知之時，所得對抗讓與人之事由，皆得以之對抗受讓人。」由此規定，吾人可知，依一般方法移轉債權者，原則上受讓人必須繼承讓與人之瑕疵，不得取得優於讓與人之權利❶⑨。

㈡責任擔保之效力（擔保力）

責任擔保之效力者，乃指讓與背書之背書行為完成後，背書人對於被背書人及其後手即應依照票據文義擔保承兌及付款之效力也。票據法第三十九條規定：「第二十九條之規定，於背書人準用之。」依此規定，讓與背書之背書行為完成後，背書人應照票據文義擔保承兌及付款，執票人如不獲承兌或不獲付款時，於完成追索權之保全程序（拒絕證書之作成）後，即可向該背書人追索，而該背書人即有償還之義務。因此，讓與背書之背書，次數愈多，擔保之效力愈大，票據之信用，亦愈臻穩固也⑳。惟責任擔保之效力，具有下列幾點例外：

1. 禁止轉讓之背書

票據法第三十條規定：「I 匯票依背書及交付而轉讓，無記名匯票得僅依交付轉讓。II 記名匯票發票人有禁止轉讓之記載者，不得轉讓。III 背書人於票上記載禁止轉讓者，仍得依背書而轉讓之。但禁止轉讓者，對於禁止後再由背書取得匯票之人，不負責任。」由此規定，吾人可知，記名匯票發票人有禁止轉讓之記載者，不得再行轉讓，此時僅可依普通債權讓與之方法而為票據權利之移轉。日、德等國立法例，均認許發票人得為此項禁止之記載，我國票據法第三十條第二項之規定，乃從日、德立法例所為之

---

⑲　鄭玉波，《票據法》，三民書局印行，1991 年 8 月第 4 刷，p. 118。

⑳　張國鍵，《商事法論》，三民書局印行，1991 年 10 月修訂初版，p. 437。

　　周金芳，《最新票據法論與實用》，自行出版，三興彩色印刷公司印刷，1977 年 10 月印行，p. 138。

規定。發票人之所以為禁止轉讓之記載者，其目的乃在於對(1)對受款人保留其抗辯權；(2)不欲與受款人以外之他人發生複雜之法律關係；(3)免除追索費用之償還等等。曾為禁止背書之背書人，僅對自己之被背書人負其責任，而對於其他之被背書人則不負責任也。

2. 免除擔保承兌之背書

依本法第三十九條準用本法第二十九條規定之結果，背書人應照票據文義擔保承兌及付款。但得依特約免除擔保承兌之責。故免除擔保承兌之記載，亦為背書任意記載事項之一，其理由與發票人得依特約免除擔保承兌之責相同（參前述說明）。在日內瓦統一票據法及德、英、美之立法例，均明文承認背書人可作「無擔保背書」。所謂「無擔保背書」，乃指記載免除擔保承兌及免除擔保付款之背書也。惟我國票據法僅承認無擔保承兌之背書，而不承認無擔保付款之背書。因付款乃票據之主要目的，背書人與發票人同為票據債務之償還義務人，若許背書人得依特約免除擔保付款之責，則票據法上之追索權勢將形同虛設，票據交易之安全勢將遭受妨害也。故票據法規定，背書人與發票人同樣，「匯票上有免除擔保付款之記載者，其記載無效。」（§39 準用§29）

我國票據法雖無免除擔保付款之背書，但事實上執票人仍可達到免除擔保付款之目的，因依我國現行票據法之規定，執票人仍可要求其前手（背書人）以空白背書轉讓，然後自己不加背書，而僅依交付再為轉讓，如此一來，執票人因未於票上簽名，可以不負票據付款責任，可收與「免除擔保付款之背書」同樣之效果❷。再者，票據法上所稱「擔保付款」之責任，與民法上所稱「保證」之責任，性質不同。民法上所稱保證契約之保證人，於主債務人不履行債務時，由其代負履行之責，與票據法所稱票據之背書人應照票據文義擔保付款之情形不同，故簽名於票據而背書者，應依票據法之規定負背書人之責任，執票人不得僅憑票據上之背書而主張背書人應負民法之保證責任（最高法院 1965 年臺上字第 2443 號判決）❷。

---

❷ 鄭洋一，《票據法之理論與實務》，自行出版，總經銷三民書局，文太印刷有限公司印刷，1993 年 1 月修正 18 版，p. 191。

3.到期後之背書

到期後背書者，乃指於票據所載期限屆滿後所為之背書也。票據法第四十一條第一項規定：「到期日後之背書，僅有通常債權轉讓之效力。」由此規定，吾人可知，到期後背書之效力較為薄弱，背書人不必負擔票據上之責任，執票人之地位顯然較欠穩固。揆其立法理由，乃因匯票於到期日後繼續流通，期限極為短促，實益有限，而徒增法律事實之複雜性，易生糾紛，而且執票人於票據到期時不立即請求付款而仍將票據流通，亦不合常理，故本法規定到期後之背書僅有通常債權轉讓之效力，以限制到期日後票據之流通性。

㈢權利證明之效力（證明力）

權利證明之效力者，亦稱資格授與之效力，乃指讓與背書之背書行為完成後，票據之執票人，只要有背書連續，不問實質上已否取得權利，均得被推定為票據上合法權利人之效力也。票據法第三十七條第一項規定：「執票人應以背書之連續，證明其權利，但背書中有空白背書時，其次之背書人視為前空白背書之被背書人。」由此規定，吾人可知，執票人行使權利時，應以背書之連續，證明其為權利人。易言之，只要背書連續，執票人毋庸另舉證明，即可行使其權利，只要背書連續，票據之執票人，不問實質上已否取得權利，均得被推定為票據上合法之權利人也。茲就各種情形，說明如下：

1.背書之連續

背書之連續者，乃指票據之背書，在形式上除第一次之背書人為票據受款人外，其次以下之各背書人均為其前一背書之被背書人，遞次銜接，以至於最後之執票人不相間斷之狀態也。背書之連續，只要在形式上連續即可，其中縱有實質上無效之背書介於其間，亦屬無妨。背書連續之規定，旨在預防票據之遺失或被盜，並謀求權利行使之簡易迅速，以保護合法之執票人。背書之連續，在法律上發生如下之效果：

---

❷ 陳世榮，《票據法實用》，自行出版，國泰印書館有限公司承印，1988 年 3 月修訂版，p. 74。

(1)票據法第七十一條第二項規定:「付款人對於背書簽名之真偽,及執票人是否票據權利人,不負認定之責。但有惡意或重大過失時,不在此限。」由此可知,一般債務之清償,債務人若未對於真正債權人清償,即不能免責;惟於票據債務之清償,除非惡意或重大過失,對於背書連續之執票人付款,縱然該執票人並非真正權利人,付款人亦可免責,此稱為「背書之免責力」。

(2)一般債權之行使,債權人必須證明其為真正權利人始可;惟於票據債權之行使,票據之執票人,只要有背書連續,不問實質上已否取得權利,均得被推定為票據上合法之權利人,此稱為「背書之資格授與效力」。惟債務人若能證明執票人確為無權利人時,仍得拒絕其權利之行使,因「背書之資格授與效力」僅為「推定」之效力,而非「視為」之效力。

(3)票據法第十四條規定:「I 以惡意或重大過失取得票據者,不得享有票據上之權利。II 無對價或以不相當之對價取得票據者,不得享有優於其前手之權利。」由此規定,吾人可知,一般債權之讓與,受讓人以繼承讓與人之瑕疵為原則;惟於票據權利之讓與,依連續之背書而取得票據之人,只要受讓人非「以惡意或重大過失取得票據者」,即「得享有票據上之權利」 ❷❸。

2.背書之不連續

背書之不連續者,乃指票據上之背書,在形式上欠缺銜接之狀態也,亦即,票據上之背書,後一背書之背書人非前一背書之被背書人之狀態也。票據法第七十一條第一項規定:「付款人對於背書不連續之匯票而付款者,應自負其責。」由此規定,吾人可知,背書連續時,票據之執票人,不問實質上已否取得權利,均得被推定為票據上合法之權利人,若無證據證明執票人確非真正權利人,付款人得逕行付款;惟於背書不連續時,執票人即

❷❸ 焦祖涵,《票據法釋論》,自行出版,率真印刷廠印刷,1978 年 1 月出版,p. 324。
鄭乃仁,《票據之理論與應用》,自行出版,文祥印刷有限公司印刷,1976 年 10 月初版,p. 163。
鄭玉波,《票據法》,三民書局印行,1991 年 8 月第 4 刷,p. 121。

無法證明其權利，在此情況之下，若無證據證明執票人為真正權利人，付款人即應拒絕執票人付款之請求，否則付款人若貿然付款，即應「自負其責」。所謂「自負其責」，係指對於背書不連續之票據，法律並未絕對禁止付款，惟於當執票人確非真正權利人時，付款人不得因其付款而免除責任之謂也。亦即，當票據之真正權利人出現時，付款人仍對該真正權利人負擔票據金額支付之責任也。例如，付款人於付款之時，該執票人縱於票上記載「收訖」字樣，付款人亦不得以此為證據而主張免責也。

　　日本舊說認為，背書之連續，係執票人行使權利之要件，若背書斷絕，則執票人全未取得票據權利，斷絕後之執票人不僅對於斷絕前之背書人或發票人不得行使權利，對於斷絕後之背書人亦不得行使權利。例如松本烝治教授即謂：「背書之連續，因係執票人行使權利之要件，背書斷絕時，斷絕後之執票人，對於斷絕前之背書人或發票人固然不得行使權利，對於斷絕後之背書人，亦不得行使其權利。」（裏書の連続は所持人の権利行使の要件であるから、裏書が断絶としているときは、断絶後の所持人は断絶前の裏書人又は振出人に対してはもちろん、断絶後の裏書人に対してもその権利を行使することができない。）❷❹日本新說認為，背書之不連續，對於該不連續之部分，固不生資格授與效力，但執票人若能證明其為真正之權利人時，仍不妨其行使權利。例如石井照久教授即謂：「執票人，對於欠缺連續之部分，若能證明實質有效之權利移轉關係（例如基於繼承、合併、塗銷等之實質關係），仍不妨行使其權利。」〔所持人が、連続を欠く裏書間に実質的に有効な権利移転の関係（たとえば相続、合併、抹消の基礎である実質関係など）を立証すれば、その権利を行使しうるものであ

---

❷❹　松本烝治，《手形法》，中央大學發行，大正 7 年出版，p. 266。其他如田中耕太郎、岡野敬次郎教授等亦持此種見解。

　　岡野敬次郎，《日本手形法》，中央大學發行，明治 38 年出版，p. 286。

　　田中耕太郎，《手形法》，現代法學全集，日本評論社，昭和 4 年出版，p. 366。

　　高窪喜八郎，《法律学説判例総覧 (11) 商法手形編》，法律評論社，昭和 3 年第 10 版，p. 264。

る（通說．判例）。〕❷

對於背書不連續之效力，不妨參考前述日本新說之見解，亦即，當背書不連續時，該執票人不得僅基於票據外形之事實，對於發票人或不連續前之背書人行使權利，但不生絕對否定執票人行使權利之效力。若執票人能證明其為真正之權利人時，仍不妨行使其權利，例如執票人若能證明其取得票據係由繼承、合併等合法事由者，即可行使其權利❷。其理由如下：

(1)背書之連續，本來僅有「推定為票據上合法權利人」之相對效力，而無「視為為票據上合法權利人」之絕對效力，因此債務人若能證明執票人確為無權利人時，仍得拒絕其權利之行使。同理，背書之不連續，亦應僅有「推定非為票據上合法權利人」之相對效力，而無「視為非為票據上合法權利人」之絕對效力，因此背書之不連續，僅止於不生資格授與效力（權利證明之效力）而已，執票人若能證明其確為真正權利人時，仍得行使其權利。

(2)權利人行使權利時必須證明其為真正權利人，此乃私法上之一般原則。資格授與之效力，本為該原則之例外，票據法之此種規定本為不得不然之規定，蓋非如此，不足以預防票據之遺失或被盜，並謀求權利行使之簡易迅速，以保護合法之執票人也。因此當背書不連續時，自應回歸到前述一般原則之適用，執票人若能證明其確為真正權利人時，仍得行使其權利❷。

3.空白背書與背書連續

---

❷ 石井照久（鴻常夫增補），《手形法，小切手法》，勁草書房，昭和58年6月30日第2版第9刷發行，p. 234。

❷ 鈴木竹雄，《手形法，小切手法》，有斐閣，昭和51年3月30日初版第40刷發行，p. 239。
蔡宏光，《票據背書論》，自行出版，德曄文具印刷有限公司印刷，1981年3月再版，p. 145。

❷ 陳銳雄，《實用票據法論》，自行出版，雨利美術印刷有限公司印刷，1986年3月出版，p. 366。
鄭洋一，《票據法之理論與實務》，自行出版，總經銷三民書局，文太印刷有限公司印刷，1993年1月修正18版，p. 192。

票據法第三十七條第一項但書規定：「但背書中有空白背書時，其次之背書人視為前空白背書之被背書人。」

如下表，匯票受款人 A，以空白背書將票據轉讓與 B，B 又以空白背書，將票據轉讓與 C，C 為避免遺失或盜難，乃依票據法第三十三條之規定，將自己之姓名記載於空白內，而更以記名背書轉讓與 D，復由 D 背書轉讓與 E。在此情況，因數背書中，夾有空白背書，就其外形觀之，已構成背書之中斷，背書不連續，對於執票人之權利，影響甚巨。如此一來，票據法一面允許空白背書之存在，一面卻因空白背書之存在而造成背書不連續之現象，在法理上不無矛盾。票據法為彌補此一缺點，乃特別規定，將第二背書之背書人 B 視為前空白背書（第一背書）之被背書人，使其背書得以連續，以維護執票人之權益也[28]。

背書次數	一	二	三	四
背書人	A	B	C	D
被背書人		(C)	D	E

4. 塗銷背書與背書連續

票據法第三十七條第二項、第三項規定：「II 塗銷之背書，不影響背書之連續者，對於背書之連續，視為無記載。III 塗銷之背書，影響背書之連續者，對於背書之連續，視為未塗銷。」可知，原本連續之背書，不因塗銷背書之夾入，而影響背書之連續。參照本章第七款「背書之塗銷」之說明。

5. 票據之概括繼受與背書連續

票據權利，除依背書方法取得之外，尚可依繼承、遺贈、公司合併等概括繼受之方法取得，在此情況，該繼受人若依背書方法再為轉讓時，此時之背書與概括繼受前之背書得否認為背書之連續？例如前一背書之被背

---

[28] 田子敏，《票據法》，自行出版，至大圖書文具教育用品股份有限公司印刷，1970年 2 月初版，p. 63。

王德槐，《新票據法釋論》，自行出版，裕台公司中華印刷廠印刷，1987 年 7 月 3 版，p. 96。

書人為 D，而後一背書之背書人為 D 之繼承人 E 時，得否認為背書之連續？舊說認為，若票據上載明概括繼承之事實時，可解為背書之連續；然而新說認為，因概括繼受之方法取得票據權利者，即係基於票據行為外之事實，背書人縱然載明概括繼承之事實，亦無法發生權利證明之效力，因此不得解為背書之連續。吾人贊同新說之見解，縱然背書人於票據上載明概括繼承之事實，亦不得解為背書之連續。惟在此情況下，雖然背書不連續，但執票人若能證明其為真正之權利人時，則仍可行使其權利。其理由如前所述，因背書之連續，本來僅有「推定為票據上合法權利人」之相對效力，而無「視為為票據上合法權利人」之絕對效力。同理，背書之不連續，亦應僅有「推定非為票據上合法權利人」之相對效力，而無「視為非為票據上合法權利人」之絕對效力。因此在此情況下，背書固然不連續，但僅止於不生資格授與效力（權利證明之效力）而已，執票人若能證明其確為真正權利人時，仍得行使其權利 ❷。

　　日本對於背書之連續，甚為重視，其匯票之背面，大多印有背書欄，以致日本票據之背書，次序井然。反之，英美則無背書欄之印就，背書之位置，可由背書人任意選擇，以致英美票據之背書，往往次序混亂，令人難以識別。惟因相沿成習，只要執票人能區別背書之正當即可，對於背書之先後次序，並不嚴格要求。

　　我國現行票據法對於背書之連續，就應以背書之年月日為準？抑應以背書之順序為準？或應依其他方法以決定之？學者多主張應以背書之順序為準 ❸，惟為免爭議，今後金融業者於印製票據格式時，不妨參考日本金融實務，於票據之背面印就背書欄，以期次序井然，避免不必要之爭議。

---

❷　蔡宏光，《票據背書論》，自行出版，德曄文具印刷有限公司印刷，1981 年 3 月再版，p. 150。

　　鄭玉波，《票據法》，三民書局印行，1991 年 8 月第 4 刷，p. 126。

❸　張國鍵，《商事法論》，三民書局印行，1991 年 10 月修訂初版，p. 438。

　　陳世榮，《票據法實用》，自行出版，國泰印書館有限公司承印，1988 年 3 月修訂版，p. 75。

二、非讓與背書之效力

㈠委任取款背書

委任取款背書者，亦稱代理背書，乃指於票據上載明執票人委任被背書人取款為目的所為之背書也。票據法第四十條第一項規定：「執票人以委任取款之目的，而為背書時，應於匯票上記載之。」所謂記載，係指將委任取款之意旨，記明於票上之謂也。若未記載委任取款之旨而僅於票據背面簽名，仍應負一般背書（讓與背書）之責任。茲將委任取款背書之效力，簡述如下：

1.代理權授與效力

委任取款背書之目的，僅在於委任被背書人取款，因此在性質上只有代理權授與之效力，而無權利移轉之效力。因被背書人對於票據，並無處分權，被背書人僅取得代理行使該票據權利之資格，故本法對於被背書人權利之行使及票據債務人之抗辯，作有如下之規定：

⑴委任被背書人之權利

票據法第四十條第二項規定：「前項被背書人（委任取款背書之被背書人），得行使匯票上一切權利，並得以同一目的，更為背書。」所謂「得行使匯票上一切權利」，係指委任取款背書之被背書人即已取得代理權，不僅可以行使票據之付款請求權，並可於訴訟內或訴訟外行使追索權之謂也。舉凡請求承兌、請求付款、作成拒絕證書、發送償還請求之通知、提起訴訟等權利，委任取款背書之被背書人均得行使之 ❸ 。所謂「得以同一目的，更為背書」，係指委任取款背書之被背書人得更以委任取款為目的，而以背書委任其次之被背書人，代為行使權利之謂也。此種背書，類似於民法之複委任，複委任〔日：複委任（ふくいにん）；德：Unterauftrag〕者，乃指委任契約之受任人，將本應自己處理之委任事務，使第三人代為處理之契

❸ 劉鴻坤，《最新修正票據法釋義》，自行出版，臺北監獄印刷廠印刷，1973 年 10 月再版，p. 109。

黃棟培，《票據法新論》，自行出版，志華印刷公司印刷，總經銷三民書局，1970 年 7 月初版，p. 72。

約也。民法第五三七條規定：「受任人應自己處理委任事務。但經委任人之同意或另有習慣，或有不得已之事由者，得使第三人代為處理。」

民法之複委任與委任取款背書之再背書，約有下列幾點不同：

A.性質之不同

委任取款背書之再背書，係背書之一種，屬於單獨行為；而民法上之複委任，屬於契約。

B.範圍之不同

委任取款背書之再背書，係以委任取款為目的，必須對外，當然須有代理權，故該背書等於代理權之授與；而民法上之複委任，並未當然包括代理權之授與。

C.限制之不同

委任取款背書之再背書，無上述特別之限制，所限制者僅為同一目的，其被背書人（受任人）得以同一目的更為背書（複委任），其次之被背書人亦同（§40、§40 II）。而民法上之複委任，則須符合民法第五三七條之規定（即同意、另有習慣或有不得已之事由），否則不得複委任❸❷。

委任取款背書之被背書人，僅得以同一目的更為背書（複委任），若該被背書人再背書時，註明轉讓其票據權利，則非同一目的，顯然違反票據法之規定，此轉讓背書之責任，應由委任取款背書之被背書人自負，而與執票人無涉❸❸。再者，委任取款背書僅有代理權授與之推定效力，與讓與背書資格授與之推定效力不同，因此，所謂背書之連續，其讓與背書中夾有委任取款背書時，應將該委任取款背書除外，以決定背書之是否連續❸❹。

⑵次被背書人之權利

票據法第四十條第二項規定：「其次之被背書人，所得行使之權利，與

---

❸❷ 鄭玉波，《民法債編各論（下）》，自行出版，永裕印刷廠承印，1980 年 1 月 5 版，p. 420。

❸❸ 張鏡影，《商事法銓義》，自行出版，1972 年 1 月 3 版，p. 114。

❸❹ 蔡宏光，《票據背書論》，自行出版，德曄文具印刷有限公司印刷，1981 年 3 月 再版，p. 152。

第一被背書人同。」由此規定，吾人可知，委任取款背書之被背書人，既得更以委任取款為目的，而以背書移轉其取款權利於第三人，該次一被背書人所得行使之權利，與第一被背書人同其範圍，不得逾越。再者，委任取款背書之被背書人既僅能以同一目的更為背書(複委任)，則其所為之背書，縱未載明「委任取款」之旨，亦應認其為委任取款背書，而不得將其解釋為讓與背書 ❸❺。

(3)票據債務人之抗辯

票據法第四十條第四項規定：「票據債務人對於受任人所得提出之抗辯，以得對抗委任人者為限。」因委任取款背書，僅賦與被背書人以行使票據上權利之代理權，在性質上僅有代理權授與之效力，被背書人對於票據，並無處分權，該委任取款背書之票據，仍為委任人所有，而非受任人所有。因此，有關票據權利之有無瑕疵或票據債務人抗辯權之是否存在，自應就委任人（背書人）判斷而決定之。若委任人有票據法第十四條所規定之情形，票據債務人得對委任人主張其無票據權利，或其權利應受限制時，自亦得對受任人主張之。惟票據債務人所得抗辯者，以得對抗委任人者為限，若係票據債務人對於受任人本身之抗辯事由，則不得主張之。例如票據債務人正好對於受任人有一業已到期之債權，因受任人僅居於代理他人取款之地位，並非真正之票據權利人，故票據債務人不能就此債權主張抵銷 ❸❻。

2. 權利證明之效力

委任取款背書，在實質上雖不生權利移轉之效力，但卻生代理權授與之效力，因此在形式上即發生權利（代理權）證明之效力。易言之，只要委任取款背書在形式上有效，其被背書人即可被推定為合法之代理人，不必另行證明其代理權之實質存在，而票據債務人對於執票人清償時，除非

---

❸❺　鄭玉波，《票據法》，三民書局印行，1991 年 8 月第 4 刷，p. 135。

❸❻　王德槐，《新票據法釋論》，自行出版，裕台公司中華印刷廠印刷，1987 年 7 月 3 版，p. 104。

　　林咏榮，《商事法新詮（下）》，五南圖書出版公司發行，1989 年 4 月再版，p. 137。

惡意或重大過失，亦當然免責。再者，委任取款背書之背書人，因未將權利移轉於被背書人，因此一旦將票據收回，即可行使其權利，縱未將委任取款之背書塗銷，亦屬無妨**❸**。

㈡設質背書

質權背書者，亦稱質背書或質入背書，乃指執票人以設定或轉移票據上之質權為目的所為之背書也。設質背書在我國商場上甚為普遍，一般多以未到期之票據作質，設質貸款。票據法第十二條規定：「票據上記載本法所不規定之事項者，不生票據上之效力。」因我國票據法對於質權背書並無明文規定，因此在解釋上，質權背書應不發生票據上之效力，但有民法上擔保物權之效力，一般認為應適用民法權利質權之規定（民§908）**❸**。

第七款　背書之塗銷

一、背書塗銷之意義

背書塗銷〔英：cancellation of indorsement；日：裏書の抹消（うらがきのまっしょう）〕者，乃指就票據上之簽名或其他記載事項所為之塗抹或消除也。例如就票據上之簽名或其他記載事項，以筆墨加以塗抹、以紙片加以糊蓋、以刀剪加以刮除、以橡皮加以擦拭、以藥劑加以腐蝕等即是。惟背書塗銷者，須發生將票據上之簽名或其他記載事項塗抹或消除之結果，始足當之，若塗銷之程度過分嚴重，在外觀上已構成票據物理上之損傷，使其喪失票據之效力時，應為票據之毀損，屬於票據喪失之問題。

二、背書塗銷之效力

㈠學　說

1. 絕對無效說

絕對無效說者，乃指不論塗銷係由有權利人或無權利人所為，亦不論

---

❸　鄭玉波，《票據法》，三民書局印行，1991 年 8 月第 4 刷，p. 136。
❸　張鏡影，《商事法銓義》，自行出版，1972 年 1 月 3 版，p. 116。

塗銷係出於故意或過失所為，票據上之簽名或其他記載事項，一經塗銷，該票據即歸於絕對無效之見解也。絕對無效說，為德國之通說，德國自獨爾 (Thol) 之後，多數學者認為，票據為要式證券，票據上之簽名或其他記載事項一經塗銷，即無要式可言，因此無論塗銷出於故意或過失，有權或無權，該票據均歸於無效。

2. 相對無效說

相對無效說者，乃指票據上之簽名或其他記載事項，僅於有權利人故意 (intentionally) 塗銷之時，該票據始歸無效，否則該票據仍然有效之見解也。相對無效說，為日本之通說。日本多數學者認為，票據之權利不因塗銷而受影響，惟票據上之文義，若因塗銷而不明時，票據債權人行使權利，應證明塗銷之文義 ❸。英美之立法，多採相對無效說，例如英國票據法第六十三條即規定：「I 凡匯票持有人或其代理人有意撤銷匯票，而於匯票上明白表示其撤銷意圖者，匯票即告消滅。II 任何對匯票負有義務之關係人，得因匯票持有人或其代理人有意撤銷該關係人之簽名而解除義務。基此，任何有權向被撤銷簽名之關係人行使追索權之背書人，亦因而解除義務。III 凡屬無意或由於錯誤或由於未經匯票持有人授權之撤銷，應屬無效；但匯票或其票面上之任何簽名顯示業經撤銷者，由主張該撤銷係屬無意或由於錯誤或未經授權而為者之關係人負舉證責任。」

㈡在我國票據法上之效力

在我國票據法上背書塗銷之效力如何？須視塗銷係由何人所為及是否故意而異其效力，茲分述如下：

1. 票據權利人所為之塗銷

⑴非故意為之者

票據法第十七條規定：「票據上之簽名或記載被塗銷時，非由票據權利人故意為之者，不影響於票據上之效力。」依此規定，塗銷雖係權利人所為，如係非故意之塗銷，不影響票據之效力。因票據權利人既無免除或放棄票據

---

❸　陳銚雄，《實用票據法論》，自行出版，雨利美術印刷有限公司印刷，1986 年 3 月出版，p. 173。

權利之意思，一旦有效成立之票據，自不宜因此等意外事件而影響其效力也。

⑵故意為之者

依前述票據法第十七條規定之反面解釋，若塗銷係由票據權利人故意為之者，因其塗銷而影響票據之效力，亦即原則上發生債務免除之效力。因票據權利人本有自由處分其權利之能力，票據權利人既然故意將其背書塗銷，足可認為票據權利人對該背書人有免除其責任之意思表示，其被塗銷部分之票據權利，自應歸於消滅。至其塗銷之效力如何？應依其具體情形而定之。

A.執票人之故意塗銷

票據法第三十八條規定：「執票人故意塗銷背書者，其被塗銷之背書人及其被塗銷背書人名次之後，而於未塗銷之前為背書者，均免其責任。」依此規定，吾人析述如下：

⑷被塗銷之背書人，因執票人故意塗銷背書而免除票據上責任

背書人雖負有擔保承兌及擔保付款之責任，但執票人原有處分票據權利之能力，執票人既然對於背書故意塗銷，即應視為執票人對於該被塗銷之背書人為免除其責任之表示。

⑻在被塗銷背書人名次之後而於未塗銷之前為背書者，均免其責任

在被塗銷背書人名次之後，而於未塗銷之前為背書之人，執票人雖然對其未必具有免除責任之意思，但此等人對於被塗銷之背書人，原居於後手之地位，對於被塗銷之背書人，原享有追索權之利益。若不使此等居於後手地位之背書人享有同等之免責利益，則於其前手（即被塗銷之背書人）之背書，因被塗銷而免其責任時，將使此等居於後手地位之背書人無從行使追索權，在法理上有欠平衡，故票據法乃明文規定，此等居於後手地位之背書人，與被塗銷之背書人，享有同等之免責利益。

⑹在被塗銷背書人名次之前而於未塗銷之前為背書者，未免其責任

背書人名次在被塗銷背書人之前者，不因其後手背書之撤銷而免其責任。因執票人對於此等人既未有免除責任之意思，此等人亦未因其後手背書之被塗銷而受到任何損害，並無免其責任之必要。

⑼塗銷後始為背書者，均不得免其責任

塗銷後始為背書者，無論其名次在被塗銷背書人之前或之後，均不得免其責任。因塗銷後始為背書之人，對於前背書已被塗銷之事實極其明瞭，仍於票據上背書，當可認其具有負擔票據責任之意思，自應負擔背書人之責任。

今設有某 A 發行匯票乙紙給某 B，票據金額為新臺幣一百萬元，並以 K 為付款人。其後，B 將其持有之該張匯票，記名背書轉讓予 C，C 再記名背書轉讓予 D，D 再記名背書轉讓予 E，E 於付款人 K 承兌之後，將 B 之簽名塗銷。試問在此情況下，A、B、C、D、K 之票據責任如何？對於本設例，吾人以為：

$$A \xrightarrow{\text{匯 100 萬}} B \longrightarrow C \longrightarrow D \longrightarrow E$$
$$\underset{K\ (\text{付})}{\times}$$

a.就 A 之責任而言，A 應仍須負票據責任

票據法第三十八條規定：「執票人故意塗銷背書者，其被塗銷之背書人及其被塗銷背書人名次之後，而於未塗銷之前為背書者，均免其責任。」本件 A 既非「被塗銷之背書人」，亦非「被塗銷背書人名次之後，而於未塗銷之前為背書者」，不在免責之列。再者，票據法第二十九條第一項規定：「發票人應照匯票文義擔保承兌及付款。」A 為發票人，A 既無法依票據法第三十八條之規定免除責任，應照匯票文義擔保承兌及付款。易言之，本件 E 於不獲付款時，可向 A 行使追索權，A 應依法負票據責任，償還票據金額、利息及費用。

b.就 B 之責任而言，B 應無須負票據責任

票據法第三十八條規定：「執票人故意塗銷背書者，其被塗銷之背書人及其被塗銷背書人名次之後，而於未塗銷之前為背書者，均免其責任。」因執票人 E 既然對於 B 之簽名故意塗銷，即應視為執票人 E 對於該背書人 B 有免除其票據債務之表示，因此執票人 E 對於該背書人 B 之票據權利應歸消滅。易言之，本件 E 於不獲付款時，不得向 B 行使追索權。

　　c.就 C、D 之責任而言，C、D 應無須負票據責任

　　依前述票據法第三十八條之規定，因執票人 E 既已免除背書人 C、D 之前手 B 之票據債務，為免除循環追索之麻煩，C、D 之票據債務亦應隨同免責。

　　在被塗銷背書人名次之後，而於未塗銷之前為背書之人，執票人雖然對其未必具有免除責任之意思，但此等人對於被塗銷之背書人，原居於後手之地位，對於被塗銷之背書人，原享有追索權之利益。若不使此等居於後手地位之背書人享有同等之免責利益，則於其前手(即被塗銷之背書人)之背書，因被塗銷而免其責任時，將使此等居於後手地位之背書人無從行使追索權，在法理上有欠平衡，故票據法乃明文規定，此等居於後手地位之背書人，與被塗銷之背書人，享有同等之免責利益。

　　d.就 K 之責任而言，K 仍須負票據責任

　　票據法第五十二條第一項規定：「付款人於承兌後，應負付款之責。」因 K 係承兌人，為票據之第一債務人(最主要債務人)，於票據權利罹於消滅之前，應負絕對之付款責任。且承兌人 K 之名次，並非在被塗銷人 B 名次之後，故不得依票據法第三十八條之規定主張免責。

　　B.背書人之故意塗銷

　　㈠清償時之塗銷

　　票據法第一○○條第三項規定：「背書人為清償時，得塗銷自己及其後手之背書。」因背書人為清償時，背書人及其後手所負之票據債務，業經消滅，該等背書已無繼續留存於票據上之必要，而且若不塗銷，一旦再流於善意第三人之時，該等背書人恐有再度付款之虞，故塗銷背書，有時在事實上亦有其必要。例如在下表：

被背書人	B	C	D	E	F	G	H	I	J	K
背書人	A	B	C	D	E	F	G	H	I	J

　　當背書人 D 清償時，得塗銷 D 自己即其後手 E、F、G、H、I、J 等其後背書人之背書。

(B)受讓票據時之塗銷

票據法第三十四條規定：「I 匯票得讓與發票人、承兌人、付款人或其他票據債務人。II 前項受讓人，於匯票到期日前，得再為轉讓。」當前背書人依回頭背書受讓票據之時，執票人固得依回頭背書之方式轉讓之，此時若不依回頭背書之方式轉讓，而以塗銷方法為之者亦可，此種方式稱為「消極之背書」。例如下表，當執票人 H 須將票據轉讓與 D 之時，得將前背書人 D 及其以後之各背書塗銷後，將票據直接交付於 D 即可。

被背書人	C	D	E	F	G	H
背書人	B	C	D	E	F	G
蓋章	印	印	印	印	印	
年月日	79 7 15	79 8 15	79 9 15	79 10 15	79 11 15	79 12 15

如上表，我是 H，當 H → D 時，將 D 及其後手 E、F、G、H 之各背書塗銷後，將票據直接交付予 D 即可。

2.非票據權利人所為之塗銷

票據法第十七條規定：「票據上之簽名或記載被塗銷時，非由票據權利人故意為之者，不影響於票據上之效力。」由此規定，吾人可知，背書之塗銷如係由非票據權利人所為者，無論出於故意或過失，均不影響票據之效力，惟於故意塗銷之場合，有時會一併發生票據偽造或變造之問題。例如今有某 A 將其所持有之支票以背書轉讓於某 B，並於支票上為「禁止轉讓」之記載，B 不顧該記載，又將支票轉讓於 C。C 以化學方法塗銷「禁止轉讓」之記載，又將支票轉讓與 D，D 又轉讓與 E。在此情況，發票人及 A、B、C、D 對 E 應負如何責任？相互間可如何相求？對於本件，吾人以為：

A ———————→ B ———————→ C ———————→ D ———————→ E
　　背禁　　　　　　　　　　　　塗

⑴發票人對 E 須負票據責任

票據法第一二六條規定:「發票人應照支票文義擔保支票之支付。」由此可知,本件之執票人 E 得向發票人(及 A 之前手)行使追索權,A、B、C、D 於清償票據債務取得票據後,亦得向發票人(及 A 之前手)行使追索權。本件發票人之責任,不因 A 之記載「禁止轉讓」,或 C 之塗銷「禁止轉讓」而有任何不同。

⑵A 對 E 不負票據責任

就本件「某 A 將其所持有之支票」之文義觀之,A 僅為背書人,而非發票人。票據法第三十條第三項規定:「背書人於票上記載禁止轉讓者,仍得依背書而轉讓之。但禁止轉讓者,對於禁止後再由背書取得匯票之人,不負責任。」依此規定,A 雖有「禁止轉讓」之記載,該票據仍得再為轉讓,只是 A 僅對其直接被背書人 B 負責,對於禁止後再由背書取得匯票之 C、D、E 等均無負責任。(註:A 雖僅對其直接後手 B 負責,而無須對 C、D、E 負責,但 A 之前手及發票人仍須對 B、C、D、E 負責,因 A 之前手及發票人並非「禁止轉讓」之記載人也。)

⑶B、C、D 對 E 須負票據責任

C 並非「禁止轉讓」塗銷之權利人,依票據法第十七條之規定,「票據上之簽名或記載被塗銷時,非由票據權利人故意為之者,不影響於票據上之效力。」本件 C 之塗銷「禁止轉讓」記載,應不影響票據上之效力,故 B、C、D 既為背書人,自應負背書人之責任,各自對其後手負責。

3.背書塗銷與背書連續之關係

票據法第三十七條第二項、第三項規定:「II 塗銷之背書,不影響背書之連續者,對於背書之連續,視為無記載。III 塗銷之背書,影響背書之連續者,對於背書之連續,視為未塗銷。」可知,原本連續之背書,不因塗銷背書之夾入,而影響背書之連續。茲簡述如下:

⑴塗銷之背書,不影響背書之連續者,對於背書之連續,視為無記載

例如下述之表一，B→C→D→E→F→G→D→K，此際如該表所示，D至G之背書被塗銷，但未影響背書之連續，故D至G背書之被塗銷應視為無記載。一般而言，此種現象，多於雜有「回頭背書」之場合，始有發生之可能。

(2)塗銷之背書，影響背書之連續者，對於背書之連續，視為未塗銷

例如下述之表二，C→D→E→F→G→H→K，此際如該圖表所示，D至G之背書被塗銷，因已影響背書之連續，故D至G背書之被塗銷視為未塗銷，亦即仍應將D至G之背書計算在內，視為背書之連續也。

表一

被背書人	C	D	E	F	G	D	K
背書人	B	C	D	E	F	G	D
蓋章	印	印	印	印	印	印	印
年月日	79 7 15	79 8 15	79 9 15	79 10 15	79 11 15	79 12 15	79 12 25

表二

被背書人	D	E	F	G	H	K
背書人	C	D	E	F	G	H
蓋章	印	印	印	印	印	
年月日	79 8 15	79 9 15	79 10 15	79 11 15	79 12 15	79 12 25

(3)原本不連續之背書，不因背書之塗銷而變成連續

原本不連續之背書，是否可因執票人之塗銷背書而變成連續？國內某些學者認為，原本不連續之背書，可因執票人之塗銷背書而變成連續。吾人以為，原本不連續之背書，不可因執票人之塗銷背書而變成背書之連續（如下表）。其理由如下：

A.票據法第三十七條之規定，旨在保護執票人之利益，不讓背書之連續，因空白背書或背書塗銷而中斷，以致影響執票人追索權之行使。票據法第三十七條之規定，僅在保護執票人既有之利益，非在創設執票人本無之利益，因此原本不連續之背書，不可因執票人之塗銷背書而變成背書之連續。

226

B.票據法第三十七條第一項規定：「執票人應以背書之連續，證明其權利。」「背書之連續」乃執票人證明其權利之方法，若原本不連續之背書，可因執票人之塗銷背書而變成連續，票據法第三十七條第一項之規定，豈不失其存在意義乎！

實務界亦採相同見解，例如最高法院 1974 年臺上字第 1272 號判決即謂：「系爭本票原記載上訴人為受款人，被上訴人為背書人，但上訴人並未背書，故背書為不連續，以後上訴人雖囑發票人將上訴人為受款人之記載塗銷，然被上訴人背書時既有該項記載，仍不能改變背書之不連續，依票據法第一百二十四條準用同法第三十七條之規定，上訴人對於被上訴人自無追索權。」

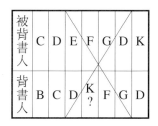

第八款　背書轉讓與債權轉讓之區別

票據法上之背書轉讓與民法上之債權轉讓，其共同點為，兩者均為將權利轉讓於他人之行為，但仍有下列不同：

㈠意義之不同

背書轉讓者，乃指執票人對於他人，以轉讓票據權利所為之一種附屬的票據行為也。債權讓與〔英：assignment of claims；日：債權讓渡（さいけんじょうど）；德：Übertragung (Abtretung) der Forderung；法：transport ou cession de créance〕者，乃指以移轉債權為標的之契約也。

㈡要式與否之不同

在背書轉讓之場合，背書人必須於票據背面或黏單上為之，而且必須簽名，因此背書轉讓係屬要式行為；反之，在債權讓與之場合，債權讓與

係依讓與人（原權利人）與受讓人（新權利人）之合意而成立，其成立基礎為當事人之合意，口頭或書面，均無不可，縱為書面，其方式、內容及記載處所亦無特殊限制，足見債權讓與為不要式契約。

㈢擔保與否之不同

在背書轉讓之場合，背書人對於票據債權人所負之責任，與發票人同，必須依照票據文義，擔保承兌及擔保付款（§39、§29）；反之，在債權讓與之場合，讓與人對於受讓人將來能否獲得清償，不負擔保責任。

㈣責任脫離與否之不同

在背書轉讓之場合，背書人不因背書轉讓票據而脫離票據關係，對於日後之票據債權人仍負擔保參加承兌及擔保付款之責；反之，在債權讓與之場合，讓與人於債權讓與契約訂立後，即脫離原債權關係。

㈤通知與否之不同

在背書轉讓之場合，背書人將票據轉讓他人時，無須通知債務人；反之，在債權讓與之場合，讓與人非將債權讓與之事實通知債務人，對於債務人不生效力（民§297）。

㈥抗辯與否之不同

在背書轉讓之場合，票據經背書轉讓後，債務人不得以其與背書人（執票人之前手）之事由對抗被背書人（§13）；反之，在債權讓與之場合，債務人於受通知時，所得對抗讓與人之事由，均得以之對抗受讓人（民§299 I）。

㈦受讓人資格之不同

在背書轉讓之場合，背書人得以票據債務人為被背書人，此謂之回頭背書（§13），亦即，匯票得讓與發票人、承兌人、付款人或其他票據債務人。此等受讓人，於匯票到期日前，得再為轉讓（§34）；反之，在債權讓與之場合，債權人僅能將債權轉讓於第三人，債權讓與之受讓人不得為債務人（民§294）。

㈧抵銷與否之不同

在背書轉讓之場合，票據債務人不得對於票據債權人主張抵銷；反之，在債權讓與之場合，債務人於受通知時，若對讓與人有債權者，如其債權

之清償期，先於所讓與之債權，或同時屆至者，債務人得對受讓人主張抵銷（民§299 II）。

㈨得否部分讓與之不同

在背書轉讓之場合，背書讓與不得就部分票據金額轉讓。就匯票金額之一部分所為之背書，或將匯票金額分別轉讓於數人之背書，不生效力，背書附記條件者，其條件視為無記載（§36）；反之，在債權讓與之場合，民法並無特別限制，依契約自由原則，讓與人得就部分債權讓與，並得附加條件❹。

第四節　承　兌

第一款　總　說

一、承兌之意義

承兌〔英：acceptance；日：手形引受け（てがたひきうけ）；德：Annahme, Akzept；法：acceptation〕者，乃指匯票付款人表示承諾支付委託之一種附屬的票據行為也。依此定義，吾人析述如下：

㈠承兌者乃附屬之票據行為也

票據行為有基本之票據行為及附屬之票據行為兩種。基本之票據行為，係指發票行為而言；附屬之票據行為，係指背書、承兌、參加承兌、保證而言。因承兌係屬附屬之票據行為，故承兌之生效，以基本票據行為（發票）之有效存在為前提。

㈡承兌者乃匯票付款人之票據行為也

票據行為中，發票係發票人之行為，背書係背書人之行為，而承兌則為付款人之行為。因承兌制度之目的，旨在確定負款人之責任，鞏固票據

---

❹　鄭洋一，《票據法之理論與實務》，自行出版，總經銷三民書局，文太印刷有限公司印刷，1993 年 1 月修正 18 版，pp. 192～195。

之信用。發票人雖於票據上記載付款人之姓名，但該付款人是否負付款責任，非執票人所得而知，因此法律特許執票人於到期日前向付款人請求承兌，若付款人加以承兌，則成為承兌人，成為匯票之第一債務人，應負付款責任。再者，承兌制度為匯票所獨有，至於本票，其發票人依法應負付款之義務，毋庸更為承兌之表示，支票雖有付款人之記載，但付款人無須先為承兌之行為。

(三)承兌者乃表示承諾支付委託之票據行為也

承兌之目的，旨在表示承諾支付之委託，以負擔票據債務。匯票發票人雖於票上記載付款人之姓名，但該被記載之付款人並不因之而負付款責任，必須經其承兌後，始成匯票之債務人，而負付款責任。而且，付款人一經承兌之後，即成為匯票之第一債務人，執票人雖為原發票人，亦得直接向承兌人請求付款。

(四)承兌者乃於票據正面表示承諾支付委託之票據行為也

付款人之承兌，須於票據正面為之，因此承兌屬於一種要式行為。一般票據實務上，付款人承兌時，多於票據正面記載「承兌」、「照兌」等字樣，並記載日期及簽名為證。

二、承兌之性質

(一)承兌係屬一種單獨行為

承兌不以相對人之承諾為必要，因此承兌係屬單獨行為。承兌與民法上指示證券之承擔不同，民法上指示證券之承擔屬於契約行為，而票據法上之承兌則屬於一種單獨行為。

(二)承兌係屬一種附屬之票據行為

因承兌須於基本之票據行為（發票）成立後始得為之，因此承兌屬於一種附屬之票據行為。

(三)承兌係屬一種獨立行為

付款人因承兌行為而獨立負擔票據債務，不以發票人之委託行為有效為前提，亦不以其他行為之有效為前提，因此承兌係屬一種獨立行為。

三、承兌之種類

㈠依承兌之形式作為區別標準

依承兌之形式作為區別標準，承兌可分正式承兌及略式承兌兩種。

1.正式承兌

正式承兌者，乃指於匯票正面記載承兌字樣，並由付款人簽名之承兌也。所謂承兌字樣，不以承兌二字為限，凡足以表示承兌意旨之文字，例如記載「兌」、「兌付」、「照兌」等字樣，均無不可。

2.略式承兌

略式承兌者，乃指付款人僅於票面簽名，未記載任何承兌字樣之承兌也。此之所謂票面，僅限於票據正面，否則若記載於票據背面，將與空白背書相混也。

就略式承兌之效力，票據法第四十三條第二項規定：「付款人僅在票面簽名者，視為承兌。」由此規定可知，因付款人僅在票面簽名，未為任何承兌字樣之記載，固然甚為簡化，然而易起糾紛，為明確其效力，本法乃規定視為承兌。

㈡依承兌有無限制作為區別標準

依承兌有無限制作為區別標準，承兌可分單純承兌及不單純承兌兩種。

1.單純承兌

單純承兌者，乃指不附任何條件限制之承兌也。亦即完全依照文義，不附任何條件限制之承兌也。

2.不單純承兌

不單純承兌者，乃指付款人對於票據文義加以限制或加以變更之承兌也。不單純承兌又可分為下列二種情形：

⑴一部承兌

一部承兌者，乃指付款人就票據金額一部分所為之承兌也。就一部承兌，票據法第四十七條第一項規定：「付款人承兌時，經執票人之同意，得就匯票金額之一部分為之。但執票人應將事由通知其前手。」

(2)附條件承兌

附條件承兌者，乃指付款人附加條件所為之承兌也。亦即，付款人就票據金額之支付附有停止條件或解除條件之承兌也。附停止條件之承兌，例如付款人於承兌時於票面附記「若到期日前收受發票人之資金，始予付款」即是；附解除條件之承兌，例如付款人於承兌時於票面附記「若到期日後五日內不請求付款，則承兌失效」即是。

就附條件承兌，票據法第四十七條第二項規定：「承兌附條件者，視為承兌之拒絕。但承兌人仍依所附條件負其責任。」

第二款　承兌之程序

承兌之程序為： 1.票據之提示； 2.承兌之請求。茲簡單說明如下：

一、票據之提示

提示 (presentation) 者，乃指執票人現實提出票據，以行使或保全票據權利之行為也。票據法上之提示與民法上之請求，似同而實異。民法上之請求，依口頭或書面均無不可，但票據法上之提示則必須現實提出票據。提示之效力，就積極方面，為權利之行使；就消極方面，為權利之保全。承兌之提示〔英：presentation；日：引受呈示（ひきうけていじ）；德：Vorlegung zur Annahme；法：présentation a l'acceptation〕者，乃指匯票執票人於到期日前，向付款人出示匯票，請求承兌之行為也。

二、承兌自由之原則

就提示承兌之時期，票據法第四十二條規定：「執票人於匯票到期日前，得向付款人為承兌之提示。」因條文用語僅為「得」，而非「應」或「須」，因此承兌之提示，為執票人之權利，而非義務。提示與否，應屬執票人之自由，此謂之承兌自由之原則。

三、承兌提示之限制

承兌提示雖屬執票人之自由，但對此承兌之自由可以加以限制。就禁止承兌之期限，票據法第四十四條規定：「I 除見票即付之匯票外，發票人或背書人得在匯票上為應請求承兌之記載，並得指定其期限。II 發票人得為於一定日期前，禁止請求承兌之記載。III 背書人所定應請求承兌之期限，不得在發票人所定禁止期限之內。」茲簡單說明如下：

㈠發票人所為之限制

1.承兌之積極限制

就指定承兌之期限，票據法第四十四條第一項規定：「除見票即付之匯票外，發票人或背書人得在匯票上為應請求承兌之記載，並得指定其期限。」由此規定可知，除見票即付匯票外，發票人得在匯票上為應請求承兌之記載，並指定承兌之期限，此乃承兌之積極限制，亦稱為承兌提示之命令。本條之立法理由，乃因匯票之已否承兌，與發票人或背書人之責任攸關重大，故法律規定，發票人或背書人得令執票人必須承兌或須於一定期限內承兌，以便得以知曉承兌之與否，早作付款之準備。

執票人不於指定承兌期間內為承兌之提示者，對於發票人及背書人喪失追索權。但發票人僅記載應請求承兌，而未指定承兌期限者，應解為執票人應於匯票到期日前為承兌之提示。

2.承兌之消極限制

就禁止承兌之期限，票據法第四十四條第二項規定：「發票人得為於一定日期前，禁止請求承兌之記載。」此謂之承兌之消極限制。因發票人可能於一定期日前，或因尚未與付款人商妥承兌事宜，或因尚未輸送資金，若於此一定期日之前，勢必遭受拒絕承兌，妨礙票據信用，因此法律允許為承兌之消極限制。例如 A 於 1985 年 2 月 2 日簽發一張匯票交予 B，其到期日為 1986 年 2 月 2 日，但為安排付款人付款之事宜，以免 B 隨時提示承兌，遭受付款人拒絕，有損票據信用，即可依票據法第四十四條第二項之規定，在該匯票上記載「禁止於 1985 年 3 月 1 日之前請求承兌」字樣，如

233

此一來，A 乃有足夠時間安排付款事宜，B 縱然於 1985 年 3 月 1 日之前請求承兌而遭拒絕，B 仍不得對 A 行使追索權。

㈡背書人所為之限制

由前述票據法第四十四條第一項之規定可知，背書人得在匯票上為應請求承兌之記載，並得指定其期限。惟背書人所定應請求承兌之期限，不得在發票人所定禁止請求承兌期限前，否則將與發票人之記載發生衝突，使執票人無所適從。執票人若違反背書人所定應請求承兌之期限，對於該背書人喪失追索權（§104 II）。

㈢見票後定期付款之承兌限制

就法定承兌期限，票據法第四十五條規定：「I 見票後定期付款之匯票，應自發票日起六個月內為承兌之提示。II 前項期限，發票人得以特約縮短或延長之。但延長之期限不得逾六個月。」此乃匯票之法定承兌期限。因見票後定期付款之匯票，須經見票始能計算確定之到期日，而見票必須提示匯票，若執票人遲遲不提示承兌，則匯票之到期日將永遠無法確定，票據債務人之債務將永遠無法解決。因此本法規定，見票後定期付款之匯票，應自發票日起六個月內為承兌之提示。例如發票日為 2000 年 1 月 1 日，則執票人至遲應於 2000 年 6 月 30 日為承兌之提示，逾期則喪失對於前手之追索權（§104 I）。惟此之所謂六個月期間，並非不變期間，發票人得以特約縮短或延長之，延長期限不得逾六個月，縮短期限並無限制，但若過分縮短期限，將使當初發票人簽發見票後定期付款匯票之本意，喪失意義。

四、延誤承兌提示限制之制裁

就追索權之喪失，票據法第一○四條規定：「I 執票人不於本法所定期限內為行使或保全匯票上權利之行為者，對於前手喪失追索權。II 執票人不於約定期限內為前項行為者，對於該約定之前手，喪失追索權。」由此規定可知，延誤法定期限不為承兌之提示者，對於所有前手喪失追索權；延誤約定期限不為承兌之提示者，對於該約定之前手喪失追索權。

第三款　承兌之款式

一、應記載事項

㈠絕對必要記載事項

　　承兌之絕對必要記載事項，因正式承兌或略式承兌而不同。茲簡單說明如下：

1.正式承兌

　　正式承兌者，乃指於匯票正面記載承兌字樣，並由付款人簽名之承兌也。就正式承兌，票據法第四十三條第一項規定：「承兌應在匯票正面記載承兌字樣，由付款人簽名。」由此規定可知，正式承兌之絕對必要記載事項如下：

　　⑴承兌字樣

　　所謂承兌字樣，係指「像承兌樣子之文字」而言，記載「承兌」固可，記載像承兌樣子之文字，例如「照兌」、「兌」、「兌付」等文字，亦無不可。惟承兌字樣之記載位置，僅限於票據正面，不得於票背、謄本或黏單上為之。

　　⑵付款人簽名

　　簽名者，乃指當事人基於願意負擔法律責任之意思，將其姓名記載在文書上之行為也。付款人簽名，乃付款人願意負責之意思表示。惟本條雖然僅規定付款人簽名，但解釋上由付款人蓋章亦可。因票據法第六條明文規定，票據上之簽名，得以蓋章代之。

2.略式承兌

　　略式承兌者，乃指付款人僅於票面簽名，未記載任何承兌字樣之承兌也。就略式承兌，票據法第四十三條第二項規定：「付款人僅在票面簽名者，視為承兌。」由此規定可知，當事人僅在票面簽名，而未記載其他字樣者，無論其真意如何，一概視為承兌。因當事人僅有簽名，別無記載，是否為承兌，易生糾紛，為杜爭端，鞏固票據信用，本條乃明文規定，一律視為承兌。

㈡相對必要記載事項

我國現行票據法並未明文規定，承兌時必須記載承兌日期，因此無論正式承兌或略式承兌，承兌時並不以記載承兌日期為必要。惟對於見票後定期付款之匯票，或指定請求承兌期限之匯票，票據法第四十六條規定：「I 見票後定期付款之匯票，或指定請求承兌期限之匯票，應由付款人在承兌時記載其日期。II 承兌日期未經記載時，承兌仍屬有效。但執票人得請求作成拒絕證書，證明承兌日期；未作成拒絕證書者以前條所許或發票人指定之承兌期限之末日為承兌日。」由此規定可知，在見票後定期付款之匯票及指定請求承兌期限之匯票，非記載承兌日期不可。因在見票後定期付款之匯票，若未記載承兌日期，則無從得知見票日，無從得知見票日，則無從計算何日為到期日。在指定請求承兌期限之匯票，若未記載承兌日期，將無從得知執票人是否已遵照指定期限請求承兌。因此本條規定，在見票後定期付款之匯票及指定請求承兌期限之匯票，必須記載承兌日期。

若在見票後定期付款之匯票及指定請求承兌期限之匯票，未記載承兌日期，該承兌仍然有效，但執票人得請求作成拒絕證書，證明承兌日期。若未作成拒絕證書，則應依下列兩種方法，決定承兌日期：

1.在見票後定期付款之匯票，以發票日起六個月承兌期限之末日為承兌日期（§46 I）。

2.在指定請求承兌期限之匯票，以發票人所定承兌期限之末日為承兌日期（§46 II）。

二、得記載事項

得記載事項，亦稱任意記載事項，其事項如下：

㈠擔當付款人

就擔當付款人之指定與塗銷或變更，票據法第四十九條規定：「I 付款人於承兌時，得指定擔當付款人。II 發票人已指定擔當付款人者，付款人於承兌時，得塗銷或變更之。」由第一項之規定可知，因匯票之付款人不限於金融業者，不可能隨時備有鉅款等待執票人請求付款，因此本條規定，

匯票之付款人於承兌時，得指定擔當付款人。由第二項之規定可知，匯票發票人於發票時固得指定擔當付款人，但若該擔當付款人不適當時，付款人於承兌時，得塗消或變更之，以謀便利。

㈡付款處所

付款處所者，乃指發票人於發票時或付款人於承兌時，於票據上所記載在付款地內之具體付款地點也。票據法第二十七條規定：「發票人得記載在付款地之付款處所。」票據法第五十條規定：「付款人於承兌時，得於匯票上記載付款地之付款處所。」由此規定可知，付款處所，除發票人得記載外，付款人於承兌時，亦得為之。至於發票人已為付款處所之記載，付款人於承兌時，能否加以變更。本法並無明文規定，解釋上為求付款人之方便，在不妨礙執票人權利之情況下，應許付款人加以變更，或重複記載。

第四款　承兌之效力

就承兌之效力，票據法第五十二條規定：「I 付款人於承兌後，應負付款之責。II 承兌人到期不付款者；執票人雖係原發票人，亦得就第九十七條及第九十八條所定之金額，直接請求支付。」本條規定之目的，旨在加強保護執票人之權益，鞏固票據之信用，以助長票據之流通。由此規定可知，承兌之效力如下：

一、絕對付款之責任

就承兌人之責任，票據法第五十二條第一項規定：「付款人於承兌後，應負付款之責。」由此規定可知，付款人一旦承兌，即成為匯票之第一債務人（發票人及背書人僅為第二債務人），負有絕對付款之責任，縱然未自發票人受有資金，亦不得主張免除責任；反之，若付款人未為承兌，則無須負票據責任，因尚未承兌之付款人，尚非票據之債務人也。

二、原發票人亦得直接請求支付

就承兌後不付款之責任，票據法第五十二條第二項規定：「承兌人到期

237

不付款者，執票人雖係原發票人，亦得就第九十七條及第九十八條所定之金額，直接請求支付。」由此規定可知，付款人承兌後，若屆期不付款時，無論執票人係一般第三人或發票人本身，均得依票據法第九十七條、第九十八條規定之金額，向付款人（承兌人）請求給付。惟若執票人為發票人本人且未向付款人提供資金時，付款人被發票人請求付款時，即得主張抗辯。所謂第九十七條所規定之金額，係指第一次追索時執票人所得要求之金額；所謂第九十八條所規定之金額，係指第二次以下追索時執票人所得要求之金額。

第五款　承兌之撤回

撤回〔英：revocation；日：撤回（てっかい）；德：Widerruf；法：rétractation, retrait〕者，乃指對於尚未發生效力之法律行為，阻止其發生效力之意思表示也。承兌之撤回者，乃指付款人於承兌後，將其尚未發生效力之承兌，阻止其發生效力之意思表示也。承兌撤回之方法，為承兌之撤銷。因此承兌之塗銷者，乃指付款人於承兌後，於其承兌發生效力之前，將其承兌之意思塗銷，以撤回其承兌之行為也。

承兌為意思表示之一種。一般而言，意思表示一旦生效，非有法定原因（例如錯誤、被詐欺、被脅迫），不得撤銷，但於生效前，卻可撤回，承兌亦然。就承兌之撤回，票據法第五十一條規定：「付款人雖在匯票上簽名承兌，未將匯票交還執票人以前，仍得撤銷其承兌。但已向執票人或匯票簽名人以書面通知承兌者，不在此限。」由此規定可知，承兌係以交還匯票於執票人為生效要件，在交還之前，承兌尚未生效，因此法律允許承兌人任意撤回。但承兌人若已向執票人或匯票簽名人（如發票人或背書人）以書面通知承兌者，則其承兌之意思表示業已到達於相對人或關係人，已經發生效力，與匯票之交還無異，因此在此情況，不得再撤回其承兌矣！

第六款　承兌之延期

承兌之延期者，乃指執票人請求承兌時，付款人得要求其延長至一定

期限，始為承兌與否之行為也。

就承兌之延期，票據法第四十八條規定：「付款人於執票人請求承兌時，得請其延期為之，但以三日為限。」由此規定可知，於執票人請求承兌時，付款人本應立即決定是否承兌，惟有時因發票人尚未與付款人聯繫，付款人既不敢貿然承兌，又不方便立即拒絕承兌，因此本條乃規定，付款人得要求其延長至一定期限，始為承兌與否之行為，藉以給予付款人緩衝期間，與發票人聯繫，考慮是否加以承兌。但又為顧及執票人之權益，避免付款人遲遲不予決定，因此又規定，其延期以三日為限。

第五節　參加承兌

第一款　總　說

一、參加承兌之意義

參加承兌〔英：acceptance by intervention, acceptance for honor；日：參加引受（さんかひきうけ）；德：Ehrenannahme；法：acceptation par intervention, acceptation par honneur〕者，英美法稱為「榮譽承兌」(acceptance for honor)，乃指為特定票據債務人之利益，由第三人加入票據關係，以阻止期前追索之一種附屬票據行為也。基此定義，吾人析述如下：

(一)參加承兌者為一種附屬票據行為也

票據行為有五種，即：發票、背書、承兌、參加承兌及保證。參加承兌係票據行為之一種。惟票據行為中，僅發票為基本之票據行為，而參加承兌須以基本票據行為（發票）形式上有效存在為前提，因此參加承兌僅為一種附屬票據行為。

(二)參加承兌者為阻止期前追索之附屬票據行為也

參加承兌之目的，旨在阻止執票人之期前追索。就期前追索之原因，票據法第八十五條第二項規定：「有左列情形之一者，雖在到期日前，執票

239

人亦得行使前項權利：一、匯票不獲承兌時。二、付款人或承兌人死亡、逃避或其他原因無從為承兌或付款提示時。三、付款人或承兌人受破產宣告時。」

(三)參加承兌者為特定票據債務人之利益由第三人加入票據關係之附屬票據行為也

追索權之行使，不但對於執票人十分不便，被追索之人亦將遭受名譽及金錢之雙重損失，因此法律允許第三人加入票據關係，維持票據信用，使執票人不必於到期日前行使追索權，不但執票人得到利益，其前手亦能保持信譽，因此英美法將參加承兌稱為「榮譽承兌」。

二、參加承兌與承兌之區別

參加承兌之本質如何？舊說認為，參加承兌係承兌之一種，係屬一種特別之承兌；惟新說認為，參加承兌並非承兌之一種，係屬一種獨特之票據行為，與承兌有同有異。茲將參加承兌與承兌之區別，簡單說明如下：

(一)參加承兌與承兌之相同點

1.均屬匯票之制度

參加承兌與承兌兩者，均屬匯票之特有制度。

2.均屬附屬之票據行為

參加承兌與承兌兩者，均屬一種附屬之票據行為。

3.均以負擔票據債務為目的

參加承兌與承兌兩者，均係以負擔票據債務為目的。

4.均須於匯票正面為之

參加承兌與承兌兩者，均須記載於匯票正面。

5.均須於到期日前為之

參加承兌與承兌兩者，均須於到期日前為之。

(二)參加承兌與承兌之相異點

1.目的不同

參加承兌之目的，旨在阻止追索權之期前行使；反之，承兌之目的，

旨在確定付款之責任。

2.當事人本質不同

參加承兌人為票據之第二債務人，僅於付款人或擔當付款人拒絕付款時，始負付款之責任；反之，承兌人則為票據之第一債務人，須負絕對之付款責任。

3.當事人責任不同

參加承兌人，僅對被參加人及其後手負其義務；反之，承兌人則須對於所有票據債務人均須負擔付款責任。

4.付款效力不同

參加承兌人付款後，票據關係僅一部消滅而已。亦即，參加承兌人付款後，對承兌人、被參加人及其前手，仍取得票據權利，負其義務；反之，承兌人付款後，票據權利全部消滅。因承兌人係票據之主要債務人，縱然發票人未提供資金，該承兌人亦僅能依民法規定求償而已。

5.消滅原因不同

參加承兌人，僅為票據之第二債務人，得因執票人保全手續之欠缺而消滅。亦即，執票人不於法定期限內為付款之提示，或不於法定期限內作成拒絕證書，對於參加承兌人喪失其請求付款之權利；反之，承兌人係匯票之主債務人，須負絕對付款責任，除消滅時效外，不因執票人保全手續之欠缺而消滅。

6.記載事項不同

參加承兌須載明參加承兌之意旨，不得以略式方式為之；反之，承兌得以略式方式為之，而僅於票面簽名，無須載明承兌之意旨❹。

---

❹　黃文濱，《票據法要務》，渤海堂文化公司印行，1986 年 12 月初版，p. 226。

鄭玉波，《票據法》，三民書局印行，1991 年 8 月第 4 刷，p. 153。

梁宇賢，《票據法新論》，自行出版，益誠彩色印刷有限公司印刷，1999 年 11 月修訂版，p. 233。

第二款　參加承兌之程序

一、參加承兌之時期

　　就期前追索之情況，根據票據法第八十五條第二項之規定可知，執票人於到期日之前，有下列情形之一發生時，得依法行使追索權，即1.匯票不獲承兌時；2.付款人或承兌人死亡、逃避或其他原因無從為承兌或付款提示時；3.付款人或承兌人受破產宣告時。參加承兌之目的既在阻止期前追索，則參加承兌自須於到期日前行使之。惟在到期日前，若執票人已經喪失追索權，因在此情況，已無須阻止追索權之行使，參加承兌人自無須再為參加承兌矣！所謂「執票人已經喪失追索權」，例如執票人應作成拒絕承兌逾期未作成，而喪失追索權即是。

二、參加人

　　凡預備付款人及票據債務人以外之第三人，均得為參加付款人。茲簡單說明如下：

㈠預備付款人

　　就請求參加承兌之對象，票據法第五十三條第一項規定：「執票人於到期日前得行使追索權時，匯票上指定有預備付款人者，得請求其為參加承兌。」由此規定可知，預備付款人本為參加承兌或參加付款，以防止期前追索而設，因此匯票上有指定預備付款人者，執票人即應請求其參加承兌。本條所謂之「匯票上指定有預備付款人者，得請求其為參加承兌。」其中之「得」，似應修正為「應」，始符指定預備付款人之意義。

㈡其他票據債務人以外之第三人

　　就請求參加承兌之對象，票據法第五十三條第二項規定：「除預備付款人與票據債務人外，不問何人，經執票人同意，得以票據債務人中之一人，為被參加人，而為參加承兌。」由此規定可知，除不得為參加承兌人為票據債務人外，得參加承兌人，除預備付款人當然得為參加承兌外，其他第三

人為參加承兌時，須經執票人同意始可。何以第三人參加承兌須經執票人同意始可？因匯票一經承兌，執票人即不得期前追索，若第三人與票據債務人通謀，故意參加承兌，藉以拖延時日，結果可能損及執票人之權益，因此法律乃予執票人以同意權，規定其他第三人為參加承兌時，須經執票人同意始可。

三、被參加人

參加承兌應記載被參加承兌人之姓名，以確定為何人而參加，藉以作為將來行使追索權請求償還時之依據。若未記載被參加承兌人時，票據法第五十四條第二項、第三項規定：「II 未記載被參加人者，視為為發票人參加承兌。III 預備付款人為參加承兌時，以指定預備付款人之人，為被參加人。」由此規定可知，未記明以何人為被參加承兌人時，視為以發票人為被參加承兌人。因發票人為最後償還義務人，以發票人為被參加承兌人，則發票人之後手，均可免除責任，可使最多之票據債務人受益，因此本法明文規定，未記載被參加人者，視為為發票人參加承兌。惟於預備付款人參加承兌時，則應以指定預備付款人為被參加承兌人。例如 A 簽發匯票交付予 B，B 背書轉讓予 C 時，於匯票上記載以 D 為預備付款人，則當日後 D 為參加承兌時，則當然以 B 為被參加承兌人，因 B 乃指定預備付款人之人也。

凡屬票據債務人均得為被參加承兌人，如發票人、背書人、保證人等即是。惟於票據上曾記明免除擔保承兌之責者，因其本不負因拒絕承兌而被追索之義務，固不得以此等債務人為被參加承兌人。

四、參加承兌之記載

就參加承兌應記載之事項，票據法第五十四條第一項規定：「參加承兌，應在匯票正面記載左列各款，由參加承兌人簽名：一、參加承兌之意旨。二、被參加人姓名。三、年、月、日。」

第三款　參加承兌之款式

參加承兌與承兌相同，均須記載於匯票正面，不得於背面、黏單或謄本上記載，而且記載後應由參加承兌人簽名，以示負責。至於參加承兌應記載之事項，票據法第五十四條第一項規定：「參加承兌，應在匯票正面記載左列各款，由參加承兌人簽名：一、參加承兌之意旨。二、被參加人姓名。三、年、月、日。」由此規定可知，參加承兌之應記載事項如下：

一、參加承兌之意旨

參加承兌時必須載明參加承兌之意旨，使人易知其係為參加承兌而簽名，以免與其他票據行為混淆。此與承兌有所不同，在承兌之場合，承兌人得僅簽名於匯票，而為略式承兌，但參加承兌之場合，參加承兌人必須表明參加承兌之意旨，令人一望而知其為參加承兌，而非其他票據行為。因參加承兌之意旨，參加承兌人必須記載，而且若無記載，法律並無擬制規定，因此參加承兌之意旨，係屬參加承兌之絕對必要記載事項。

二、被參加人姓名

參加承兌人必須記明被參加承兌人之姓名，藉以確定其為何人而參加，於將來行使追索權請求償還時，對於前後手之區別，甚有關係。例如 A、B、C、D 均為背書人，若 X 出而參加承兌，指定 C 為被參加承兌人，記明 X 乃為 C 而參加，將來 C 不為付款，X 為清償後，得對被參加人 C 及其前手 A、B 請求償還，而被參加人 C 之後手 D 則無須負償還責任矣！反之，若 X 出而參加承兌，指定 B 為被參加承兌人，記明 X 乃為 B 而參加，將來 B 不為付款，X 為清償後，得對被參加人 B 及其前手 A 請求償還，而被參加人 B 之後手 C、D 則無須負償還責任矣！

被參加承兌人之姓名若未記載，應視為為發票人參加承兌，此為票據法第五十四條第二項之規定，因法律有此擬制規定，故被參加人之姓名僅為相對必要記載事項。

三、年、月、日

　　參加承兌之年月日，必須記載，藉以確定參加承兌之生效時期及行為當時有無行為能力。因此參加承兌之年月日為參加承兌絕對必要記載事項。

　　如上所述，「參加承兌之意旨」及「年、月、日」係屬絕對必要記載事項，「被參加人姓名」係屬相對必要記載事項。至於參加承兌人是否得就被參加承兌人應償還金額之一部為之？多數學者認為不可，其理由為，參加承兌制度本屬一種變態式制度，若容許參加承兌人為一部之參加承兌，則法律關係將變成相當複雜，實在不宜❷。

第四款　參加承兌之效力

　　參加承兌之效力，可分下列四方面言之：

一、及於參加承兌人之效力

㈠通知義務

　　就參加之通知與怠於通知之效果，票據法第五十五條規定：「I 參加人非受被參加人之委託，而為參加者，應於參加後四日內，將參加事由，通知被參加人。II 參加人怠於為前項通知，因而發生損害時，應負賠償之責。」由此規定可知，參加承兌，有受被參加承兌人之委託而參加者，亦有自動參加者。於受被參加承兌人之委託而參加之場合，因被參加承兌人已知其情形，無須參加承兌人再為通知；反之，於非受被參加承兌人之委託而參加之場合，則參加承兌人應於參加承兌後四日內，將參加承兌事由通知被參加承兌人。此項通知對於被參加承兌人相當重要，因為此項通知對於被參加承兌人具有下列作用：

　　1.可使被參加承兌人期前清償，並向其前手追索。

　　2.可使被參加承兌人及早對參加承兌人為償還之準備。

　　3.被參加承兌人若為發票人，且已對付款人提供票據資金時，可使被

---

❷　鄭玉波，《票據法》，三民書局印行，1991 年 8 月第 4 刷，p. 156。

參加承兌人及早向付款人追還資金；若尚未對付款人提供票據資金時，可使被參加承兌人及早知悉無須再行提供資金。

因此項通知對於被參加承兌人相當重要,因此參加承兌人若未為通知,對於因此而發生之損害,參加承兌人應負損害賠償責任。此項賠償金額,我國票據法並無特別規定,惟依日內瓦統一票據法及日本票據法第五十五條之規定,賠償金額以不超過匯票金額為限,本法亦應作如此之解釋。

㈡償還責任

1.參加承兌之積極效力

就參加承兌人之責任,票據法第五十七條規定:「付款人或擔當付款人,不於第六十九條及第七十條所定期限內付款時,參加承兌人,應負支付第九十七條所定金額之責。」由此規定可知,付款人或擔當付款人不於到期日或其後二日內付款,或經執票人同意延期,而不於所延之期限內為付款時,參加承兌人應支付匯票金額、利息及作成拒絕證書與通知及其他必要費用之責任,此為參加承兌之積極效力。

2.第二次之責任

就參加付款之提示,票據法第七十九條第一項規定:「付款人或擔當付款人不於第六十九條及第七十條所定期限內付款者,有參加承兌人時,執票人應向參加承兌人為付款之提示；無參加承兌人而有預備付款人時,應向預備付款人為付款之提示。」由此規定可知,參加承兌人之償還責任,僅有附屬之性質,屬於第二次之責任,有別於付款人之第一次責任,因此付款人或擔當付款人不於到期日或其後二日內付款,或經執票人同意延期,而不於所延之期限內為付款時,有參加承兌人時,執票人應向參加承兌人為付款之提示。執票人於付款人或擔當付款人拒絕付款後,不向參加承兌人為付款提示時,對於被參加承兌人及其後手喪失追索權。

二、及於執票人之效力

就參加承兌之效力,票據法第五十六條第一項規定:「執票人允許參加承兌後,不得於到期日前行使追索權。」由此規定可知,因承兌制度之目的,

本在防止執票人為期前追索，因此執票人允許參加承兌後，即不得於到期日前行使追索權。亦即，除對被參加承兌人外，對於被參加承兌人之前手，亦不得行使追索權，此為參加承兌之消極效力。

三、及於被參加承兌人及其前手之效力

就參加承兌之效力，票據法第五十六條第二項規定：「被參加人及其前手，仍得於參加承兌後，向執票人支付，第九十七條所定金額，請其交出匯票及拒絕證書。」由此規定可知，因匯票經參加承兌後，雖然執票人不得於到期日前行使追索權，而使被參加承兌人及其前手暫時不被追索，但若於到期日後付款人或擔當付款人不付款，而由參加承兌人代為付款時，被參加承兌人及其前手仍有面臨參加承兌人求償之命運。為避免將來償還，以致金額擴大起見，倒不如允許被參加承兌人及其前手期前追索之權利。因此本條乃明為規定，被參加承兌人及其前手得於參加承兌後，向執票人為期前清償，支付匯票金額、利息及作成拒絕證書與通知及其他必要費用，並請執票人交出匯票及拒絕證書。例如 A 簽發匯票一張背書轉讓予 B，B 將該匯票背書轉讓予 C，C 又依背書方式轉讓予 D，日後於 D 行使追索權時，因 X 以 C 為被參加承兌人為參加承兌，以致本匯票不得於期前行使追索權，惟被參加承兌人 C 及其前手 B，均得於到期日前，向執票人 D 支付第九十七條所規定之金額（匯票金額、利息及作成拒絕證書與通知及其他必要費用），並取回匯票及拒絕證書，藉以避免日後面臨參加承兌人求償時，必須支付較大之金額。

四、及於被參加承兌人後手之效力

就參加付款之效力，票據法第八十四條規定：「I 參加付款人對於承兌人、被參加付款人及其前手取得執票人之權利。但不得以背書更為轉讓。II 被參加付款人之後手，因參加付款而免除債務。」由第二項之規定可知，被參加承兌人之後手，於參加承兌後，不僅免受期前追索，即使於日後參加承兌人為參加付款後，亦得因之而免除其債務。例如 A 簽發匯票一張背

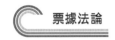

書轉讓予 B，B 將該匯票背書轉讓予 C，C 又依背書方式轉讓予 D，D 又以背書轉讓予 E，E 又以背書轉讓於 F，日後於 F 行使追索權時，因 X 以 C 為被參加承兌人為參加承兌，在此情況，被參加承兌人 C 之後手 D、E，因 X 為參加付款，即不再負擔背書人之責任，X 對於 D、E 亦不得行使追索權，因 D、E 若被行使追索，D、E 勢必向其前手追索票款，如此一來，與 X 未曾參加承兌並無任何不同。惟日後參加承兌人若未付款，則被參加承兌之後手，仍不得免除其義務。

第六節　保　證

第一款　總　說

一、保證之意義

在民法上，保證〔英：suretyship, guaranty；日：保証（ほしょう）；德：Bürgschaft；法：cautionnement〕者，乃指當事人約定，一方於他方之債務人不履行債務時，由其代負履行責任之契約也（民 §739）。在票據法上，保證〔英：aval；日：手形保証（てがたほしょう）；德：Aval, Wechselbürgschaft；法：aval〕者，乃指票據債務人以外之人，為擔保票據債務之履行所為之一種附屬票據行為也。亦即，乃指票據債務人以外之第三人，以擔保特定票據債務人履行票據債務人為目的，而在票據或其謄本上所為之附屬票據行為也。由此定義，就票據法上之保證，吾人析述如下：

㈠保證者乃一種附屬之票據行為也

附屬行為者，以基本行為之合法存在為前提之行為也。票據行為中，僅票據之發票為基本行為，票據之保證係以票據發票之形式上有效存在為前提，因此係屬附屬之票據行為。

㈡保證者乃票據債務人以外第三人所為之票據行為也

票據債務人，除承兌人之外，即發票人、背書人等人亦為票據債務人。

保證人之資格，限於票據債務人以外之第三人，因保證之目的，既在於擔保票據債務之履行，票據債務人既屬應負擔債務之人，由其再為保證，並無任何實際利益，因此票據債務人不得再為保證人。

(三)保證者乃須在票據上或其謄本上所為之票據行為也

保證以保證人之簽名而生效力，無須以被保證人之同意為要件，因此保證係屬單獨行為，而非契約行為；而且，保證須為合法之記載，始能生效，亦即，保證須在票據上或謄本上記載一定之事項，並須簽名，因此保證係屬要式行為，而非不要式行為。再者，保證能否於黏單上為之，吾人以為，保證應可於票據黏單上為之。因依票據法第二十三條、第三十一條之規定，背書人既得在黏單上為票據行為，而保證人亦得由背書人保證，因此保證應得在黏單上為之。

二、保證之種類

(一)全部保證及一部保證

全部保證者，乃指就票據金額全部所為之保證也。在此情況，保證人須就全部之票據金額，負其責任。一部保證者，乃指就票據金額一部所為之保證也。在此情況，保證人須就該被保證之一部票據金額，負其責任。就一部保證，票據法第六十三條規定：「保證得就匯票金額之一部分為之。」由此規定可知，一部保證，亦屬合法之保證。

(二)單獨保證及共同保證

單獨保證者，乃指僅由一位保證人所為之保證也。一般之保證，多屬單獨保證。共同保證者，乃指二位以上保證人所為之保證也。就共同保證人之責任，票據法第八十二條規定：「二人以上為保證時，均應連帶負責。」由此規定可知，共同保證，亦屬合法之保證，而且，共同保證人須負連帶責任。

(三)顯名保證及隱存保證

顯名保證者，亦稱信託保證，乃指於票據上載明以保證為目的所為之保證也。一般之保證，多為顯名保證。隱存保證者，乃指未於票據上記明

保證字樣，而依發票、背書、承兌或參加承兌等方法，以達保證目的之保證也。保證之目的，固在擔保票據債務之履行，增強票據信用，但若為票據行為時，必須他人保證，對方始肯接受，頗有信用不夠確實之嫌，於票據行為人而言，顯然不夠體面，因此乃有隱存保證之需要。例如 A 簽發票據一張，以 B 為受款人，本應直接背書交付予以 B，但 B 認為 A 有信用不夠確實之嫌，必須有保證人保證始肯接受，但找保證人對方始肯接受，對 A 而言，顯然不夠體面，因此 A 乃先以 X 為受款人，使 X 為背書後再背書轉讓予 B，在此情況，X 因其背書行為而必須負擔擔保承兌及擔保付款之責任，結果對 B 而言，有 X 多一人負責，多一層保障，與獲得 X 之保證不無不同，對 A 而言，因票據無須他人保證對方即肯接受票據，顯然頗有體面，此乃隱存保證存在之實益。

三、票據保證與民法保證之區別

一般而言，票據保證之效力，較民法保證，具有較強之效力，茲比較如下：

㈠票據保證與民法保證之相同點

1.同屬從行為

票據保證為從行為，民法保證亦為從行為。從契約 (accessory conduct) 者，乃指須以他種行為之存在為前提，始能成立之行為也。

2.同屬無償行為

票據保證為無償行為，民法保證亦為無償行為。無償契約〔英：conduct without consideration, gratuitous conduct；日：無償行為（むしょうこうい）〕者，乃指僅當事人之一方為給付，他方無對價關係給付之行為也。易言之，僅當事人之一方為給付，或雖當事人雙方互為給付但其給付並無對價關係之行為也。

3.同於主債務消滅後歸於消滅

票據保證於主債務消滅後歸於消滅，民法保證亦於主債務消滅後歸於消滅。

㈡票據保證與民法保證之相異點

1. 意義不同

票據保證者，乃指票據債務人以外之人，為擔保票據債務之履行所為之一種附屬票據行為也。亦即，乃指票據債務人以外之第三人，以擔保特定票據債務人履行票據債務為目的，而在票據或其謄本上所為之附屬票據行為也。反之，民法保證者，乃指當事人約定，一方於他方之債務人不履行債務時，由其代負履行責任之契約也（民§739）。

2. 形式不同

票據保證屬要式行為，因票據保證必須於票據或謄本上記載一定事項，並由保證人簽名。反之，民法保證則屬不要式行為，因民法保證，得由當事人任意約定，以書面或口頭均無不可。

3. 性質不同

票據保證屬單獨行為，因票據保證之成立無須相對人之同意。反之，民法保證則屬契約行為，因民法保證之成立，須經相對人之承諾。

4. 效力不同

票據保證之效力，其獨立性大於從屬性。被保證人之債務，因方式欠缺而無效時，保證債務亦歸於無效，足見票據保證之效力，具有從屬性，但被保證人之債務，因實質效力欠缺而無效時，保證債務仍然有效，足見票據保證之效力，具有強烈之獨立性（§61）。反之，民法保證則僅有從屬性，而無獨立性。因在民法上，當主債務無效或得撤銷時，保證債務亦歸於無效（民§743）。

5. 先訴抗辯權有無之不同

票據保證之保證人，並無先訴抗辯權。因票據保證人與票據被保證人，須負同一責任（§61）。反之，於民法保證之場合，保證人未聲明拋棄先訴抗辯權者，則保證人未先就主債務人之財產為強制執行而無效之前，對於債權人得拒絕清償（民§745～§747）。

6. 抗辯權有無之不同

於票據保證之場合，被保證人所有之抗辯，保證人不得主張之。因票

據保證具有強烈之獨立性。反之，於民法保證之場合，主債務人所得主張之抗辯，保證人均得主張之（民§742 I）。

　7.被保證人特定與否之不同

　　於票據保證之場合，若票據保證未載明被保證人者，視為為承兌人保證，其未承兌者，視為為發票人保證，但得推知其為何人保證者，不在此限（§60）。反之，於民法保證之場合，民法保證之被保證人，必須絕對確定。

　8.連帶責任有無之不同

　　於票據保證之場合，票據保證之共同保證人，必須負擔連帶責任（§62）。反之，於民法保證之場合，數人保證同一債務者，得約定不負連帶責任（民§748）。

　9.清償後權限之不同

　　於票據保證之場合，票據保證人清償後有追索權，其消滅時效依票據法第二十二條之規定（§64）。反之，於民法保證之場合，保證人清償後，有求償權及代位權（民§749）。

　10.消滅時效期間之不同

　　於票據保證之場合，票據保證人清償後有追索權，其消滅時效依票據法第二十二條之規定，其期間較短（§64）。反之，於民法保證之場合，保證人清償後，有求償權及代位權，其消滅時效依民法第一二五條之規定，其期間較長。

　11.債權人允許延期清償時責任之不同

　　於票據保證之場合，債權人允許延期清償時，票據保證人縱未同意，亦不能免責。反之，於民法保證之場合，債權人允許延期清償時，除非保證人對其延期已為同意外，不負保證責任（民§755）。

四、票據保證與票據背書之區別

　　票據保證與票據背書，其相異點如下：

㈠意義之不同

　　票據保證者，乃指票據債務人以外之人，為擔保票據債務之履行所為

之一種附屬票據行為也。亦即，乃指票據債務人以外之第三人，以擔保特定票據債務人履行票據債務人為目的，而在票據或其謄本上所為之附屬票據行為也。反之，票據背書〔英：indorsement, endorsement；日：裏書（うらがき）；德：Indossament；法：endossement〕者，乃指執票人對於他人，以轉讓票據權利或其他之目的所為之一種附屬的票據行為也。

㈡適用票據之不同

票據保證之制度，僅匯票、本票適用之，至於支票則有保付制度，卻無保證制度。反之，票據背書之制度，則於匯票、本票及支票均適用之。

㈢責任之不同

於票據保證之場合，票據保證人之責任，與被保證人相同。反之，於票據背書之場合，票據背書人之責任為，擔保票據之承兌及擔保票據之付款（§39 準用§29）。

㈣目的之不同

票據保證之目的，旨在擔保票據債務之履行，增強票據信用。反之，票據背書之目的，則旨在轉讓票據權利或其他之目的。所謂其他目的，例如設定質權，或委託取款即是❸。

第二款　保證之程序

票據保證，必須遵守下列程序，始能成立。茲簡單說明如下：

一、得為保證之時期

保證之時期，法無特別規定。解釋上，於到期日前固得為之，於到期日後、拒絕證書作成後、乃至於消滅時效完成後，亦得為之。

---

❸　黃棟培，《票據法新論》，自行出版，總經銷三民書局，志華印刷有限公司印刷，1970 年 7 月初版，p. 95。

黃文濱，《票據法要務》，渤海堂文化公司印行，1986 年 12 月初版，p. 228。

二、票據保證之當事人

㈠保證人

保證人之資格，票據法第五十八條規定：「I 匯票之債務，得由保證人保證之。II 前項保證人，除票據債務人外，不問何人，均得為之。」由此規定可知，只要票據債務人以外之人，均得成為票據保證人，別無任何資格之限制。自然人及法人，均得為票據保證人。惟無行為能力之自然人，作為票據保證人時，因其欠缺行為能力，其票據保證無效。再者，公司為票據保證人時，依公司法第十六條之規定，除該公司以保證為業務者外，不得為任何人保證，若為保證時，公司負責人應自負保證之責。至於付款人，在承兌之前，仍得為票據保證人。因票據付款人，在未正式承兌之前，尚非票據之債務人也。

㈡被保證人

票據保證之被保證人應限於票據債務人。所謂票據債務人，例如承兌人、發票人、背書人、參加承兌人等即是。惟付款人於承兌之前，因尚未成為票據債務人，固不得為被保證人。

三、票據保證之款式

就保證之款式，票據法第五十九條規定：「I 保證應在匯票或其謄本上，記載左列各款，由保證人簽名：一、保證人之意旨。二、被保證人姓名。三、年、月、日。II 保證未載明年、月、日者，以發票年、月、日為年、月、日。」由此規定可知，票據保證記載之處所，得於票據上為之，又無正面、背面之限制，而且亦得在謄本上為之。至於得否於黏單上為保證？吾人以為，背書人既得於黏單上為票據行為，而保證即為背書人票據行為之一，因此背書人得在黏單上為保證行為，保證人自然得在黏單上為保證行為。票據保證，除須由保證人簽名外，並應記載下列事項：

㈠保證人之意旨

票據保證人為保證時，必須記載保證人之意旨，以便與其他票據行為

有所區別。惟其所用文句，不限於「保證」二字，只要由其文句足以判明其票據行為係屬保證即可。例如記明「擔保」字樣亦可。

㈡被保證人姓名

因被保證人為票據之債務人，與將來追索權之行使有關，因此被保證人之姓名必須記載。惟未記載被保證人時，就被保證人之擬制，票據法第六十條規定：「保證未載明被保證人者，視為為承兌人保證；其未經承兌者，視為為發票人保證。但得推知其為何人保證者，不在此限。」

㈢年、月、日

因年、月、日之記載，與日後判斷保證人為保證時有無行為能力有關，因此保證之年、月、日必須記載。未載保證年、月、日時，就保證年、月、日之擬制，票據法第五十九條第二項規定：「保證未載明年月日者，以發票年、月、日為年、月、日。」

第三款　保證之效力

保證之效力，可分為保證人之責任及保證人之權利二部分，茲簡單說明如下：

一、保證人之責任

㈠票據保證人責任之從屬性

就保證人責任之從屬性，票據法第六十一條第一項規定：「保證人與被保證人，負同一責任。」此之所謂「負同一責任」，具有下列幾種意義：

1.保證人之債務與被保證人之債務，在種類上及數量上完全相同

此之所謂種類相同，例如為承兌人保證時，被保證人（承兌人）須負付款責任，保證人亦須負付款責任；為發票人或背書人保證時，被保證人（發票人或背書人）須負擔保承兌及擔保付款責任，則保證人亦須負擔保承兌及擔保付款責任。此之所謂數量相同，係指除非一部保證，被保證人債務之數量與保證人債務之數量，完全相同。例如為背書人保證時，若該背書人被追索時，須負票據法第九十七條或第九十八條之金額，保證人亦

須負票據法第九十七條或第九十八條之金額。

2.保證人之債務與被保證人之債務，性質上完全相同

所謂在性質上完全相同者，係指保證人之責任與被保證人之責任，在次序上並無先後之別之意。因此，執票人得逕向保證人或被保證人，同時或先後主張票據上之權利。亦即，票據保證人並無先訴抗辯權，與民法上之保證不同。

3.時效期間完全相同

對票據保證人追索之時效期間，與對被保證人追索之時效期間完全相同。至於時效之起算，則以被保證人為準。

(二)票據保證人責任之獨立性

就保證人責任之獨立性，票據法第六十一條第二項規定：「被保證人之債務，縱為無效，保證人仍負擔其義務。但被保證人之債務，因方式之欠缺，而為無效者，不在此限。」由此規定可知，若被保證人之債務已具形式要件，則縱然被保證人之債務在實質上歸於無效，保證人仍須獨立負擔其債務。因票據行為注重形式，實質上原因往往不易為人查知，為保護票據流通，本條乃規定，縱然票據保證所保證之債務無效，保證人仍須獨立負擔保證責任。此與民法之保證不同，民法上之保證，以主債務之存在為前提，具有強烈之從屬性，而票據保證則非以被保證債務之存在為前提，除從屬性外，亦具有強烈之獨立性。惟「因方式之欠缺，而為無效者，不在此限」，因形式欠缺，任何人一眼即可看出，已無前述「實質上原因往往不易為人查知」之弊病，因此在此情況，票據保證人即無須再負保證責任矣！所謂形式欠缺，例如為發票人保證時，發票人並未在票據上簽名或蓋章，則保證人之債務應歸無效，因在此情況，係屬被保證人（發票人）債務因形式欠缺而無效，並非在實質上歸於無效也。

再者，在共同保證之場合，就共同保證人之責任，票據法第六十二條規定：「二人以上為保證時，均應連帶負責。」由此規定可知，二人以上為票據保證時，無論其關係如何，亦無論其間有無特別約定，每一位保證人對於被保證人之債務，均應各負全部責任。此項連帶責任，屬於絕對責任，

當事人不得以契約加以免除，此與民法上之共同保證不同。民法上之共同保證，其連帶責任得以契約加以免除（民§748）。

二、保證人之權利

此之所謂保證人權利者，係指保證人清償債務後，在票據上所取得之權利而言。就保證人之權利，票據法第六十四條規定：「保證人清償債務後，得行使執票人對承兌人、被保證人及其前手之追索權。」由此規定可知，保證人清償債務之後，除可依民法之規定對被保證人求償外，亦得依本條之規定，取得執票人之地位，行使執票人對承兌人、被保證人及其前手之追索權。至於被保證人之後手，則因保證人之清償，已經免除被追索之責任，因此保證人不得再對被保證人之後手行使追索權。至於保證人與被保證人之間，其基於一般民法關係所應有之求償權，並不因為保證人取得執票人之追索權而喪失❹。

第七節　到期日

第一款　到期日之意義

到期日〔英：date of maturity；日：満期（まんき）；德：Verfallzeit；法：échéanee〕者，乃指票據上所記載應為付款之期日也。亦即，票據債務人依照票據所載文義履行付款義務之時期也。到期日因有列作用，因此必須記載：1.為確定匯票債權人行使權利之時期，執票人若未於到期日或其後二日內為付款之提示，對其前手喪失追索權（§104 I）；2.為確定債務人履行義務之時期，到期日之前，原則上不得請求付款（§72）；3.為確定票據權利之消滅時效，消滅時效自到期日起進行（§22 I）。但如未記載到期日時，法律另有擬制之規定，亦即「未載到期日者，視為見票即付。」故亦屬相對必要記載之事項。

❹ 姚嘉文，《票據法論》，自行出版，雲祥印刷出版公司印刷，1974 年初版，p. 159。

257

第二款　到期日之種類

就到期日之種類，票據法第六十五條第一項規定：「匯票之到期日，應依左列各式之一定之：一、定日付款。二、發票日後定期付款。三、見票即付。四、見票後定期付款。」由此規定可知，到期日之記載方式，有下列幾種：

一、定日付款

定日付款 (at a fixed date) 者，亦稱定期付款，或板期付款，乃指在票據上載明特定付款日期之到期日記載方法也。例如，匯票多記載「憑票祈於 2005 年 3 月 9 日付 A 先生（或 A 公司）新臺幣拾萬元整。此致 B 先生（或 B 公司）」，該被記載之「2005 年 3 月 9 日」為確定日期之付款日期，故為定日付款。

二、發票日後定期付款

發票日後定期付款 (at a fixed period after date) 者，乃指自發票日後以一定期限之屆至為付款日期之到期日記載方法。例如記載「自發票日後五日付 A 先生（或 A 公司）新臺幣拾萬元整。此致 B 先生（或 B 公司）」之匯票，若其發票日為 2005 年 1 月 1 日，則以 2005 年 1 月 6 日為到期日（2005 年 1 月 1 日＋ 5 日）。又如票據上記載「於發票日後一個月付 A 先生（或 A 公司）新臺幣壹百萬元整。此致 B 先生（或 B 公司）」者，若其發票日為 2005 年 4 月 1 日，則其到期日應為 2005 年 5 月 1 日（民§120），亦即該票據之付款時間，應為 2005 年 5 月 1 日（2005 年 4 月 1 日＋ 1 個月）。

三、見票即付

見票即付 (at sight, on demand) 者，乃指記載以執票人提示時，付款人應即付款之到期日記載方法也。亦即以票據之提示日為付款日之到期日記載方法也。例如記載「憑票即付 A 先生（或 A 公司）新臺幣拾萬元整。此

致 B 先生（或 B 公司）」即是，此種以提示日為到期日之到期日記載方法，即為「見票即付」。

四、見票後定期付款

見票後定期付款 (at a fixed period after sight) 者，乃指自承兌日或拒絕承兌證書作成日後，以一定期限之屆至為付款日期之到期日記載方法也（§67）。亦即，在見票後，可能付款人承兌，亦可能付款人拒絕承兌。

(一)在承兌之場合

在承兌之場合，自承兌日後，以一定期限之屆至為到期日。例如票據上記載「憑票祈於見票日後（或承兌日後）一個月付款新臺幣一百萬元整」者，若執票人於 2005 年 1 月 10 日向付款人提示承兌，若付款人在票據上記載承兌意旨及年月日（例如記載「照兌」字樣及記載 2005 年 1 月 10 日之承兌日期），則其到期日應為 2005 年 2 月 10 日（1991 年 1 月 10 日＋ 1 個月＝ 1991 年 2 月 10 日）。易言之，在承兌之場合，所謂見票日即為承兌日之意。

再如，票據上記載「憑票祈於見票後五日付款新臺幣××元」者，設執票人於 2005 年 1 月 22 日向付款人提示承兌，若付款人在票據上記載承兌意旨及年月日（例如記載「照兌」字樣、簽名並記載 2005 年 1 月 22 日之承兌日期），則其到期日即為自該 1 月 22 日起加五日，而以 2005 年 1 月 27 日為到期日。

(二)在拒絕承兌之場合

在拒絕承兌之場合，則自拒絕承兌證書作成日後，以一定期限之屆至為到期日。例如上述之票據，若該票據於 1 月 10 日經付款人拒絕承兌，執票人並於 1 月 12 日作成拒絕承兌證書者，則其到期日應為拒絕承兌證書作成日（2005 年 1 月 12 日）後之一個月，即 1991 年 2 月 12 日（1991 年 1 月 12 日＋ 1 個月＝ 1991 年 2 月 12 日）。易言之，在拒絕承兌之場合，所謂見票日係指拒絕承兌證書之作成日而言。

再如，票據上記載「憑票祈於見票後五日付款新臺幣××元」者，設

執票人於 1991 年 1 月 22 日向付款人提示承兌，若付款人拒絕承兌，則執票人必須作成拒絕承兌證書，始能行使追索權。若經拒絕承兌，而執票人於 1 月 24 日作成拒絕承兌證書，則其到期日即為自該 1 月 24 日起加五日，而以 1991 年 1 月 29 日為到期日。

至於拒絕承兌證書之作成處所，票據法第一〇六條規定：「拒絕證書，由執票人請求拒絕承兌地或拒絕付款地之法院公證處、商會或銀行公會作成之。」

五、分期付款

分期付款者，乃指將票據金額分為數期，每期均有一定付款日期之到期日記載方法也。因近年工商發達，分期付款之買賣日益普遍，法律乃許分期付款之到期日記載方法。就分期付款之到期日，票據法第六十五條第二項、第三項、第四項規定：「II 分期付款之匯票，其中任何一期，到期不獲付款時，未到期部分，視為全部到期。III 前項視為到期之匯票金額中所含未到期之利息，於清償時，應扣減之。IV 利息經約定於匯票到期日前分期付款者，任何一期利息到期不獲付款時，全部匯票金額視為均已到期。」由此規定可知，為保護執票人之利益，分期付款之票據，其中任何一期到期不獲付款，未到期之部分，視為全部到期，此稱即所謂之「提前到期」。例如 A 簽發一張匯票交付予 B，其票據金額為一百萬元，分十期付款，每期十萬元，而在第四期時，執票人 B 未獲付款，則第五期至第十期之金額，雖實際上尚未到期，應視為已經到期。亦即，就第五期至第十期之六十萬票據金額，執票人 B 得向 A 請求支付。惟就該視為到期之票據金額中，所含未到期之利息，於清償時，應扣減之，藉以避免執票人獲得不當得利。所謂「利息經約定於匯票到期日前分期付款者，任何一期利息到期不獲付款時，全部匯票金額視為均已到期。」例如，A 簽發一張匯票交付予 B，其票據金額為一百萬元，分十期付款，利息為到期日前每期一千萬元，而在第四期時，執票人 B 未獲利息，則該票據就全部金額提前到期，執票人 B 得就票據金額一百萬元及利息，立即請求支付，而無須等至票載到期日始

能請求支付。惟就提前到期利息之扣減，票據法施行細則第九條規定：「依本法第六十五條第三項規定，應扣減之利息，其有約定利率者，依約定利率扣減，未約定利率者，依本法第二十八條第二項規定之利率扣減。」而且就逐次受領票款及利息之收據，票據法施行細則第十條規定：「分期付款票據，受款人於逐次受領票款及利息時，應分別給予收據，並於票據上記明領取票款之期別、金額及日期。」本條之立法目的，旨在使票據關係明確，避免將來發生糾紛。

第三款 到期日之計算

票據之到期日，除見票即付之票據，以提示日為到期日，簡單明瞭外，其他方式之到期日，多須加以計算，茲簡單說明如下：

一、定日付款到期日之計算方法

定日付款到期日之計算方法，應以票據上所載特定年月日之屆至，為到期日之屆至。若僅記載「月中」、「月初」、「月底」時期間之計算方法，票據法第六十八條第三項規定：「票上僅載月初、月中、月底者，謂月之一日、十五日、末日。」例如，票據上記載「憑票祈於二〇〇五年七月底付 A 先生新臺幣壹百萬元整」，其到期日應為 2005 年 7 月 31 日；若票據上記載「憑票祈於二〇〇五年八月中付 A 先生新臺幣壹百萬元整」，其到期日應為 2005 年 8 月 15 日。

二、發票日後定期付款到期日之計算方法

就發票日後定期付款到期日之計算方法，票據法第六十八條第一項規定：「發票日後或見票日後一個月或數個月付款之匯票，以在應付款之月與該日期相當之日為到期日；無相當日者，以該月末日為到期日。」例如，票據上記載「憑票祈於發票日後一個月付 A 先生新臺幣壹百萬元整」，若其發票日為 2005 年 5 月 1 日，則其到期日應為 2005 年 6 月 1 日。若票據上記載「憑票祈於發票日後一個月付 A 先生新臺幣壹百萬元整」，若其發票日為

2005 年 5 月 31 日，則其到期日本應為 2005 年 6 月 31 日，但 6 月並無 31 日。「無相當日者，以該月末日為到期日。」故應以 6 月之末日 6 月 30 日為到期日。

三、見票即付到期日之計算方法

就見票即付匯票之到期日，票據法第六十六條第一項規定：「見票即付之匯票，以提示日為到期日。」而就提示日之限制，票據法第六十六條第二項規定：「第四十五條之規定，於前項提示準用之。」準用之結果，提示之日期，限於發票日起六個月內必須為之，發票人得以特約延長或縮短之，但延長之期限，不得逾六個月。

四、見票後定期付款到期日之計算方法

見票後定期付款 (at a fixed period after sight) 者，乃指自承兌日或拒絕承兌證書作成日後，以一定期限之屆至為到期日之謂也 (§67)。就見票後定期付款匯票之到期日，票據法第六十七條規定：「I 見票後定期付款之匯票，依承兌日或拒絕承兌證書作成日，計算到期日。II 匯票經拒絕承兌而未作成拒絕承兌證書者，依第四十五條所規定承兌提示期限之末日，計算到期日。」由第一項規定可知，在承兌之場合，自承兌日後，以一定期限之屆至為到期日。例如票據上記載「憑票祈於見票日後一個月付款新臺幣壹百萬元整」者，設執票人於 1991 年 1 月 10 日向付款人提示承兌，若付款人在票據上記載承兌意旨及年月日（例如記載「照兌」字樣及記載 1991 年 1 月 10 日之承兌日期），則其到期日應為 1991 年 2 月 10 日（1991 年 1 月 10 日＋ 1 個月＝ 1991 年 2 月 10 日）。易言之，在承兌之場合，所謂見票日即為承兌日之意；反之，在拒絕承兌之場合，則自拒絕承兌證書作成日後，以一定期限之屆至為到期日。例如上述之票據，若該票據於 1 月 10 日經付款人拒絕承兌，執票人並於 1 月 12 日作成拒絕承兌證書者，則其到期日應為拒絕承兌證書作成日（1991 年 1 月 12 日）後之一個月，即 1991 年 2 月 12 日（1991 年 1 月 12 日＋ 1 個月＝ 1991 年 2 月 12 日）。易言之，在

拒絕承兌之場合，所謂見票日係指拒絕承兌證書之作成日而言。

由第二項規定可知，匯票經拒絕承兌而未作成拒絕承兌證書者，應以發票日起六個月之末日，或發票人以特約所定，自發票日起不逾一年之期限末日，計算到期日。

再者，就期間之計算方法，票據法第六十八條規定：「I 發票日後或見票日後一個月或數個月付款之匯票，以在應付款之月與該日期相當之日為到期日；無相當日者，以該月末日為到期日。II 發票日後或見票日後一個月半或數個月半付款之匯票，應依前項規定計算全月後，加十五日，以其末日為到期日。票上僅載月初、月中、月底者，謂月之一日、十五日、末日。」由第一項可知，例如 A 簽一張匯票交付予 B，其發票日為 2005 年 5 月 31 日，其記載為「憑票祈於發票日後四個月付 B 先生新臺幣壹百萬元整」，則其到期日應為在應付款之 9 月，而與發票日期相當之 31 日，亦即以 2005 年 9 月 31 日為到期日，惟 2005 年 9 月並無 31 日之相當日，故應以 2005 年 9 月之末日 30 日為到期日，亦即應以 2005 年 9 月 30 日為到期日。由第二項規定可知，例如 A 簽一張匯票交付予 B，其發票日為 2005 年 5 月 31 日，其記載為「憑票祈於見票日後一月半付 B 先生新臺幣壹百萬元整」，若其見票日為 2005 年 7 月 2 日，則其到期日應依第二項規定計算全月，為 8 月 2 日，另再加算十五日，即以 2005 年 8 月 17 日為到期日。

五、票上僅記月初月中月底之計算方法

票據法第六十八條第三項規定：「票上僅載月初、月中、月底者，謂月之一日、十五日、末日。」由此規定可知，記載「於八月初付」者，其到期日為 8 月 1 日；記載「於八月中付」者，其到期日為 8 月 15 日；記載「於八月底付」者，其到期日為 8 月 31 日。

第八節　付　款

第一款　總　說

一、付款之意義

付款〔英：payment；日：支払（しはらい）；德：Zahlung；法：paiement〕者，乃指票據付款人、擔當付款人、承兌人支付票據金額，以消滅票據關係之行為也。依此定義，吾人析述如下：

㈠付款者乃消滅票據關係之行為也

付款之目的，本在於消滅票據關係，因此票據關係，始於發票，終於付款。但因付款毋須於票據上為意思表示，故付款並非票據行為，僅係一種廣義的準法律行為。

㈡付款者乃支付票據金額之行為也

因票據係屬金錢證券，其原來之權利，為金錢之權利，故付款係以支付票據金額為內容。付款以金錢以外之物給付者，執票人得拒絕受領。惟經執票人允許付款人代物清償者，自為法之所許。

㈢付款者乃付款人、擔當付款人、承兌人之行為也

一般所謂之付款，有廣狹二義。狹義之付款者，乃指第一次付款人（如匯票之承兌人、本票之發票人或擔當付款人、支票之付款人）所為之付款也。其目的，即在於使一切票據關係絕對歸於消滅。廣義之付款者，乃指除狹義之付款外，尚包括一切票據關係人依票據文義向票據債權人支付票據金額之付款也。例如參加付款人、償還義務人所為之付款即是。惟此等廣義之付款，並無法使票據關係絕對歸於消滅，故此之所謂付款，係指狹義之付款而言。

二、付款之種類

㈠全部付款與一部付款

以付款是否支付票據金額之全部為區別標準，付款可分為全部付款與一部付款。

1. 全部付款

全部付款者，乃指支付票據金額全部之付款也。

2. 一部付款

一部付款者，乃指支付票據金額一部之付款也。

㈡到期付款與期外付款

以付款是否於法定期限或約定期限內支付票據金額為區別標準，付款可分為到期付款與期外付款。

1. 到期付款

到期付款者，乃指於到期日或其後二日內，或執票人同意延期之期限內支付票據金額之付款也。

2. 期外付款

期外付款者，乃指未於到期日或其後二日內，或執票人同意延期之期限內支付票據金額之付款也。期外付款又可分為期前付款及期後付款。期前付款者，乃指於到期日前所為之付款也。期後付款者，乃指付款期間經過後，或拒絕付款證書作成後所為之付款也。

第二款　付款之程序

付款之程序為：1.提示；2.付款。茲簡單說明如下：

一、提　示

㈠付款提示之意義

付款提示〔英：presentment for payment；日：支払呈示（しはらいていじ）；德：Präsentation zur Zahlung；法：préséntation au paiment〕者，乃

指執票人現實地出示票據，向付款人、擔當付款人或承兌人請求付款之行為也。因票據為提示證券，執票人請求付款時，必須提示票據。惟於下列情形，執票人無須提示票據：

1.執票人喪失票據，無法提示票據時

在此情況，執票人請求付款之方法，自應依公示催告之程序，而以除權判決代之。

2.已作成拒絕承兌證書時

就拒絕承兌證書作成之效果，票據法第八十八條規定：「拒絕承兌證書作成後，無須再為付款提示，亦無須再請求作成付款拒絕證書。」由此規定可知，拒絕承兌證書作成後，執票人無須再為付款之提示。

3.因不可抗力之事變，無法於法定期限內為付款之提示時

就遇不可抗力事變時之處置，票據法第一〇五條第四項規定：「如事變延至到期日後三十日以外時，執票人得逕行使追索權，無須提示或作成拒絕證書。」由此規定可知，執票人因不可抗力之事變，不能於所定期限內為付款之提示，而其事變延至到期日後三十日以外時，執票人無須再為付款之提示❹❺。

(二)提示期間

票據之提示期間，以該票據是否為見票即付而不同。茲簡單說明如下：

1.見票即付票據之提示期間

依票據法第六十六條第二項準用第四十五條規定之結果，見票即付票據之提示期間為，自發票日起六個月，惟發票人得以特約縮短或延長之，但延長之期限不得逾六個月。

2.非見票即付票據之提示期間

非見票即付之票據，例如定日付款之票據、發票後定期付款之票據、見票後定期付款之票據等即是。就此等票據之提示付款時期，票據法第六十九條第一項規定：「執票人應於到期日或其後二日內，為付款之提示。」

❹❺　黃棟培，《票據法新論》，自行出版，總經銷三民書局，志華印刷有限公司印刷，1970 年 7 月初版，p. 106。

由此規定可知，非見票即付票據之提示期間，自到期日起共有三日。例如到期日為 2005 年 2 月 1 日，則執票人於 2005 年 2 月 1 日當日提示固可，於 2005 年 2 月 2 日提示亦可，於 2005 年 2 月 3 日提示亦可。

(三)提示人

就提示付款之提示人，票據法第六十九條第一項規定：「執票人應於到期日或其後二日內，為付款之提示。」由此規定可知，提示付款之提示人應為，1.執票人；2.執票人之代理人。

(四)受提示人

提示付款之受提示人，亦即提示付款之被提示人，約有下列幾種：

1.付款人及承兌人

提示付款之受提示人，原則上為付款人。此之所謂付款人，在匯票為付款人或承兌人；在本票為發票人；在支票為付款人。付款人為無行為能力人時，付款之提示應向其法定代理人為之；付款人受破產宣告時，付款之提示應向其破產管理人為之；付款人死亡時，應向其繼承人為之，繼承人有數人時，向其中一人為之，即發生提示之效力❹。

2.擔當付款人

就提示付款之對象，票據法第六十九條第二項規定：「匯票上載有擔當付款人者，其付款之提示，應向擔當付款人為之。」因指定擔當付款人之目的，本在代理付款人付款，因此票據上載有擔當付款人時，自應向擔當付款人為付款之提示。

3.票據交換所

就提示付款之對象，票據法第六十九條第三項規定：「為交換票據，向票據交換所提示者，與付款之提示，有同一效力。」由此規定可知，為交換票據，向票據交換所提示者，與付款之提示，有相同之效力。票據交換所〔英：clearing house；日：手形交換所（てがたこうかんじょ）；德：Abrechnungsstelle；法：chambre de compensation〕者，乃指為交換票據，

---

❹ 鄭洋一，《票據法之理論與實務》，自行出版，總經銷三民書局，文太印刷有限公司印刷，1993 年 1 月修正 18 版，p. 219。

同一地域內各金融業者所組成之團體也。所謂票據交換，乃指執票人不直接向付款人為付款人之提示，而委託經財政部核准辦理支票存款業務之金融業者，以交換票據之方式，互為結帳，而達到付款目的之請求付款方法也。因在今日，票據流通日益增加，若 A 銀行收到 B 銀行之票據，必須派人至 B 銀行提款，而 B 銀行收到 A 銀行之票據，必須派人至 A 銀行提款，不但浪費人力，而且持有現款，難免遭竊，因此乃指票據交換所之設，藉以減省人力及避免現款遭竊之危險。因有票據交換所之設，一般執票人通常無須自為付款之提示，而將該票據委任取款背書，委託平常與自己有往來之金融業者，向票據交換所為付款之提示，互為結帳，藉以避免人力之浪費及現款遭竊之危險，堪稱便利。惟交換票據，其付款人或擔當付款人須為金融業者，且為交換所之會員，始能互為結帳，達到票據交換之目的。

二、付　款

㈠付款之時期

1. 期前付款

就期日前付款之效力，票據法第七十二條規定：「I 到期日前之付款，執票人得拒絕之。II 付款人於到期日前付款者，應自負其責。」由第一項規定可知，民法上之期限利益，係為債務人而設，故債務人得拋棄期限利益，而任意提前清償（民 §316），但票據法上之期限利益，重在流通，於到期日之前，執票人仍可享受流通便利，並非僅為債務人而設，因此付款人於到期日前為付款時，執票人仍可加以拒絕。由此第二項規定可知，若付款人於到期日後付款，只要票據之背書連續，縱然執票人非真正之權利人，付款人仍得免責；反之，若付款人於到期日前付款，即無法發生此等免責之效力。所謂「應自負其責」，係指法律並非絕對禁止付款，但付款之後，若無事則屬萬幸，但若有真正權利人出面請求時，付款人則須再次付款，不得以其已經付款而主張免責也。

2. 到期付款

就付款日期之延長，票據法第七十條規定：「付款經執票人之同意，得

延期為之。但以提示後三日為限。」由此規定可知，付款人於執票人為付款之提示時，本應立即付款，但因匯票之付款人並不以金融業者為限，一般人或公司亦得為之，難免有手頭不便之時候，若因一時無法付款，即視為付款之拒絕而行使追索權，不但對於付款人過苛，於執票人亦未必有利，因此本條規定，若經執票人同意，付款人即可不必立即付款。惟本條又規定，其延期，以提示後三日為限，以免付款人任意延期，法律關係久懸不決，藉以保護其他票據關係人之利益。

票據法第七十條所規定之三日延期，須經執票人同意始可，此與英國票據法上之恩惠日不同。在英國票據法上，所謂恩惠日，係指除見票即付之匯票外，付款人所享有到期日之後延長三日付款之恩惠期間也。例如到期日為 2005 年 2 月 2 日，則付款人之付款日期得延長三日，亦即付款人之付款日期得延長至 2005 年 2 月 5 日，無須執票人同意。在我國票據法上，付款日期之延長三日，須經執票人之同意始可，此與英國票據法上之恩惠日不同。

3.期後付款

期後付款者，乃指付款期間經過後，或拒絕付款證書作成後所為之付款也。期後付款之效力，因付款人知是否經過承兌而不同，茲簡單說明如下：

⑴承兌人之期後付款

就匯票金額之提存，票據法第七十六條規定：「執票人在第六十九條所定期限內不為付款之提示時，票據債務人得將匯票金額依法提存，其提存費用，由執票人負擔之。」由此規定可知，匯票一經承兌後，承兌人即成為票據之主債務人，除消滅時效完成外，承兌人應負絕對付款責任，不因付款提示期限之經過而免除付款責任。若執票人於到期日後遲遲不為付款之提示，則承兌人將有長期背負債務之虞，因此本條規定，若執票人到期不為付款之提示時，票據債務人得將匯票金額依法提存，其提存費用，由執票人負擔之。此之所謂票據債務人，係指承兌人及與承兌人居於同等地位之承兌人之保證人而言。至於其他之票據債務人，例如發票人、背書人等，因執票人逾期未為付款提示時，已經對其喪失追索權，自無再將匯票金額

269

依法提存之必要。

　　⑵未經承兌付款人之期後付款

　　未經承兌之匯票，執票人無付款請求權，僅有追索權，惟追索權之行使，須以行使或保全匯票上權利之行為為要件。若執票人未行使或保全匯票上權利之行為，即喪失追索權，其票據金額之受領權亦歸消滅，付款人自然不得再對之付款，若仍對之付款，自不發生付款之效力（§104 I）；反之，若執票人已經行使或保全匯票上權利之行為，則未喪失追索權，仍有票據金額之受領權，付款人對之付款，自然有效❹。

㈡付款之方法

1.交換付款之原則

　　票據付款人為付款時，必須收回票據，此謂之「交換付款之原則」。就匯票之繳回性，票據法第七十四條第一項規定：「付款人付款時，得要求執票人記載收訖字樣，簽名為證，並交出匯票。」

2.一部付款

⑴一部付款不得拒絕

　　就一部付款，票據法第七十三條規定：「一部分之付款，執票人不得拒絕。」由此規定可知，在民法上，債務人無為一部清償之權利，此為一般債權之原則（民§318），但在票據法上，付款人為一部付款者，執票人不得拒絕。因追索權之行使，對於票據債務人十分不利，允許債務人為一部之付款，至少可以減輕票據債務人之部分責任，免除該部分追索權之行使。例如票據金額本為新臺幣一百萬元，付款人若僅給付六十萬元，執票人不得拒絕，而僅能就尚未受償之四十萬元行使追索權，其他票據債務人亦因此減輕部分之責任（六十萬元），免除該部分（六十萬元）追索權之行使。

⑵一部付款之收據

　　就一部付款之收據，票據法第七十四條第二項規定：「付款人為一部分之付款時，得要求執票人在票上記載所收金額，並另給收據。」由此規定可

---

❹　鄭洋一，《票據法之理論與實務》，自行出版，總經銷三民書局，文太印刷有限公司印刷，1993 年 1 月修正 18 版，p. 223。

知，票據雖為繳回證券，但因一部付款時，票據上權利尚未消滅，執票人仍得就尚未付款之部分行使權利，無須交回票據於付款人，因此付款人僅能要求執票人於匯票上記載所收金額，並另出具收據以代替票據之繳回。

3.付款之標的

(1)支付票款之貨幣

就支付票款之貨幣，票據法第七十五條第一項規定：「表示匯票金額之貨幣，如為付款地不通用者，得依付款日行市，以付款地通用之貨幣支付之。但有特約者，不在此限。」由此規定可知，票據之付款，原則上應依票上所載之貨幣種類為給付，但票上所載貨幣於付款地不通用時，除當事人有特別約定外，付款人可以付款當日之行情折算付款地通用之貨幣支付之。例如票上所載之貨幣為馬克，但馬克在付款地臺北並非通用貨幣，因此付款人得以付款當日馬克兌臺幣之匯率折算臺幣支付票款。但發票人記載以特種貨幣現實支付者，仍須從其特約。惟此項特約，若違反有關外幣管制之法律者，該特約應屬無效。例如在戒嚴時期，若發票人記載以人民幣現實支付者，因人民幣違反有關外幣管制之法律，該特約應屬無效。

(2)名同價異之貨幣

就名同價異之貨幣，票據法第七十五條第二項規定：「表示匯票金額之貨幣，如在發票地與付款地，名同價異者，推定其為付款地之貨幣。」由此規定可知，例如過去曾有一段時間在臺灣本島通用之貨幣為新臺幣，在金門通用之貨幣亦為新臺幣（金馬地區通用之臺幣，多蓋有「限金馬地區使用」字樣），假設兩地之臺幣價值不同，而付款地在金門，則應推定為金門地區之新臺幣。惟此僅「推定」而已，當事人若有反證，自可加以推翻也。

4.票據金額之提存

就匯票金額之提存，票據法第七十六條規定：「執票人在第六十九條所定期限內不為付款之提示時，票據債務人得將匯票金額依法提存，其提存費用，由執票人負擔之。」由此規定可知，匯票為流通證券，輾轉流通於多數人之間，何人為執票人，常非票據債務人所能知悉，非待執票人為付款之提示，債務人往往無從付款，而債務人無從付款，將使債務人長期負擔

債務，對於債務人十分不利，因此本條規定，執票人於法定期限內不為付款提示時，票據債務人得將票據金額依法提存，其提存費用，由執票人負擔之。此之所謂票據債務人，係指承兌人及與承兌人立於同一地位之承兌人保證人而言。至於其他票據債務人，例如發票人、背書人等，因執票人逾期不為付款提示時，對於此等票據債務人已失追索權，此等票據債務人已無被行使追索權之虞，自無將票據金額為提存之必要矣！

5.票據之繳回

就匯票之繳回性，票據法第七十四條第一項規定：「付款人付款時，得要求執票人記載收訖字樣，簽名為證，並交出匯票。」由此規定可知，匯票付款人於付款時，得要求執票人交出匯票，以免執票人受領票款後，又將匯票轉讓予他人詐財。而且，付款人收回票據時，亦得要求執票人於票據上記載收訖字樣並簽名，藉以證明付款人確實已經付款完畢。若執票人不交出票據，付款人即得拒絕付款，執票人不得以此理由行使追索權。至於此等收訖字樣之文字，應記載於何處？法無明文規定，解釋上，記載於匯票之正面或背面，均無不可。惟在一般實務上，多於票據背面為之，並清楚記載收款字樣，藉以避免與空白背書相混。

第三款　付款之效力

有關付款之效力，可分別就付款人之責任及付款人之權利說明如下：

一、付款人之責任

㈠審查票據形式之義務

1.背書連續之審查

執票人應以背書之連續證明其權利（§37 I）。就付款人之審查責任，票據法第七十一條第一項規定：「付款人對於背書不連續之匯票而付款者，應自負其責。」由此規定可知，背書外形之是否連續，付款人一望即知，若付款人於付款之際，竟未為通常調查，背書不連續而貿然付款，顯有重大過失，殊無再予特別保護之必要，因此本條明文規定，付款人對於背書不連

272

續之匯票而付款者，應自負其責。

2.須為無惡意或重大過失

就付款人之審查責任，票據法第七十一條第二項規定：「付款人對於背書簽名之真偽，及執票人是否票據權利人，不負認定之責。但有惡意或重大過失時，不在此限。」由此規定可知，付款人對背書連續之票據為付款，固可免責，但此係就善意之付款人而言，若付款人有惡意或重大過失時，則無法免責。惡意〔羅：dolus malus, mala fides；英：bad faith, mala fides；日：惡意（あくい）；德：böser Glaube, Arglist；法：mauvaise foi, dol〕者，乃指知情也，亦即行為人於行為時明知其行為不法或侵害他人權益之心理狀態也。例如，付款人明知背書之簽名為偽造，或與執票人串通詐欺而為付款，即屬惡意，在此狀況，付款人仍然無法免責。重大過失〔羅：culpa lata；英：gross negligence；日：重過失（じゅうかしつ）；德：grobe Fahrlässigkeit；法：faute lourde, faute grave〕者，亦稱重過失，乃指欠缺一般人注意所犯之過失也。易言之，乃指稍一注意即可知之，而竟怠於注意因而不知之謂也。例如，付款人只要為通常之調查，即可知悉執票人並非真正權利人，逕不為調查，因而不知執票人為無權利人，而仍為付款，即屬重大過失，在此情況，付款人亦不得免責。

㈡期前付款之責任

就期日前付款之效力，票據法第七十二條規定：「I 到期日前之付款，執票人得拒絕之。II 付款人於到期日前付款者，應自負其責。」由此規定可知，票據重在流通，於到期日之前，執票人仍可享受票據流通性之便利，因此付款人於到期日前付款時，執票人自可加以拒絕。若付款人於到期日後付款，只要票據之背書連續，縱然執票人不是真正權利人，付款人仍可免責。但若付款人於到期日前付款，則無此等免責效力，日後如有真正權利人出面請求時，付款人仍須再次付款，而不得主張自己已經付款而免責。所謂自負其責，乃指法律並未絕對禁止付款人於到期日前付款，付款人之到期日前付款，未發生問題時固屬萬幸，但日後若有真正權利人出面請求付款時，付款人到期日前之付款，縱係善意而無過失，付款人對於真正權

利人，仍應負付款之責。

二、付款人之權利

(一)全部付款時得要求交還票據之權利

就匯票之繳回性，票據法第七十四條第一項規定：「付款人付款時，得要求執票人記載收訖字樣，簽名為證，並交出匯票。」由此規定可知，因票據係屬繳回證券，當付款人全部付款時，得要求執票人交出票據，而且可要求執票人於票上記載已收票據等字樣及簽名，藉以證明付款人確已支付票據金額。

(二)一部付款時得要求另給收據之權利

就一部付款之效力，票據法第七十四條第二項規定：「付款人為一部分之付款時，得要求執票人在票上記載所收金額，並另給收據。」由此規定可知，當付款人僅支付一部票據金額時，因執票人尚須保全票據，以便就其尚未付款部分行使權利，因此付款人僅能要求執票人於票上記載所收金額，並另行出具收據以代替票據之交還。

(三)以付款地通用貨幣支付之權利

就支付票款之貨幣，票據法第七十五條第一項規定：「表示匯票金額之貨幣，如為付款地不通用者，得依付款日行市，以付款地通用之貨幣支付之。但有特約者，不在此限。」由此規定可知，票據金額之支付，原則上應依票面所載之貨幣種類為給付，但若票面所載貨幣之種類於付款地不通用時，則除當事人有特別約定外，付款人得以付款當日之行情折算付款地通用之貨幣支付（參照前述「付款之方法」之說明）。

(四)提存票據金額之權利

就匯票金額之提存，票據法第七十六條規定：「執票人在第六十九條所定期限內不為付款之提示時，票據債務人得將匯票金額依法提存，其提存費用，由執票人負擔之。」由此規定可知，若執票人於到期日後遲遲不為付款之提示，則票據債務人將有長期背負債務之危險，因此本條乃明文規定，執票人於法定期限內不為付款之提示時，票據債務人得將匯票金額依法提

存，其提存費用，由執票人負擔之（參照前述「付款之方法」之說明）**❹❽**。

第九節　參加付款

第一款　總　說

一、參加付款之意義

參加付款〔英：payment by intervention, payment for honour；日：參加支払（さんかしはらい）；德：Ehrenzahlung；法：paiement par intervention〕者，乃指當付款人或擔當付款人不為付款時，為阻止追索權之行使，以保護特定票據債務人之利益，由第三人代為付款之行為也。亦即，為特定債務人之利益，以阻止追索權之行使，由付款人或擔當付款人以外之人代為付款之行為也。依此定義，吾人析述如下：

㈠參加付款者乃第三人所為之付款也

此之第三人者，係指付款人或擔當付款人以外之人而言。付款人或擔當付款人所為之付款，屬於狹義之付款，非參加付款。須付款人或擔當付款人以外之人所為之付款，始為參加付款。

㈡參加付款者乃阻止執票人追索權之行使所為之付款也

參加付款之目的，旨在防止追索權之行使，保護票據債務人之信用。執票人之行使追索權，係到期行使或期前行使，在所不問，但主要係針對到期行使而為**❹❾**。

---

❹❽ 黃棟培，《票據法新論》，自行出版，總經銷三民書局，志華印刷有限公司印刷，1970 年 7 月初版，p. 110。

梁宇賢，《票據法新論》，自行出版，益誠彩色印刷有限公司印刷，1999 年 11 月修訂版，p. 261。

❹❾ 陳銘雄，《實用票據法論》，自行出版，雨利美術印刷有限公司印刷，1986 年 3 月出版，p. 501。

㈢參加付款者乃為特定票據債務人之利益為之付款也

參加付款既可阻止追索權之行使，則特定票據債務人之信譽因之而獲得保全。此之所謂特定票據債務人，係指被參加付款人及其後手而言。參加付款，通常以發票人及背書人為被參加付款人，但以參加承兌人或保證人為被參加付款人，亦非法所不許。若以承兌人為被參加付款人，則參加付款人除得對承兌人行使票據上之權利外，其他票據債務人均因此而免除責任❺。

二、參加付款與付款之比較

參加付款與付款，均屬單純支付票據金額之行為，均非以負擔票據債務為目的之票據行為，頗為類似，但仍有下列不同：

㈠付款人不同

在付款之場合，由付款人或擔當付款人付款；反之，在參加付款之場合，則由付款人或擔當付款人以外之第三人付款。

㈡付款數額之不同

在付款之場合，得就票據金額之一部分付款，執票人不得拒絕（§73）；反之，在參加付款之場合，則應就被參加付款人應支付金額之全部為之（§81）。

㈢票據關係消滅之不同

在付款之場合，付款後票據關係完全消滅；反之，在參加付款之場合，則參加付款後票據關係僅一部消滅，參加付款人對於承兌人、被參加付款人及其前手，取得執票人之權利，得對之行使追索權。亦即，執票人之權利消滅，而轉由參加付款人取得，至於被參加付款人之後手，亦因此而獲得免責，但被參加付款人及其前手，其責任仍未消滅。

---

❺ 黃棟培，《票據法新論》，自行出版，總經銷三民書局，志華印刷有限公司印刷，1970 年 7 月初版，p. 111。

三、參加付款與民法上第三人清償之比較

參加付款與民法上第三人清償，頗為相似，但仍有下列不同：

㈠權利人得否拒絕之不同

在參加付款之場合，當事人不得事先禁止，縱有被參加付款人之異議，執票人亦不得拒絕。執票人拒絕參加付款者，對於被參加人及其後手喪失追索權（§78）；反之，在民法上第三人清償之場合，當事人得以特約禁止第三人清償，縱債務人有異議，除該第三人就債務之清償有利害關係外，債權人亦得拒絕清償（民§311）。

㈡拒絕清償時責任之不同

在參加付款之場合，執票人若拒絕參加付款，對於被參加付款人及其後手，喪失追索權（§78）；反之，在民法上第三人清償之場合，若債權人任意拒絕第三人清償，則須負遲延責任（民§234）。

㈢付款時間之不同

在參加付款之場合，參加付款至遲須在拒絕證書作成期限之末日為之（§77）；反之，在民法上第三人清償之場合，第三人清償，則無一定時間之限制。

㈣付款後權益之不同

在參加付款之場合，參加付款人付款後，不論就其付款有無利害關係，即對承兌人、被參加付款人及其前手，取得執票人之權利，但不得以背書再為轉讓（§84）；反之，在民法上第三人清償之場合，第三人清償時若該第三人就債之履行有利害關係時，取得代位行使債權人之權利，否則僅有求償權（民§312）。

㈤付款後抗辯權之不同

在參加付款之場合，參加付款人付款後，對承兌人、被參加付款人及其前手行使票據上權利時，此等票據債務人對參加付款人之抗辯，已存在於直接當事人間者為限（§13）；反之，在民法上第三人清償之場合，第三人清償後行使代位權時，債務人於受通知時所得對抗債權人之事由，均得

以之對抗該第三人（民§313、§299）。

四、參加付款與參加承兌之比較

㈠法律性質之不同

參加付款僅係一種法律行為，類似於民法上第三人償還之法律行為，卻非票據行為；反之，參加承兌，係屬以負擔票據債務為目的之票據行為（必須簽名）。

㈡制度目的之不同

參加付款之目的，旨在防止期前追索或到期追索之行使；參加承兌之目的，則專為防止期前追索之行使。

㈢適用票據之不同

參加付款，於匯票、本票均有適用；反之，參加承兌，則僅匯票有其適用。

㈣參加人之不同

參加付款，任何人均得為之（§78），縱係票據債務人亦無妨；反之，參加承兌，則須為票據債務人以外之人始得為之（§53）。

㈤權利人得否拒絕之不同

參加付款，執票人不得拒絕（§78）；反之，參加承兌，則須以執票人之同意為原則，僅預備付款人及票據債務人為參加承兌時，無須執票人之同意（§53）。

㈥行為時間之不同

參加付款，應於執票人得行使追索權時為之，至遲不得逾拒絕證書作成期限之末日（§77）；參加承兌，則須於到期日前執票人得行使追索權時為之（§53）。

㈦付款時間之不同

參加付款，須為現實之付款人；參加承兌，則僅須於到期日付款人或擔當付款人不為付款時，始負付款之責任。

㈧參加後效力之不同

參加付款，於付款之範圍內，消滅一部分票據關係；參加承兌，則僅係一種償還債務之承擔，增加票據信用而已，其票據關係並未消滅**❺**。

第二款　參加付款之程序

一、參加付款之時期

就參加付款之期限，票據法第七十七條規定：「參加付款，應於執票人得行使追索權時為之。但至遲不得逾拒絕證書作成期限之末日。」由此規定可知，參加付款之目的，既在防止執票人行使追索權，自然應於執票人得行使追索權時為之。無論執票人係在到期日不獲付款行使追索權，或在到期日前依法行使追索權（§85 II），參加付款人均得進行參加付款，惟至遲不得超過拒絕證書作成期限之最後一日。亦即，參加付款之時期有下列二種：

㈠在拒絕承兌而參加付款之場合，參加付款至遲應於匯票提示承兌期限之末日為之。

㈡在拒絕付款而參加付款之場合，參加付款至遲應於拒絕付款日或其後五日內為之（§87）。執票人允許延期付款時，應於延期之末日，或其後五日參加。

由上述票據法第七十七條之規定觀之，參加付款之時期，無論於到期日以前或到期日以後，只要執票人得行使追索權時，參加付款人均得為參加付款。但吾人以為，畢竟參加付款係以防止到期追索為主，其主要原因有下列幾點：

1.因若為防止執票人之期前追索，票據法已有參加承兌制度，而參加承兌制度已足阻止期前追索，並無再設參加付款之必要。

2.自票據法第七十九條之規定觀之，似應以阻止到期追索為限。因票據法第七十九條僅規定，於拒絕付款時，應向參加承兌人或預備付款人為付款之提示，對於到期日前得行使追索權時，應向何人提示，並無明文規

定。就參加付款之提示，票據法第七十九條第一項規定：「付款人或擔當付款人不於第六十九條及第七十條所定期限內付款者，有參加承兌人時，執票人應向參加承兌人為付款之提示；無參加承兌人而有預備付款人時，應向預備付款人為付款之提示。」

3.自票據法第八十二條之規定觀之，似應以阻止到期追索為限。因票據法第八十二條僅規定，參加付款應於「拒絕付款證書」內記載，是否得於「拒絕承兌證書」內記載，並無規定。就參加付款之程序，票據法第八十二條第一項規定：「參加付款，應於拒絕付款證書內記載之。」

二、參加付款人

就參加付款人，票據法第七十八條第一項規定：「參加付款，不問何人，均得為之。」由此規定可知，參加付款，除承兌人因本應負付款責任外，無須再參加付款外，凡付款人或擔當付款人以外之任何人，均得充當參加付款人。因參加付款僅屬現實付款，任何人之付款，均對執票人有利而無害，因此任何人均得付款。此點與參加承兌顯然不同，因參加承兌僅限於票據債務人以外之人始能參加。茲簡單說明如下：

㈠當然參加人

參加承兌人及預備付款人為當然付款人。就參加付款之提示，票據法第七十九條規定：「付款人或擔當付款人不於第六十九條及第七十條所定期限內付款者，有參加承兌人時，執票人應向參加承兌人為付款之提示；無參加承兌人而有預備付款人時，應向預備付款人為付款之提示。」由此規定可知，當匯票尚有參加承兌人或預備付款人之記載，執票人於到期日不獲付款時，應先向參加承兌人或預備付款人為付款之提示，請求參加承兌人或預備付款人為參加付款。因參加承兌本來即有付款之責任（§57），而預備付款人本為參加付款之目的而設，因此本條明文規定，執票人有先向參加承兌人或預備付款人提示，請求其參加付款之義務。因此，參加承兌人及預備付款人為當然付款人。執票人向此等當然付款人提示，經其清償時，即變成參加付款之問題。若此等當然付款人提示，而此等當然付款人不願

清償時，執票人應請求拒絕證書之機關於拒絕證書上載明，藉以保全追索權之行使。票據法第七十九條第二項規定：「參加承兌人或預備付款人，不於付款提示時為清償者，執票人應請作成拒絕付款證書之機關，於拒絕證書上載明之。」

㈡任意參加人

任意參加人，亦稱一般參加人，因參加付款僅屬一種現實付款，任何人之付款，對於執票人均屬有利而無害，因此任何人均得為參加付款人。亦即除參加承兌人及預備付款人外，其他之任何人，均得為任意之參加付款人，此謂之任意付款人。若執票人拒絕他人之參加付款，票據法第七十八條規定：「Ⅰ參加付款，不問何人，均得為之。Ⅱ執票人拒絕參加付款者，對於被參加人及其後手喪失追索權。」

㈢優先參加人

優先參加人，亦稱競合參加人，乃指數人同時請求參加付款時，具有優先參加資格之人也。就優先參加人，票據法第八十條規定：「Ⅰ請為參加付款者，有數人時，其能免除最多數之債務者，有優先權。Ⅱ故意違反前項規定為參加付款者，對於因之未能免除債務之人，喪失追索權。Ⅲ能免除最多數之債務者有數人時，應由受被參加人之委託者或預備付款人參加之。」由此規定可知，因任何人均得參加付款，因此可能發生數人同時請求參加付款，在此情況下，應以其參加能免除最多債務人者，優先參加付款。例如下圖：

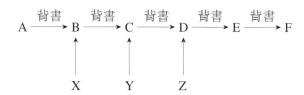

A背書轉讓予B，B背書轉讓予C，C背書轉讓予D，D背書轉讓予E，E背書轉讓予F，F為執票人。今X、Y、Z三人同時請求參加付款，其中X以B為被參加付款人，Y以C為被參加付款人，Z以D為被參加付款人。

在此情況下，若由 X 參加付款，可免除 C、D、E 三人之債務，若由 Y 參加付款，可免除 D、E 二人之債務，若由 Z 參加付款，僅可免除 E 一人之債務，其中 X 免除之債務人最多，因此 X 應享有參加付款之優先權。

於受託人與預備付款人競合時，亦即受託人與預備付款人能免除債務人之人數相同時，應由何人優先參加付款？票據法第八十條第三項規定：「能免除最多數之債務者有數人時，應由受被參加人之委託者或預備付款人參加之。」依據條文所列之順序，及考慮當事人之意思而論，當事人既已指定預備付款人在先，卻又委託他人參加付款於後，足見當事人已有以受託人取代預備付款人參加付款之意思，似應以受託人優先為宜❷。

三、參加付款之款式

有關參加付款之應記載事項，法無明文規定，解釋上應包括下列事項：

㈠絕對必要記載事項

1. 參加付款之意旨

此之參加付款意旨，僅須記明參加付款之字樣即可。

2. 參加付款之年月日

因參加付款年月日之記載，可資判明參加付款人參加付款時有無行為能力，因此必須記載。

3. 參加付款人之簽名

因簽名係參加付款願意負責之最具體表示，因此參加付款人為參加付款時，必須簽名。就票據簽名之方式，票據法第六條規定：「票據上之簽名，得以蓋章代之。」由此規定可知，參加付款人之簽名，得以簽名代之。

---

❷ 鄭玉波，《票據法》，三民書局印行，1991 年 8 月第 4 刷，p. 187。

鄭乃仁，《票據之理論與應用》，自行出版，文祥印刷有限公司印刷，1976 年 10 月初版，p. 195。

周金芳，《最新票據法論與實用》，自行出版，三興彩色印刷公司印刷，1977 年 10 月印行，p. 171。

焦祖涵，《票據法論》，自行出版，石牌印刷所印刷，總經銷三民書局，1969 年 1 月初版，p. 207。

㈡相對必要記載事項

「被參加付款人之姓名」為參加付款之相對必要記載事項。因記載「被參加付款人之姓名」，始足以確定參加付款人係為何人而付款，與參加付款之效力範圍息息相關，因此「被參加付款人之姓名」為必要記載事項，但未記載時，法律另有擬制規定，因此「被參加付款人之姓名」僅為相對必要記載事項。就被參加付款人之擬制，票據法第八十二條第二項及第三項規定：「II 參加承兌人付款，以被參加承兌人為被參加付款人，預備付款人付款，以指定預備付款人之人為被參加付款人。III 無參加承兌人或預備付款人，而匯票上未記載被參加付款人者，以發票人為被參加付款人。」由第二項之規定可知，若由參加承兌人付款時，應以被參加承兌人為被參加付款人，若由預備付款人付款時，應以指定預備付款人之人為被參加付款人。由第三項之規定可知，若匯票上未記載參加承兌人或預備付款人時，應以發票人為被參加付款人。因發票人為匯票之最後償還義務人，以發票人為被參加付款人正可以免除最多債務人之清償責任。

四、參加付款之金額

就參加付款之金額，票據法第八十一條規定：「參加付款，應就被參加人應支付金額之全部為之。」由此規定可知，參加付款應不得為一部參加付款。其立法理由如下：

　1.因一部參加付款，無法阻止追索權之行使，無法維持被參加付款人之信用，無法達到參加付款制度之目的。

　2.參加付款本屬變態之立法，票據關係本已十分複雜，若許一部參加付款，將使票據關係更加複雜。

　3.一部參加付款，徒增付款費用，對於票據債務人並非有利。

五、參加付款之通知

就參加付款之程序，票據法第八十二條第四項規定：「第五十五條之規定，於參加付款準用之。」而就參加之通知與怠於通知之效果，票據法第五

十五條規定:「I 參加人非受被參加人之委託,而為參加者,應於參加後四日內,將參加事由,通知被參加人。II 參加人怠於為前項通知,因而發生損害時,應負賠償之責。」由票據法第八十二條準用票據法第五十五條之結果,參加付款人非受被參加付款人之委託,而為參加者,應於參加後四日內,將參加事由,通知被參加人。參加人怠於為前項通知,因而發生損害時,應負賠償之責。

第三款 參加付款之效力

參加付款之後,可發生下列效力:

一、及於參加付款人之效力

㈠取得票據權利

就參加付款之效力,票據法第八十四條第一項規定:「參加付款人對於承兌人、被參加付款人及其前手取得執票人之權利。但不得以背書更為轉讓。」由此規定可知,參加付款後,票據關係尚未消滅,只是改由參加付款人取得票據權利而已,此點與付款之效力不同。付款人付款之後,票據關係將因此而歸消滅。參加付款人所取得之權利,為付款請求權及追索權,但不包括背書權,不得再將票據以背書轉讓於他人。因為票據既然需要參加付款,足見該票據已經出現問題,法律關係已經夠複雜,實在不宜再流通,否則法律關係將更加複雜,而使問題更不易處理也。

㈡負擔通知義務

票據法第八十二條規定:「I 參加付款,應於拒絕付款證書內記載之。II 參加承兌人付款,以被參加承兌人為被參加付款人,預備付款人付款,以指定預備付款人之人為被參加付款人。III 無參加承兌人或預備付款人,而匯票上未記載被參加付款人者,以發票人為被參加付款人。IV 第五十五條之規定,於參加付款準用之。」準用票據法第五十五條之結果,參加付款人非受被參加人之委託,而為參加者,應於參加後四日內,將參加事由,通知被參加人。參加人怠於為此等通知,因而發生損害時,應負賠償之責。

二、及於被參加付款人之效力

　　就參加付款之效力，票據法第八十四條第二項規定：「被參加付款人之後手，因參加付款而免除債務。」由此規定可知，參加付款之後，被參加付款人之後手，因參加付款而免除債務。因為若被參加付款人之後手仍須負背書人責任，將來被參加付款人之後手如被追索，付款之後，必將對所有前手追索票款，與未為參加付款將無不同，參加付款制度，將變成毫無意義矣！

　　至於被參加付款人本人及其前手，仍不得免除責任。此點與付款不同，在付款之場合，付款之後，全部債務人均能免除票據債務。茲簡單圖示如下：

$$A \xrightarrow{\text{背書}} B \xrightarrow{\text{背書}} C \xrightarrow{\text{背書}} D \xrightarrow{\text{背書}} E \xrightarrow{\text{背書}} F$$

K（承兌人）

X（參加付款人）

　　A 簽發匯票一張，以 K 為付款人，經 K 承兌後背書轉讓予 B，B 再背書轉讓予 C，C 再背書轉讓予 D，D 再背書轉讓予 E，E 再背書轉讓予 F，F 為執票人。今有 X 為參加付款人，而以 C 為被參加付款人。在此情況下，被參加付款人 C 之後手 D、E，因 X 之參加付款而免除債務，無須再負背書人責任。

三、及於執票人之效力

㈠不得拒絕參加付款

　　就一般參加人與拒絕參加付款之效果，票據法第七十八條規定：「Ⅰ 參加付款，不問何人，均得為之。Ⅱ 執票人拒絕參加付款者，對於被參加人及其後手喪失追索權。」由此規定可知，執票人負有不得拒絕參加付款之義務。

㈡交出匯票

　　匯票之繳回性，票據法第八十三條規定：「Ⅰ 參加付款後，執票人應將

匯票及收款清單交付參加付款人，有拒絕證書者，應一併交付之。II 違反前項之規定者，對於參加付款人，應負損害賠償之責。」由此規定可知，參加付款之後，執票人負有交付匯票及收款清單之義務。違反此項義務時，執票人對於參加付款人應負損害賠償責任。惟在實際上，參加付款人之付款，必與執票人之交出匯票等，同時為之，若執票人不交出匯票等，參加付款人亦將拒絕付款，因此票據法第八十三條第二項所規定之損害賠償，實際上發生之可能性不大❸。

第十節　追索權

第一款　總　說

一、追索權之意義

追索權〔英: right of recourse；日: 遡及権（そきゅうけん）；德: Rückgrifsanspruch；法: droits de recours〕者，亦稱償還請求權，乃指票據不獲付款或不獲承兌或有其他之法定原因時，執票人於行使或保全票據上權利之行為後，得向其前手請求償還票據金額利息及費用之一種票據上權利也。依此定義，吾人析述如下：

㈠追索權者，乃票據上之一種權利也

票據上之權利，主要有兩種，一為付款請求權，屬於第一次之權利；另一為追索權，屬於第二次之權利。追索權為票據法上獨有之權利（有謂票據法上之追索制度係由民法上之瑕疵擔保制度演化而來），此種權利，不僅匯票有之，本票、支票亦有之。

---

❸　黃憲華，《最新票據法理論判解及實務彙編》，自行出版，永美美術印刷廠印刷，1986 年 1 月增訂初版，p. 212。

崔玉珩，《票據法實用》，漢林出版社印行，1982 年 3 月初版，p. 130。

(二)追索權者，乃執票人得向其前手請求償還票據金額利息及費用之權利也

執票人行使追索權時，其權利之內容，不限於票據金額，尚包括利息及費用（§97、§98），此乃追索權與付款請求權不同之點。因追索權行使之目的，即在於請求票據金額利息及費用之償還，故追索權亦稱為「償還請求權」。追索權行使之對象，限於執票人之前手，惟不以執票人之直接前手為限，其他一切前手均包括在內，且於行使追索權之時無須依照背書之順序。票據債務人，不論其為發票人、承兌人、背書人、保證人或參加承兌人，既簽名於票上即應依票據之文義負擔保承兌及付款之責任，此種擔保責任不僅及於其直接後手，亦及於其他一切之票據權利人，因此，當執票人行使追索權時，其追索權之行使，亦不以其直接之前手為限，對於其他一切之前手亦得行使之，且因票據債務人對於執票人所負之責任為連帶責任，執票人於行使追索權之時，無須依票據債務人負債之先後次序為之。

(三)追索權者，乃票據不獲付款或不獲承兌或有其他之法定原因時，始得行使之權利也

追索權究為第二次之權利，其權利行使之前後次序，必在付款請求權之後，亦即僅有在票據不獲付款或不獲承兌或有其他之法定原因時，始能行使。此之所謂「其他之法定原因」，係指票據法第八十五條第二項所規定之原因。票據法第八十五條第二項規定：「有左列情形之一者，雖在到期日前，執票人亦得行使前項權利（追索權）：一、匯票不獲承兌時。二、付款人或承兌人死亡、逃避或其他原因無從為承兌或付款提示時。三、付款人或承兌人受破產宣告時。」依此規定，吾人可知，必須在 1.不獲付款（§85 I）；2.不獲承兌；3.付款人或承兌人死亡、逃避或其他無從為承兌或付款提示；4.付款人或承兌人受破產宣告等情形，執票人始得依一定程序行使。除此之外，執票人不得隨便據以行使追索權。

(四)追索權者，乃執票人於行使或保全票據上權利之行為後始得行使之權利也

追索權不僅為第二次之票據權利，且為附條件之票據權利，不但須具

備法定原因（§85 I、II），且須行使或保全票據上權利之行為後，始得行使。易言之，追索權之行使，一則應有無從行使付款請求權之事實，再則，應有行使或保全票據上權利之行為，其屬附條件之票據權利，可謂至為顯然。

二、追索制度之立法目的

追索乃票據法上獨特之制度，不僅匯票有之，本票及支票亦有之。揆其立法目的，旨在藉此追索制度之建立，保護執票人之權利並謀票據交易之安全，而強化票據之信用及流通也。因票據制度，本建立於當事人相互信用之基礎上，若票據上所表彰之金額，無法付款，或顯有付款不能之虞，對於執票人勢將發生嚴重損害，票據法為保護執票人之權利，乃設此救濟性質之追索制度，俾使執票人得以藉此追索權之行使，請求票據債務人（發票人、背書人、保證人等）履行擔保付款之責任，收回票據金額利息及費用，而強化票據之信用，促進票據之流通也❺❹。

一般而言，追索制度之立法用意，與民法上「賣主之瑕疵擔保制度」頗為類似（民§349、§354）。惟一般民法上之瑕疵擔保責任，僅發生於當事人之直接前後手之間；反之，票據法上之追索權，則不以當事人之直接前後手為限，而得向一切之前手為之，所謂「窮追遍索」者是也❺❺，而且被追索之票據債務人對其後手為清償之後，又得對其前手再行追索。因此，就保護債權人之效力而言，票據法上之追索制度，其作用應強於一般民法上之瑕疵擔保制度❺❻。

三、追索權之立法主義

關於追索權之立法主義，各國頗不一致，茲略述如下：

---

❺❹　林咏榮，《商事法新詮（下）》，五南圖書出版公司發行，1989 年 4 月再版，p. 168。

❺❺　鄭玉波，《票據法》，三民書局印行，1991 年 8 月第 4 刷，p. 191。

❺❻　鄭洋一，《票據法之理論與實務》，自行出版，總經銷三民書局，文太印刷有限公司印刷，1993 年 1 月修正 18 版，p. 233。

㈠期前償還主義

期前償還主義者，亦稱一權主義，乃指執票人之追索權，僅含一種權利（償還請求權），即匯票在到期日前，無論其為拒絕承兌或拒絕付款，執票人僅能向其前手行使償還請求權之原則也。例如「一九三〇年統一票據法」(Uniform Law on Bills of Exchange and Promissory Notes, 1930) 第四十三條即規定：「執票人得在下列時期，對背書人、發票人及其他債務人行使追索權：一、到期日後，如未付款時。二、到期日前⑴如匯票全部或部分不獲承兌時；⑵付款人不論是否承兌，經受破產宣告，或縱未受破產宣告，但已停止支付；或其財產受強制執行而無效果時；⑶匯票未經承兌，而發票人受破產之宣告。」依此規定，匯票在到期日前，無論其為拒絕承兌或拒絕付款，執票人僅能向其前手行使償還請求權，而不能行使付款擔保請求權也。採此立法主義者，其他尚有日本現行票據法（手形法 §43）、英國票據法（§43）、美國統一商法典（Uniform Commercial Code, §3–507）等。

期前償還主義之優點，乃在於切合實際，可免付款擔保請求權行使之困擾。因拒絕承兌者，於到期日大多拒絕付款，而且「提供付款擔保」與「逕行償還」，對前手（債務人）而言，其所感受之痛苦並無多大差異，比較之下，顯然期前償還主義之立法，較為切合實際，較為便宜。否則若採「擔保主義」，拒絕承兌之時，先有提供擔保權之行使，拒絕付款之時，又有償還請求權之行使，對前手而言，可謂雙重苦惱，對執票人亦無多大實益也。

㈡擔保主義

擔保主義者，亦稱二權主義，乃指執票人之追索權，包括二種權利（償還請求權、付款擔保請求權），即於付款人拒絕承兌時，執票人對於其前手，僅得行使付款擔保請求權，必至到期日請求付款被拒絕時，執票人對於其前手，始能行使償還請求權之原則也。因償還請求權及付款擔保請求權得以並存，故某些學者又將之稱為「期前償還及擔保請求併行主義」❺❼。採

---

❺❼　梁宇賢，《票據法新論》，自行出版，益誠彩色印刷有限公司印刷，1994 年 3 月初版，p. 272。

此主義之立法者，有德國現行之票據法，日本舊商法亦曾採此立法。

擔保主義之優點，乃在於到期日尚未屆至時，縱有拒絕承兌之事實，執票人亦不得向其前手行使償還請求權，此在「期前縱為拒絕承兌，到期未必不為付款」之情況，甚具實益。

(三)選擇主義

選擇主義，亦稱折衷主義，乃指於付款人拒絕承兌時，當事人得就付款擔保請求權與償還請求權中，任選其一，向其前手行使追索權之原則也。此主義又可分為下列兩種：

1. 執票人選擇主義

執票人選擇主義者，乃指於付款人拒絕承兌時，執票人得就付款擔保請求權與償還請求權中，任選其一，向其前手行使追索權之原則也。採此主義立法者，例如西班牙商法即是❺❽。

2. 被追索人選擇主義

被追索人選擇主義者，乃指於付款人拒絕承兌時，被追索之人得就付款擔保請求權與償還請求權中，任選其一，亦即被追索之人得提供付款擔保，或逕行付款，兩者任擇其一之原則也。採此主義立法者，例如法國、比利時、葡萄牙、荷蘭等國之商法即是❺❾。

上述三種主義，各有利弊。一般而言，純就理論而言，似以擔保主義（二權主義）為優，因在「期前縱為拒絕承兌，到期未必不為付款」，因此到期日前被拒絕承兌時，應以行使付款擔保請求權為已足，若於到期日被拒絕付款時，再行使償還請求權猶未遲也。然就實際而言，則似以期前償還主義（一權主義）為優。因匯票既被拒絕承兌，票據信用早已大為減弱，

❺❽ 范衡生，《商事法新論》，自行出版，臺北監獄印刷廠印刷，1963 年 10 月初版，p. 177。

鍾兆民，《票據法論》，正中書局印行，1986 年 1 月臺初版，p. 165。

❺❾ 黃棟培，《票據法新論》，自行出版，總經銷三民書局，志華印刷有限公司印刷，1970 年 7 月初版，p. 118。

周金芳，《最新票據法論與實用》，自行出版，三興彩色印刷公司印刷，1977 年 10 月印行，p. 176。

拒絕承兌者，於到期日大多拒絕付款，於被拒絕承兌之時，請求付款擔保，對於執票人殆無實益，而且「提供付款擔保」與「逕行償還」，對於票據債務人，其痛苦並無多大差異，顯然期前償還主義之立法，較為切合實際，較為便宜。至於選擇主義（折衷主義）之立法，在理論上並無長人之處，在實際上又未能切合實際，徒增法律關係之複雜，似較不足採。

　　我國票據法第八十五條規定：「I 匯票到期不獲付款時，執票人於行使或保全匯票上權利之行為後，對於背書人、發票人及匯票上其他債務人得行使追索權。II 有左列情形之一者，雖在到期日前，執票人亦得行使前項權利：一、匯票不獲承兌時。二、付款人或承兌人死亡、逃避或其他原因無從為承兌或付款提示時。三、付款人或承兌人受破產宣告時。」足見我國現行票據法之規定，從英美之立法例，採期前償還主義之立法，得逕行行使追索權，要求票據金額利息及費用之償還。

四、追索權之特性

(一)追索權之法律性質

1.追索權係屬救濟性質之償還請求權

　　票據關係，始於發票，終於付款，在正常情況下，應無所謂追索之問題。惟票據制度，本建立於當事人互信之基礎上，若票據所表彰之金額屬於支付不可能、或顯有不可能之虞時，勢將危害執票人之權益，票據法為保護執票人之權益並謀票據流通之安全，特設此具有救濟性質之償還請求權。追索權之性質與民法上「賣主之瑕疵擔保制度」頗為類似（民§349、§354）。只是一般民法上之瑕疵擔保責任，僅發生於當事人之直接前後手之間；而票據法上之追索權，不以當事人之直接前後手為限，而得向一切之前手為之。

2.追索權係屬票據上第二次權利

　　追索權與付款請求權雖同為票據權利之構成內容。惟付款請求權為票據之第一次權利；而追索權則為票據之第二次權利，原則上須先行使付款請求權被拒後，始得行使追索權。

3.追索權在性質上係屬債權之一種

追索權在性質上為債權，得請求一定之標的物，而此標的物為一定之金額。

(二)追索權之特性

依我國現行票據法之規定，追索權具有下列之特性：

1.連帶性

此之連帶性，亦稱共同性。票據法第九十六條第一項規定：「發票人、承兌人、背書人及其他票據債務人，對於執票人連帶負責。」足見票據債務人對於執票人所負之責任為連帶責任，追索權具有連帶性。

2.飛躍性

此之飛躍性，亦稱選擇性。票據法第九十六條第二項規定：「執票人得不依負擔債務之先後，對於前項債務人之一人或數人或全體行使追索權。」足見執票人行使追索權時，無須依前手負債先後之次序為之，故追索權具有飛躍性。

3.變向性

此之變向性，亦稱變更性。票據法第九十六條第三項規定：「執票人對於債務人之一人或數人已為追索者，對於其他票據債務人，仍得行使追索權。」足見縱然執票人對於債務人之一人或數人已為追索，在其受領票據金額利息及費用之前，對於其他票據債務人，仍得繼續追索，故追索權具有變向性。

4.移轉性

此之移轉性，亦稱代位性。票據法第九十六條第四項規定：「被追索者，已為清償時，與執票人有同一權利。」足見被追索者，已為清償時，對於其前手、承兌人及其他票據債務人取得與執票人同一之追索權，故追索權具有移轉性❻。

---

❻ 梁宇賢，《票據法新論》，自行出版，益誠彩色印刷有限公司印刷，1994年3月初版，p. 273。

五、追索權之種類

追索權，依其區分標準之不同，可分為下列幾種：

㈠以行使之時期為區分標準

以行使之時期為區分標準，追索權可分為下列兩種：

1. **到期追索權**

到期追索權者，乃指票據不獲付款時，所得行使之追索權也。

2. **期前追索權**

期前追索權者，乃指票據不獲承兌時，或因付款人或承兌人死亡逃避或其他原因無從為承兌或付款提示時，或付款人或承兌人受破產宣告時，所得行使之追索權也（§85 II）。

到期追索權與期前追索權，兩者區別之實益，約有下列兩點：

⑴阻止追索之方法不同

在到期追索權之場合，僅得以參加付款而阻止其行使；在期前追索權之場合，則可以參加承兌或參加付款而阻止其行使。

⑵所得追索之金額不同

到期追索權與期前追索權，兩者追索之金額不同。票據法第九十七條第二項規定：「於到期日前付款者，自付款日至到期日前之利息，應由匯票金額內扣除。無約定利率者，依年利六釐計算。」依此規定，因期前追索而付款者，應扣除付款日至到期日前之利息❻❶。

㈡以行使之主體為區分標準

以行使之主體為區分標準，追索權可分為下列兩種：

1. **最初追索權**

最初追索權者，乃指執票人所得行使之追索權也。

2. **再追索權**

再追索權者，乃指被追索之債務人（如背書人），已為清償後，向其前

---

❻❶ 陳銑雄，《實用票據法論》，自行出版，雨利美術印刷有限公司印刷，1986 年 3 月出版，p. 514。

手再追索之追索權也。

最初追索權與再追索權，兩者區別之實益，約有下列兩點：

(1)追索之金額不同

在再追索權之場合，除已支付之被追索金額外，尚可請求其自支付日起之利息及所支出之必要費用（§98）。

(2)消滅時效不同

再追索權之時效，較最初追索權之時效為短（§22）。

第二款　追索權之主體及客體

一、追索權之主體

追索權之主體（當事人），可分為追索權人及償還義務人兩種。茲簡述於下：

㈠追索權人

追索權人，有下列兩種：

1.執票人

最後之執票人為票據上之唯一債權人，亦為最初追索之追索權人，自得行使追索權（§85）。惟票據法第九十九條規定：「I執票人為發票人時，對其前手無追索權。II執票人為背書人時，對該背書之後手無追索權。」依此規定，吾人可知：

(1)執票人為發票人時，對其前手無追索權

此係指回頭背書之情況而言。例如 A（發票人）→ B（受款人）→ C（背書人）→ D（背書人）→ A（發票人），A 因 D 之回頭背書再取得匯票後，對於 B、C、D 均不得行使追索權，因 A 本為匯票之最後償還義務人，如 A 可向 D，甚至於 C、B 行使追索權，而 B、C、D 又可溯及地向 A 行使追索權，如此循環往復，最後仍應由 A 自負其責，法律為免此種無謂之追索起見，故以明文限制之。

(2)執票人為背書人時，對該背書之後手無追索權

此亦係指回頭背書之情況而言。其立法理由，同前，亦在避免無謂之循環追索。

2.因清償而取得票據之人

票據法第九十六條第四項規定：「被追索者，已為清償時，與執票人有同一權利。」依此規定，因清償而取得票據之人，可再向其前手追索，是為再追索。再追索之追索權人有下列幾種：

⑴背書人

票據法第三十九條規定：「第二十九條之規定，於背書人準用之。」準用之結果，背書人應照匯票文義擔保承兌及付款，因此執票人及其後手對背書人得行使追索權（§85）。惟背書人如被追索而已為清償時，即與執票人有同一權利（§96 IV），因此背書人可能成為再追索之追索權人。

票據法第九十九條第二項規定：「執票人為背書人時，對該背書之後手無追索權。」依此規定，當背書人為再追索之追索權人時，對其後手並無追索權，其理由乃在避免無謂之循環追索也。

⑵保證人

票據法第六十四條規定：「保證人清償債務後，得行使執票人對承兌人、被保證人及其前手之追索權。」足見保證人亦得成為再追索之追索權人。

⑶參加付款人

票據法第八十四條規定：「I 參加付款人對於承兌人、被參加付款人及其前手，取得執票人之權利。但不得以背書更為轉讓。II 被參加付款人之後手，因參加付款而免除債務。」參加付款人付款之後，既取得執票人之權利，當然包括追索權在內，故參加付款人亦得成為再追索之追索權人。

㈡償還義務人

償還義務人，係指追索權之義務人，亦即在追索權行使中，負有償還票據金額利息及費用之人。償還義務人計有下列三種：

1.背書人

背書人應照匯票文義擔保承兌及付款（§39 準用§29），故背書人為償還義務人（§85 I）。惟有下列情況，必須特別注意：

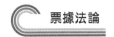

⑴背書人有免除擔保承兌之特約者，執票人不得於到期日前對之行使追索權

背書人應照匯票文義擔保承兌及付款。但得依特約免除擔保承兌之責（§39 準用§29）。因此若背書人有免除擔保承兌之特約者，執票人不得於到期日前對之行使追索權（§85 II 之反面解釋）。

⑵禁止後再由背書取得票據之人，對於禁止背書之背書人不得行使追索權

票據法第三十條第三項規定：「背書人於票上記載禁止轉讓者，仍得依背書而轉讓之。但禁止轉讓者，對於禁止後再由背書取得匯票之人，不負責任。」依此規定，禁止後再由背書取得票據之人，對於禁止背書之背書人不得行使追索權。

⑶執票人對於期後背書之背書人，不得行使追索權

票據法第四十一條規定：「I 到期日後之背書，僅有通常債權轉讓之效力。II 背書未記明日期者，推定其作成於到期日前。」依此規定，期後背書之背書人對於其後之被背書人，僅負民法上債務人之責任，其後之各被背書人，均不得對之行使追索權。

⑷執票人對於委任取款背書之背書人，不得行使追索權

如前所述，委任取款背書者，乃指於票據上載明執票人委任被背書人取款為目的所為之背書也。因此種背書，不發生權利移轉之效力，而僅發生代理權授與之效力，故委任取款背書之背書人並非票據債務人，執票人（被背書人）對之不得行使追索權。

2. 發票人

票據法第二十九條第一項規定：「發票人應照匯票文義擔保承兌及付款。但得依特約免除擔保承兌之責。」發票人既應依照票據文義擔保承兌及付款，發票人亦為償還義務人。惟發票人依特約免除擔保承兌責任者，既經載明於票據，則得對抗善意第三人，執票人不得於到期日前對發票人行使追索權（票據法施行細則§14 之反面解釋）。

3. 其他票據債務人

其他票據債務人，例如：

⑴保證人

票據法第六十一條第一項規定：「保證人與被保證人，負同一責任。」保證人既與被保證人負同一責任，自然亦為償還義務人。

(2)參加承兌人

票據法第五十七條規定：「付款人或擔當付款人，不於第六十九條及第七十條所定期限內付款時，參加承兌人，應負支付第九十七條所定金額之責。」依此規定，若付款人或擔當付款人未於到期日或其後二日內或經執票人之同意延期而未能於提示後三日內付款時，參加承兌人應負法定得追索金額之清償責任，因此參加承兌人亦為償還義務人。

(3)無權代理人

票據法第十條規定：「I 無代理權而以代理人名義簽名於票據者，應自負票據上之責任。II 代理人逾越權限時，就其權限外之部分，亦應自負票據上之責任。」因無代理權而以代理人名義簽名於票據者，應自負票據上之責任，無權代理人自亦為償還義務人。

發票人是否亦得為追索權人，而承兌人是否亦得為償還義務人？易言之，承兌人對於發票人是否亦負有償還義務？學界見解，約有下列否定說與肯定說兩種見解：

A.否定說

主張否定說者認為，承兌人係匯票之主債務人，不得為追索權之償還義務人，因此發票人於償還後不得向承兌人行使追索權。其主要理由，約有下列幾點：

(A)承兌人無法因追索權形式要件之欠缺而免責

票據法第一〇四條第一項規定：「執票人不於本法所定期限內為行使或保全匯票上權利之行為者，對於前手喪失追索權。」依此規定，償還債務人應因追索權形式要件之欠缺而免責，然而事實上，承兌人係匯票之主債務人，負絕對之付款義務，不因執票人未在法定期限內為行使或保全匯票上權利之行為而免責，因此承兌人並非償還債務人。

(B)我國現行票據法未將承兌人明定為償還義務人

法諺有云：「省略規定之事項，應認為有意省略」（拉丁：Casus omissus

pro omisso habendus est；英：A case which is omitted is purposely omitted；
日：等閑に付される事件は，故意に等閑されたものとすべきである）。我
國票據法第八十五條第一項規定：「匯票到期不獲付款時，執票人於行使或
保全匯票上權利之行為後，對於背書人、發票人及匯票上其他債務人得行
使追索權。」承兌人係匯票之主債務人，其債務人之地位，重要於背書人、
發票人，現行票據法，竟然僅列「背書人、發票人」而不列「承兌人」，足
見現行票據法未將承兌人視為償還債務人[62]。

(C)發票人為最後之償還債務人，承兌人應不在被追索之範圍

追索制度，本係票據不獲承兌或不獲付款時對執票人之一種保護制度，
而發票人係票據之最後償還債務人，追索權之行使自應及於發票人而止。
易言之，追索至最後償還義務人之發票人已足，實無追索至承兌人之必要
也[63]。

B.肯定說

主張肯定說者認為，承兌人得為追索權之償還義務人，因此發票人於
償還後得向承兌人行使追索權。其主要理由，約有下列幾點：

(A)承兌人本與發票人、背書人及其他票據債務人負連帶責任

票據法第九十六條規定：「I 發票人、承兌人、背書人及其他票據債務
人，對於執票人連帶負責。II 執票人得不依負擔債務之先後，對於前項債
務人之一人或數人或全體行使追索權。」足見承兌人本與發票人、背書人及
其他票據債務人負有連帶責任，並無「發票人、背書人及其他票據債務人」
為清償義務人而承兌人則非清償義務人之別。

(B)我國現行票據法已承認承兌人為追索權之償還義務人

票據法第六十四條規定：「保證人清償債務後，得行使執票人對於承兌
人、被保證人及其前手之追索權。」足見我國現行票據法已承認承兌人為追
索權之償還義務人。再者，票據法第五十二條第二項規定：「承兌人到期不

[62] 陳鈵雄，《實用票據法論》，自行出版，雨利美術印刷有限公司印刷，1986 年
3 月出版，p. 517。

[63] 鄭玉波，《法學緒論》，三民書局印行，1991 年 3 月修訂 6 版，p. 194。

付款者，執票人雖係原發票人，亦得就第九十七條及第九十八條所定之金額，直接請求支付。」票據法第九十八條規定：「I 為第九十七條之清償者，得向承兌人或前手要求左列金額：一、所支付之總金額。二、前款金額之利息。三、所支出之必要費用。II 發票人為第九十七條之清償者，向承兌人要求之金額同。」由此等條文綜合觀之，可知發票人得為追索權人，而承兌人亦得為被追索之償還義務人❻。

　　目前國內學界，以肯定說為通說❻。吾人亦認為肯定說較為可採，除上述肯定說之理由外，採肯定說使承兌人成為償還義務人，對於票據權利人亦較有保障，對於促進票據之流通亦較有助益。或許有人以為，對於承兌人已有付款請求權，何須再有追索權？匯票付款請求權之消滅時效長達三年，而追索權之消滅時效則僅為一年（執票人對前手）或六個月（背書人對前手），使承兌人成為償還義務人對票據權利人又有何益？其實不然，追索權之消滅時效雖僅有一年或六個月，但當背書人數目眾多時，追索權期間之累積，可能超過三年，當付款請求權因時效而消滅時，票據權利人仍有可能依追索權而保護其權利。再者，付款請求權消滅後，票據權利人雖可行使「利益償還請求權」保護其利益（§22 IV），但就票據權利人之保護而言，「利益償還請求權」畢竟較不利於追索權。因「利益償還請求權」之範圍僅以承兌人所受之利益為限度，而追索權之範圍則包括票據金額利

❻ 周金芳，《最新票據法論與實用》，自行出版，三興彩色印刷公司印刷，1977 年10 月印行，p. 178。

❻ 施文森，《票據法新論》，自行出版，總經銷三民書局，1990 年修訂 3 版，p. 164。
鄭乃仁，《票據之理論與應用》，自行出版，文祥印刷有限公司印刷，1976 年10 月初版，p. 200。
鄭洋一，《票據法之理論與實務》，自行出版，總經銷三民書局，文太印刷有限公司印刷，1993 年 1 月修正 18 版，p. 234。
陳鈗雄，《實用票據法論》，自行出版，雨利美術印刷有限公司印刷，1986 年3 月出版，p. 517。
周金芳，《最新票據法論與實用》，自行出版，三興彩色印刷公司印刷，1977 年10 月印行，p. 178。

息費用等金額（§97），使承兌人成為被追索之償還義務人，對於票據權利人顯然較有保障，對於促進票據之流通顯然較有助益**66**。

二、追索權之客體

㈠最初追索

票據法第九十七條規定：「Ⅰ執票人向匯票債務人行使追索權時，得要求左列金額：一、被拒絕承兌或付款之匯票金額，如有約定利息者，其利息。二、自到期日起如無約定利率者，依年利六釐計算之利息。三、作成拒絕證書與通知及其他必要費用。Ⅱ於到期日前付款者，自付款日至到期日前之利息，應由匯票金額內扣除。無約定利率者，依年利六釐計算。」足見最初追索時，其追索權之客體應為下列金額：

1.被拒絕承兌或付款之匯票金額，如有約定利息者，其利息

所謂「被拒絕承兌或付款之匯票金額」，當執票人被全部拒絕時，係指票面金額；當執票人被一部拒絕時，係指該一部分之金額。當事人間有約定利息者，其利息並應算入之。

2.自到期日起如無約定利率者，依年利六釐計算之利息

本款與第一款均有利息之規定，第一款之利息為約定利息，而本款之利息則為法定利息。所謂約定利率，係從契約自由之原則而設，惟不得違反我國禁止高利貸之立法精神，例如不得超過民法第二○五條規定之週年利率百分之二十。

3.作成拒絕證書與通知及其他必要費用

本款之費用，包括作成拒絕證書之費用、拒絕事由通知之費用及其他必要費用。此之所謂必要費用，不能任由執票人決定，而應依日常生活及一般社會觀念決定之。例如郵費、計算書作成費、宣告破產裁定正本或節本之作成費用等即為必要費用；至於訴訟費用，因其應由敗訴之前手負擔，應非此之所謂必要費用**67**。

---

66 鄭玉波，《票據法》，三民書局印行，1991 年 8 月第 4 刷，p. 195。

67 焦祖涵，《票據法釋論》，自行出版，率真印刷廠印刷，1978 年 1 月出版，p. 407。

再者，票據法第九十七條第二項規定：「於到期日前付款者，自付款日至到期日前之利息，應由匯票金額內扣除。無約定利率者，依年利六釐計算。」本款之立法目的，旨在防止執票人取得不當之利益。此項期前之利息，通稱為「回頭利」 ❻。所謂期日前付款，例如因票據法第八十五條第二項之情形而行使追索權即是。在此情況， 1.有約定利息者，自付款日至到期日前之利息，應依約定利率，由票據金額內扣除之。 2.無約定利率者，依法定利率計算其利息，由票據金額內扣除之。

㈡再追索

票據法第九十八條規定：「I 為第九十七條之清償者，得向承兌人或前手要求左列金額： 一、所支付之總金額。二、前款金額之利息。三、所支出之必要費用。II 發票人為第九十七條之清償者，向承兌人要求之金額同。」足見被追索人為清償後，得向承兌人或其前手為下列金額之請求，亦即再追索時，其追索權之客體應為下列金額：

1.所支付之總金額

此之所謂「所支付之總金額」，係指被追索人向其後手所支付之一切金額，應包括已支付之票據金額、利息及費用在內❻。

2.前款金額之利息

此之所謂「前款金額之利息」，係指就前款「所支付之總金額」，自支付之日起所發生之金額而言。本款之利息，通常恆較票面金額所生之利息為大。

3.所支出之必要費用

此之所謂「所支出之必要費用」，係指被追索人為清償後，再向其前手或承兌人行使追索權時所支出之必要費用。此項費用，以必要者為限。

由此可知，追索權行使之次數愈多，追索金額必然愈大，利息再加利息，費用再加費用，因此追索權之行使，對於各票據債務人多屬不利也。

再者,票據法第九十八條第二項規定:「發票人為第九十七條之清償者，向承兌人要求之金額同。」本款規定似在明示，發票人亦得為追索權人，而承兌人亦得為償還義務人。且依此規定亦不難得知，發票人行使再追索權時，僅得向承兌人為之。因發票人為票據之最後償還債務人，對其前手自無償還請求權，但承兌人究為匯票之主債務人，故發票人對之仍得行使追索權。惟承兌人之不能付款係因發票人之未能如約提供資金時，承兌人自得以此原因對發票人主張抗辯。

第三款　追索權行使之要件

追索權之行使，必須具備實質要件及形式要件，茲簡述於下：

一、實質要件

此之所謂實質要件者，乃指追索權之行使，以法定原因之存在為必要條件也。易言之，追索權之實質條件，即追索權之法定原因也。追索權之法定原因，因到期行使或期前行使而不同，茲簡述於下：

㈠到期行使

票據法第八十五條第一項規定:「匯票到期不獲付款時，執票人於行使或保全匯票上權利之行為後，對於背書人、發票人及匯票上其他債務人得行使追索權。」依此規定，「匯票到期不獲付款」為追索權到期行使之原因。

㈡期前行使

票據法第八十五條第二項規定:「有左列情形之一者，雖在到期日前，執票人亦得行使前項權利：一、匯票不獲承兌時。二、付款人或承兌人死亡、逃避或其他原因無從為承兌或付款提示時。三、付款人或承兌人受破產宣告時。」依此規定，追索權期前行使之原因，有下列幾種：

1.匯票不獲承兌時

此之所謂「匯票不獲承兌時」，係指執票人為合法之提示而被拒絕之情

形而言。因執票人為合法之提示而遭拒絕承兌，則獲付款之希望已經微乎其微，故許執票人於到期日前，行使追索權。

票據法第四十二條規定：「執票人於匯票到期日前，得向付款人為承兌之提示。」票據法第四十七條規定：「I 付款人承兌時，經執票人之同意，得就匯票金額之一部分為之。但執票人應將事由通知其前手。II 承兌附條件者，視為承兌之拒絕。但承兌人仍依所附條件負其責任。」由此規定，於匯票到期日前，執票人得向付款人為承兌之提示，提示時若遭付款人拒絕，全部拒絕或承兌附有條件視為承兌拒絕時，得行使全部追索權，一部拒絕時，就該未承兌之部分，亦得行使追索權。

再者，因本票及支票無須承兌，故在本票及支票之場合，追索權期前行使之原因，無從發生也。

2.付款人或承兌人死亡、逃避或其他原因無從為承兌或付款提示時

⑴付款人或承兌人死亡時

此之所謂「付款人或承兌人死亡時」，因其承兌前死亡或承兌後死亡而異其效力。若於承兌前死亡，付款人尚未成為承兌人，尚未成為票據債務人，縱為概括繼承，付款人之繼承人亦非票據債務人，故執票人不得向付款人之繼承人為付款之提示，只有向其前手行使期前追索權；反之，若於承兌後死亡，付款人已經成為承兌人，為票據之主債務人，除非承兌人之繼承人拋棄繼承，否則執票人當可向該繼承人為付款之提示，於該繼承人拒絕付款時，執票人始得行使追索權。惟某些論者認為，在此情況，或向繼承人主張承兌債權，或向其前手行使追索權，執票人應有自由選擇權。例如王德槐先生即謂：「票據債權之存否與追索權之可否行使在票據法上係屬兩不同之觀念。仁承兌人拒絕付款之場合，承兌人對於匯票上義務並不消滅，但執票人仍得對其前手行使追索權。良以票據上權利之行使以簡單、迅速為最大之原則，何況被繼承人之信用與繼承人之信用亦非可相提並論，是法律亦應許執票人，於對繼承人主張其與被繼承人間之票據上承兌債權，與對於其前手間所行使之追索權，有自由選擇行使之權利，方為合理。」[70]

---

[70]　王德槐，《票據法釋論》，自行出版，裕台公司中華印刷廠，1987 年 7 月 3 版，

⑵付款人或承兌人逃避或其他原因無從為承兌或付款提示時

付款人或承兌人逃避或其他原因無從為承兌或付款提示時，因承兌或付款已經不可能，雖於到期日前，亦應允許執票人行使追索權。所謂「其他原因」，例如心神喪失，經禁治產之宣告、因犯罪被拘於監獄等情形即是。

⑶付款人或承兌人受破產宣告時

付款人或承兌人既受破產之宣告，其付款能力已經喪失，將來無法獲得承兌或付款顯可預見，故雖於到期日前，亦許執票人行使追索權。本款之規定，支票之付款人受破產宣告時，亦有其適用（§144 準用§85 II）。

某些論者認為，本款所以規定付款人或承兌人受破產宣告時得以行使追索權，乃因將來無法獲得承兌或付款顯可預見之故，因此若票據上載有預備付款人者，因預備付款人係票據之第二付款人，有預備付款人存在，付款人或承兌人縱受破產之宣告，將來無法獲得承兌或付款未必顯可預見，因此解釋上應經預備付款人拒絕付款，始有本款之適用。例如周金芳先生即謂：「付款人或承兌人受破產宣告時，未來必不能獲得承兌或付款，已可預見，但票據有預備付款人者，應先向預備付款人為承兌或付款之提示，經其拒絕者，始於付款人或承兌人有受破產宣告時，於期前行使追索權。」❼

二、形式要件

此之所謂形式要件者，乃指追索權之行使，以法定形式程序之履行為必要條件也。易言之，追索權之形式條件，即追索權行使之法定程序也。追索權行使之法定程序包括： 1.票據之遵期提示； 2.拒絕證書之作成； 3.拒絕事由之通知。前兩種程序乃追索權之保全行為，執票人不履行「 1.票據之遵期提示； 2.拒絕證書之作成」等保全行為，將喪失追索權；第三種程序，並非追索權之保全行為，而僅為後手對前手之義務，執票人縱未履行拒絕事由通知之義務，並無喪失追索權之虞，只是應負損害賠償責任而

　　p. 166。

❼　周金芳，《最新票據法論與實用》，自行出版，三興彩色印刷公司印刷，1977 年10 月印行， p. 180。

已。法律所以設此嚴格程序之規定，乃因票據債務人所負責任極為重大，規定遵期提示等嚴格程序，正可促使票據債務人早日明白真相，及時準備，有助於票據關係之迅速終結，增加票據流通之信用也。

茲將追索權行使之法定程序，簡述如下：

(一)票據之遵期提示

1.原則必須提示

票據為提示證券，執票人行使票據上之權利，應於法定之期限內向付款人提示票據，請求承兌或付款（§44、§45、§69）。票據法第九十五條規定：「匯票上雖有免除作成拒絕證書之記載，執票人仍應於所定期限內，為承兌或付款之提示，但對於執票人主張未為提示者，應負舉證之責。」票據法第一○四條規定：「I 執票人不於本法所定期限內為行使或保全匯票上權利之行為者，對於前手喪失追索權。II 執票人不於約定期限內為前項行為者，對於該約定之前手，喪失追索權。」由此二條之規定，足見票據之遵期提示為執票人行使追索權之前提，執票人未於法定期間內提示者，對其前手喪失追索權。

2.例外無須提示

例外無須提示之情形，約有下列幾種：

(1)付款人或承兌人死亡、逃避或其他原因無從為承兌或付款提示時（§85 II）

(2)付款人或承兌人受破產宣告時（§85 II）

(3)發生不可抗力之事變時

票據法第一○五條規定：「I 執票人因不可抗力之事變，不能於所定期限內為承兌或付款之提示，應將其事由從速通知發票人、背書人及其他票據債務人。II 第八十九條至第九十二條之規定，於前項通知準用之。III 不可抗力之事變終止後，執票人應即對付款人提示。IV 如事變延至到期日後三十日以外時，執票人得逕行使追索權，無須提示或作成拒絕證書。V 匯票為見票即付或見票後定期付款者，前項三十日之期限，自執票人通知其前手之日起算。」因不可抗力之事變本非執票人個人所能抗拒之事變，強使執票人負其責任，實在有違公平原則，故票據法乃規定，在此情況執票人

得例外地無須於法定期限內為票據之提示，惟執票人應將其事由從速通知發票人、背書人及其他票據債務人，而且於事變終止後，執票人應即對付款人提示。第一項所謂之「不可抗力」，係指不可避免之一般障礙而言，例如天災、戰爭、瘟疫、地震、交通斷絕即是，至於執票人個人之事由（如疾病、死亡）則不屬之。第三項所謂之「應即對付款人提示」，係指應立即(without delay)向付款人提示，不得拖延，否則將喪失追索權之謂也。

(4)依除權判決行使追索權時

依除權判決行使追索權時，縱經法院為除權判決宣告該遺失之票據無效，因票據業已滅失，執票人當然無法再予提示票據，此時票據權利人僅能依據該除權判決行使權利。惟於法院尚未為除權判決之前，執票人仍得依票據法第十九條第二項之規定，對發票人、背書人等人行使票據權利。票據法第十九條第二項規定：「公示催告程序開始後，其經到期之票據，聲請人得提供擔保，請求票據金額之支付；不能提供擔保時，得請求將票據金額依法提存。其尚未到期之票據，聲請人得提供擔保，請求給與新票據。」

(二)拒絕證書之作成

1. 各國立法例

關於拒絕承兌或拒絕付款之證明方法，是否以作成拒絕證書為必要，各國立法例頗不一致。

(1)以作成拒絕證書為必要者

例如「一九三○年統一票據法」(Uniform Law on Bills of Exchange and Promissory Notes, 1930)第四十四條第一項即規定：「匯票不獲承兌或不獲付款時，應以有根據之行為證明之(即不獲承兌或不獲付款之拒絕證書)。」日本票據法（手形法）第四十四條第一項規定：「對於承兌或付款之拒絕，應以公正證書（承兌拒絕證書或付款拒絕證書）證明之。」美國統一商法典第三編第五○七條第二項亦規定：「執票人於遭受拒絕時，對匯票發票人及票據背書人，立即取得追索權，但以已為必要之拒絕事由通知及作成拒絕證書者為限。」足見「一九三○年統一票據法」、日、美之立法，關於拒絕承兌或拒絕付款之證明方法，均以作成拒絕證書為必要。

⑵不以作成拒絕證書為必要者

例如英國票據法 (Bills of Exchange Act) 第五十一條第二項即規定:「凡票面載明之外國匯票因不獲承兌而未能兌現者,必須適當作成不獲承兌之拒絕證書,而此類匯票以往未曾因不獲承兌而未能兌現目前則因不獲付款而未能兌現者,必須適當作成不獲付款之拒絕證書,否則發票人及背書人之義務即告解除。凡票面未載明為外國匯票者,因未能兌現之匯票拒絕證書則無必要。」足見英國票據法之立法,除國際匯票外,對於本國匯票,關於拒絕承兌或拒絕付款之證明方法,並非以作成拒絕證書為必要。

2.我國之規定

⑴原 則

票據法第八十六條第一項規定:「匯票全部或一部不獲承兌或付款,或無從為承兌或付款提示時,執票人應請求作成拒絕證書證明之。」足見我國票據法採美、日之立法例,當匯票全部或一部不獲承兌或付款,或無從為承兌或付款提示時,執票人應負舉證責任,而其證明方法,原則上應作成拒絕證書以證明之。至於作成拒絕證書之期限及效果,則因行使追索權之原因而不同,茲分述如下:

A.拒絕承兌證書

票據法第八十七條第一項規定:「拒絕承兌證書,應於提示承兌期限內作成之。」依此規定,吾人可知:

⑷見票後定期付款之匯票,應自發票日起六個月內作成

票據法第四十五條規定:「I見票後定期付款之匯票,應自發票日起六個月內為承兌之提示。II前項期限,發票人得以特約縮短或延長之。但延長之期限不得逾六個月。」

⑻在指定請求承兌期限之匯票,應於指定之期限內作成

票據法第四十四條規定:「I除見票即付之匯票外,發票人或背書人得在匯票上為應請求承兌之記載,並得指定其期限。II發票人得為於一定日期前,禁止請求承兌之記載。III背書人所定應請求承兌之期限,不得在發票人所定禁止期限之內。」

(C)其他之匯票則應於到期日前請求作成拒絕承兌證書

票據法第四十二條規定：「執票人於匯票到期日前，得向付款人為承兌之提示。」

至於拒絕承兌證書作成之效力，票據法第八十八條規定：「拒絕承兌證書作成後，無須再為付款提示，亦無須再請求作成付款拒絕證書。」因付款人拒絕承兌後，縱為付款之提示，其付款之可能性甚少，且本法第八十五條第二項第一款已規定匯票不獲承兌時，執票人得行使追索權，故本條明定拒絕承兌證書作成後，即毋庸再為付款之提示，亦無須再請求作成付款拒絕證書，以免除執票人手續之煩累也。

B.拒絕付款證書

就拒絕付款證書之作成期限，票據法第八十七條第二項規定：「拒絕付款證書，應於拒絕付款日或其後五日內作成之。但執票人允許延期付款時，應於延期之末日，或其後五日內作成之。」

C.無從為承兌或付款提示之證書

票據法第八十六條第一項規定：「匯票全部或一部不獲承兌或付款，或無從為承兌或付款提示時，執票人應請求作成拒絕證書證明之。」足見執票人對於無從為承兌或付款提示之事實，亦應以拒絕證書證明之。至於此等證書之作成期限，法無明文，解釋上，在無從為承兌之情形，應在法定或約定之承兌期限內為之，在無從為付款提示之情形，因係期前追索之故，應在到期日前作成之❼。

(2)例外 (拒絕證書之免除或代替)

執票人為行使及保全匯票上之權利，原則上應於法定期限內作成拒絕證書，否則對於前手喪失追索權（§104）。但有下列情形，則屬例外，無須作成拒絕證書：

A.有免除作成拒絕證書之記載者

票據法第九十四條第一項規定：「發票人或背書人，得為免除作成拒絕證書之記載。」因法律之所以責令執票人必須作成拒絕證書，旨在確認執票

---

❼　鄭玉波，《票據法》，三民書局印行，1991 年 8 月第 4 刷，p. 200。

人是否已為適法之提示及付款人是否已為承兌或付款，藉以避免執票人擅自追索，以保護票據債務人之利益。惟拒絕證書之作成，既須由被追索人負擔費用，又須將匯票喪失信用之事實公開，對於被追索人實在利少而弊多，因此現行票據法乃規定，發票人或背書人得為免除作成拒絕證書之記載。惟其效力，則因記載人之差異而不同：

(A)發票人為免除作成拒絕證書之記載者

票據法第九十四條第二項規定：「發票人為前項記載時，執票人得不請求作成拒絕證書而行使追索權。但執票人仍請求作成拒絕證書時，應自負擔其費用。」依此規定，發票人為免除作成拒絕證書之記載者，對於一切後手，均生效力，執票人得不請求作成拒絕證書而逕自行使追索權。惟執票人仍請求作成拒絕證書時，應自行負擔其費用。

(B)背書人為免除作成拒絕證書之記載者

票據法第九十四條第三項規定：「背書人為第一項記載時，僅對於該背書人發生效力。執票人作成拒絕證書者，得向匯票上其他簽名人，要求償還其費用。」依此規定，背書人為免除作成拒絕證書之記載者，僅對該免除作成拒絕證書之背書人發生效力，僅對該免除作成拒絕證書之背書人無須作成拒絕證書，執票人對於其他票據債務人行使追索權時，仍須作成拒絕證書，並得向該其他票據債務人要求償還其費用。

票據法第九十五條規定：「匯票上雖有免除作成拒絕證書之記載，執票人仍應於所定期限內，為承兌或付款之提示，但對於執票人主張未為提示者，應負舉證之責。」因匯票上免除作成拒絕證書之記載，僅在免除執票人就提示未獲結果事實之舉證責任而已，並不因之而免除執票人提示之責任，故執票人仍應於所定期限內，為承兌或付款之提示，「但對於執票人主張未為提示者，應負舉證之責」，此乃舉證責任之轉換。就提示未獲結果之事實，本應由執票人負舉證責任（作成拒絕證書），但匯票上既有免除作成拒絕證書之記載，則主張執票人未為提示者，反應由該主張之人負舉證責任矣。若該主張之人無法舉證，應推定執票人已為承兌或付款之提示，縱然實際上執票人未為提示，亦不能拒絕其追索。

B.代替拒絕證書者

執票人雖須作成拒絕證書，但得以下列幾種方法代替：

(A)略式拒絕證書

票據法第八十六條第二項規定：「付款人或承兌人在匯票上記載提示日期，及全部或一部承兌或付款之拒絕，經其簽名後，與作成拒絕證書，有同一效力。」此即所謂之「略式拒絕證書」。此項之規定，旨在謀求執票人之便利。因我國公證制度尚未普遍推行，拒絕證書之強制實施，事實上仍有困難，故設此變通辦法，以謀執票人之方便，一般多由金融業者以略式拒絕證書之方法證明之❼❸。

(B)破產宣告之裁定正本或節本

票據法第八十六條第三項規定：「付款人或承兌人之破產，以宣告破產裁定之正本或節本證明之。」因破產之宣告係由法院為之，法院就此所為之宣告破產裁定書具有公證力，以其正本或節本代替拒絕證書，自與簡便之原則相符，因此執票人若能提出該項正本或節本，自可行使追索權，而無須再作成拒絕證書矣。

C.已作成拒絕承兌證書者

票據法第八十八條規定：「拒絕承兌證書作成後，無須再為付款提示，亦無須再請求作成付款拒絕證書。」本條之立法理由，如前所述，旨在免除執票人手續之煩累。

D.因事變而法定免除作成拒絕證書者

票據法第一〇五條第四項規定：「如事變延至到期日後三十日以外時，執票人得逕行使追索權，無須提示或作成拒絕證書。」依此規定，執票人因三十日期間之經過，即取得無須提示或作成拒絕證書，而得逕行行使追索權之地位。本項之規定，旨在保護執票人之利益。

(三)拒絕事由之通知

票據法規定,匯票於未獲承兌或付款時,執票人應即通知其前手(§89)。

---

❼❸ 鄭洋一,《票據法之理論與實務》,自行出版,總經銷三民書局,文太印刷有限公司印刷,1993 年 1 月修正 18 版, pp. 237, 238。

執票人原以不負任何票據關係之任何義務為原則，本法對執票人例外地課以通知之義務，其立法目的約有下列三點：

1. 促使債務人及早為償還之準備

票據法第九十六條第一項規定：「發票人、承兌人、背書人及其他票據債務人，對於執票人連帶負責。」執票人之通知，可使票據債務人及早知悉拒絕事由，而為償還之準備。

2. 促使債務人及早為適當之措施

執票人之通知，可使票據債務人視各自之情況而為適當之措施，必要時亦得自動提前償還，以防償還金額之擴大。

3. 促使債務人及早就資金關係有所措置

執票人之通知，可使票據債務人對於票據之原因關係或資金關係有所措置，例如發票人對付款人曾約定提供資金而未提供資金者，可藉此通知，補提資金。

拒絕事由之通知，僅為追索權行使程序之一部，並非追索權行使之要件。易言之，拒絕事由之通知，僅為後手對前手之義務，執票人怠於通知而發生損害時，執票人固須負損害賠償之責，但其追索權並不因此而喪失，因此我國票據法第九十三條乃規定：「不於第八十九條所定期限內為通知者，仍得行使追索權。但因其怠於通知發生損害時，應負賠償之責，其賠償金額不得超過匯票金額。」茲將票據法有關通知之規定，簡單說明如下：

1. 通知義務人及受通知人

通知義務人為：(1)執票人；(2)收到通知之背書人。至於受通知人則為：(1)背書人；(2)發票人；(3)其他匯票上債務人。所謂「其他匯票上債務人」，例如保證人即是（§89 I）。

2. 通知之期限及順序

通知之期限及順序，因通知義務人而異：

(1)執票人之通知

第一位通知義務人為執票人。就執票人之通知，票據法第八十九條第一項規定：「執票人應於拒絕證書作成後四日內，對於背書人、發票人及其

他匯票上債務人,將拒絕事由通知之。」此種由執票人對於背書人、發票人及其他匯票上債務人,將拒絕事由通知之原則,謂之「直接通知主義」。其立法目的,乃在讓追索義務人早日獲悉拒絕之事實,而能及早有所準備或措置也。其四日期限,若有作成拒絕證書時,應自拒絕證書作成後起算;若有特約免除作成拒絕證書時,執票人應於拒絕承兌或拒絕付款後四日內,將拒絕事由通知之。票據法第八十九條第二項規定:「如有特約免除作成拒絕證書時,執票人應於拒絕承兌或拒絕付款後四日內,為前項之通知。」至於以破產宣告為理由而追索時,因破產法已設有公告之規定(破§65),執票人自無再為特別之通知也❼。

(2)背書人之通知

就背書人之通知,票據法第八十九條第三項規定:「背書人應於收到前項通知後四日內,通知其前手。」此即所謂遞次通知主義。依本條第一項之規定,執票人固得直接通知背書人、發票人及其他票據上債務人,但僅由執票人通知,有時票據上債務人仍未能收到,故本項乃規定,背書人亦得遞次通知其前手,祈使各被追索義務人得以早日獲悉拒絕之事實,而能及早有所準備或措置也。

再者,票據法第八十九條第四項又規定:「背書人未於票據上記載住所或記載不明時,其通知對背書人之前手為之。」依此規定,背書人於背書時,未記載自己之住所或記載不明時,無庸依次通知,該未記載住所或記載不明之背書人當然喪失被通知之權利,此時其通知,僅須對於該背書人之前手為之。

(3)不可抗力時之通知

就不可抗力時之通知,票據法第九十二條規定:「I 因不可抗力不能於第八十九條所定期限內,將通知發出者,應於障礙中止後四日內行之。II 證明於第八十九條所定期限內,已將通知發出者,認為遵守通知期限。」依此規定,因不可抗力不能於法定期限內發出通知者,應於障礙中止後四日內行之。

---

❼　鄭玉波,《票據法》,三民書局印行,1991 年 8 月第 4 刷,p. 202。

3.通知之方法及內容

⑴通知之方法

就拒絕事由通知之方法，票據法第九十一條規定：「I 通知得用任何方法為之。但主張於第八十九條所定期限內曾為通知者，應負舉證之責。II 付郵遞送之通知，如封面所記被通知人之住所無誤，視為已經通知。」依此規定，通知之方法，本法並無限制，得由執票人自由選擇，不論以口頭、電話、信箋為之，均無不可。

主張於法定期限（§89 所定四日內之期限）曾為通知而被通知人否認時，通知人應就其已於法定期限內已為通知之事實，負舉證責任。例如通知人提出電報收據或掛號郵件之單據為證即是。因通知人須負舉證責任，因此通知人於通知之時，對於通知方法及證據之保存，必須加以注意。

「付郵遞送之通知，如封面所記被通知人之住所無誤，視為已經通知。」因郵政係公用事業，其業務由政府所設之機構辦理，可靠性較高，且交郵之後如何送達，亦非通知人所能控制，因此本法規定，如封面所記被通知人之住所無誤，視為已經通知。易言之，在此情況之下，縱然該通知未達於被通知人，亦可發生通知之效力，足見本法係採發信主義，與一般民法所採之到達主義者不同。

⑵通知之內容

通知之內容，法無明文規定，解釋上應包括拒絕承兌或拒絕付款之具體情形及日期，其係無從為承兌提示者，其原因、通知人或前通知人之姓名住所、作成拒絕證書或略式拒絕證書之時日等，亦應包括之❼。

4.通知義務之免除

⑴因被通知人之免除

票據法第九十條規定：「發票人、背書人及匯票上其他債務人，得於第八十九條所定通知期限前，免除執票人通知之義務。」拒絕事由之通知，固係通知人（執票人）之義務，但被通知卻係被通知人之權利，因此發票人、

---

❼　周金芳，《最新票據法論與實用》，自行出版，三興彩色印刷公司印刷，1977 年10 月印行，p. 183。

背書人及匯票上其他債務人，得拋棄其權利，免除執票人通知之義務。惟其免除須於第八十九條所定通知期限前為之,否則其免除將無任何意義也。

　　免除通知之效力，僅及於該表示免除通知之人，對於其他未表示免除通知之人，則不發生效力。而且拒絕事由通知之免除與拒絕證書作成之免除，不可混為一談，縱有拒絕證書作成免除之記載，拒絕事由通知之義務，並不因之而免除也。

　　(2)因破產宣告之追索權行使

　　因破產宣告而行使追索權者，因破產法第六十五條設有破產公告之規定，執票人自無須再為拒絕事由之通知。

　5.通知之障礙

　　對於通知之障礙，票據法第九十二條規定：「Ⅰ因不可抗力不能於第八十九條所定期限內，將通知發出者，應於障礙中止後四日內行之。Ⅱ證明於第八十九條所定期限內，已將通知發出者，認為遵守通知期限。」

　　不可抗力〔羅：vis major；英：act of God, irresistible force majeure；日：不可抗力（ふかこうりょく）；德：höhere Gewalt；法：force majeure, cas fortuit〕者，乃指由於外界之力量，而非人力所能抗拒或避免之事故也，亦即，來自於外部之力量，縱然已盡交易觀念上通常所要求之注意或預防方法，亦無法防止損害之事實也。例如因天災、疫癘及其他非人力所能抗拒之事變以致無法通知即是。在此情況，不為通知，並非執票人之過失，故法律許其障礙中止後四日內行之。但若未能於障礙中止後四日內通知，執票人仍應負不通知之責任。通知人（執票人）若能證明於法定期限內，已將通知發出者，應認為遵守通知期限。亦即通知人於法定期限內發出通知後，有時或因非通知人所能控制之原因而無法達到被通知人，此等事實已非通知人之過失，基於此等事實所生之不利益應由被通知人負擔之。

　6.怠於通知之效果

　　就違反通知義務之制裁，各國立法例，約可分為下列幾種：

　　(1)條件主義

　　採條件主義者認為，拒絕事由之通知，其性質屬於追索權之行使要件，

執票人若不為通知，即喪失追索權。例如英國票據法第四十八條即規定：「依照本法之規定，凡匯票因不獲承兌或不獲付款而未能兌現者，未能兌現之通知應發給發票人及每一背書人，任何未經通知之發票人或任何背書人得解除義務。」

⑵義務主義

採義務主義者認為，拒絕事由之通知，其性質僅為後手對前手之義務，而非追索權之行使要件，因此執票人違反此等通知義務時，並未喪失追索權，僅對於因其怠於通知所生之損害，負損害賠償之責任。例如日本票據法第四十五條第六項即規定：「未於上述規定期間內為通知者，仍得行使其權利。但因其過失而發生損害者，應負賠償之責，但賠償金額不得超過票據金額。」

我國票據法第九十三條規定：「不於第八十九條所定期限內為通知者，仍得行使追索權。但因其怠於通知發生損害時，應負賠償之責，其賠償金額不得超過匯票金額。」足見我國係採義務主義之立法，通知之性質，非屬追索權行使之要件，雖未通知執票人仍得行使追索權，只是對於因其怠於通知而發生之損害，應負損害賠償而已。此項損害賠償請求權之成立，以「因其怠於通知發生損害時」為限，非謂於法定期限內未為通知，即應賠償。再者，「其賠償金額不得超過匯票金額」，因追索權人縱然未為通知，被追索人之損害，亦不至於匯票金額外更有任何損失也。

我國票據法所以採此立法，乃因下列兩點理由：

A.就理論言之。拒絕事由通知之目的，僅在促使票據債務人及早得知被追索之原因事實，俾能及早準備償還而已。因其怠於通知，即生喪失追索權之效果，在理論上顯然有欠平衡。

B.就實際社會狀況言之。目前我國法律教育尚未普及，拒絕事由之通知義務，未必為一般執票人所周知，若因其怠於通知，即生喪失追索權之效果，對於執票人而言，未免過於苛刻。

今設有某甲簽發付款人為臺灣銀行城中分行之支票一紙面額新臺幣壹百萬元，票載發票日為 2000 年 2 月 10 日，交付與乙。該乙因事出國，於

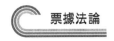

同年3月1日返國，乃持票逕向甲追索請求付款。試問甲得否拒絕付款？

　　支票在未經向付款人為付款之提示時，得否直接向發票人行使追索權？學界向有下列兩種見解：

　　A.否定說

　　主張否定說者認為，支票在未經向付款人為付款之提示時，不得直接向發票人行使追索權。其理由約有下列幾點：

　　(A)支票之性質為提示證券

　　依票據法第一三○條之規定，支票之執票人，應於該條所定期限內為付款之提示。由此可知，支票之性質為提示證券，執票人應為付款之提示，否則將違反支票提示證券之性質。

　　(B)向付款人為付款之提示本為行使追索權之前提

　　票據法第一三一條第一項規定：「執票人於第一百三十條所定提示期限內，為付款之提示而被拒絕時，對於前手得行使追索權。但應於拒絕付款日或其後五日內，請求作成拒絕證書。」由此規定可知，向付款人為付款之提示本為行使追索權之前提。

　　(C)若執票人不向付款人為付款之提示，將使利息之起算，失其依據

　　票據法第一三三條規定：「執票人向支票債務人行使追索權時，得請求自為付款提示日起之利息，如無約定利率者，依年利六釐計算。」依此規定可知，利息之起算日為付款之提示日，因此若執票人不向付款人為付款之提示，將使利息之起算，失其依據。

　　(D)若執票人不向付款人為付款之提示，則有違誠信原則

　　發票人簽發記載付款人之支票，本含有請求執票人先向付款人（金融業者）提示之意，而執票人見其記載而受領該支票，自亦含有願向該付款人提示付款之默示存在。因此執票人不為付款之提示，自係違背提示付款之義務，依誠信原則，當不得逕向發票人請求票款。

　　B.肯定說

　　主張肯定說者認為，支票在未經向付款人為付款之提示時，仍得直接向發票人行使追索權。其理由約有下列幾點：

(A)執票人未於法定期限內為付款之提示，僅對發票人以外之前手喪失追索權而已

票據法第一三二條規定：「執票人不於第一百三十條所定期限內為付款之提示，或不於拒絕付款日或其後五日內，請求作成拒絕證書者，對於發票人以外之前手，喪失追索權。」依其文意，則執票人縱不於法定期限內為付款之提示，僅對於發票人以外之前手，喪失追索權，對於發票人仍得行使追索權，不論其後補行提示或請求作成拒絕證書與否，對於發票人均不喪失追索權❼❻。

(B)執票人怠於提示致發票人受損，執票人亦僅負損害賠償責任而已

票據法第一三四條規定：「發票人雖於提示期限經過後，對於執票人仍負責任。但執票人怠於提示，致使發票人受損失時，應負賠償之責，其賠償金額，不得超過票面金額。」依此但書之規定，執票人怠於提示，致使發票人受損失時（例如，執票人怠於提示，嗣因付款人倒閉，致存款僅得按成數攤還即是），僅發生執票人之賠償責任，其賠償金額不得超過票面金額而已，非謂執票人已不得向發票人請求給付票款。因執票人若不得請求給付票款，即不發生該條但書所定「其賠償金額，不得超過票面金額」之問題。

實務界曾採肯定說之見解，例如最高法院 1963 年臺上字第 476 號判決及司法行政部 1968.9.3 臺 57 令民字第 5540 號令❼❼均認為，向發票人行使追索權，並非必須經提示付款，不獲兌現後，始得為之。惟 1982 年 5 月 4 日最高法院 1982 年度第 8 次民事庭會議決議，則採否定說之見解。

吾人以為，似以否定為妥。其主要理由，約有下列幾點：

(1)票據法第一三二條所規定者，乃在於執票人不於法定期限內為付款提示時，執票人對於發票人追索權應為「是否有無」之問題，而非「如何行使」之問題。因此根據票據法第一三二條之規定，執票人對於發票人固然尚有追索權，但其追索權之行使，仍須符合遵期提示、遵期作成拒絕證書等要件，其與一般之追索權，在程序上不無不同。

---

❼❻ 陳世榮教授所著之《票據法論》即持此見解。

❼❼ 見司法院 1982 年 3 月出版之《民事確定裁判指正彙編》p. 319。

(2)票據法第一三六條規定：「付款人於提示期限經過後，仍得付款。但有左列情事之一者，不在此限：一、發票人撤銷付款之委託時。二、發行滿一年時。」依其文意，縱然提示期限經過後，付款人仍有向執票人付款之可能，因此縱然提示期限經過後，執票人仍應向付款人為付款之提示，只有在被拒絕後，始得向發票人行使追索權。

三、回頭匯票之發行

(一)回頭匯票之意義

回頭匯票〔英：redraft；日：戾手形（もどりてがた）；德：Rückwechsel；法：retraite〕者，亦稱還原匯票或回溯匯票，乃指追索權人因行使追索權向償還義務人所發行之一種匯票也。亦即匯票之執票人或其他追索權人，除有相反約定時，得以發票人，或前背書人之一人，或其他匯票債務人為付款人，向其住所所在地所發行見票即付之匯票也（§102）。

(二)回頭匯票之實益

回頭匯票之發行，為行使追索權之一種特殊方法。因行使追索權時，若須親自往取，則往返周折，既費時間，且耗費用，實在不符經濟原則。若能准許追索權人簽發一即期匯票，以被追索人為付款人，以銀行為受款人（或以執票人為發票人兼受款人）連同原匯票及拒絕證書等持向付款地之銀行請求貼現，換取現金，對追索者而言，既可節省時間，對被追索者而言，又可節省費用，可謂極其方便。尤其在票據當事人之所在地相距甚遠，而又為追索權之行使者，回頭背書之效用，更為顯著。例如今有某 A 在紐約簽發一百萬之匯票，背書轉讓與在臺北之某 B，以臺北之某 C 為付款人，如 B 在臺北向 C 請求付款被拒時，若 B 欲向 A 行使追索權，須將原匯票、拒絕證書及償還計算書等一併寄往紐約，然後 A 再將清償金額自紐約寄來臺北，如此往返周折，既費時間，且耗費用，更有遺失之虞。若能改用回頭匯票之方法，B 可依照請求償還金額，開一即期匯票，以 A 為付款人，以自己 (B) 為受款人，以在紐約之臺灣銀行為付款地，經 A 承兌後，由 B 持票向在臺北之臺灣銀行請求貼現，立可取得現款❼。回頭匯票之制

度，雖然甚為方便，各國法律亦多以明文認許之，但目前在我國及外國，均尚未被廣泛利用，似乎仍停留在學理研究之階段中❼。

㈢回頭匯票發行之要件

票據法第一○二條規定：「Ｉ有追索權者，得以發票人或前背書人之一人或其他票據債務人為付款人，向其住所所在地發見票即付之匯票。但有相反約定時，不在此限。Ⅱ前項匯票之金額，於第九十七條及第九十八條所列者外，得加經紀費及印花稅。」依此規定，回頭匯票之發行，必須符合下列要件：

1.發票人須為有追索權之人

發票人須為匯票之執票人，或其他有追索權之人。

2.付款人須為償還義務人

付款人須為被追索人，亦即付款人須為償還義務人。如原匯票之發票人、背書人或其他票據債務人即是（§102Ⅰ）。但此匯票之受款人，法無明定，解釋上得以追索權人自己或他人充之，記載或不記載，於發票時得由發票人斟酌之。

3.付款地須為償還義務人住所之所在地

回頭匯票之付款地，須為償還義務人住所之所在地（§102Ⅰ），以免付款時，輾轉周折，費時耗用。

4.須為見票即付之匯票

回頭匯票須為見票即付之匯票，其理由有二：

⑴回頭匯票發行之目的，本在於了結追索權人與被追索人間立即應予償還之債務，自不宜另有其他到期日之約定，否則另約期日，再事遷延，有違回頭匯票發行之目的也。

⑵一般而言，見票即付之匯票，其貼現率較高於非見票即付之匯票，此亦為本法規定，回頭匯票須為見票即付匯票之原因。貼現者，以尚未到

---

❼ 焦祖涵，《票據法釋論》，自行出版，率真印刷廠印刷，1978 年 1 月出版，p. 413。

❼ 鄭洋一，《票據法之理論與實務》，自行出版，總經銷三民書局，文太印刷有限公司印刷，1993 年 1 月修正 18 版，p. 243。

期之票據，減折兌取現款之謂也。亦即銀行錢莊對於尚未到期之票據，如執票人要求先付，則應由執票人貼補若干，是為貼現也。

5.須當事人無相反約定

回頭匯票之發行，須當事人間無相反之約定始可，此乃消極要件。因回頭匯票之發行，對於償還義務人未必有利，為尊重票據當事人之意願，乃有此消極要件之規定也。

6.應附原匯票、拒絕證書、收據及償還計算書

附上此等書類，可作為發票人發行回頭匯票之憑據，並藉以明瞭回頭匯票人及付款人之權利與義務。

7.回頭匯票之金額須依法定

票據法第一○二條第二項規定：「前項匯票之金額，於第九十七條及第九十八條所列者外，得加經紀費及印花稅。」依此規定，執票人若為第一次追索時，其金額依本法第九十七條之規定，並加列經紀費（發行回頭匯票所生之手續費）及印花稅；背書人若為再追索時，其金額依本法第九十八條之規定，並加列經紀費及印花稅。所謂經紀費，係指發行回頭匯票之手續費及稅捐而言；至於印花稅，自 1978 年修正印花稅法之後，已不將匯票列為印花稅課徵範圍，故今日於臺灣發行之匯票，已無此項印花稅之負擔，不過若於外國發行之匯票，若有此負擔時，則應計算在內❽。

回頭匯票之制度既為了結不同地區間，追索權人與被追索人之票據關係而設，則就異地發行回頭匯票之金額，不得不有相當之標準。對於此點，票據法第一○三條規定：「I 執票人依第一百零二條之規定發匯票時，其金額依原匯票付款地匯往前手所在地之見票即付匯票之市價定之。II 背書人依第一百零二條之規定發匯票時，其金額依其所在地匯往前手所在地之見票即付匯票之市價定之。III 前二項市價，以發票日之市價為準。」依此規定，原匯票付款地與回頭匯票付款地，因匯票市價之關係，其換算標準如下：

⑴執票人發行時

---

❽　陳銶雄，《實用票據法論》，自行出版，雨利美術印刷有限公司印刷，1986 年3月出版，p. 551。

　　市價計算之時間，無論其為「執票人發行」或「背書人發行」，均以發票日之市價為準（§103 III）。執票人行使第一次追索時，其金額依原匯票付款地匯往前手所在地之見票即付匯票之市價定之（§103 I）。例如原匯票金額為一萬元，加入利息及其他費用，共為一萬一千元，惟於回頭匯票發行之時（發票日之市價），因外匯市價低落，每一百元之匯票，僅值九十元，則該回頭匯票發票地之貼現率（即原匯票付款地匯往前手所在地之見票即付匯票之市價）為 90%，故該回頭匯票之金額應為 11000 元 ÷ 90% ＝ 11000 元 × 100/90。因執票人所得享有之權利，本為依原匯票付款地就該匯票所得享受付款之利益，故回頭匯票金額之計算，自應以該項原得享有之利益為標準，其因市價漲落之損益，應歸被追索人負擔**[81]**。

　　(2)背書人發行時

　　背書人行使再追索時，其金額依其所在地匯往前手所在地之見票即付匯票之市價定之。因背書人為償還之請求時，係以住所地現實取得應得之款項為原則，其因市價而生之損益，應統歸被追索之前手負擔也。

第四款　追索權之效力

　　追索權之效力，可分為對人之效力及對物之效力。茲簡述如下：

一、對人之效力

　　對人之效力，又可分為對追索權人之效力及對償還義務人之效力。

㈠對追索權人之效力

　　依票據法第九十六條之規定，追索權之行使，對於追索權人具有下列

---

[81]　施文森，《票據法新論》，自行出版，總經銷三民書局，1990 年修訂 3 版，p. 171。
　　焦祖涵，《票據法釋論》，自行出版，率真印刷廠印刷，1978 年 1 月出版，p. 230。
　　鄭乃仁，《票據之理論與應用》，自行出版，文祥印刷有限公司印刷，1976 年 10 月初版，p. 209。
　　鄭洋一，《票據法之理論與實務》，自行出版，總經銷三民書局，文太印刷有限公司印刷，1993 年 1 月修正 18 版，p. 244。

效力：

1.連帶追索權

票據法第九十六條第一項規定：「發票人、承兌人、背書人及其他票據債務人，對於執票人連帶負責。」匯票自發票人，中經背書人，其他票據債務人，以至執票人，其間所發生之法律關係均僅為單線關係，而非多線關係，按一般法理，除有特約外，多數票據債務人對於執票人，不應發生清償之連帶關係，但依票據法第九十六條第一項之規定，執票人對於發票人、承兌人、背書人及其他票據債務人，得以連帶追索❽。

2.選擇追索權

選擇追索權，亦稱飛越追索權。票據法第九十六條第二項規定：「執票人得不依負擔債務之先後，對於前項債務人之一人或數人或全體行使追索權。」足見追索權之行使，非如拒絕事由通知之必須遞次為之，執票人得依自己之方便，不依負擔債務之先後，對於發票人、背書人及其他債務人之一人或數人或全體，任意行使追索權，此即追索權之飛越效力。例如某 A 簽發匯票乙紙與 B，以 K 為付款人，經 K 承兌後，B 將匯票背書轉讓與 C，C 復轉讓與 D，D 再轉讓與 E。於到期日執票人 E 向 K 請求付款而不獲付款時，則 E 可任意向 A、B、C、D、K 中之任何一人行使追索權，亦得向 A、B、C、D、K 五人同時行使追索權。

3.變更追索權

變更追索權，亦稱轉向追索權。票據法第九十六條第三項規定：「執票人對於債務人之一人或數人已為追索者，對於其他票據債務人，仍得行使追索權。」例如前例中，E 向 C 行使追索權，C 為部分清償時，E 仍可就所剩部分向 A、B、C、D、K 行使追索權，直至全部獲償為止，此為追索權之變更效力或轉向效力。如此規定，旨在保障票據債權之安全。

4.代位追索權

代位追索權，亦稱再追索權。票據法第九十六條第四項規定：「被追索

---

❽　劉鴻坤，《最新修正票據法釋義》，自行出版，臺北監獄印刷廠印刷，1973 年 10 月再版，p. 174。

者，已為清償時，與執票人有同一權利。」是為追索權之代位效力。惟此之所謂「與執票人有同一權利」，承兌人已為清償時，是否亦與執票人有同一權利？因承兌人係屬付款義務人，而非一般之償還義務人，承兌人「已為清償時」，匯票經承兌人付款，票據之權利義務即歸消滅，不應「與執票人有同一權利」，不可再行使追索權也**❽**。

5.回頭匯票之發行

追索權人，除得依一般程序，向其前手追索權票據金額之外，亦得以發行回頭匯票之方法為之。尤其當追索權人與被追索人遠地相隔時，追索權人若以發行回頭匯票之方式為之，則追索權人或可就地（原匯票之付款地）向銀行貼現，或可以之清償債務（例如清償與償還義務人同地之債權人之債務）。回頭匯票之發行，乃行使追索權之一種特殊方法**❾**。

㈡對償還義務人之效力

1.連帶責任

票據法第九十六條第一項規定：「發票人、承兌人、背書人及其他票據債務人，對於執票人連帶負責。」是為償還義務人之連帶責任。惟此之連帶責任與民法上一般之連帶責任不同，學者將之稱為不完全連帶責任或不真正連帶責任（日本學者稱之為合同責任）。茲將票據法第九十六條之連帶責任與民法上之連帶責任，簡單比較如下：

⑴民法上之連帶債務，因連帶債務人中之一人全部清償，其他債務人亦同免除其責任（民§274）；反之，票據法第九十六條之連帶債務，除承兌人之付款外，其他償還義務人之償還，僅能免除其本人及其後手之責任，其前手及承兌人之債務，則絲毫不受影響。易言之，償還義務人，仍得對其前手及承兌人行使追索權也。

⑵民法上之連帶債務，「連帶債務人中之一人，對於債權人有債權者，他債務人以該債務人應分擔之部分為限，得主張抵銷。」（民§277）反之，

❽　梁宇賢，《票據法新論》，自行出版，益誠彩色印刷有限公司印刷，1994 年 3 月初版，p. 285。

❾　鄭玉波，《票據法》，三民書局印行，1991 年 8 月第 4 刷，p. 206。

票據法第九十六條之連帶債務，因償還債務人間既無應分擔之部分，自不得主張抵銷。

(3)民法上之連帶債務，因各債務人應平均分擔義務，因此民法第二八一條第一項規定：「連帶債務人中之一人，因清償或其他行為，致他債務人同免責任者，得向他債務人請求償還其各自分擔之部分，並自免責時起之利息。」反之，票據法第九十六條之連帶債務，因票據償還債務人間並無應分擔之部分，故無內部如何分擔之問題。

2.匯票、償還計算書及拒絕證書之交付請求權

票據法第一○○條第一項規定：「匯票債務人為清償時，執票人應交出匯票，有拒絕證書時，應一併交出。」追索時雖不以提示票據為要件，但請求付款時則應提示票據。因票據本為返還證券，而且票據亦為票據債權之唯一證明（設權證券），故匯票債務人為清償時，執票人應交出匯票，以便清償人再向其前手追索。再者，拒絕證書係票據上權利已經保存之唯一證明文件，而且拒絕證書之作成亦為追索權行使之要件，故執票人如作有拒絕證書，應一併交出。惟匯票記載免除作成拒絕證書者，自無須交出拒絕證書。執票人若未能交出本項所規定之書類，票據債務人自可拒絕清償，且不負債務人遲延之責任。

再者，票據法第一○○條第二項規定：「匯票債務人為前項清償，如有利息及費用者，執票人應出具收據及償還計算書。」依此規定，匯票債務人為前項清償，如有利息及費用者，執票人應出具收據及償還計算書，以證明償還金額之確實數目，並藉以證明執票人已經如數收到，如此始能方便清償人向其前手行使追索權也。

3.背書塗銷權

票據法第一○○條第三項規定：「背書人為清償時，得塗銷自己及其後手之背書。」因背書人清償後，該背書人及其後手已免除責任，其背書已無繼續留存於票據之必要，若不塗銷，萬一該票據再落入善意第三人之手，恐有再遭追索之危險也。

4.記載清償部分請求權

票據法第一〇一條規定：「匯票金額一部分獲承兌時，清償未獲承兌部分之人，得要求執票人在匯票上記載其事由，另行出具收據，並交出匯票之謄本及拒絕承兌證書。」因承兌部分尚未付款，執票人尚須保存該匯票，以便於到期日向承兌人請求該承兌部分之付款，故清償未獲承兌部分之人不得向執票人請求交付票據，但仍得要求執票人在匯票上記明受領部分清償之事實，另行出具收據，並交出匯票之謄本及拒絕承兌證書，以資證明。所謂收據，係指受領部分償還之收據。

5.再追索權之行使

票據法第九十六條第四項規定：「被追索者，已為清償時，與執票人有同一權利。」是為代位追索權。

二、對物之效力

㈠最初追索之金額

追索權在性質上為債權，其得請求之標的物，為一定之金額。對於此項金額，票據法第九十七條規定：「I 執票人向匯票債務人行使追索權時，得要求左列金額：一、被拒絕承兌或付款之匯票金額，如有約定者，其利息。二、自到期日起如無約定利率者，依年利六釐計算之利息。三、作成拒絕證書與通知及其他必要費用。II 於到期日前付款者，自付款日至到期日前之利息，應由匯票金額內扣除。無約定利率者，依年利六釐計算。」

㈡再追索之金額

被追索人已為清償之後，得向匯票之承兌人或前手，行使追索權，此為代位追索權或再追索權。對此再追索之金額，票據法第九十八條規定：「I 為第九十七條之清償者，得向承兌人或前手要求左列金額：一、所支付之總金額。二、前款金額之利息。三、所支出之必要費用。II 發票人為第九十七條之清償者，向承兌人要求之金額同。」足見追索次數愈多，追索金額愈大，利息加上利息，費用加上費用，追索次數愈多，對票據債務人愈為不利。

第五款　追索權之喪失

追索權之喪失者，係指票據債權人喪失其向票據債務人行使追索權而言。此乃票據法對於懈怠行使追索權者之一種制裁。關於追索權喪失之原因，各國規定頗不一致，有分別規定於各條文者，如日本票據法之立法；有列舉合併規定於某條文者，例如「一九三〇年統一票據法」第五十三條，即就各種喪失追索權之原因，列舉合併規定於該條文之中。我國則採概括主義之立法，除因消滅時效之完成而消滅外（§22），尚因違反法定期限、約定期限等事由而喪失❽。茲將我國票據法上，追索權喪失之事由，簡述如下：

一、因違反法定期限而喪失

票據法第一〇四條第一項規定：「執票人不於本法所定期限內為行使或保全匯票上權利之行為者，對於前手喪失追索權。」依此規定，執票人不於法定期限內為行使或保全匯票上權利之行為者，對於其一切前手，均喪失追索權，故為「絕對之喪失」。所謂法定期限，係指承兌之提示期限、付款之提示期限、拒絕證書之作成期限而言，至於拒絕事由之通知期限，因非追索權保全或行使要件，不包括之。茲將此之所謂法定期限，簡述如下：

㈠承兌提示期限

1.見票後定期付款之匯票

票據法第四十五條規定：「I 見票後定期付款之匯票，應自發票日起六個月內為承兌之提示。II 前項期限，發票人得以特約縮短或延長之。但延長之期限不得逾六個月。」票據法第四十八條規定：「付款人於執票人請求承兌時，得請其延期為之，但以三日為限。」

2.見票即付之匯票

票據法第六十六條規定：「I 見票即付之匯票，以提示日為到期日。II 第四十五條之規定，於前項提示準用之。」依此規定，見票即付之匯票，亦應

---

❽　鄭洋一，《票據法之理論與實務》，自行出版，總經銷三民書局，文太印刷有限公司印刷，1993 年 1 月修正 18 版，p. 247。

自發票日起六個月內為承兌提示之期限。

㈡付款提示期限

票據法第六十九條第一項規定:「執票人應於到期日或其後二日內為付款之提示。」依此規定,「到期日或其後二日內」應為付款之期限。再者,票據法第七十條又規定:「付款經執票人之同意,得延期為之。但以提示後三日為限。」

㈢拒絕證書作成期限

對於匯票拒絕證書之作成期限,票據法第八十七條規定:「I拒絕承兌證書,應於提示承兌期限內作成之。II拒絕付款證書,應於拒絕付款日或其後五日內作成之。但執票人允許延期付款時,應於延期之末日,或其後五日內作成之。」

對於見票後定期付款之本票,票據法第一二二條第五項規定:「執票人不於第四十五條所定期限內為見票之提示或作成拒絕證書者,對於發票人以外之前手喪失追索權。」

對於支票,票據法第一三一條規定:「I執票人於第一百三十條所定提示期限內,為付款之提示而被拒絕時,對於前手得行使追索權。但應於拒絕付款日或其後五日內,請求作成拒絕證書。II付款人於支票或黏單上記載拒絕文義及其年、月、日,並簽名者,與作成拒絕證書有同一效力。」

二、因違反約定期限而喪失

票據法第一〇四條第二項規定:「執票人不於約定期限內為前項行為者,對於該約定之前手,喪失追索權。」依此規定,執票人不於約定期限內為行使或保全匯票上權利之行為者,對於約定之前手,喪失追索權,惟僅對於該約定之前手喪失追索權,對於其他之前手仍不喪失,故為「相對之喪失」。至於約定期限,例如:

㈠對於見票後定期付款之匯票,票據法第四十五條規定:「I見票後定期付款之匯票,應自發票日起六個月內為承兌之提示。II前項期限,發票人得以特約縮短或延長之。但延長之期限不得逾六個月。」

　　(二)對於見票即付之匯票，票據法第六十六條規定：「I 見票即付之匯票，以提示日為到期日。II 第四十五條之規定，於前項提示準用之。」依此規定，見票即付之匯票，應於發票日起六個月內為付款之提示，惟此項期限，發票人得以特約縮短或延長之。但延長之期限不得逾六個月。

　　(三)對於發票人或背書人之指定期限，票據法第四十四條規定：「I 除見票即付之匯票外，發票人或背書人得在匯票上為應請求承兌之記載，並得指定其期限。II 發票人得為於一定日期前，禁止請求承兌之記載。III 背書人所定應請求承兌之期限，不得在發票人所定禁止期限之內。」

三、因消滅時效之完成而喪失

　　票據法第二十二條規定：「I 票據上之權利，對匯票承兌人及本票發票人，自到期日起算；見票即付之本票，自發票日起算；三年間不行使，因時效而消滅；對支票發票人自發票日起算，一年間不行使，因時效而消滅。II 匯票、本票之執票人，對前手之追索權，自作成拒絕證書日起算，一年間不行使，因時效而消滅；支票之執票人，對前手之追索權，四個月間不行使，因時效而消滅；其免除作成拒絕證書者，匯票、本票自到期日起算；支票自提示日起算。III 匯票、本票之背書人，對於前手之追索權，自為清償之日或被訴之日起算，六個月間不行使，因時效而消滅。支票之背書人，對前手之追索權，二個月間不行使，因時效而消滅。IV 票據上之債權，雖依本法因時效或手續之欠缺而消滅，執票人對於發票人或承兌人，於其所受利益之限度，得請求償還。」足見票據權利之消滅時效完成，追索權自因該時效之完成而喪失。

四、因執票人拒絕參加付款而喪失

　　票據法第七十八條規定：「I 參加付款，不問何人，均得為之。II 執票人拒絕參加付款者，對於被參加人及其後手喪失追索權。」足見執票人拒絕參加付款者，對於被參加人及其後手喪失追索權。惟對於被參加人之前手及發票人之追索權，並未因之而喪失。

五、因未向參加承兌人或預備付款人為付款之提示而喪失

票據法第七十九條規定：「I 付款人或擔當付款人，不於第六十九條及第七十條所定期限內付款者，有參加承兌人時，執票人應向參加承兌人為付款之提示；無參加承兌人而有預備付款人時，應向預備付款人為付款之提示。II 參加承兌人或預備付款人，不於付款提示時為清償者，執票人應請作成拒絕付款證書之機關，於拒絕證書上載明之。III 執票人違反前二項規定時，對於被參加人與指定預備付款人之人及其後手，喪失追索權。」足見執票人應向參加承兌人或預備付款人為付款之提示，並作成拒絕證書，違反此項義務時，將失其追索權。

六、因違反優先權之規定參加付款而喪失

票據法第八十條規定：「I 請為參加付款者，有數人時，其能免除最多數之債務者，有優先權。II 故意違反前項規定為參加付款者，對於因之未能免除債務之人，喪失追索權。III 能免除最多數之債務者有數人時，應由受被參加人之委託者或預備付款人參加之。」足見參加付款人故意違反優先權之規定而參加付款時，對於因之未能免除債務之人，喪失追索權。

七、因拋棄追索權而喪失

因追索權屬於執票人一種權利，執票人自可拋棄之[86]。

第十一節　拒絕證書

第一款　拒絕證書之意義

拒絕證書〔英：certificate of protect, protest；日：拒絶証書（きょぜつ

---

[86] 梁宇賢，《票據法新論》，自行出版，益誠彩色印刷有限公司印刷，1994 年 3 月初版，p. 292。

しょうしょ）；德：Protest〕者，乃指證明執票人曾經依法行使票據權利，而未達目的，或無從行使票據權利之要式公證書也。依此定義，吾人析述如下：

一、拒絕證書者要式之公證書也

因拒絕證書僅能證明某事實之存在，非在表彰某種權利之存在，故為一種證書，而非一種證券。而且，因拒絕證書僅能由法定機關作成，不得由私人製作，故為一種公證書，而非屬私證書。再者，拒絕證書須依法律規定記載，不得隨意記載，故為一種要式之證書。

二、拒絕證書者證明執票人曾經依法行使票據權利或無法行使票據權利之證書也

拒絕證書之作用，乃在於證明執票人曾經依法行使票據權利或無法行使票據權利。所謂證明執票人曾經依法行使票據權利，例如證明執票人曾在法定期限內為承兌或付款之提示，或證明曾向參加付款人或預備付款人為參加付款之提示（§79），或證明曾經請求交還複本或原本（§117 II、§119 II）等事實即是。再者，票據法第八十六條第一項規定：「匯票全部或一部不獲承兌或付款，或無從為承兌或付款提示時，執票人應請求作成拒絕證書證明之。」由此規定可知，無從為承兌或付款提示時，亦即無從行使票據權利時，亦須以拒絕證書證明之。

三、拒絕證書者證明執票人未達行使票據權利目的之證書也

執票人若能達到行使票據權利之目的，自然無須拒絕證書加以證明，正因執票人未達行使票據權利之目的，始須拒絕證書加以證明，而藉以行使追索權。欲行使追索權，僅能以拒絕證書證明之，亦即須以拒絕證書作為唯一之法定證據，不得以其他之人證或物證代替之。因拒絕證書係屬要式證書，其記載事項，明顯易曉，拒絕證書又為公證書，其內容顯然較為

確實可信，因此以拒絕證書作為唯一之法定證據，正可使被追索之人，無須擔心詐偽，得以安心履行債務，俾執票人得以順利達到追索之目的。

第二款 拒絕證書之種類

拒絕證書，因其證明事實內容之不同，可分為下列幾種：

一、拒絕付款證書

拒絕付款證書，亦稱付款拒絕證書，乃指證明票據不獲付款或無從為付款提示之要式證書也。拒絕付款證書，各種票據均有之。又可分為「全部付款拒絕證書」、「一部付款拒絕證書」、「無從為付款提示之拒絕證書」（§86 I）。

票據法第七十九條第二項規定：「參加承兌人或預備付款人，不於付款提示時為清償者，執票人應請作成拒絕付款證書之機關，於拒絕證書上載明之。」由此規定可知，參加付款之拒絕，僅須於拒絕付款證書中記載即可，無須另作獨立之拒絕證書。

二、拒絕承兌證書

拒絕承兌證書者，乃指證明匯票不獲承兌或無從為承兌提示之要式證書也。因承兌僅匯票有之，因此拒絕承兌證書僅匯票有之，本票及支票之場合，並無所謂之拒絕承兌證書。

票據法第八十六條第一項規定：「匯票全部或一部不獲承兌或付款，或無從為承兌或付款提示時，執票人應請求作成拒絕證書證明之。」由此規定可知，拒絕承兌證書可分為：「全部拒絕承兌證書」、「一部拒絕承兌證書」、「無從為承兌提示之拒絕承兌證書」三種。

三、拒絕見票證書

拒絕見票證書者，亦稱見票拒絕證書，乃指證明本票發票人於提示見票時，拒絕簽名之要式證書也。拒絕見票證書僅本票有之，於匯票或支票

之場合，則無所謂之拒絕見票證書。票據法第一二二條第三項規定：「發票人於提示見票時，拒絕簽名者，執票人應於提示見票期限內，請求作成拒絕證書。」由此規定可知，本票發票人於提示見票時，若拒絕在本票上簽名，則執票人應於提示見票期限內，請求作成拒絕證書，以便日後行使追索權時，證明曾經為見票之提示而遭拒絕。

四、拒絕交還複本證書

拒絕交還複本證書者，亦稱交還複本拒絕證書，乃指證明複本接收人拒絕交還複本之要式證書也。拒絕交還複本證書僅匯票有之，本票及支票則無。票據法第一一七條第三項規定：「接收人拒絕交還時，執票人非以拒絕證書證明左列各款事項，不得行使追索權：一、曾向接收人請求交還此項複本而未經其交還。二、以他複本為承兌或付款之提示，而不獲承兌或付款。」由此規定可知，複本接收人拒絕交還複本時，執票人應以拒絕證書證明特定事項，始得行使追索權。所謂特定事項，係指 1. 曾向接收人請求交還此項複本而未經其交還。 2. 以他複本為承兌或付款之提示，而不獲承兌或付款。

五、拒絕交還原本證書

拒絕交還原本證書者，亦稱交還正本拒絕證書，乃指證明原本接收人拒絕交還原本之要式證書也。拒絕交還原本證書為匯票及本票所共有，支票則無。票據法第一一九條第三項規定：「接收人拒絕交還時，執票人非將曾向接收人請求交還原本而未經交還之事由，以拒絕證書證明，不得行使追索權。」由此規定可知，執票人向原本收受人請求交還原本，而原本收受人拒絕交還時，執票人必須請求作成拒絕交還原本證書後，始得以謄本行使追索權。

第三款 拒絕證書之作成

一、作成之請求人

票據法第一○六條規定：「拒絕證書，由執票人請求拒絕承兌地或拒絕付款地之法院公證處、商會或銀行公會作成之。」由此規定可知，拒絕證書作成之請求人，應為執票人。

二、作成之機關

㈠法定處所

票據法第一○六條規定：「拒絕證書，由執票人請求拒絕承兌地或拒絕付款地之法院公證處、商會或銀行公會作成之。」由此規定可知，拒絕證書作成之法定處所，應為執票人請求拒絕承兌地或拒絕付款地之法院公證處、商會或銀行公會。而且此等法定處所之準據，原則上拒絕承兌證書應於拒絕承兌地之上述法定處所為之；拒絕付款證書應於拒絕付款地之上述法定處所為之。惟例外若有本法第二十條末段所定之情形時，亦得在該為調查之法院公證處、商會或其他公共會所作成之。

行使或保全票據上權利之處所，票據法第二十條規定：「為行使或保全票據上權利，對於票據關係人應為之行為，應在票據上指定之處所為之；無指定之處所者，在其營業所為之；無營業所者，在其住所或居所為之。票據關係人之營業所、住所或居所不明時，因作成拒絕證書，得請求法院公證處、商會或其他公共會所調查其人之所在；若仍不明時，得在該法院公證處、商會或其他公共會所作成之。」實際上，拒絕證書之作成機關多為法院之公證處，至於商會或銀行公會，礙於編制、人員及經費問題，實際上甚難提供此等服務❽。

㈡意定處所

---

❽ 曾世雄、曾陳明汝，《票據法論》，自行出版，瑞明彩色印刷有限公司印刷，1998年5月出版，p. 145。

　　拒絕證書之作成機關，原則上為前述之法定處所，但例外地亦得由當事人依合意定其處所。例如當事人依合意約定在發票人住所地之法院公證處作成即是。

三、作成之期限

　　就作成拒絕證書之期限，票據法第八十七條規定：「I 拒絕承兌證書，應於提示承兌期限內作成之。II 拒絕付款證書，應於拒絕付款日或其後五日內作成之。但執票人允許延期付款時，應於延期之末日，或其後五日內作成之。」由此規定可知：

㈠拒絕承兌證書

　　拒絕承兌證書，應於提示承兌期限內作成之。就法定承兌期限，票據法第四十五條規定：「I 見票後定期付款之匯票，應自發票日起六個月內為承兌之提示。II 前項期限，發票人得以特約縮短或延長之。但延長之期限不得逾六個月。」由此規定可知，在見票後定期付款之匯票，應自發票日起六個月內作成之，發票人若以特約簡短或延長者，應於該期限內作成之。就指定承兌之期限，票據法第四十四條第一項規定：「除見票即付之匯票外，發票人或背書人得在匯票上為應請求承兌之記載，並得指定其期限。」亦即，在指定請求承兌期限之匯票，應於指定之期限內作成之。

　　就拒絕承兌證書作成之效果，票據法第八十八條規定：「拒絕承兌證書作成後，無須再為付款提示，亦無須再請求作成付款拒絕證書。」因拒絕承兌證書既已作成，顯然付款人已經拒絕承兌，於票據到期日更不可能願意付款，因此執票人無須浪費時間、精神再行為付款之提示，亦無須再行請求拒絕付款證書之作成。

㈡拒絕付款證書

　　「拒絕付款證書，應於拒絕付款日或其後五日內作成之。但執票人允許延期付款時，應於延期之末日，或其後五日內作成之。」例如，執票人 A 於匯票之到期日為 2000 年 6 月 1 日向付款人 B 請求付款，若 B 拒絕付款，則執票人 A 應於拒絕付款人（2000 年 6 月 1 日）或其後五日內（2000 年 6

月 6 日）作成拒絕付款證書。但若執票人 A 允許付款人 B 延期至 2000 年 6 月 10 日之前付款時，則 A 應於延期之末日（2000 年 6 月 10 日）仍未付款時，作成拒絕付款證書，或其後五日內（即 2000 年 6 月 15 日前）作成拒絕付款證書。

㈢無從為承兌或付款提示之拒絕證書

票據法第八十六條第一項規定：「匯票全部或一部不獲承兌或付款，或無從為承兌或付款提示時，執票人應請求作成拒絕證書證明之。」由此規定可知，執票人對於不獲承兌、不獲付款，或無從為承兌或付款提示之事實，應提出證據加以證明，而此用以證明之證據，則以拒絕證書為限。因此執票人無從為承兌或付款時，應請求作成拒絕證書證明之，始能行使追索權。至於此等證書應於何時作成？法無明文，在無從為承兌之場合，應於承兌期限前作成之；在無從為付款之場合，因係期前追索之故，應於到期日前作成之❽。

四、拒絕證書之份數

就拒絕證書之份數，票據法第一一二條規定：「對數人行使追索權時，祇須作成拒絕證書一份。」由此規定可知，無論執票人對幾位票據債務人行使追索權，僅須請求作成一份拒絕證書即可。本條之立法旨趣，旨在節省費用，藉以避免增加票據債務人之負擔。

五、拒絕證書之記載款式

就拒絕證書應記載事項，票據法第一〇七條規定：「拒絕證書應記載左列各款，由作成人簽名並蓋作成機關之印章：一、拒絕者及被拒絕者之姓名或商號。二、對於拒絕者，雖為請求，未得允許之意旨，或不能會晤拒絕者之事由，或其營業所、住所或居所不明之情形。三、為前款請求或不能為前款請求之地及其年月日。四、於法定處所外作成拒絕證書時，當事人之合意。五、有參加承兌時，或參加付款時，參加之種類及參加人，並被參加人之姓名或商號。六、拒絕證書作成之處所及其年月日。」由此規定

---

❽ 鄭玉波，《票據法》，三民書局印行，1991 年 8 月第 4 刷，p. 200。

可知，拒絕證書應記載下列事項：

(一)拒絕者及被拒絕者之姓名或商號

　　拒絕者，係指被請求承兌或付款之人而言。例如付款人、擔當付款人或承兌人即是。被拒絕者，係指請求承兌或付款之人而言。例如執票人或其代理人即是。拒絕者或被拒絕者，若為自然人，應記載其姓名；若為法人（公司行號）則應記載其商號名稱。本款規定之目的，旨在表明當事人之名稱。

(二)對於拒絕者，雖為請求，未得允許之意旨，或不能會晤拒絕者之事由，或其營業所、住所或居所不明之情形

　　所謂「對於拒絕者，雖為請求，未得允許之意旨」，例如記明執票人曾向票據債務人請求承兌、付款或參加付款之提示，或曾為交還複本或原本之請求，但遭拒絕即是。所謂「不能會晤拒絕者之事由」，例如載明付款人或承兌人死亡、逃避或其他原因無從承兌或付款之提示即是。所謂「其營業所、住所或居所不明之情形」，例如載明票據上未記載票據債務人之營業所、住所或居所，或雖有記載但票據債務人已經他遷，不知去向即是。本款所以規定必須記載：「對於拒絕者，雖為請求，未得允許之意旨」、「不能會晤拒絕者之事由」、「其營業所、住所或居所不明之情形」等事項，旨在表明為調查之作成機關所作成之拒絕證書係屬合法也。因就拒絕事由之調查，票據法施行細則第十一條規定：「有製作拒絕證書權限者，於受作成拒絕證書之請求時，應就本法第一百零七條第二款之拒絕事由，即時為必要之調查。」由此規定可知，作成拒絕證書之法院公證處、商會或其他公共會所作成拒絕證書時，應就「對於拒絕者，雖為請求，未得允許之意旨，或不能會晤拒絕者之事由，或其營業所、住所或居所不明之情形。」即時為必要之調查。

(三)為前款請求或不能為前款請求之地及其年月日

　　所謂「為前款請求之地」，係指對於拒絕者曾為請求之地，此地應為票據上所記載之地。所謂「為前款請求之年月日」，係指對於拒絕者曾為請求之年月日，此地應為實際請求之年月日，而非拒絕證書作成之年月日。所

謂「不能為前款請求之地」，係指對於票據債務人不能為前款請求之地而言。所謂「不能為前款請求之年月日」，係指對於票據債務人不能為前款請求之年月日。本款規定之目的，乃在於藉此記載，證明是否曾於適法之地點，於適法之時間，為請求或不能為請求也。

㈣於法定處所外作成拒絕證書時，當事人之合意

拒絕證書之作成機關，法有明文規定。基於法律規定之作成機關，謂之法定處所。就拒絕證書作成之法定處所，票據法第一○六條規定：「拒絕證書，由執票人請求拒絕承兌地或拒絕付款地之法院公證處、商會或銀行公會作成之。」於法定處所外作成拒絕證書者，經當事人合意，固無不可，但應將該項合意之內容載明於拒絕證書之內，否則該拒絕證書即屬非法，無法發生效力。本款之立法目的，旨在兼顧債務人及債權人之利益。

㈤有參加承兌時，或參加付款時，參加之種類及參加人，並被參加人之姓名或商號

就參加付款之程序，票據法第八十二條第一項規定：「參加付款，應於拒絕付款證書內記載之。」就拒絕證書應記載事項，票據法第一○七條第五款又規定：「有參加承兌時，或參加付款時，參加之種類及參加人，並被參加人之姓名或商號。」因此將來修法時，似應將票據法第八十二條第一項之規定刪除，以免重複規定之嫌。再者，參加承兌或參加付款之時期，因無論參加承兌或參加付款，均在拒絕承兌或拒絕付款後發生，因此解釋上於票據被拒絕承兌後直至到期日前均得為參加承兌。至於參加承兌之處所，法無明定，解釋上在到期日之前，均得在付款人以外之處所為參加承兌。本款之立法旨趣，乃因執票人請求作成拒絕證書時，大多尚有參加承兌或參加付款之事實存在，因此本款規定，若有此情形存在時應記載之，若無此情形存在時則無須記載❽❾。

㈥拒絕證書作成之處所及其年月日

拒絕證書作成之處所及其年月日，係指記載拒絕證書係由何機關作成

---

❽❾　梁宇賢，《票據法新論》，自行出版，益誠彩色印刷有限公司印刷，1999 年 11 月修訂版，p. 297。

及作成之年月日而言。因有此記載，始能表明拒絕證書係於合法之處所及合法之時間完成也。

六、拒絕證書之記載方法及記載位置

拒絕證書應於何處記載？應於匯票上為之？應另備用紙為之？茲簡述如下：

㈠付款拒絕證書

就付款拒絕證書之製作，票據法第一〇八條規定：「I 付款拒絕證書，應在匯票或其黏單上作成之。II 匯票有複本或謄本者，於提示時僅須在複本之一份或原本或其黏單上作成之。但可能時，應在其他複本之各份或謄本上記載已作拒絕證書之事由。」由第一項之規定可知，付款拒絕證書，應在匯票或其黏單上作成。由第二項之規定可知：

1.匯票有複本時，應該在數份複本中之一份或其黏單上作成拒絕證書，但若有可能（例如各份一併提示時），應在其他各份複本上，記載已經作成拒絕證書之事由，以資聯繫。複本〔英：duplicate copies or parts, bill in a set, parts of a set；日：複本（ふくほん）；德：Ausfertigung, Duplikat；法：exemplaire, duplicata〕者，乃指就單一法律關係所發行效力完全均等之數份證券也。此數份之證券，皆謂之複本，每份複本均有同等之效力，惟其法律關係則僅為單一性質，亦即其中一份複本已獲交付金額或貨物時，其他之複本即失其效力。複本亦為匯票之本身，複本並非副本，複本以三份為限。

2.匯票有謄本時，僅須在原本或其黏單上作成之，但可能時（例如以匯票原本與謄本一併提示時），亦應在謄本上記載已經作成拒絕證書之事由，以資聯繫。

謄本〔英：copy；日：謄本（とうほん）；德：Abschrift；法：copie〕者，乃指就文書之原本內容，以同一之文字符號全部完全謄寫之書面也。謄本係原本之相對語，旨在證明原本之內容。

㈡付款拒絕證書以外之拒絕證書

就其他拒絕證書之製作，票據法第一〇九條規定：「付款拒絕證書以外

之拒絕證書，應照匯票或其謄本作成抄本，在該抄本或其黏單上作成之。」所謂「付款拒絕證書以外之拒絕證書」，本指拒絕承兌證書、拒絕交還複本證書及拒絕交還原本證書而言，惟就拒絕交還原本證書之記載處所，本法已經另有規定（§110），因此此之所謂「付款拒絕證書以外之拒絕證書」，應僅指拒絕承兌證書、拒絕交還複本證書而言。

由票據法第一○九條之規定可知，拒絕承兌證書及拒絕交還複本證書之作成，應先依照匯票之內容作成抄本，或依照匯票謄本之內容作成抄本，然後在該抄本或該抄本之黏單上作成拒絕證書。本條之立法目的，旨在便利執票人之需要，而使該匯票繼續流通。

(三)拒絕交還原本證書

就拒絕交還原本時證書之記載處所，票據法第一一○條規定：「執票人以匯票之原本請求承兌或付款，而被拒絕，並未經返還原本時，其拒絕證書，應在謄本或其黏單上作成之。」由此規定可知，當執票人以匯票之原本請求承兌或請求付款而被拒絕，且被請求人不交還匯票原本時，執票人顯然無從請求在匯票上作成拒絕證書，則拒絕證書自應於匯票謄本或謄本之黏單上作成之。

如上所述，拒絕證書之記載處所，雖因其種類而各有不同，但就拒絕證書之記載位置，票據法第一一一條又規定：「I 拒絕證書應接續匯票上、複本上或謄本上原有之最後記載作成之。II 在黏單上作成者，並應於騎縫處簽名。」由第一項之規定可知，拒絕證書無論是在匯票本身，或複本上，或謄本上作成，均應緊接於原有之最後記載而作成之，藉以避免他人增添竄改。由第二項之規定可知，拒絕證書若於黏單上作成時，應於黏單與匯票，或黏單與複本，或黏單與謄本之騎縫處加以簽名，藉以避免偽造，防止弊端**[90]**。

就黏單之添附，票據法第二十三條規定：「I 票據餘白不敷記載時，得黏單延長之。II 黏單後第一記載人，應於騎縫上簽名。」由此規定可知，票據若有黏單，僅黏單後之第一記載人，始有於騎縫上簽名之義務，黏單後第一記載人以後之人，則無再於騎縫上簽名之義務。依法理而言，拒絕證

---

[90]　賴昱誠，《票據法》，書泉出版社，1998 年 8 月初版 3 刷，p. 172。

書亦為票據上記載事項之一，因此票據法第二十三條對於拒絕證書亦應有所適用，而與票據法第一一一條第二項之規定，似乎不無牴觸。為免此立法上之矛盾，吾人僅能將票據法第一一一條第二項之規定，解釋為一種訓示規定，而非一種效力規定。亦即若拒絕證書之作成人為黏單後之第一人時，自應依法於騎縫處簽名；若拒絕證書之作成人非黏單後之第一人時，即使未於騎縫處簽名，於法亦非不合❾❶。

訓示規定〔英：directory provision；日：訓示規定（くんじきてい）〕者，乃指僅在促使行政機關或人民之注意，並無強制之意思，違反時該行為人或許應受懲罰，惟其行為尚不至於構成違法，其行為之效力不受影響之規定也。效力規定〔日：効力規定（こうりょくきてい）；德：Müssenvorschrift〕者，乃指其違反不但不合法，且使該行為不生完全效力或根本無效之規定也。例如民法第七十二條之規定「法律行為，有背於公共秩序或善良風俗者，無效。」違反此效力規定者，其行為自始不生效力。

七、拒絕證書之抄存

就抄本之製作及其效力，票據法第一一三條規定：「I 拒絕證書作成人，應將證書原本交付執票人，並就證書全文另作抄本，存於事務所，以備原本滅失時之用。II 抄本與原本有同一效力。」由此規定可知，受執票人之請求而作成拒絕證書之人，應將拒絕證書之原本交給執票人，並且應就拒絕證書之全部內容另外作成抄本，存放於工作事務所中，以備原本滅失時之不時之需，此乃一種訓示規定，拒絕證書之作成人自應遵辦。至於抄本之效力，「抄本與原本有同一效力」。因抄本與原本，均屬拒絕證書作成人所作，且內容又完全一樣，其效力自應同一。就抄本之製作，票據法施行細則第十二條規定：「依本法第一百十三條規定，抄存於作成人事務所之拒絕證書，應載明匯票全文。」本規定之立法目的，旨在方便日後之查考。

---

❾❶　梁宇賢，《票據法新論》，自行出版，益誠彩色印刷有限公司印刷，1999 年 11 月修訂版，p. 299。

第四款　拒絕證書之效力

拒絕證書之作成為行使追索權之前提要件，亦即拒絕證書係票據法上對於執票人未達行使權利目的事實之唯一證據，因此具有較強之證明效力，惟拒絕證書並非絕對之效力，其理由為：1.拒絕證書雖然具有較強之效力，然畢竟僅為一種證明而已，若相對人提出反證，仍非不得加以推翻，而應以事實為重。 2.拒絕證書並非絕對必要，拒絕證書有時可以免除，有時可用其他方法替代。

免除作成拒絕證書者，票據法第九十四條規定：「I 發票人或背書人，得為免除作成拒絕證書之記載。II 發票人為前項記載時，執票人得不請求作成拒絕證書而行使追索權。但執票人仍請求作成拒絕證書時，應自負擔其費用。III 背書人為第一項記載時，僅對於該背書人發生效力。執票人作成拒絕證書者，得向匯票上其他簽名人，要求償還其費用。」由此規定可知，當發票人於匯票上記載「免除作成拒絕證書」等字樣時，執票人即可不必請求作成拒絕證書，而直接行使追索權。

就拒絕證書之替代，票據法第八十六條第二項及第三項規定：「II 付款人或承兌人在匯票上記載提示日期，及全部或一部承兌或付款之拒絕，經其簽名後，與作成拒絕證書，有同一效力。III 付款人或承兌人之破產，以宣告破產裁定之正本或節本證明之。」第二項規定之目的，旨在謀求事實上之方便。因拒絕證書須由一定之機關作成，且須記載一定之事項，對執票人而言，因此只要由付款人或承兌人在票據上記載執票人提示之日期及其所拒絕付款或承兌之範圍，並加以簽名後，執票人即得以該匯票為拒絕證書，藉以證明拒絕承兌或拒絕付款之事實，無須另行作成拒絕證書。例如執票人 A 於 2000 年 2 月 1 日請求付款，付款人 B 拒絕付款，並於匯票上記載 A 之提示日期為 2000 年 2 月 1 日為全部拒絕付款，並加以簽名後，執票人 A 即得以該匯票作為拒絕證書，藉以證明拒絕承兌或拒絕付款之事實，無須另行作成拒絕證書。本來有關拒絕承兌或拒絕付款之證明方法，各國立法例即各有不同，有要求作成拒絕證書者，例如日、德即是；有規

定除國際匯票外拒絕證書之作成與否聽其自由者，例如英、美即是；有允許承兌人或付款人得在票據上書寫拒絕承兌或拒絕付款之文句，以替代拒絕證書者，例如義、比即是。本條即在參酌各國立法例，而為折衷之規定❷。

票據法第八十六條第三項規定之目的，旨在省略拒絕證書作成之手續。因由法院作成之宣告破產裁定，具有公信力，執票人只要提出該裁定之正本或節本，即可以之作為證明文件，行使追索權，無須另行作成拒絕證書。

第十二節　複本及謄本

第一款　複　本

一、複本之意義

複本〔英：duplicate copies or parts, bill in a set, parts of a set；日：複本（ふくほん）；德：Ausfertigung, Duplikat；法：exemplaire, duplicata〕者，乃指就單一法律關係所發行效力完全均等之數份證券也。票據之複本者，乃指就單一匯票關係所發行效力完全均等之數份證券也。此數份之證券，皆謂之複本，其發行之時間，或有前後，其相互之間或有編號，但每份複本均有同等之效力，各份複本之間並無主從正副之區別，此與謄本不同。謄本有原本之問題，但複本並無所謂原本之問題，嚴格言之，各複本均可謂為原本。

複本之法律關係僅為單一性質，亦即其中一份複本已獲交付金額或貨物時，其他之複本即失其效力。複本亦為匯票之本身，複本並非副本，複本以三份為限。在票據關係上，僅匯票有複本之制度，本票及支票則無複本之規定。

---

❷　劉鴻坤，《最新修正票據法釋義》，自行出版，臺北監獄印刷廠印刷，1973 年10 月再版，p. 165。

二、複本之種類

㈠複本依其發行目的之不同，可分為

1.安全複本

安全複本者，乃指以防備票據喪失為目的而發行之複本也。因票據權利之行使，必須提示證券，萬一證券喪失，則暫時無法行使票據權利，若能作成數份複本，則縱然喪失其一，尚有他份可供利用，可謂較為安全，因此此種複本，即稱之為安全複本或寄遞複本。

2.便利複本

便利複本者，乃指以便利票據流通為目的而發行之複本也。因當付款人之住所與執票人之住所較遠時，則為提示承兌而送出匯票，其往返時間可能甚費時日，在此期間之中，無法再將票據背書轉讓他人，對於票據之流通，甚為不便。若能作成數份複本，自可以其一份送請承兌，以其他份再為背書而轉讓，承兌與轉讓同時進行，對於票據之流通，甚有助益。

㈡複本依其利用方法之不同，可分為

1.承兌複本

承兌複本者，亦稱送承複本 (Duplicate part presented for acceptance)，乃指用以送請承兌之複本也。

2.流通複本

流通複本 (Duplicate part for indorsement) 者，乃指承兌複本以外，用以背書而轉讓，以便流通之複本也。

以上複本之種類，僅係學者在說明上所為之分類而已，至於其法律性質，並不因其種類之不同而有所區別。

三、複本之作用

發行複本，其作用約有下列兩點：

㈠預防隔地提示承兌之遺失（安全性）

因當付款人之住所與執票人之住所較遠時，則為提示承兌而送出匯票，

其往返時間可能甚費時日，而且甚有遺失之可能。若匯票喪失，則難免暫時無法行使票據權利，在此情況，若能作成複本數份，自得將數份之複本，分別交由輪船、飛機送出匯票承兌，對於防止匯票之遺失，甚有助益。

㈡促進匯票流通之效用（便利性）

因當付款人之住所與執票人之住所較遠時，則為提示承兌而送出匯票，其往返時間可能甚費時日，在此期間之中，無法再將票據背書轉讓他人，對於票據之流通，甚為不便。在此情況，若能作成複本數份，自可以其一份送請承兌，以其他份再為背書而轉讓，承兌與轉讓同時進行，對於票據之流通，甚有助益❸。

四、複本之發行

㈠發行之程序

就複本之發行及份數，票據法第一一四條規定：「I匯票之受款人，得自負擔其費用，請求發票人發行複本。但受款人以外之執票人，請求發行複本時，須依次經由其前手請求之，並由其前手在各複本上，為同樣之背書。II前項複本以三份為限。」由此規定可知：

1. 複本發行之請求人

複本發行之請求人為執票人，而此之執票人包括受款人及受款人以外之執票人。

2. 複本之發行人

複本之發行人，僅限於原發票人，他人不得為之，因發行複本亦屬發票行為之一種。

3. 複本發行之手續

⑴請求人為原受款人時

---

❸ 鄭洋一，《票據法之理論與實務》，自行出版，總經銷三民書局，文太印刷有限公司印刷，1993 年 1 月修正 18 版，p. 255。

梁宇賢，《票據法新論》，自行出版，益誠彩色印刷有限公司印刷，1999 年 11 月修訂版，p. 300。

　　複本發行之請求人若為原受款人時，即可逕向發票人請求發行，無須履行其他手續。例如發票人 A 簽發一張以 B 為受款人之匯票，交予 B，B 即得以自己之費用，而要求發票人 A 發行該張匯票之複本。

　　⑵請求人為原受款人以外之執票人時

　　請求人為原受款人以外之執票人時，請求人須向自己之直接前手請求，而遞次至於發票人；發票人照其所需份數，作成複本，交予第一次之背書人，而遞次轉至於請求人。此一往返程序，不但各背書人有協力之義務，且於返遞之際，各背書人均應在各份複本上為與原背書同樣之背書。其所以如此者，乃因各份複本除編號不同外，其形式均應同一也。例如發票人 A 簽發一張以 B 為受款人之匯票，交予 B，B 背書轉讓予 C，C 再背書轉讓予 D，D 背書轉讓予 E，E 再背書轉讓予 F，在此場合，因 F 係屬原受款人以外之執票人，當執票人 F 向發票人 A 請求發行複本時，須向其直接前手 E 請求，E 再向其直接前手 D，D 再轉請 C，C 再轉請 B，最後由 B 向 A 請求發行複本。當 A 發行複本後，就交由 B 開始，依次轉交 C、D、E，最後由 E 將複本交予 F，而由 F 負擔發行複本之費用，並且 B、C、D 及 E 均必須依原匯票上背面之次序，在複本為相同之背書。易言之，執票人 F 不得直接向發票人 A 請求發行複本，必須遞次透過匯票上之每一位背書人，向發票人 A 請求。

　　4.複本發行之費用

　　複本發行之費用，應由請求人負擔。亦即於原受款人請求之場合，應由原受款人負擔之；於其他執票人請求之場合，應由該執票人負擔之。

　　5.複本發行之份數

　　就複本之份數，票據法第一一四條第二項規定：「前項複本以三份為限。」由此規定可知，複本之發行份數，應以三份為限。本項規定之目的，旨在限制浮濫發行，藉以防其弊害。此之所謂三份，應包括最初發行之一份在內，而非最初發行之一份謂之原本，其後再發行之份數始謂複本之意。

㈡複本之款式

　　就複本之款式，票據法第一一五條規定：「複本應記載同一文句，標明

複本字樣，並編列號數。未經標明複本字樣，並編列號數者，視為獨立之匯票。」由此規定，吾人說明如下：

1.應記載同一文句

因複本係在表示一個法律關係，且與原本匯票之效力完全相同，其內容自應與原匯票之內容相同，故應記載同一文句也。

2.應標明複本字樣，並編列號數

複本應標明複本之字樣，並就每份複本編列號數，例如標明「複本之一」、「複本之二」、「複本之三」即是。本條規定之目的，旨在表明該份僅為原匯票之複本，使人一望而知其為複本之發行，及各複本相互間之聯繫，藉以避免與原匯票混淆不清。未經標明複本字樣，並編列號數者，視為獨立之匯票。因若未標明複本字樣，並編列號數時，該份複本自外觀上即無法查知係屬原匯票之複本，自應將之視為另一張獨立之匯票，藉以保護不知情之善意第三人[94]。例如發票人簽發一張匯票 X，另外發行一份複本 X′，但卻未在該複本 X′ 上標明複本字樣及編列號數，則 X′ 應視為與 X 匯票完全無關之另一張匯票。

五、複本之效力

複本具有一體性及獨立性。所謂複本之一體性者，亦稱複本之一體效力，係指複本雖有數份，但僅在表彰一個法律關係，因此就其一份所為之行為，其效力及於他份之性質也。例如就複本之一份以為承兌，其承兌效力及於他份，他份之複本即無須再為承兌也。所謂複本之獨立性者，亦稱複本之獨立效力，係指各份複本均為完全之匯票，各自單獨表彰該單一之票據關係，一旦分開，每份複本均得獨立發揮匯票效用之性質也。茲將複本之效力，簡單說明如下：

㈠複本對於承兌之效力

基於複本之一體性，複本雖有數份，但僅表彰一個票據關係，故就複

❾❹　劉鴻坤，《最新修正票據法釋義》，自行出版，臺北監獄印刷廠印刷，1973 年 10 月再版，p. 192。

本之一份為承兌者，其效力及於他份，執票人無須再為承兌之提示，在各份複本均為承兌者，亦僅負單一之付款責任。再者，基於複本之獨立性，多數複本均經承兌後，一旦分開而流入善意第三人之手，則承兌人仍應各自對之分別負責。

㈡複本對於付款之效力

就複本關於付款之效力，票據法第一一六條第一項規定：「就複本之一付款時，其他複本失其效力。但承兌人對於經其承兌而未取回之複本，應負其責。」本項前段，係基於複本一體性所為之規定；本項後段，係基於複本獨立性所為之規定。本項但書之規定，旨在保護善意之第三人。因複本若有數份承兌，即無異於數個獨立之票據行為，若有善意之第三人信賴其承兌，而利用其複本者，承兌人自不得以「已就其中一份付款」為理由，而主張免除其承兌之責任也。例如付款人 A 就執票人 B 所持有之三份複本 X1、X2、X3 均加以承兌，於到期日承兌人 A 雖僅就複本之一 X1 付款，其他複本 X2、X3 亦均失其效力；但若 A 於付款時，未取回複本 X2、X3，則承兌人 A 對於經其承兌而未取回之複本 X2、X3，應負其責，日後若有善意第三人持有複本 X2、X3 向承兌人 A 主張權利時，承兌人 A 仍應付款。惟承兌人 A 之仍應付款，以該複本持有人係屬善意之第三人為限，若該持有人為該受領之人，承兌人 A 自得提出惡意抗辯，而拒絕付款。

㈢複本對於轉讓之效力

就複本關於付款之效力，票據法第一一六條第二項規定：「背書人將複本分別轉讓於二人以上時，對於經其背書而未收回之複本，應負其責。」由此規定可知，複本於轉讓時，以一併轉讓予同一人為原則，如背書人分別將複本轉讓了二人以上時，對於經其背書而未收回之複本，應負其責。例如（如下圖）A 將複本 X1 背書轉讓予 B，B 又將複本背書轉讓予 C；其後，A 又將複本 X2、X3 一併轉讓予 D，D 又分別將複本 X2 轉讓予 E，X3 轉讓於 F。在此情況，背書人 A 除應對執票人 C 負背書人之責任外，對於 E、F 二人中之一人亦應負責（因 A 係將複本 X2、X3 一併轉讓予 D，僅負一個背書責任，因此僅對 E、F 中之一人負責即可）。至於 D 將複本 X2、X3

分別轉讓予 E、F，應各就 E、F 分別負其責任。因 D 將複本 X2、X3 分別轉讓予 E、F，已將一個票據關係分為數個票據關係，故應各就其背書而負其責任。

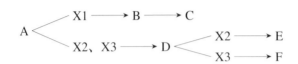

㈣複本對於追索之效力

將複本各份轉讓予同一人者

票據法第一一六條第三項規定：「將複本各份背書轉讓與同一人者，該背書人為償還時，得請求執票人交出複本之各份。但執票人已立保證或提供擔保者，不在此限。」由此規定可知，不但票據轉讓時，以交付複本之全份為原則，即使在票據追索時，亦以交付複本之全份為原則。惟對此原則，具有下列例外情形：

⑴執票人已立保證或提供擔保時

因本項所以規定：「將複本各份背書轉讓與同一人者，該背書人為償還時，得請求執票人交出複本之各份。」旨在避免償還人之前手，不知有清償之事實，而就他份複本再為清償，致使清償人本人對其前手喪失追索權。因此若執票人已立保證或提供擔保，則清償人之權利既已得到保障，無須顧慮不利情形之發生，自然無須再強求執票人交出複本之全份也。

⑵執票人提出拒絕交還複本證書時

票據法第一一七條第三項規定：「接收人拒絕交還時，執票人非以拒絕證書證明左列各款事項，不得行使追索權：一、曾向接收人請求交還此項複本而未經其交還。二、以他複本為承兌或付款之提示，而不獲承兌或付款。」由此規定可知，若接收人拒絕交還複本時，執票人必須作成下列二項拒絕證書，始得行使追索權。

A.拒絕交還複本證書

拒絕交還複本證書之作成，旨在證明執票人曾向接收人請求交還複本，

而接收人並未交還之事實。

　　B.拒絕承兌證書或拒絕付款證書

　　作成拒絕承兌證書或拒絕付款證書之目的，旨在證明執票人曾以其他複本為承兌或付款之提示，但卻遭拒絕之事實。

　　執票人僅拒絕交還複本證書，尚不得行使追索權，必須更以他份複本為承兌或付款之提示，仍遭拒絕時，再作成拒絕承兌證書或拒絕付款證書，始得行使追索權。惟前述之拒絕複本交還證書及拒絕承兌證書或拒絕付款證書，亦得合併作成一個證書，無須分別作成。例如執票人 A 向接收人 B 請求交還複本 X1 而遭 B 拒絕時，若 A 請求作成拒絕交還複本證書，尚不得行使追索權，必須再以複本 X2 或 X3 向 B 為承兌或付款之提示，在仍遭 B 拒絕承兌或付款時，再進一步請求作成拒絕承兌證書或拒絕付款證書之後，始得行使追索權。易言之，執票人必須兼具 1.拒絕交還複本證書；及 2.拒絕承兌證書或拒絕付款證書，始得行使追索權。本條規定之目的，旨在防止追索權之濫用。

第二款　謄　本

一、謄本之意義

　　謄本〔英：copy；日：謄本（とうほん）；德：Abschrift；法：copie〕者，俗稱草票，乃指就文書之原本內容，以同一之文字符號全部完全謄寫之書面也。票據之謄本者，乃指票據之執票人，以背書或保證為目的，自行依照票據原本所作成之抄寫本也。

二、謄本之作成

㈠作成人

　　就謄本之作成人，票據法第一一八條第一項規定：「執票人有作成匯票謄本之權利。」由此規定可知，謄本之作成人，應為執票人，此與複本之須由發票人發行者不同。此之所謂執票人，包括原受款人及其他執票人。

㈡作成款式

就謄本之作成款式，票據法第一一八條第二項規定：「謄本應標明謄本字樣，謄寫原本上之一切事項，並註明迄於何處為謄寫部分。」由此規定可知，謄本之作成款式如下：

1.標明謄本字樣

標明謄本字樣，旨在使人一望即知，其僅為一份謄本，而不致誤以為匯票之偽造。

2.謄寫原本上之一切事項

謄寫原本上之一切事項，旨在使人一望即知原本之內容。所謂原本上之一切事項，包括原發票人所為之記載，及背書人、保證人等所為之記載，均須一併照錄。

3.註明迄於何處為謄寫部分

所謂「註明迄於何處為謄寫部分」，例如註明「以上為謄寫部分」、「謄寫終了」、「以上與原本事項同」、「以上為原本之事項」等字樣即是。此等字樣，學者稱之為「境界文句」或「終止文句」。註明迄於何處為謄寫部分，旨在使人一望即知，何處為某人原先所謄寫之部分，何處為某人謄寫後又增加記載之部分，因謄寫之後，亦有增加其他記載之可能，若為記載此等「境界文句」，則謄寫前之記載與謄寫後之記載，將無法區別也。

4.將已作成謄本之旨，記載於原本

票據法第一一八條第三項規定：「執票人就匯票作成謄本時，應將已作成謄本之旨，記載於原本。」例如 A 作成謄本時，須於匯票原本上載明該匯票已經作成謄本。本規定之目的，旨在方便聯繫，使其後手於受讓票據之時，一望即知，該原本已經作成謄本之事實。至於謄本之份數，法無明文規定，解釋上應可斟酌為之，並無特予限制之必要。因謄本必須伴隨原本始能使用，原無多大效用，縱無特別限制，亦不致發生氾濫之流弊也。

三、謄本之效力

㈠關於背書及保證之效力

　　就關於背書及保證之效力，票據法第一一八條第四項規定：「背書及保證，亦得在謄本上為之，與原本上所為之背書及保證有同一效力。」由此規定可知，在謄本上所為之背書及保證，其效力與在原本上所為者相同。本規定之目的，旨在助長票據之流通。例如執票人 A 於作成謄本之後，將原本送請付款人 B 承兌，於 B 交還匯票之前，執票人 A 即可在該謄本背書將匯票轉讓予 C，在此情況，與將原本背書轉讓予 C 具有相同之效力，對於促進票據之流通，可謂甚有助益。

㈡關於追索權之效力

　　就謄本關於追索權之效力，票據法第一一九條規定：「I 為提示承兌送出原本者，應於謄本上載明原本接收人之姓名或商號及其住址。II 匯票上有前項記載者，執票人得請求接收人交還原本。III 接收人拒絕交還時，執票人非將曾向接收人請求交還原本而未經交還之事由，以拒絕證書證明，不得行使追索權。」

　　票據法第一一九條第一項規定：「為提示承兌送出原本者，應於謄本上載明原本接收人之姓名或商號及其住址。」例如執票人 A 作成謄本後，將原本送交付款人 B，請求承兌，在此情況，應在謄本上記明原本接收人 B 之姓名及住址，以便日後依據此項記載，請求原本接收人交還原本。本規定之目的，乃因追索權之行使，原則上僅能以原本為之，執票人不得僅以謄本行使追索權，故本項規定「為提示承兌送出原本者，應於謄本上載明原本接收人之姓名或商號及其住址。」以便日後依據此記載，請求接收人交還原本，以便將謄本併入原本，進行追索權之行使。

　　票據法第一一九條第二項規定：「匯票上有前項記載者，執票人得請求接收人交還原本。」例如執票人 A 作成謄本後，將原本送交付款人 B，請求承兌，在 B 交還原本之前，若將謄本背書轉讓予 C，則執票人 C 即得依據謄本上所載明原本接收人之姓名或商號及其住址，請求接收人 B 交還原本，以便將謄本併入原本，以行使追索權。

　　票據法第一一九條第三項規定：「接收人拒絕交還時，執票人非將曾向接收人請求交還原本而未經交還之事由，以拒絕證書證明，不得行使追索

權。」由此規定可知，若接收人拒絕交還原本時，執票人於請求作成拒絕交還原本證書之後，即得僅以謄本行使追索權。例如執票人 A 作成謄本後，將原本送交付款人 B，請求承兌，在 B 交還原本之前，若將謄本背書轉讓予 C，執票人 C 即得依據謄本上所載明原本接收人之姓名或商號及其住址，請求接收人 B 交還原本，在此情況，若 B 未交還原本，則執票人 C 於請求作成拒絕交還原本證書之後，即得以謄本行使追索權。此點與前述拒絕交還複本之場合不同，在拒絕交還複本之場合，仍須作成拒絕承兌證書或拒絕付款證書；而在拒絕交還原本之場合，因原本既遭扣留，執票人已無法僅以謄本再為承兌或再為付款之提示，因此無須再要求作成拒絕承兌證書或拒絕付款證書。

四、謄本與複本之不同

謄本係原本之相對語，謄本不但匯票有之，本票亦有，但支票則無。匯票之謄本僅能於原本提示承兌時，供背書或保證之用，雖於一定條件下，亦得以之行使追索權，但絕對無法單以謄本提示或付款。因此謄本之效用，不若複本之強，通常有複本時，即無須再製作謄本。茲將謄本與複本之區別，簡述如下：

㈠意義之不同

複本者，乃指就單一法律關係所發行效力完全均等之數份證券也。票據之複本者，乃指就單一匯票關係所發行效力完全均等之數份證券也。謄本者，俗稱草票，乃指就文書之原本內容，以同一之文字符號全部完全謄寫之書面也。票據之謄本者，乃指票據之執票人，以背書或保證為目的，自行依照票據原本所作成之抄寫本也。謄本為原本之相對語，而複本則為匯票之複製，均為原本，複本之每一份均為正本。

㈡發行人之不同

謄本由執票人作成，其費用則由執票人自行負擔；反之，複本則由發票人作成，其費用由請求人（受款人或執票人）負擔。

㈢目的之不同

　　謄本作成之目的，僅在助長票據之流通；反之，複本作成之目的，則在預防隔地提示承兌之遺失（安全性）及促進匯票流通之效用（便利性）。

㈣份數之不同

　　謄本之份數，法無特別限制；反之，複本之作成份數則以三份為限。

㈤款式之不同

　　謄本之作成款式，須 1.謄寫原本上一切事項； 2.標明謄本字樣； 3.註明迄於何處為謄寫部分，藉以與原本有所區別。反之，複本之作成款式則為， 1.記明同一字句； 2.標明複本字樣； 3.編列號數。

㈥適用範圍之不同

　　謄本適用於匯票及本票；反之，複本則僅適用於匯票。

㈦效用之不同

　　謄本較無獨立性質，除得於謄本為背書及保證外，不得單獨以謄本為承兌或付款之提示；反之，複本具有獨立性質，複本之各份均有獨立之效用，而且於每一複本之上，得為一切票據行為，與原本無異。

㈧拒絕證書之不同

　　謄本可在其上作成拒絕交還原本證書；反之，複本則得在其上作成拒絕付款證書。

第四章

本　票

第一節　總　說

第一款　本票之意義

就本票之意義，票據法第三條規定:「稱本票者，謂發票人簽發一定之金額，於指定之到期日，由自己無條件支付與受款人或執票人之票據。」由此規定可知，本票〔英: promissory note；日: 約束手形 (やくそくてがた)；德: eigener Wechsel, Eigenwechsel；法: billet à ordre〕者，乃指發票人簽發一定之金額，於指定之到期日，由自己無條件支付與受款人或執票人之票據也。依此定義，吾人析述如下:

一、本票者票據也

依票據法第一條之規定，本法所稱票據，為匯票、本票及支票。因此，本票係屬票據之一種。

二、本票者由發票人自己支付之票據也

本票係由發票人自己支付票據金額之票據（自付證券），此與匯票、支票不同。匯票者，乃指發票人簽發一定之金額，委託付款人於指定之到期日，無條件支付與受款人或執票人之票據也（§2）。支票者，乃指發票人簽發一定之金額，金融業者於見票時，無條件支付與受款人或執票人之票據也。匯票或支票，均委託他人支付票據金額，而本票則由發票人自己支付票據金額，因此在本票之場合，無所謂付款人之存在。

三、本票者於指定到期日無條件支付與受款人或執票人之票據也

本票得有到期日之記載，此與匯票相同，均為信用證券，而與支票不

同，支票不得有到期日之記載，因此支票並非信用證券。再者，本票必須無條件支付與受款人或執票人，不得就支付之資金或支付之方法，限定任何條件，此點與匯票、支票相同。

第二款　本票之種類

本票依其區別標準之不同，可分類如下：

一、記名式本票、指示式本票、無記名式本票

記名式本票者，乃指發票人於票據上記載受款人姓名之本票也。例如在本票上記載「憑票祈於 2000 年 11 月 11 日付 A 先生新臺幣壹佰萬元整」之本票即是。

指示式本票者，乃指發票人於票據上記載受款人姓名，並附加或所指定人之本票也。例如在本票上記載「憑票祈於 2000 年 11 月 11 日付 A 先生或其指定之人新臺幣壹佰萬元整」之本票即是。

無記名式本票者，乃指發票人於票據上未記載受款人姓名之本票也。例如在本票上記載「憑票祈於 2000 年 11 月 11 日新臺幣壹佰萬元整」之本票即是。在無記名式本票之場合，應以執票人為受款人（§120）。

二、定期本票、計期本票、即期本票、註期本票

定期本票，亦稱定日付款之本票，乃指於票據上記載確定日期以為付款日期之本票。例如記載「憑票祈於 2000 年 5 月 5 日付 A 先生新臺幣壹佰萬元整」之本票即是。

計期本票者，亦稱發票日後定期付款之發票，乃指於票據上記載發票日後一定期間付款之本票也。例如記載「憑票祈於發票日後一個月付 A 先生新臺幣壹佰萬元整」之本票即是。

即期本票者，亦稱見票即付之本票，乃指以提示日為到期日之本票也。例如記載「憑票祈付 A 先生新臺幣壹佰萬元整」之本票即是。於即期本票之場合，除發票日外，別無任何到期日之記載。

　　註期本票者，亦稱見票日後定期付款之發票，乃指於票據上記載見票日後一定期間付款之本票也。例如記載「憑票祈於見票日後一個月付 A 先生新臺幣壹佰萬元整」之本票即是。

第二節　發　票

第一款　發票之款式

　　本票之發票款式，亦可分為應記載之事項、得記載之事項、不得記載之事項三種。茲簡述如下：

一、應記載之事項

㈠絕對應記載事項

　　絕對應記載事項，亦稱絕對必要記載事項。絕對應記載事項者，乃指依法必須記載，若不予記載，則該匯票無法發生效力之事項也。就本票之款式，票據法第一二〇條規定：「I本票應記載左列事項，由發票人簽名：一、表明其為本票之文字。二、一定之金額。三、受款人之姓名或商號。四、無條件擔任支付。五、發票地。六、發票年、月、日。七、付款地。八、到期日。II未載到期日者，視為見票即付。III未載受款人者，以執票人為受款人。IV未載發票地者，以發票人之營業所、住所或居所所在地為發票地。V未載付款地者，以發票地為付款地。VI見票即付，並不記載受款人之本票，其金額須在五百元以上。」由此規定可知，本票之絕對必要記載事項，應為如下事項：

　1.表明其為本票之文字

　　本款規定必須記載「表明其為本票之文字」，旨在表明票據之種類，若未記載表明其為本票之文字，則此本票無法發生票據之效力。惟所謂「表明其為本票之文字」，並非表明其為「本票」二字為限。若其記載「莊票」、「期票」、「信票」、「憑票」等字樣，足以使人知其為本票性質者亦可。

2.一定之金額

票據法第一二○條第六項規定：「見票即付，並不記載受款人之本票，其金額須在五百元以上。」由此規定可知，就「見票即付」且「不記載受款人」之本票，票據金額必須在五百元以上。此乃本法就票據金額之唯一限制，至於其他票據之金額，則無特別限制。

3.無條件擔任支付

此點與匯票、支票不同。因匯票及支票必須委託他人支付票據金額，故其絕對必要記載事項為「無條件支付之委託」(§24、§125)；反之，在本票因係由發票人本人支付票據金額，故其絕對必要記載事項為「無條件擔任支付」。

4.發票年、月、日

因發票年、月、日不但為提示期間及到期日之起算點，且為發票人發票時有無行為能力，發票人為法人時發票時是否已經合法成立之之判斷標準，關係極為重大，因此本法規定為絕對必要記載事項。本票若未為發票年、月、日之記載，該本票應為無效之本票。

5.發票人簽名

簽名〔英：signature；日：署名（しょめい）〕者，乃指當事人基於願意負擔法律責任之意思，將其姓名記載在文書上之行為也。票據上之簽名，乃指票據行為人將其自己之姓名簽寫於票據之行為也。任何票據行為均須行為人簽名，否則無法發生法律效力，發票人發票時，自不例外，因此發票人亦應列為本票之絕對必要記載事項。

(二)相對應記載事項

相對應記載事項，亦稱相對必要記載事項。相對應記載事項者，乃指若未記載時，法律將另行擬制其效果，而不使票據無效之法定事項也。茲將相對應記載事項簡述如下：

1.受款人之姓名或商號

受款人〔英：payee, remittee；日：受取人（うけとりにん）；德：Remittent, Nehmer；法：preneur〕者，乃指票據第一次之權利人也，故亦為必要記載

事項之一，惟如未記載受款人時，法律另有擬制之規定，亦即「未載受款人者，以執票人為受款人」（§120 III），故受款人之姓名或商號之記載屬於相對必要記載之事項。

2. 發票地

發票地〔英：the place of issue；日：振出地（ふりだしち）；德：Ausstellungsort；法：Lieu de creation〕者，乃指匯票發行時，形式上所記載之發票地域也。票據上所記載之發票地如與事實上之發票地不一致時，依外觀原理並不影響票據之效力。因發票地有「決定發票行為準據法」之作用，故為必要記載事項之一。但如未記載發票地時，法律另有擬制之規定，亦即「未載發票地者，以發票人之營業所、住所或居所所在地為發票地」（§120 IV），故發票地之記載屬於相對必要記載之事項。

凡票據上行為人或行為地涉及兩國以上時，則發生法律準據問題，其中如係準據於行為地之法律者，則發票地之記載具有實益。例如在英國國內發行之匯票未貼有印花者，應認為無效（英票據法第七十二條第一項），而在我國則否。在同一票據上記載數個不同之發票地者，國內某些學者認為，因其有害票據之同一性，自非合法，應將之解為無效之票據（參照本書第二章第三節「票據行為之要件」中「相對必要記載事項」發票地之說明）。惟吾人以為，記載數個不同之發票地者，雖然有違發票地單數記載之原則，但尚未違反到票據之本質或票據絕對必要記載之事項，故該票據尚不至流於全部無效，而應僅該「數個發票地之記載」無效，而應視為未記載發票地，而應以發票人之營業所、住所或居所所在地為發票地而已（§24 V、§120 IV、§125 III）。

3. 付款地

付款地〔英：the place of payment；日：支払地（しはらいち）；德：Zahlungsort；法：lieu de paiement〕者，乃指票據所應支付之地域也。付款地之記載可避免執票人隨地請求付款，而且在涉訟時亦得由付款地之法院管轄（民訴§13），故付款地為必要記載之事項。但如未記載付款地時，法律另有擬制之規定，亦即「未載付款地者，以發票地為付款地」（§120 V），

故付款地之記載，亦屬於相對必要記載之事項。

4.到期日

到期日〔英：maturity；日：滿期，支払期日，滿期日（まんき，しはらいきじつ，まんきじつ）；德：Verfallzeit；法：échéanee〕者，票據上金額應為支付之日期也。本票與匯票均為信用證券，因此本票與匯票均得有到期日之記載。而且到期日為確定匯票債權人行使權利及債務人履行義務之時期，故到期日為必須記載之事項。但如未記載到期日時，法律另有擬制之規定，亦即「未載到期日者，視為見票即付」（§24 II），故到期日亦屬相對必要記載之事項。若本票之受款人及到期日均未記載，該本票即成為「見票即付，並不記載受款人之本票」，就「見票即付，並不記載受款人之本票」，票據法第一二〇條第六項規定：「見票即付，並不記載受款人之本票，其金額須在五百元以上。」此乃本法對於票據金額之特別限制，亦為唯一限制。

二、得記載之事項

得記載之事項，亦稱任意記載事項，乃指記載與否全由當事人自由決定之事項也。茲將本票之得記載事項，簡單說明如下：

1.擔當付款人

擔當付款人〔英：paying agent；日：支払担当者，支払代理人（しはらいたんとうしゃ，しはらいだいりにん）；德：Zahlungsleister, Domiziliat；法：domiciliataire〕者，亦即付款人之代理人，乃指代理付款人實際為付款行為之人也。本票係由發票人本人支付票據金額，因此並無發票人與付款人間「資金關係」之問題，惟若發票人若已指定擔當付款人，則發票人與擔當付款人間即可能存有「資金關係」之問題。至於本票發票人與擔當付款人之權利義務關係，票據法並無明文規定，論其性質，應屬票據外之委任關係，因此本票發票人與擔當付款人之權利義務關係，應依委任契約之內容而定之。

一般人較樂於接受以銀行為擔當付款人之本票，有鑑於此，財政部乃

於 1972 年頒布「銀行受託為本票擔當付款人辦理要點」，並於 1972 年及 1974 年加以修正，以供遵循。此等以銀行為擔當付款人之本票，即謂之甲存本票。對於已逾提示期限之本票，發票人得否撤銷擔當付款之委託？財政部採肯定之解釋，認為發票人對於已逾提示期限之本票，仍得撤銷擔當付款之委託（財政部 1972.3.22 61 臺財錢第 12256 號令）；至於未逾提示期限之本票，發票人得隨時撤銷之，不受提示期限之限制。因本票之發票人雖委任銀行為擔當付款人，但實際負款之人仍屬發票人自己，發票人既有委任之權限，則於擔當付款人尚未付款之前，自得將其委任撤銷❶。

2. 利息、利率

根據票據法第一二四條準用第二十八條之結果，發票人得記載對於票據金額支付利息及其利率。利率未經載明時，定為年利六釐。利息自發票日起算。但有特約者，不在此限。

3. 禁止背書文句

依票據法第一二四條準用第三十條第二項之結果，記名本票之發票人得在本票上為禁止背書轉讓之記載。記名本票發票人有禁止轉讓之記載者，不得轉讓。

4. 見票提示期限延縮之特約

依票據法第一二二條準用第四十五條第二項之結果，見票後定期付款之本票，執票人應在發票日起六個月內為見票之提示。但此項期限，發票人得以特約縮短或延長之。但延長之期限不得逾六個月。

5. 付款提示期限延縮之特約

依票據法第一二四條準用第六十六條第二項之結果，見票即付之本票，應自發票日起六個月內為付款之提示，但發票人亦得以特約延長或縮短該六個月之期限，但其延長期限不得超過六個月。例如一張見票即付之本票，若其發票日為 2000 年 1 月 1 日，則除非發票日另有延長或縮短，執票人須於發票日起六個月內為付款之提示，亦即須於 2000 年 6 月 30 日之前為付

---

❶ 梁宇賢，《票據法新論》，自行出版，益誠彩色印刷有限公司印刷，1999 年 11 月修訂版，p. 314。

款之提示。

6.應支付貨幣種類之特約

　　依票據法第一二四條準用第七十五條第一項之結果，本票之付款，原則上應依票面所記載之貨幣種類為給付。例如本票上記載「憑票祈於 2000 年 10 月 10 日付 A 先生新臺幣壹佰元整」，既然票面所記載之貨幣種類為新臺幣，則付款人原則上即應以新臺幣支付票據金額。但若票面上所記載之貨幣於付款地不通用時，則除當事人間有特別約定，須以票面所載之貨幣支付外，付款人得以付款當日之行情折算付款地通用之貨幣支付票款。例如票上記載之貨幣種類為新臺幣，但新臺幣於付款地上海並不通用，因此付款人得以付款當日之行情，折算付款地上海通用之貨幣人民幣支付票款。但在票面上若有特約「應以美金支付」時，則不在此限，而應以美金支付票據金額。

7.免除拒絕事由通知之記載

　　依票據法第一二四條準用第九十條之結果，本票之發票人，得於第八十九條所定通知期限前，免除執票人通知之義務。依票據法第八十九條之規定，執票人負有對發票人、背書人及票據其他債務人通知拒絕事由之義務，則發票人等自有權利免除執票人通知之義務，惟此等義務之免除，須於票據法第八十九條所規定通知期限之前為之，否則即無免除之意義。例如本票之發票人 A 於發票時，曾於本票上記載免除拒絕事由通知等字樣，則執票人 B 於作成拒絕證書之後，即無須再為拒絕事由之通知。票據法第八十九條規定：「I 執票人對於拒絕證書作成後四日內，對於背書人、發票人及其他匯票上債務人，將拒絕事由通知之。II 如有特約免除作成拒絕證書時，執票人應於拒絕承兌或拒絕付款後四日內，為前項之通知。III 背書人應於收到前項通知後四日內，通知其前手。IV 背書人未於票據上記載住所或記載不明時，其通知對背書人之前手為之。」

8.免除作成拒絕證書之記載

　　依票據法第一二四條準用第九十四條第一項之結果，本票之發票人或背書人，得為免除作成拒絕證書之記載。因原則上，執票人行使追索權以

作成拒絕證書為前提要件，但拒絕證書之作成，不但其費用須由被追索人負擔（§97 I ③），而且票據喪失信用之事實將因拒絕證書之作成而公開，顯然對於被追索人甚為不利，因此本法規定，本票之發票人或背書人，得為免除作成拒絕證書之記載。

9.禁止發行回頭本票之記載

依票據法第一二四條準用第一〇二條之結果，有追索權者，得以發票人或前背書人之一人或其他票據債務人為付款人，向其住所所在地發見票即付之匯票。但有相反約定時，不在此限。亦即本票之發票人亦得為禁止發行回頭本票之記載。

三、不得記載之事項

本票之不得記載事項者，乃指本法所未規定之事項及與本票性質相反之事項而言。茲將本票之不得記載事項簡述如下：

㈠本法所未規定之事項

所謂本法所未規定之事項者，例如在本票上劃平行線即是。因票據法僅就支票有劃平行線之規定，而於匯票、本票則無劃平行線之規定。記載本法所未規定之事項，僅該記載本法所未規定之事項無效，該本票據法仍然有效。

㈡與本票性質相反之事項

所謂與本票性質相反之事項者，例如記載付款附記條件之事項即是。因本票之性質為「無條件擔任支付」，「無條件擔任支付」為本票之絕對必要記載事項，發票人就付款之方法或資金附記條件，顯係與本票性質相反之事項。記載與本票性質相反事項之本票，不僅該與本票性質相反事項之記載無效，該本票之整體亦全部歸於無效。

第二款　發票之效力

所謂發票之效力，係指發票人之責任而言。茲就本票發票人之責任，簡述如下：

一、主債務人之責任

就本票發票人之責任,票據法第一二一條規定:「本票發票人所負責任,與匯票承兌人同。」由此規定可知,本票之發票人與匯票承兌人同,均須負主債務人之責任。因本票據法係由發票人自己支付票款,故發票人於簽發本票之後,即應負擔付款之責任,此項責任與匯票承兌人相同,屬於主債務人之責任。

二、第一次償還之責任

因本票之發票人係屬本票之主債務人,故執票人得於到期日直接對本票發票人請求支付票據金額,亦即本票之發票人須負第一次償還之責任,而非執票人無法先向其他義務人請求支付票據金額時,始負支付責任。惟依票據法第一二四條準用第六十九條第二項之結果,若票上載有擔當付款人時,執票人付款之提示,應向擔當付款人為之。

三、絕對之責任

依票據法第一二四條準用第二十二條第一項之結果,執票人付款請求權之消滅時效為三年。執票人付款請求權之消滅時效既為三年,則縱令執票人未於付款提示期間內為付款之提示,或未於見票提示期限內為見票之提示,或未於法定期限內作成拒絕證書者,只要消滅時效尚未完成,本票之發票人仍不得免除其付款責任。

至於本票發票人得否亦為追索權行使之對象?因票據法第一二一條規定:「本票發票人所負責任,與匯票承兌人同。」而本書於前述「追索權之主體及客體」中,已主張匯票承兌人得為追索權行使之對象,故本票發票人亦得為追索權行使之對象。

第三節　背　書

就匯票規定之準用，票據法第一二四條規定：「第二章第二節關於背書之規定，除第三十五條外，於本票準用之。」依此規定，吾人得以簡單析述如下：

一、本票之發票人不得為預備付款人之記載

依票據法第一二四條將第三十五條除外規定之結果，本票之發票人不得為預備付款人之記載。因本票之付款，須由本票之發票人自己為之，因此本票之發票人不得為預備付款人之記載。否則豈非允許本票之發票人於發票之初，即已宣布自己並無付款之決心？惟於本票背書人之場合，因背書人並非自己付款，其地位與匯票之背書人相同，因此本人以為，由本票之背書人記載預備付款人，似乎並無不可。

票據法第三十五條規定：「背書人得記載在付款地之一人為預備付款人。」

二、本票之背書人僅負擔保付款之責任

依票據法第一二四條準用第三十九條規定之結果，匯票之發票人及背書人應照票據文義擔保承兌及擔保付款。惟本票並無承兌制度，因此本票之發票人及背書人僅負擔保付款之責任。

第四節　見　票

一、見票之意義及程序

見票者，乃指本票之發票人，因執票人之提示，為確定見票後定期付款本票之到期日，於本票上記載見票字樣並簽名之行為也。因本票到期日

之記載方法，與匯票相同，有定日付款、見票即付、發票日後定期付款及見票後定期付款四種。在匯票之場合，所謂見票後定期付款者，乃指自承兌日或拒絕承兌證書作成日後，以一定期限之屆至為到期日之謂也（§67）。但在本票之場合，因本票並無所謂承兌之制度，因此本法第三章無法準用第二章有關承兌及參加承兌之規定，只好另設「見票」之規定，用以代替匯票之承兌制度，藉以決定本票「見票後定期付款」之算定。

就見票之程序，票據法第一二二條第一項規定：「見票後定期付款之本票，應由執票人向發票人為見票之提示，請其簽名，並記載見票字樣及日期，其提示期限，準用第四十五條之規定。」依此規定，吾人析述如下：

(一)執票人應向發票人為見票之提示

見票後定期付款之本票，應由執票人向發票人為見票之提示，請其簽名，並記載見票字樣及日期，藉以確定到期日之起算日期。例如 A 發行本票一張交予 B，本票上記載「憑票准於見票日後一個月付款」，此等本票即屬「見票後定期付款之本票」，在此情況下，若執票人 B 於 2000 年 10 月 10 日向發票人 A 為見票之提示，而發票人 A 亦於該日（即 2000 年 10 月 10 日）為見票之記載（簽名，並記載見票字樣及日期），則該本票之到期日應為見票日後之一個月，亦即 2000 年 11 月 10 日。

(二)提示見票之期限

就見票提示之期限，票據法第一二二條第一項末段規定：「其提示期限，準用第四十五條之規定。」由此規定可知，見票後定期付款之本票，應自發票日起六個月為見票之提示。但此項見票提示之期限，發票人得以特約縮短或延長之。但延長之期限不得逾六個月。例如本票之發票日為 2000 年 1 月 1 日，則該本票提示見票之期限應為 2000 年 6 月 30 日，超過 2000 年 6 月 30 日，即喪失對其前手之追索權。

(三)提作見票拒絕證書之期限

票據法第一二二條第三項規定：「發票人於提示見票時，拒絕簽名者，執票人應於提示見票期限內，請求作成拒絕證書。」由此規定可知，發票人於提示見票時，拒絕簽名者，執票人應於提示見票期限內，請求作成見票

拒絕證書，藉以證明見票拒絕之事實。例如 A 簽發本票一張交予 B，其發票日為 2000 年 6 月 10 日，若 B 於 2000 年 7 月 9 日向發票人 A 為見票之提示，但 A 拒絕在本票上簽名，則執票人 B 應於提示見票期限內，亦即在 2000 年 12 月 10 日之前請求作成見票拒絕證書，以便日後行使追索權時，證明曾為見票遭拒絕之事實。

在此場合，因有見票拒絕證書之作成，該見票後定期付款之本票，其到期日之計算應以見票拒絕證書之作成日起算之。再者，票據法第一二二條第四項規定：「執票人依前項規定作成見票拒絕證書後，無須再為付款之提示，亦無須再請求作成付款拒絕證書。」因既已作成見票拒絕證書，則其付款之可能性已經微乎其微，自無須再為付款之提示，亦無須再請求作成付款拒絕證書，俾省手續之麻煩也。

二、見票之效力

㈠確定到期日之效力

見票具有確定「見票後定期付款」本票到期日之效力。

1.本票之發票人記載見票字樣並簽名之場合

票據法第一二二條第一項規定：「見票後定期付款之本票，應由執票人向發票人為見票之提示，請其簽名，並記載見票字樣及日期，其提示期限，準用第四十五條之規定。」例如 A 簽發本票一張交予 B，票上載有「憑票於見票後一個月付款」，若執票人 B 於 2000 年 10 月 10 日向發票人 A 為見票之提示，A 於票上簽名，並記載見票字樣及日期為 2000 年 10 月 10 日時，則該本票之到期日應為見票後一個月，亦即 2000 年 11 月 10 日。

2.本票之發票人拒絕簽名之場合

票據法第一二二條第三項規定：「發票人於提示見票時，拒絕簽名者，執票人應於提示見票期限內，請求作成拒絕證書。」例如 A 於 2000 年 6 月 10 日簽發一張本票交予 B，票上載有「憑票祈於見票後一個月付款」字樣，執票人 B 雖於 2000 年 7 月 9 日向發票人 A 為見票提示，但發票人 A 拒絕在本票上簽名，則執票人 B 應於提示見票期限內，亦即應在 2000 年 12 月

10 日之前請求作成拒絕證書。在此情況，本票之到期日應以見票拒絕證書之作成日計算之。例如見票拒絕證書之作成日若為 2000 年 9 月 9 日，則該見票日後定期付款本票之到期日應為見票拒絕證書作成日後一個月，亦即 2000 年 10 月 9 日。

㈡未為見票提示之效力

　　票據法第一二二條第五項規定：「執票人不於第四十五條所定期限內為見票之提示或作成拒絕證書者，對於發票人以外之前手喪失追索權。」由此規定可知，若執票人不於第四十五條所定期限內為見票之提示或作成拒絕證書時，執票人對於發票人以外之前手喪失追索權。例如在前例中，若執票人 B 未於提示見票期限內，亦即應在 2000 年 12 月 10 日之前為見票之提示，亦未作成拒絕證書，則執票人 B 對於發票人以外之前手喪失追索權。

第五節　保　證

　　就匯票規定之準用，票據法第一二四條規定：「第二章第五節關於保證之規定……於本票準用之。」由此規定可知，本票之保證人須於本票上簽名或蓋章，而且此項簽名或蓋章，須基於保證人之意思為之，本票之保證人始與被保證人負同一責任。

　　就被保證人之擬制，票據法第六十條規定：「保證未載明被保證人者，視為為承兌人保證；其未經承兌者，視為為發票人保證。但得推知其為何人保證者，不在此限。」由此規定可知，保證未載明被保證人者，視為為承兌人保證。惟因本票並無承兌之問題，故此之所謂「保證未載明被保證人者，視為為承兌人保證」，應修正為「保證未載明被保證人者，視為為發票人保證」。

第六節　到期日

　　就匯票規定之準用，票據法第一二四條規定：「第二章第六節關於到期

日之規定……於本票準用之。」由此規定可知，本票之到期日與匯票相同。亦即，本票與匯票同樣有到期日之記載，其記載方法有四種，即：1.定日付款；2.見票即付款；3.發票日後定期付款；4.見票日後定期付款。而且，本票與匯票相同，均可分期付款。至於到期日之計算方法，因本票並無特別規定，自亦與匯票相同。至於「承兌日」及「拒絕承兌證書」之規定，因承兌制度僅存在於匯票，本票並無承兌制度，因此在匯票上有關「承兌日」及「拒絕承兌證書」之用語，在本票上應將之改為「見票日」、「拒絕見票證書」，較為合理。

第七節　付　款

依票據法第一二四條之規定，「第二章第七節關於付款之規定」於本票準用之。足見，有關付款之規定，本票與匯票並無差異，唯一不同者，乃匯票係由付款人付款，而本票係由發票人自己付款而已。

第八節　參加付款

依票據法第一二四條之規定，「第二章第八節關於參加付款之規定，除第七十九條及第八十二條第二項外」於本票準用之。足見，票據法第七十九條及第八十二條第二項之規定，不適用於本票之參加付款。按票據法第七十九條係有關向參加承兌人或預備付款人為付款提示之規定，票據法第八十二條第二項係有關參加承兌人或預備付款人參加付款時應以何人為被參加付款人之規定，而本票並無參加承兌人亦無預備付款人，因此無從準用此二條之規定也。惟應注意者為，票據法第八十二條第三項規定：「無參加承兌人或預備付款人，而匯票上未記載被參加付款人者，以發票人為被參加付款人。」本規定不以承兌人而以發票人為被參加付款人，而在本票之發票人相當於匯票之承兌人，本票之第一背書人始相當於匯票之發票人，因此論者多認為，在本票之場合，若未記載被參加付款人者，以第一次之

背書人（受款人）為被參加付款人❷。

第九節　追索權

依票據法第一二四條之規定，「第二章第九節關於追索權之規定，除第八十七條第一項、第八十八條及第一百零一條外」於本票準用之。足見，票據法第八十七條第一項、第八十八條及第一○一條之規定，不適用於本票之追索權。因此等規定係以承兌制度為內容，而本票並無承兌制度，因此無從準用。茲將本票之追索權，簡單說明如下：

一、本票亦可能發生期前追索

一般而言，期前追索權之行使，係以不獲承兌為原因，而本票並無承兌制度，因此按理而言，本票本無期前追索之可能。但期前追索之行使，並不以「不獲承兌」為唯一原因，當票據法第八十五條第二項所規定之情形發生時，亦構成期前追索之行使原因，而此等情形於本票亦可能發生，因此本票亦可能發生期前追索。

二、向發票人行使追索權時得聲請法院裁定後強制執行

就本票之強制執行，票據法第一二三條規定：「執票人向本票發票人行使追索權時，得聲請法院裁定後強制執行。」由此規定可知，行使債權之最後手段，即為法院之強制執行。法院之強制執行，在一般債權，必須經過法院之審判程序，取得法院之確定勝訴判決後，始能以該勝訴判決作為執行名義，而對債務人進行強制執行。而欲取得勝訴判決，往往費時費力，債權人難免在金錢上、時間上、精神上遭受莫大損失。本法為加強保護執票人，藉以促進本票之流通，乃明文規定，只要獲得法院之裁定，即可對發票人之財產進行強制執行。法院為「強制執行之裁定」時，僅須就本票形式上之要件審查即可，而法院為「勝訴判決」時，除須就本票之形式要

❷　鄭玉波，《票據法》，三民書局印行，1991 年 8 月第 4 刷，p. 240。

件審查外，尚須就執票人與發票人間之實際法律關係，或該本票是否出於偽造、變造等問題，加以審查。足見票據法第一二三條之規定，對於執票人頗為有利，有助本票之流通性。惟本條之適用，僅限於執票人對發票人行使追索權時始可，若執票人係對背書人或保證人或發票人之繼承人行使追索權時，即不得適用本條之規定。亦即，不得向法院聲請「裁定」而為強制執行，而仍必須依一般程序，向法院聲請「判決」，取得勝訴判決後，始得對背書人或保證人或發票人之繼承人，進行強制執行。

第十節　拒絕證書

依票據法第一二四條之規定，「第二章第十節關於拒絕證書之規定」於本票準用之。足見，本票拒絕證書之作成手續，與匯票拒絕證書之作成手續相同。惟在本票之場合，僅有拒絕付款證書及拒絕見票證書兩種。至於有關拒絕承兌證書、拒絕交還複本證書、拒絕交還原本證書之規定，因本票無此制度，因此無從準用。

第十一節　謄　本

依票據法第一二四條之規定，「第二章第十二節關於謄本之規定，除第一百十九條外」於本票準用之。足見，除票據法第一一九條外，匯票有關謄本之規定，於本票準用之。因票據法第一一九條係有關提示承兌之規定，而本票並無承兌制度，因此無從準用。

再者，本票只有謄本制度，而無複本制度。何以本票無複本制度？其理由約有下列幾點：

(一)複本制度本為送出而設，因本票並無承兌制度，無須為提示承兌而送出複本。

(二)複本制度本為預防喪失而設，因本票無國際性，較無寄送外國之可能，較無預防喪失之必要。

㈢本票發票人之地位，本就相當於匯票承兌人之地位，負有絕對付款之責任。在匯票，付款人往往為發票人以外之第三人，付款人是否付款尚在未定之天，匯票發行複本，規定承兌人須就各個複本為承兌，旨在確認承兌人之責任。在本票，付款人即為發票人本人，並無如此確認發票人是否付款之必要❸。

---

❸　鄭玉波，《票據法》，三民書局印行，1991 年 8 月第 4 刷，p. 243。

第五章

支　票

第一節　總　說

第一款　支票之意義

票據法第四條規定：「I 稱支票者，謂發票人簽發一定之金額，委託金融業者於見票時，無條件支付與受款人或執票人之票據。II 前項所稱金融業者，係指經財政部核准辦理支票存款業務之銀行、信用合作社、農會及漁會。」依此規定，吾人可知，支票〔英：cheque；美：check；日：小切手（こぎって）；德：Scheck；法：cheque〕者，乃指發票人簽發一定之金額，委託金融業者（指經財政部核准辦理支票存款業務之銀行、信用合作社、農會及漁會），於見票時無條件支付與受款人或執票人之票據也。依此定義，吾人析述如下：

一、支票者票據也

大陸法系國家之票據法，認為票據僅包括匯票、本票兩種，而支票則被視為另外一種有價證券，另外制定法律以規範之（例如日本之票據法為「手形法」，但對於支票則另外制定「小切手法」以規範之）。惟依我國票據法第一條之規定，我國票據法上所謂之票據，包括匯票、本票、支票三種，因此，支票為票據之一種。

二、支票者委託金融業者支付之票據也

此為支票之第一特徵。支票與匯票，雖同為委託他人付款之有價證券（委託證券），但匯票之付款人並無資格之限制，而支票之付款人則以「金融業者」為限。所以如此者，乃因匯票屬於信用證券，側重於信用關係，較不注重資金關係；反之，支票則屬支付證券，貴乎現實之支付，側重於資金關係，較不注重信用關係。因支票注重資金關係，其付款人乃不得不以「金融業者」為限。此之所謂「金融業者」，依票據法第四條第二項之規

定，係指經財政部核准辦理支票存款業務之銀行、信用合作社、農會及漁會而言。因此等金融業者，本屬放款存款之機構，以之為支票之付款人，不但因其資金雄厚，可以強化支票之現實支付性，而且因其本為處理金錢之專家，就支付之技術而言，計算較為精確，較可避免錯誤也❶。

三、支票者於見票時無條件支付之票據也

此為支票之第二特徵。因匯票及本票均屬信用證券，注重信用關係，相信對方（債務人）於今後之某日必將如期付款，因此在匯票及本票中，除發票日之外，大多另有到期日之記載。但支票則不然，支票本屬支付證券，僅在替代現金之支付而已，必須使其隨時兌現始可。因此支票於見票時必須無條件支付，必須「見票即付」，除發票日之外，不許另有到期日之記載。

國庫支票或公庫支票，雖冠有支票之名，但非票據法上之支票，而僅為民法上之指示證券。因票據法上之支票，其付款人係以「經財政部核准辦理支票存款業務之銀行、信用合作社、農會及漁會」為限，而國庫支票或公庫支票之付款人為國庫或公庫，並非票據法第四條第二項所謂之金融業者，因此國庫支票或公庫支票顯非票據法上之支票，而僅為指示證券之一種（最高法院 1971 年臺上字第 1548 號判決，1972 年 8 月 22 日最高法院 1972 年度第 1 次民事庭庭推總會議決議）。

第二款　支票之種類

支票依其區別標準之不同，可分為下列幾種：

一、記名支票、指示支票、無記名支票

以支票是否載明受款人之姓名或商號作為區別標準，支票可分為記名支票、指示支票、無記名支票三種。記名支票者，亦稱記名式支票，乃指發票人在票上載明受款人之姓名或商號之支票也。例如「憑票即付 A 先生

❶　鄭玉波，《票據法》，三民書局印行，1991 年 8 月第 4 刷，p. 244。

（或 A 公司）新臺幣貳拾萬元整。此致臺灣銀行城中分行台照　C（或 C 公司）（印）」，在此等支票中，因載明「A 先生（或 A 公司）」受款人之姓名或商號，故此種支票即為記名式支票。

指示支票者，亦稱指示式支票，乃指在票上記載受款人姓名、商號外，並記載「或其指定之人」文句之支票也。例如「祈付與林先生或其指定之人」(Pay to Messrs Lin or order)；「祈付與臺灣銀行代理處或其指定之人」(Pay to the Agency of The Taiwan Bank or the order of Messrs)。「或其指定之人」字樣，學者往往將之稱為「指示文句」，但此之指示與民法上指示證券之指示不同。

無記名支票者，亦稱無記名式支票，乃指在票上不記載受款人之姓名、商號或僅記「來人」字樣之支票也。例如「憑票即付　新臺幣貳拾萬元整。此致臺灣銀行城中分行台照」，在此等支票中，因未載受款人之姓名或商號，故此種支票即為無記名支票。此等支票無論誰為執票人，皆得逕向付款人提示請求付款，票據法第二十四條第四項規定：「未載受款人者，以執票人為受款人。」

二、對己支票、指己支票、受付支票

以當事人之資格是否兼併作為區別標準，支票可分為對己支票、指己支票、受付支票三種。對己支票者，乃指發票人以自己為付款人而發行之支票也，亦即發票人兼付款人之支票也。票據法第一二五條第四項規定：「發票人得以自己或付款人為受款人，並得以自己為付款人。」由此規定可知，支票之發票人得以自己為付款人，惟支票之付款人以金融業者為限，因此在對己支票之場合，該發票人須為金融業者，否則即無法以自己為付款人矣！

指己支票者，亦稱己受支票，乃指以發票人自己為受款人之支票也，亦即發票人兼受款人之支票也。此等支票與票據法第二十五條所規定之指己匯票相似，只要在金融業設有支票存款帳戶，任何人均得發行指己支票，並無任何限制。

受付支票者，乃指發票人以付款人為受款人所發行之支票也。此等支票與本法第二十五條所規定之受付匯票相似，惟因支票之付款人僅限於金融業者，因此受付支票之受款人亦僅限於金融業者。

三、即期支票、遠期支票

以支票上之發票日與實際發票日之是否一致作為區別標準，支票可分為即期支票、遠期支票二種。即期支票者，乃指支票上之發票日與實際發票日一致之支票也。例如實際發票日為 2000 年 10 月 10 日，而支票上記載之發票日亦為 2000 年 10 月 10 日，此等支票即為即期支票。遠期支票者，乃指以尚未屆至之日期作為票上發票日之支票也。遠期支票之實際發票日與票載發票日，並不一致。例如實際發票日為 2000 年 10 月 10 日，而支票上記載之發票日卻為 2000 年 10 月 11 日，此等支票即為遠期支票。

四、一般支票、保付支票、平行線支票

以其付款是否具有特殊保障作為區別標準，支票可分為一般支票、保付支票及平行線支票三種。一般支票者，亦稱普通支票，乃指就其付款並無特殊保障之支票也。

保付支票〔英：accepted or certified cheque；日：支払保証小切手（しはらいほしょうこぎって）〕者，乃指付款人於票上記載照付或保付或其他同義字樣，而由其簽名之支票也。票據法第一三八條第一項規定：「付款人於支票上記載照付或保付或其他同義字樣並簽名後，其付款責任與匯票承兌人同。」

平行線支票〔英：crossed cheque；日：線引小切手（せんびきこぎって）；德：gekreuzter Scheck；法：chéque barré〕者，亦稱橫線支票或劃線支票，乃指於票上正面劃有兩道平行線，而僅得對金融業者支付票據金額之支票也。票據法第一三九條第一項規定：「支票經在正面劃平行線二道者，付款人僅得對金融業者支付票據金額。」由此規定可知，於平行線支票之場合，受領人之資格，僅限於金融業者，雖然在受款上略有不便，但其優點

乃在於可防止支票遺失或被竊時之被人冒領，特別安全。

此外尚有「公庫支票」者，乃指除應優先適用公庫法（§16）外，亦應適用票據法規定之支票也。例如國庫支票即是。惟依最高法院 1971 年臺上字第 1548 號判決，則認為公庫支票並非票據法上之支票，而僅為一種指示證券。再者，臺灣銀行所發行之旅行支票，則係屬支票之一種❷。

五、限額支票、不限額支票、限額保證支票

以其票面額是否有所限制作為區別標準，支票可分為限額支票、不限額支票及限額保證支票三種。限額支票者，乃指票面額有所限制之支票也。不限額支票者，乃指票面額未加限制之支票也。限額保證支票者，乃指由「限額支票存款戶」所發行，而經與其往來之金融業保證付款之支票也。

第二節　發　票

第一款　發票之款式

支票為要式證券，除須由發票人簽名或蓋章外，尚須支票之正面記載一定之款式。支票之發票款式，通常可分為應記載之事項、得記載之事項及不得記載之事項三種。茲簡單敘述如下：

一、應記載之事項

應記載之事項，又可分為絕對必要記載事項及相對必要記載事項。

(一)絕對必要記載事項

支票之絕對必要記載事項，乃指依法必須記載，若不予記載，則該支票無法發生效力之事項也。支票之絕對必要記載事項，計有幾項：

1. 發票人之簽名

支票之發票人若未簽名，則該支票絕對無效，因此支票發票人之簽名

---

❷　鄭玉波，《票據法》，三民書局印行，1991 年 8 月第 4 刷，p. 246。

屬於絕對必要記載事項。再者，支票發票人之簽名，通常均以蓋章代之，因支票之發票人既為金融業者之存款戶，於訂立支票存款契約時，必然留有印鑑，以便付款時之核對也。

2.表明其為支票之文字

此所謂表明其為支票之文字，得以本國文字表示，亦得以外國文字表示，且表示之文字不以「支票」二字為限，只要在客觀上足以認定其屬於支票之種類即可。司法院曾經解釋：「票據載明祈付即期洋若干之字樣，即足以證明支票之性質者，雖未記明支票二字，亦應認有支票之效力。」 ❸

3.一定之金額

此之所謂一定之金額，得以本國貨幣表示，亦得以他國貨幣表示，惟其數字須以漢字大寫為之。例如「〇一二三四五六七八九」，應書寫為「零壹貳參肆伍陸柒捌玖拾」，並於數尾加一「整」字，又如「壹萬元整」、「壹拾萬元整」、「參拾元整」等，均不得省去「壹」、「參」字樣，再者「壹仟零壹元」或「壹佰零伍元」不得寫成「壹仟零零壹元」或「壹佰零零伍元」，否則將構成金額文字不清而得退票。再者，票據法第十一條第三項規定：「票據上之記載，除金額外，得由原記載人於交付前改寫之。但應於改寫處簽名。」依此規定之反面解釋，票據之金額必須一定，不得變更改寫，若經誤寫，只有將之撕毀重開，不得將其數額更改了事。

4.無條件支付之委託

此之所謂無條件支付之委託，係指不得記載任何支付條件之委託也。在實務上通常均僅記載「憑票祈付」、「憑票即付」等字樣，就其支付之資金及方法，不得附帶任何條件而阻礙票據之流通也。「無條件支付之委託」，亦為支票之絕對必要記載事項，此與匯票相同，惟支票有撤銷付款委託之問題，而匯票則無，則為支票與匯票之不同也。

5.發票年月日

因發票年月日係計算支票提示期限之重要根據，因此發票年月日亦為

---

❸　25 院 1422。

　　施文森，《票據法新論》，自行出版，總經銷三民書局，1990 年修訂 3 版，p. 207。

支票之絕對必要記載事項。惟此之所謂發票年月日，僅須其支票上之形式記載即可，其記載是否與實際之發票年月日相符，在所不論。易言之，發票人亦得以實際發票日後之日期作為發票年月日，此種支票稱為遠期支票；發票人亦得以實際發票日前之日期作為發票年月日，此種支票稱為期前支票，或稱為前期支票。此兩種支票，依我國現行票據法之規定，均屬有效，與美國統一商法典第一一四條第一項及英國票據法第十三條第二項之規定相同。

6.付款地

因付款地之遠近，係決定支票提示期限之重要依據（§130），因此付款地為支票之絕對必要記載事項。付款地之記載，通常多以最小之獨立行政區域表示之，例如「臺北市」、「三重市」、「高雄市」等即是。再者，付款地僅能為單一之記載，不得為兩個以上之記載。

7.付款人之商號

付款人之商號，亦為支票之絕對必要記載事項，此乃支票與匯票之重大不同。此不強調付款人之姓名，而僅強調付款人之商號，乃因支票之付款人僅限於金融業者，一般之個人不得充之也。

票據法第一二七條規定：「支票之付款人，以第四條所定之金融業者為限。」由此規定可知，只有經過財政部核准辦理甲種存款業務之銀行、信用合作社或農會、漁會始得擔任支票之付款人，一般之個人或商號並無擔任支票付款人之資格。

㈡相對必要記載事項

支票之相對必要記載事項，乃指若未記載時，法律將另行擬制其效果，而不使該支票歸於無效之法定事項也。支票之相對必要記載事項，計有下列幾點：

1.受款人之姓名或商號

受款人〔英：payee, remittee；日：受取人（うけとりにん）；德：Remittent, Nehmer；法：preneur〕者，乃指票據第一次之權利人也，故亦為必要記載事項之一，惟如未記載受款人時，法律另有擬制之規定，故受款人之姓名

或商號之記載亦屬於相對必要記載之事項。票據法第一二五條第二項規定：「未載受款人者，以執票人為受款人。」支票未記載受款人之姓名或商號者，稱為無記名支票，此時應以執票人為受款人。

　2. 發票地

　　發票地〔英：the place of issue；日：振出地（ふりだしち）；德：Ausstellungsort；法：Lieu de creation〕者，乃指票據發行時，形式上所記載之發票地域也。票據上所記載之發票地如與事實上之發票地不一致時，依外觀原理並不影響票據之效力。因發票地有「決定發票行為準據法」之作用，故為必要記載事項之一（§24 I）。但如未記載發票地時，法律另有擬制之規定，亦即「未載發票地者，以發票人之營業所、住所或居所所在地為發票地。」故發票地之記載屬於相對必要記載之事項。

　　凡票據上行為人或行為地涉及兩國以上時，則發生法律準據問題，其中如係準據於行為地之法律者，則發票地之記載具有實益。例如在英國國內發行之匯票未貼有印花者，應認為無效（英票據法第七十二條第一項），而在我國則否。在同一票據上記載數個不同之發票地者，國內某些學者認為，因其有害票據之同一性，自非合法，應將之解為無效之票據（參照本書第二章第三節「票據行為之要件」中「相對必要記載事項」發票地之說明）。惟吾人以為，記載數個不同之發票地者，雖然有違發票地單數記載之原則，但尚未違反到票據之本質或票據絕對必要記載之事項，故該票據尚不至流於全部無效，而應僅該「數個發票地之記載」無效，而應視為未記載發票地，而應以發票人之營業所、住所或居所所在地為發票地而已（§24 V、§120 IV、§125 III）。

二、得記載之事項

　　得記載之事項，亦稱任意記載事項，乃指記載與否全由當事人自由決定之事項也。支票之得記載事項，有下列五種：

㈠平行線之記載

　　就平行線支票，票據法第一三九條第一項及第二項規定：「I 支票經在

正面劃平行線二道者，付款人僅得對金融業者支付票據金額。II 支票上平行線內記載特定金融業者，付款人僅得對特定金融業者支付票據金額。但該特定金融業者為執票人時，得以其他金融業者為被背書人，背書後委託其取款。」由此規定可知，發票人得於支票之正面劃平行線兩道，或於其線內為特定之記載，使其成為平行線支票。

(二)禁止背書之記載

依票據法第一四四條準用第三十條規定之結果，記名支票之發票人得在支票上記載禁止背書之文句，在此情況，持有該支票之受款人即不得將支票轉讓予任何第三人，若該受款人仍將該支票轉讓予第三人時，將不發生票據轉讓之效果，而僅發生民法上一般債權轉讓之效果，發票人得以其他得對抗受款人之事由對抗該受讓之第三人。再者，支票之背書人，於其將支票背書轉讓他人時，亦得在支票上記載禁止轉讓之文句，在此情況，若被背書人仍將該支票轉讓予他人，背書人僅直接對被背書人負責，而不對受讓之第三人或更由該第三人背書受讓之任何人負責。易言之，曾於支票上記載「禁止背書」文句之背書人，僅對其直接之被背書人負責，對於該被背書人之後之任何後手，不負責任，惟對於該被背書人之後之任何後手無須負責者，僅「記載禁止背書之人」而已，至於「記載禁止背書之人」以外之人，對於該被背書人之後之任何後手，則仍須負責。

(三)應給付貨幣種類特約之記載

依票據法第一四四條準用第七十五條規定之結果，支票之付款，原則上應依票面所記載之貨幣種類給付，例如票面所記載之金額種類為新臺幣，則付款人即應以新臺幣支付。惟當票面所記載之貨幣於付款地不通用時，則除當事人間有特別約定，亦須以票面所載之貨幣支付外，付款人得以付款當日之行情折算付款地通用之貨幣支付票款，例如票面記載之貨幣為日幣，但日幣在付款地之臺北並非通用之貨幣，在此情況，付款人得依付款當日日幣對新臺幣之匯率折算新臺幣支付票款。

票據法第一四四條規定：「第二章第一節第二十五條第二項關於發票人之規定；第二節關於背書之規定，除第三十五條外；第二章第七節關於付

款之規定，除第六十九條第一項、第二項、第七十條、第七十二條、第七十六條外；第二章第九節關於追索權之規定，除第八十五條第二項第一款、第二款、第八十七條、第八十八條、第九十七條第一項第二款、第二項及第一百零一條外；第二章第十節關於拒絕證書之規定，除第一百零八條第二項、第一百零九條及第一百十條外；均於支票準用之。」票據法第七十五條規定：「I 表示匯票金額之貨幣，如為付款地不通用者，得依付款日行市，以付款地通用之貨幣支付之。但有特約者，不在此限。II 表示匯票金額之貨幣，如在發票地與付款地，名同價異者，推定其為付款地之貨幣。」

㈣免除拒絕事實通知之記載

依票據法第一四四條準用第九十條規定之結果，支票之執票人負有對發票人、背書人及其他債務人通知拒絕事由之義務，則發票人等自可拋棄受通知之權利，而免除執票人之義務，惟發票人等免除執票人之通知義務，須於本法第八十九條所規定之通知期限前為之，否則即失免除之意義。

就通知義務之免除，票據法第九十條規定：「發票人、背書人及匯票上其他債務人，得於第八十九條所定通知期限前，免除執票人通知之義務。」就拒絕事由之通知，票據法第八十九條規定：「I 執票人對於拒絕證書作成後四日內，對於背書人、發票人及其他匯票上債務人，將拒絕事由通知之。II 如有特約免除作成拒絕證書時，執票人應於拒絕承兌或拒絕付款後四日內，為前項之通知。III 背書人應於收到前項通知後四日內，通知其前手。IV 背書人未於票據上記載住所或記載不明時，其通知對背書人之前手為之。」

㈤免除作成拒絕證書之記載

依票據法第一四四條準用第九十四條規定之結果，原則上支票之執票人行使追索權以作成拒絕證書作為前提要件，惟拒絕證書之作成費用既由被追索人負擔，且拒絕證書之作成將使支票喪失信用之事實公開，對被追索人而言，顯然弊多於利，因此本法規定發票人或背書人得於支票上記載免除作成拒絕證書。

就拒絕證書之免除作成，票據法第九十四條規定：「I 發票人或背書人，

得為免除作成拒絕證書之記載。II 發票人為前項記載時，執票人得不請求作成拒絕證書而行使追索權。但執票人仍請求作成拒絕證書時，應自負擔其費用。III 背書人為第一項記載時，僅對於該背書人發生效力。執票人作成拒絕證書者，得向匯票上其他簽名人，要求償還其費用。」

(六)禁發回頭支票之記載

依票據法第一四四條準用第一○二條規定之結果，若原支票上已經記載禁止發行回頭支票之約定時，追索權人即不得發行回頭支票。

就發行回頭匯票之追索，票據法第一○二條規定：「I 有追索權者，得以發票人或前背書人之一人或其他票據債務人為付款人，向其住所所在地發見票即付之匯票。但有相反約定時，不在此限。II 前項匯票之金額，於第九十七條及第九十八條所列者外，得加經紀費及印花稅。」

(七)自付款提示日起利息及利率之記載

依票據法第一四四條準用第一三三條規定之結果，執票人向發票人、背書人等票據債務人行使追索權時，除得請求支票金額外，尚得請求因支票不獲付款所生之遲延利息。而該利息之計算期間，係由執票人為付款提示之當日起算，利率則依當事人間之約定，若未約定，則依年率六釐計算。

就利息之請求，票據法第一三三條規定：「執票人向支票債務人行使追索權時，得請求自為付款提示日起之利息，如無約定利率者，依年利六釐計算。」

三、不得記載之事項

不得記載之事項，又可分為下列兩種：

(一)記載則支票全歸無效之記載

例如在支票上記載「有條件之支付委託」、「分期付款」等文句，則該支票全部歸於無效即是。

(二)記載則僅其記載無效之記載

所謂「記載則僅其記載無效之記載」，係指若記載則僅其記載無效而已，該支票仍然有效之意。例如因支票僅限於見票即付，因此若支票記載「付

款日期」者，其記載無效。再者，亦因支票僅限於見票即付，因此支票無約定利息之必要，若有約定利息之記載，其記載本身無效。

就見票即付及遠期支票，票據法第一二八條規定：「I 支票限於見票即付，有相反之記載者，其記載無效。II 支票在票載發票日前，執票人不得為付款之提示。」

第二款　發票之效力

一、支票發票人之付款擔保責任

就支票發票人之責任，票據法第一二六條規定：「發票人應照支票文義擔保支票之支付。」由此規定可知，支票之發票人須依支票所載之內容，擔保執票人可獲得支票金額之支付。易言之，當支票之執票人無法自付款人獲得付款時，發票人即須負責對執票人支付支票金額。例如 X 向 A 簽發一張以臺北銀行作為付款人之支票，當執票人 A 向臺北銀行請求付款而被保險人拒絕時，發票人 X 即須向執票人 A 償還該支票之票款。亦即支票發票人所負之責任為第二次之責任，亦即償還責任，僅於執票人無法自付款人獲得票據金額支付時，始負償還責任。

二、支票發票人責任之免除

再者，就保付支票，票據法第一三八條規定：「I 付款人於支票上記載照付或保付或其他同義字樣並簽名後，其付款責任與匯票承兌人同。II 付款人於支票上已為前項之記載時，發票人及背書人免除其責任。III 付款人不得為存款額外或信用契約所約定數目以外之保付，違反者應科以罰鍰，但罰鍰不得超過支票金額。IV 依第一項規定，經付款人保付之支票，不適用第十八條、第一百三十條及第一百三十六條之規定。」由此規定可知，若支票經付款人保付之後，支票發票人之責任即告免除。

第三節　背　書

就支票之背書,票據法第一四四條規定:「……第二節關於背書之規定,除第三十五條外;……;均於支票準用之。」由此規定可知,有關匯票背書之規定,除第三十五條外,均於支票準用之。所謂「除第三十五條外」者,係指支票之背書人不得記載付款地之一人為預備付款人而言。因支票為支付證券,並無所謂參加承兌或參加付款之制度,因此並無記載預備付款人之必要。

由前述票據法第一四四條之規定可知,支票之背書與匯票之背書,大致相同,但比較之下,仍有下列不同:

一、預備付款人記載與否之不同

因支票為支付證券,並無所謂參加承兌或參加付款之制度,因此並無記載預備付款人之必要。反之,匯票之背書則否。

二、記載位置之不同

因支票不得作成複本、謄本,因此支票之背書不得於複本、謄本上為之;反之,匯票之背書則否。

三、擔保承兌與否之不同

因僅匯票有承兌之制度,因此支票之背書人不負擔保承兌之責任,而僅負擔保付款之責任,若支票經保付之後,則背書人連付款之擔保責任亦得免除矣 (§138 II);反之,匯票之背書人則負有擔保承兌及擔保付款之責任。

四、得劃平行線與否之不同

支票之背書人得在票據上劃平行線,使支票成為平行線支票 (§139);反之,因匯票無平行線之制度,匯票之背書人則不得在票據上劃平行線。

第四節 付 款

第一款 總 說

支票最重要之問題，即屬付款問題，因支票本屬支付證券，當然以付款問題最屬重要。就支票之付款問題，票據法第一四四條規定：「……第二章第七節關於付款之規定，除第六十九條第一項、第二項、第七十條、第七十二條、第七十六條外；……均於支票準用之。」除此之外，有關付款問題，支票尚設有不少特殊規定。同時，支票尚有保付支票及平行線支票之規定，而此等支票亦皆於付款上見其特色，足見支票之付款問題甚為複雜。

第二款 一般支票

一、提 示

支票之付款與匯票之付款相同，均以「付款之提示」作為付款之前提。茲將支票之付款提示，簡單說明如下：

㈠提示期限

就支票之提示期限，票據法第一三〇條規定：「支票之執票人，應於左列期限內，為付款之提示：一、發票地與付款地在同一省（市）區內者，發票日後七日內。二、發票地與付款地不在同一省（市）區內者，發票日後十五日內。三、發票地在國外，付款地在國內者，發票日後二個月內。」由此規定可知：

1.發票地與付款地在同一省（市）區內者，發票日後七日內

例如發票人 X 於 2003 年 10 月 1 日簽發支票一張予 A，發票地在臺北市，付款地亦在臺北市，則此張支票屬「發票地與付款地在同一省（市）區內」之支票，執票人應於票載發票日 2003 年 10 月 1 日之隔天起算七日內，亦即 2003 年 10 月 8 日之前向付款人為付款之提示。再如發票地在臺

南市，付款地在屏東市，兩地同屬臺灣省，亦屬此之所謂「發票地與付款地在同一省（市）區內」之支票，執票人亦應於票載發票日之隔天起算七日內，向付款人為付款之提示。

2.發票地與付款地不在同一省（市）區內者，發票日後十五日內

例如發票人 X 於 2003 年 10 月 1 日簽發支票一張予 A，發票地在臺北市，付款地在高雄市，則此張支票屬「發票地與付款地不在同一省（市）區內」之支票，執票人應於票載發票日 2003 年 10 月 1 日之隔天起算十五日內，亦即 2003 年 10 月 16 日之前向付款人為付款之提示。再如發票地在臺南市，付款地在高雄市，臺南市屬臺灣省，而高雄市不屬臺灣省，亦屬此之所謂「發票地與付款地不在同一省（市）區內」之支票，執票人亦應於票載發票日之隔天起算十五日內，向付款人為付款之提示。

3.發票地在國外，付款地在國內者，發票日後二個月內

例如發票人 X 於 2003 年 10 月 1 日簽發支票一張予 A，發票地在東京，付款地在臺北市，則此張支票屬「發票地在國外，付款地在國內」之支票，執票人 A 應於票載發票日 2003 年 10 月 1 日之隔天起算二個月內，亦即 2003 年 11 月 30 日之前向付款人為付款之提示。再如發票地在紐約市，付款地在高雄市，高雄市在國內，而紐約市則在國外，亦屬此之所謂「發票地在國外，付款地在國內」之支票，執票人亦應於票載發票日之隔天起算二個月內，向付款人為付款之提示。

於支票之場合，因已有上述提示期間之特別規定，無須再準用匯票之規定，亦因不準用匯票到期日規定之結果，支票之提示期限，應自發票日之次日起算，發票日不算入（民§120），此與匯票到期日之計算不同。再者，票據法第一三二條規定：「執票人不於第一百三十條所定期限內為付款之提示，或不於拒絕付款日或其後五日內，請求作成拒絕證書者，對於發票人以外之前手，喪失追索權。」由此規定可知，支票之執票人若怠於為付款之提示，則對於發票人以外之前手，喪失追索權。

再者，此項提示期限之規定，不但對於執票人發生效力，對於發票人及付款人亦均發生效力。例如，就發票人撤銷付款委託之限制，票據法第

一三五條規定：「發票人於第一百三十條所定期限內，不得撤銷付款之委託。」由此規定可知，在付款提示期限內，不得撤銷付款之委託，縱使發票人撤銷付款委託，亦不發生撤銷之效力，付款人仍應付款。因支票係由發票人向金融業者申請開設甲存帳戶，而由發票人委託該金融業者擔任支票付款人，若允許發票人在提示期限內撤銷付款委託，則執票人勢必因發票人之撤銷付款而致支票無法兌現，票據信用將大受傷害也。例如 A 於 2000 年 1 月 1 日簽發支票一張，交付予 B，發票地及付款地均為高雄市，並以高雄企業銀行為付款人，則因發票地與付款地在同一省市，依票據法第一三〇條之規定，付款提示日為「發票日後七日內」，因此 A 於 2000 年 1 月 8 日之前，不得通知高雄企業銀行撤銷付款委託，縱然通知，高雄企業銀行亦不受拘束，而仍應於 B 為付款提示時，支付票據金額予 B。

就付款人提示期限經過後之付款，票據法第一三六條規定：「付款人於提示期限經過後，仍得付款。但有左列情事之一者，不在此限：一、發票人撤銷付款之委託時。二、發行滿一年時。」由此規定可知，支票之執票人於提示期限內為付款提示時，付款人固應付款，若執票人於提示期限經過後始為付款提示時，原則上付款人仍得付款，但於下列情形時，付款人則必須拒絕付款：

(1)發票人撤銷付款委託時

依票據法第一三五條之規定，為保護執票人之權益，於付款提示期限內，無論任何理由，發票人均不得撤銷付款委託，但若於付款提示期限經過後，發票人即得撤銷付款委託，在發票人為合法之撤銷付款委託後，付款人即不得再予付款。

(2)發行滿一年時

依票據法第二十二條之規定，支票權利之消滅時效，最長為一年，因此當支票發行已滿一年時，支票權利已告消滅，付款人即不得再予付款。

㈡提示人及受提示人

就支票之提示期限，票據法第一三〇條規定：「支票之執票人，應於左列期限內，為付款之提示：一、發票地與付款地在同一省（市）區內者，

發票日後七日內。二、發票地與付款地不在同一省（市）區內者，發票日後十五日內。三、發票地在國外，付款地在國內者，發票日後二個月內。」由此規定可知，支票付款提示之提示人應為執票人。再者，支票付款提示之受提示人為 1.付款人。因支票之付款人為金融業者，亦即經財政部核准辦理支票存款業務之銀行、信用合作社、漁會及農會（§4）。2.票據交換所。依票據法第一四四條準用票據法第六十九條第三項之結果，票據交換所亦為支票付款提示之受提示人。

票據交換所〔英：clearing house；日：手形交換所（てがたこうかんじょ）；德：Abrechnungsstelle；法：chambre de compensation〕者，乃指為交換票據，同一地域內各金融業者所組成之團體也。所謂票據交換，乃指執票人不直接向付款人為付款人之提示，而委託經財政部核准辦理支票存款業務之金融業者，以交換票據之方式，互為結帳，而達到付款目的之請求付款方法也。因在今日，票據流通日益增加，若 A 銀行收到 B 銀行之票據，必須派人至 B 銀行提款，而 B 銀行收到 A 銀行之票據，必須派人至 A 銀行提款，不但浪費人力，而且持有現款，難免遭竊，因此乃指票據交換所之設，藉以減省人力及避免現款遭竊之危險。因有票據交換所之設，一般執票人通常無須自為付款之提示，而將該票據委任取款背書，委託平常與自己有往來之金融業者，向票據交換所為付款之提示，互為結帳，藉以避免人力之浪費及現款遭竊之危險，堪稱便利。惟交換票據，其付款人或擔當付款人須為金融業者，且為交換所之會員，始能互為結帳，達到票據交換之目的。

就提示付款之對象，票據法第六十九條第三項規定：「為交換票據，向票據交換所提示者，與付款之提示，有同一效力。」由此規定可知，為交換票據，向票據交換所提示者，與付款之提示，有相同之效力。

(三)提示之效力

1.受領票據金額之權利

執票人於法定期限內為付款之提示者，有受領票據金額之權利。

2.被拒絕時得行使追索權

　　若付款之提示被拒絕時，執票人得對其前手行使追索權。但應於拒絕付款日或其後五日內，請求作成拒絕證書（§131）。其拒絕證書之作成與匯票相同。若付款人於支票上或黏單上記載拒絕文義及其年月日，並簽名於其上者，與作成拒絕證書有同一之效力（§131 II）。於金融實務上，拒絕付款時，多由金融業者作成退票理由單附連於支票上，在此情況，亦與作成拒絕證書具有同一之效力。惟若票面上蓋上「拒絕往來戶」之戳記，而未經付款人簽名及記明年月日者，則不得認為與作成拒絕證書具有同一之效力。執票人作成拒絕證書後，其提示應視為執票人行使意思表示之意思通知，具有中斷票據時效之效力（最高法院 1967 年臺上字第 2474 號判決）❹。

3.怠於提示之效果

⑴怠於付款提示之追索權喪失

　　就喪失追索權之事由，票據法第一三二條規定：「執票人不於第一百三十條所定期限內為付款之提示，或不於拒絕付款日或其後五日內，請求作成拒絕證書者，對於發票人以外之前手，喪失追索權。」由此規定可知，若執票人未於法定期限內為付款之提示，對於發票人以外之前手喪失追索權。惟執票人縱未遵期為付款之提示或作成拒絕證書，對於發票人仍得行使追索權。

⑵怠於付款提示之賠償責任

　　就提示期限經過後發票人之責任，票據法第一三四條規定：「發票人雖於提示期限經過後，對於執票人仍負責任。但執票人怠於提示，致使發票人受損失時，應負賠償之責，其賠償金額，不得超過票面金額。」由此規定可知，若執票人未於付款提示之期限內為付款之提示，導致發票人受有損害時，執票人須對發票人負損害賠償之責任，惟其賠償之最高金額以票面金額為限。例如 A 簽發一張票面金額五十萬元之支票予 B，其提示期限為 5 月 15 日，但 B 卻遲至 5 月 30 日始為付款之提示，而付款人卻於 5 月 25 日宣告倒閉，導致發票人 A 在該付款人之帳戶存款無法全數領出而受有損

---

❹　梁宇賢，《票據法新論》，自行出版，益誠彩色印刷有限公司印刷，1999 年 11 月修訂版，p. 272。

害，此時執票人 B 即應賠償發票人 A 所受之損失，惟其賠償額應以票面金額五十萬元為限。

二、付　款

㈠付款之時期

因支票限於見票即付，無所謂到期日之記載，因此既無所謂期前付款之問題，亦無所謂延期付款之問題。惟就提示期限經過後之付款，票據法第一三六條規定：「付款人於提示期限經過後，仍得付款。但有左列情事之一者，不在此限：一、發票人撤銷付款之委託時。二、發行滿一年時。」由此規定可知，執票人於法定提示期間內為付款提示時，付款人固應付款，即使於法定期間經過後提示時，原則上付款人仍得付款，但有下列例外：

1. 發票人撤銷付款委託時

⑴付款委託之意義

付款委託〔英：order to pay；日：支払委託（しはらいいたく）；德：Anweisung；法：mandat de payer〕者，乃指發票人對於付款人委託付款之意思表示也。此種付款之委託，為絕對必要記載事項之一，因此應記載於支票之上。撤銷付款委託〔英：countermand of a cheque；日：支払委託の取消（しはらいいたくとりけし）；德：Wideruf des Schecks；法：revocation du cheque〕者，乃指發票人對於付款人撤銷付款之委託之意思表示也，亦即發票人通知付款人，就其所簽發之支票，於執票人為付款之提示時，予以拒絕之意思表示也。就撤銷付款委託之限制，票據法第一三五條規定：「發票人於第一百三十條所定期限內，不得撤銷付款之委託。」為保護執票人之利益起見，於法定提示期間內，不得為付款委託之撤銷，但於提示期間經過後，其付款委託之撤銷，自應有效。委託付款之撤銷，既為一種意思表示，自應適用民法有關意思表示之規定，亦即於非對話之場合，以達到相對人（付款人）時發生效力，且於發生效力之前，表意人得任意撤回之。

發票人於提示期間內撤銷付款委託時，不生撤銷之效力，付款人仍應付款；但於提示期間經過後撤銷付款委託時，則生撤銷之效力。提示期間

內所為之撤銷，固不生效，但於提示期限經過後，則可發生效力，亦即發票人合法撤銷付款委託時，付款人即不得於提示期間經過後付款矣（§136①）！

(2)撤銷付款委託之要件

發票人欲撤銷付款之委託，必須具備下列要件：

A.須由支票之發票人以意思表示為之

付款委託之撤銷，僅限於以發票人之意思表示為之，通常發票人得以通知書或書信為之，而以此等通知書或書信到達付款人時發生效力。惟在一般金融實務上，各金融業者多印有「撤銷付款委託申請書」，以供發票人填具申請，作為支票發票人撤銷付款委託之方法。

B.必須已逾提示期限

就撤銷付款委託之限制，票據法第一三五條規定：「發票人於第一百三十條所定期限內，不得撤銷付款之委託。」由此規定可知，支票之發票人須於提示期間經過後始得撤銷付款委託。本條之立法旨趣，旨在保護執票人之利益。

C.須未另為止付通知

付款委託之撤銷與止付通知不得同時為之。惟若止付通知已失其效力者（§18 II、細則§7），發票人仍得為付款委託之撤銷。因依票據法施行細則第五條第六項之規定，支票發票人若已經為止付通知，經止付之金額，應由付款人留存，非依票據法第十九條第二項之規定，或經占有票據之人及止付人之同意，不得支付或由發票人另行動用。因此，不得再為付款委託之撤銷矣！

D.須非付款人已經付款之支票

因若為付款人已經付款之支票，其票據之法律關係已經消滅，此時再為付款委託之撤銷，亦無意義矣！

E.須非保付支票

票據法第一三八條第一項規定：「付款人於支票上記載照付或保付或其他同義字樣並簽名後，其付款責任與匯票承兌人同。」由此規定可知，支票之付款人於支票上記載照付或保付或其他同義字樣並簽名，使該支票成為

保付支票之後，該支票之付款人必須就該保付支票負絕對之付款責任，此時發票人自不得再為付款委任之撤銷矣！

(3)撤銷付款委託之效果

發票人為付款委託之撤銷後，發生如下之法律效果：

A.就發票人所簽發之特定支票，付款人不得再為付款

撤銷付款委託之後，發票人與付款人間之支票契約仍然繼續存在，僅就發票人所簽發之特定支票，付款人不得再為付款。撤銷付款委託之後，若付款人再為付款，不得將該付款之效果歸於發票人。

B.執票人對於發票人之票據權利不受影響

付款委託之撤銷，並非使該支票變成無效之支票，因此執票人對於發票人之票據權利不受影響。

C.提示期限前之撤銷付款委託，於提示期限經過後仍生撤銷之效力

付款委託之撤銷，須於提示期限經過後始得撤銷，其提示期間內之撤銷，固然不發生撤銷之效力，但於提示期限經過後，仍可發生撤銷之效力。

D.付款人拒絕付款時，執票人不得行使直接訴權

付款人基於付款委託之撤銷而拒絕付款時，執票人不得行使票據法第一四三條之直接訴權。就付款人之付款責任，票據法第一四三條規定：「付款人於發票人之存款或信用契約所約定之數足敷支付支票金額時，應負支付之責。但收到發票人受破產宣告之通知者，不在此限。」

E.以金融業為擔當付款人之本票，不適用支票撤銷付款委託之規定

本法有關撤銷付款委託之規定，僅適用於支票之場合，其以金融業作為擔當付款人之本票，不適用之。

(4)撤銷付款委託與止付通知之比較

A.意義之不同

撤銷付款委託者，乃指發票人對於付款人撤銷付款之委託之意思表示也，亦即發票人通知付款人，就其所簽發之支票，於執票人為付款之提示時，予以拒絕之意思表示也。止付通知〔英：notice to stop payment；日：事故屆（じことどけ）〕者，乃指票據權利人將票據喪失之情形通知付款人，

使其停止付款之謂也。

B.法律性質之不同

撤銷付款委託，屬於一種意思表示；反之，止付通知則屬於一種觀念通知。

意思表示〔英：declaration of intention；日：意思表示（いしひょうじ）；德：Willenserklärung；法：déclaration de volonté〕者，乃指將欲發生法律上效果之意思表彰於外部之行為也，亦即表意人將欲成立法律行為之意思，表彰於外部之行為也。例如出賣人欲出賣某種物品之「要約」、購買人表示欲買之「承諾」，均為意思表示。觀念通知〔日：观念の通知（かんねんのつうち）；德：Vorstellungsmitteilung〕者，亦稱事實通知，乃指將某事實之觀念或認識通知他人之行為也。觀念通知不包括行為之意思成分，故與意思通知有別。

C.行使主體之不同

於撤銷付款委託之場合，其行使之主體，僅限於發票人；反之，於止付通知之場合，則凡票據權利人均得為之。

D.行使原因之不同

於撤銷付款委託之場合，其行使原因，法無特別限制；反之，於止付通知之場合，其行使之原因，僅限於票據喪失。

E.限制之不同

於撤銷付款委託之場合，其行使時間，僅限於提示期間經過之後，始得為之，而且行使之時，無須有充足之存款；反之，於止付通知之場合，其行使之時間，法無特別之限制，但於行使之時，須有充足之存款。

F.效力之不同

於撤銷付款委託之場合，撤銷付款委託之後，僅就該發票人簽發之特定支票，發生付款人不得付款之效力，該支票本身仍然有效，因此無一事不再理之適用；反之，於止付通知之場合，止付通知之後，應於提出止付通知後五日內，提出公示催告之證明，始能維持止付通知之拘束力，而且支票經由公示催告、除權判決之後，該支票已歸無效，故有一事不再理之

適用❺。

2.發行滿一年時

因對發票人而言，支票權利之消滅時效期間，最長為一年，支票發行一年之後，支票權利大多已因時效完成而歸消滅，因此本條明文規定「發行滿一年時」付款人不得付款，以資呼應。

㈡付款之方法

付款人之付款方法，約有下列三種：

1.全部付款

依票據法第一四四條準用第七十四條規定之結果，全部付款時，付款人得要求執票人記載收訖字樣簽名為證，並交出支票。於金融實務上，支票之背面多印有「收款人填寫姓名」，執票人只要於該處簽名，證明收訖之事實即可。此等於在「收款人填寫姓名」處所所為之簽名，僅有證明收款之效力而已，並無背書之效力。至於付款之貨幣，依票據法第一四四條準用第七十五條第一項之結果，除非當事人間列有特約，否則載明於支票上之貨幣若為付款地不適用者，得依付款日行市，以付款地通用之貨幣支付之。惟若經票據交換所提示之支票，應對執票人之存戶支付，不得由執票人領取現款也。

2.一部付款

此之所謂一部付款，係指付款人得就票據金額之一部分支付之權利也。就支票之一部付款，票據法第一三七條規定：「Ⅰ付款人於發票人之存款或信用契約所約定之數不敷支付支票金額時，得就一部分支付之。Ⅱ前項情形，執票人應於支票上記明實收之數目。」由此規定可知，付款人有一部付款之權利，執票人對於一部分付款，不得拒絕。而且，於一部付款之場合，執票人應記明實收數目，付款人自得要求其記載，並得要求其另給收據。

3.轉帳或抵銷

就轉帳或抵銷，票據法第一二九條規定：「以支票轉帳或為抵銷者，視

---

❺　梁宇賢，《票據法新論》，自行出版，益誠彩色印刷有限公司印刷，1999 年 11 月修訂版，p. 352。

為支票之支付。」由此規定可知，支票之付款人於付款時，固以支付現金給執票人為原則，但亦得以支票轉讓或抵銷之方法，代替現金之支付。所謂支票轉帳者，乃指當事人間，藉支票之交付以調整銀行帳務數目之付款方法也。例如 A 簽發一張以臺灣銀行為付款人之支票交予 B，而 B 恰巧於臺灣銀行亦設有一存款帳戶，則 B 即可要求臺灣銀行將該支票金額轉入自己之存款帳戶之內，在此情況，當臺灣銀行將該支票金額以轉帳方式轉入 B 之存款帳戶時，即視為已經支付該支票之票款。所謂支票抵銷，乃指付款人藉抵銷之方式以達到支付票款效果之付款方法也。例如 A 在臺灣銀行設有一存款帳戶，而又積欠臺灣銀行新臺幣五萬元，A 即得簽發一張以臺灣銀行為受款人兼付款人之支票交給臺灣銀行，以清償其債務。在此情況，當臺灣銀行取得該張支票時，即得用抵銷之方法，以達到支付票款之效果。

㈢付款人之付款責任

就付款人之付款責任，票據法第一四三條規定：「付款人於發票人之存款或信用契約所約定之數足敷支付支票金額時，應負支付之責。但收到發票人受破產宣告之通知者，不在此限。」由此規定可知，支票之付款人於一定之條件下，負有依約付款之義務，此等義務規定，就執票人而言，即係直接訴權之依據。因付款人與發票人間，既有委任關係存在，則受委任人（付款人）即有遵照委任人（發票人）之指示處理委任事務之義務，否則若發生損害，對於委任人（發票人）應負損害賠償責任（最高法院 1976 年臺上字第 1253 號判例）。此等損害賠償責任之性質，係屬基於債務不履行之損害賠償責任，而非屬於基於侵權行為之損害賠償責任。付款人於下列條件下，不得拒絕付款：

1.須發票人之存款或信用契約所約定之數額足敷支付票據金額

當發票人於付款人處有足夠之存款，或雖無足夠之存款，但與付款人間訂有信用契約（一般稱為透支契約，亦即付款人允為墊借之契約），而所約定之額度足夠支付票款時，付款人即應依約付款。

2.須未受到發票人受破產宣告之通知

當發票人受到破產宣告時，發票人所有之財產將列入破產財團中（破

§82），而分配予全體債權人，因此當付款人收到發票人受破產宣告之通知時，縱有存款，亦不得再為付款矣！再者，發票人已受破產宣告，但付款人尚未收到通知而已付款者，仍有付款之效力。

3. 須未經過提示期間

執票人須於法定期限內為付款之提示，始得行使直接訴權。若執票人未於法定期限內為付款之提示，則依票據法第一三六條之規定，付款人雖於付款提示期間經過後，仍得付款，但此時若付款人拒絕付款，則執票人不得行使直接訴權。因票據法第一三六條之規定用語為「得」，而非「應」，付款人得付款，亦得不付款，有選擇之權。

4. 須付款人無正當理由而拒絕付款

付款人之拒絕付款，須有正當理由。所謂正當理由，例如發票人已撤銷付款委託，或該支票發行已滿一年，或該發票人已屬拒絕往來戶等即是。除外，根據票據交換所之退票理由書所載，下列原因構成退票之理由：即(1)非用墨筆或墨水填寫；(2)金額文字非大寫；(3)金額文字不清；(4)發票年、月、日不全不明；(5)距發票日期已滿一年；(6)發票人簽章不全不明不符；(7)未經受款人背書；(8)受款人背書不清不符；(9)背書不連續；(10)支票破碎（法定要件不全）；(11)支票塗壞；(12)字跡模糊；(13)保付後字經塗改；(14)更改處未經發票人依照印鑑簽章證明；(15)無此存戶；(16)此戶已結清；(17)非該戶領用之支票；(18)劃線支票應由銀錢業者收取；(19)特別劃線支票應由指定銀錢業者收取；(20)外戶支票僅可代收；(21)未到票載發票日。此等原因，亦將構成拒絕付款之正當理由❻。

四付款人之應審查事項及不必審查事項

依票據法第一四四條準用第七十一條規定之結果，支票付款人之審查事項與匯票付款人大致相同，其不同者，約有下列幾點：

1. 印鑑之核對

因支票之發票人於支票付款人處必存有印鑑，因此支票付款人於付款

---

❻ 梁宇賢，《票據法新論》，自行出版，益誠彩色印刷有限公司印刷，1999 年 11 月修訂版，p. 356。

之時必須核對印鑑。若付款人對於印鑑不符之支票加以付款，應認為具有重大過失，不得免責。

2. 背書連續之審查

若支票付款人已盡相當之注意，已就「印鑑之相符」及「背書之連續」加以審查，則付款之後，縱然該執票人非真正之權利人，付款人亦可免其責任。

3. 是否已經付款之審查

票據法施行細則第六條規定：「本法第十八條、第十九條規定，對業經付款人付款之票據不適用之。」由此規定可知，支票一經付款，則原喪失支票之執票人即不得再依止付通知及公示催告之聲請，作為喪失票據之救濟方法。

第三款　保付支票

一、保付支票之意義

保付支票者，乃付款人於支票上記載照付或保付或其他同義字樣，而由其簽名，並負絕對付款責任之支票也。因支票為支付證券，既無承兌及保證之制度，亦非現金之授受，其於現實付款之前，該支票能否獲得付款，尚屬未定。為彌補此等缺陷，確定付款人付款之義務，以確保執票人之權益，類似承兌、保證之制度，實有制定之必要，於是乎支票之保付制度乃應運而生焉。支票之保付制度源自於美國，美國統一商法典第三編第四一一條規定：「I 支票之保付係屬承兌。執票人取得保付者，發票人與（保付）前全體背書人，均解除責任。II 除另有約定外，銀行對支票無保付之義務。III 銀行對支票得先行保付，再因欠缺適當背書而退還（執票人）。銀行為上項保付，發票人解除責任。」

二、保付之方式

㈠保付之當事人

保付之當事人為「請求人」及「保付人」兩者。保付之請求人為支票之執票人，而保付之記載人亦以支票之付款人（金融業者）為限。

㈡保付之記載內容

保付之時，付款人須於支票上記載照付或保付或其他同義字樣，易言之，付款人須於支票上記載保付之意旨，並由付款人簽名於其上，若付款人僅記載保付之意旨而未簽名者，通說認為不生保付之效力。其以「口頭」為保付者，亦不生保付之效力（§138 I）。至於保付日期，因非必要記載事項，縱未記載，亦不影響保付之效力。

㈢保付之記載處所

保付之記載處所，我國票據法並未明文規定，因此支票之保付，除於支票之正面外，於支票之背面為之，亦屬有效（最高法院 1962 年臺上字第3154 號判決）。

至於就支票金額之一部分或附條件之保付，我國票據法並無明文之規定，通說認為，付款人保付時，若經執票人同意，得就支票金額之一部分為之。保付附條件者，視為保付之拒絕，惟保付人仍應依其所附條件負其責任。

在金融實務上，金融業者為保付行為時，均將票載金額自發票人之存款帳內提出，另立專戶，以供該保付支票提示時付款之用。再者，票據法第一三八條第三項規定：「付款人不得為存款額外或信用契約所約定數目以外之保付，違反者應科以罰鍰，但罰鍰不得超過支票金額。」依此規定可知，若發票人無存款或存款數額不敷票據金額者，付款人自不得予以保付；若付款人為存款額外或信用契約所約定數目以外之保付，應科以罰鍰，但罰鍰不得超過支票金額。惟違反此項規定所為之保付，仍具保付之效力。因票據法第一三八條第三項所規定之處罰，僅係行政處分而非司法處分，應將之解釋為，違反時，保付人固然須受制裁，但其保付並非歸於無效，唯

有如此解釋，始足以保障保付支票之流通性及保付性也❼。

三、保付之效力

㈠對保付人之效力

對於保付人之效力，有下列兩點：

1.票據法第一三八條第一項規定：「付款人於支票上記載照付或保付或其他同義字樣並簽名後，其付款責任與匯票承兌人同。」依此規定，付款人為保付後，其付款責任與匯票承兌人同。而匯票承兌人應負付款之責（§52 I），因此支票之付款人為保付之後，即成為支票之主債務人，負有絕對付款之責任。縱使發票人本無存款，保付人亦不得據以抗辯；縱然支票之發行已滿一年，保付人仍負付款之責（§138 IV）。

2.票據法第一三八條第三項規定：「付款人不得為存款額外或信用契約所約定數目以外之保付，違反者應科以罰鍰，但罰鍰不得超過支票金額。」依此規定可知，若發票人無存款或存款數額不敷票據金額者，付款人自不得予以保付；若付款人為存款額外或信用契約所約定數目以外之保付，應科以罰鍰，但罰鍰不得超過支票金額。惟違反此項規定所為之保付，仍具保付之效力。

㈡對發票人及背書人之效力

1.票據法第一三八條第二項規定：「付款人於支票上已為前項之記載時，發票人及背書人免除其責任。」依此規定，支票一經保付，發票人及背書人之擔保付款責任即告解除，縱然保付人不為付款，執票人亦不得再向發票人或背書人行使追索權。

2.支票經保付後，發票人及背書人既已免除其責任，則發票人自不得再行撤銷付款之委託（§138 IV、§136）。縱然發票人受破產之宣告，亦不

---

❼ 鄭乃仁，《票據之理論與應用》，自行出版，文祥印刷有限公司印刷，1976 年 10 月初版，p. 245。

鄭洋一，《票據法之理論與實務》，自行出版，總經銷三民書局，文太印刷有限公司印刷，1993 年 1 月修正 18 版，p. 282。

影響保付之效力❽。

㈢對執票人之效力

票據法第一三八條第四項規定:「依第一項規定,經付款人保付之支票,不適用第十八條、第一百三十條及第一百三十六條之規定。」依此規定,吾人可分下列兩點述之:

1.縱然支票喪失,執票人不得為止付之通知

支票一經保付,付款人即負絕對之付款責任,保付後之支票,必須隨時兌現,已與貨幣相差無幾。因此,保付支票縱有喪失,執票人亦應自負其責,而不得為止付之通知。惟若支票確已滅失,執票人自可依公示催告程序為除權判決。因若不允許其依公示催告程序為除權判決,則付款銀行之帳目既無法了結,正當權利人又無法領取款項,任其拖延,自非妥善也。

2.保付支票不受提示期限之限制

因支票經保付之後,其法律關係已非發票人(存戶)與受款人之關係,乃為付款人(金融業者)與受款人之關係,故保付支票不受提示期限之限制,亦即執票人在付款提示期間內未提示者,仍得請求付款。

四、保付支票之時效

保付支票之執票人對於付款人之權利,其消滅時效如何? 法無明文,學界見解不一,約有下列三種:

㈠一年時效說

主張一年時效說之理由為, 1.保付支票係支票之一種,依票據法之規定,票據上之權利,對於支票發票人之時效為一年(§22 I); 2.支票限於見票即付,保付支票之時效期間,似不宜過長,而以一年為宜。

㈡三年時效說

主張三年時效說之理由為, 1.保付支票付款人之責任,既與匯票承兌人同,則其時效期間亦應為三年; 2.保付支票之付款,不受發行滿一年之

---

❽　梁宇賢,《票據法新論》,自行出版,益誠彩色印刷有限公司印刷,1999 年 11 月修訂版, p. 358。

限制（§138 IV），故不宜採一年時效說。

㈢十五年時效說

主張十五年時效說之理由為，「特別法未有規定者，依普通法」，此乃法律適用之基本原則。票據法係民法之特別法，票據法對於保付支票並無短期時效之規定，自應適用民法一般時效之規定，而民法一般請求權之消滅時效為十五年。

目前國內學界以「三年時效說」為通說，吾人亦以「三年時效說」較妥。其理由約有如下幾點：

1.自票據法第一三八條第四項之規定言之

因依票據法第一三八條第四項之規定，保付支票之付款，不受發行滿一年之限制，付款人於發行滿一年時仍應付款，因此「一年時效說」之見解似不足採信。

2.自支票之性質觀之

再者，保付支票仍不失為一種支票，而支票本為支付工具，而且僅限於見票即付，為避免證據之湮滅及社會次序之維護，支票權利之存續，不宜過長，因此「十五年時效說」之見解，不無過長之嫌❾。

五、保付與其類似概念之比較

㈠保付與承兌之比較

在票據法上，與「保付」最類似之觀念，即為「承兌」，票據法第一三八條第一項亦規定：「付款人於支票上記載照付或保付或其他同義字樣並簽名後，其付款責任與匯票承兌人同。」但其實「保付」與「承兌」仍有下列

---

❾　鄭乃仁，《票據之理論與應用》，自行出版，文祥印刷有限公司印刷，1976 年 10 月初版，p. 246。

鄭洋一，《票據法之理論與實務》，自行出版，總經銷三民書局，文太印刷有限公司印刷，1993 年 1 月修正 18 版，p. 283。

鄭玉波，《票據法》，三民書局印行，1991 年 8 月第 4 刷，p. 259。

梁宇賢，《票據法新論》，自行出版，益誠彩色印刷有限公司印刷，1999 年 11 月修訂版，p. 359。

之不同:

1. 適用範圍之不同

承兌制度僅匯票有之;而保付制度則僅支票有之。

2. 期限限制之不同

經承兌之匯票,執票人仍應於到期日或其後二日內為付款之提示,否則對於前手喪失追索權(§69);而經保付之支票,則不受提示期限之限制(§138 IV)。

3. 拒絕效果之不同

匯票承兌人拒絕付款時,執票人得因之行使追索權;而支票經保付後,付款人縱拒絕付款,執票人亦不得因之行使追索權。因支票經保付後,發票人及背書人均免除其責任也(§138 II)。

4. 資金關係存在之不同

匯票之承兌,無論付款人與發票人有無資金關係之存在,均得為之;而支票之保付,付款人不得為存款額外或信用契約所約定數目以外之保付,違反者應科以罰鍰,但罰鍰不得超過支票金額(§138 III)。

5. 止付通知可否之不同

匯票經承兌後,喪失匯票時,仍得為止付之通知;而支票之保付,經付款人保付後,不得為止付之通知❿。

(二)保付與保證之比較

1. 適用範圍之不同

票據保證,適用於匯票及本票,不適用於支票,因此在支票上記載保證者,不生票據法之效力;而保付制度則僅適用於支票。

2. 行為人之不同

票據之保證,除票據債務人外,任何人均得為之(§58 II);而支票之保付,則以付款人為限(§138 I)。

3. 追索權行使之不同

票據之保證,保證人為償還後,尚得對被保證人及其前手行使追索權,

---

❿　鄭玉波,《票據法》,三民書局印行,1991 年 8 月第 4 刷,p. 258。

因此票據關係僅一部歸於消滅（§64）；而支票之保付，付款人付款後，支票上之權利歸於消滅，並無追索權之可言。

4.一部行使可否之不同

票據之保證，得就票據金額之一部為之；而支票之保付，除非經執票人之同意，否則原則上不得就支票金額之一部為之。

5.責任免除與否之不同

票據之保證，保證人與被保證人及其前手，仍須負擔票據責任（§61 I），其被保證人及其前手，並未因之免除票據責任；而支票一經保付後，保付人即成唯一的、絕對的票據債務人，其發票人及背書人均免除其責任。

6.法律作用之不同

票據保證之作用，僅在擔保票據債務之履行；而支票之保付，則具有保證及承兌兩種作用[11]。

第四款　平行線支票

一、平行線支票之意義

平行線支票者，亦稱橫線支票或劃線支票，乃指於支票正面劃平行線二道，而僅得對金融業者支付之支票也。因支票為支付證券，限於見票即付，故普通支票 (open check)，一經付款，即不易查知提款人為何人，而且支票如遇遺失或被竊，除非票據權利人立即向付款人為止付通知，否則付款人不得拒絕付款，無法防止支票遺失或被竊時被人冒領之損失。而平行線支票，受款人之資格，僅限於金融業者，一般之執票人，縱為合法之權利人，亦僅能委託與其有來往之金融業者代為取款，自己不得為付款之提示，支票之來往蹤跡，較易查知，因而付款後發生糾葛，付款人即可查明委託付款人，以資解決糾紛。因此平行線支票，對於合法之票據執票人而言，於受款上雖然較為不便，但卻特別安全，因此各國立法例，多採用此

---

[11]　鄭乃仁，《票據之理論與應用》，自行出版，文祥印刷有限公司印刷，1976 年 10 月初版，p. 247。

制度❷。

二、平行線支票之種類

票據法第一三九條第一項及第二項規定：「I 支票經在正面劃平行線二道者，付款人僅得對金融業者支付票據金額。II 支票上平行線內記載特定金融業者，付款人僅得對特定金融業者支付票據金額。但該特定金融業者為執票人時，得以其他金融業者為被背書人，背書後委託其取款。」依此規定可知，平行線支票之種類，有下列兩種：

㈠普通平行線支票

普通平行線支票 (general crossing cheque) 者，乃指在支票正面劃有平行線二道或於平行線內記載銀行或其他同義字樣之支票也。所謂同義字樣，例如信用合作社、農會、漁會、錢莊等即是。參照附件三之支票 5。

㈡特別平行線支票

特別平行線支票 (special crossing cheque) 者，乃指在支票平行線內記載特定金融業者，付款人僅得對於該金融業者支付票據金額之支票也。參照附件三之支票 6。

三、平行線之記載方式

㈠記載權人

何人有權為平行線之記載？法無明文規定，解釋上發票人、背書人或執票人均得為之。易言之，發票人、背書人或執票人，均得於未經劃線之支票劃普通平行線或特別平行線，對於已劃普通平行線之支票，亦得更劃特別平行線，但對於特別平行線，不得更劃普通平行線。

㈡記載處所

平行線應記載於何處？我國現行票據法第一三九條之規定，應僅限於票據之正面，因此票據背面之平行線，不能認為具有本法第一三九條之效

---

❷ 鄭乃仁，《票據之理論與應用》，自行出版，文祥印刷有限公司印刷，1976 年10 月初版，p. 248。

力。至於應於票據正面之何處為之？票據法亦無明文規定，實務上均於支票之左上角為之。

㈢記載方法

　　普通平行線支票，僅於支票正面劃平行線二道即可（參照附件三支票5）；至於特別平行線支票，則除須劃平行線二道之外，並應於其平行線內，記載特定金融業者之名稱（參照附件三支票6）。劃線無須由劃線人簽名，因此只要是記載權人所劃，不論何人所劃，其效力均屬相同。

　　支票正面記載二個以上特別平行線時，其效力如何？法無明文規定，惟一般外國立法例多採否定說，不承認其效力。例如日內瓦統一支票法第三十八條第五項即規定：「凡支票上載有數個特別畫線者，除僅有二個特別畫線而其中之一係為經由票據交換所託收外，付款人得不予付款。」英國票據法第七十九條第一項亦規定：「凡特別平行線支票記載兩個以上銀行者，除劃線與託收代理銀行者外，付款銀行應拒絕付款。」票據法具有強烈之國際性，除我國票據法有特別規定外，不宜與國際立法例作不同之解釋。何況在解釋上，因二個以上特別平行線之記載，已失特別受款人之意義，而且付款人勢將難以判斷何者為真正之受款人，因此在此情況下，付款人應拒絕付款。惟雖然付款人應拒絕付款，但此種支票並不因此歸於無效。於當事人拒絕付款後，即發生追索權之問題。再者，於平行線內記載或選擇記載兩個以上不同金融業者，例如記載「臺灣銀行及臺北銀行」或「臺灣銀行或臺北銀行」，在理論上，付款人並非無從付款，但就記載之外觀而言，付款人仍然無從判斷何者為真正之受款人，為杜爭議，付款人仍應拒絕付款[13]。

　　平行線內為「禁止轉讓」之記載時，其效力如何？國內某些學者常依英國票據法之規定，主張可於平行線內為「禁止轉讓」之記載（英國票據法第六十六條、第七十七條第四項）。惟我國票據法並無明文規定，故支票上縱有此項記載，亦不發生平行線之效力。但記載者若為發票人或背書人

---

[13]　鄭洋一，《票據法之理論與實務》，自行出版，總經銷三民書局，文太印刷有限公司印刷，1993 年 1 月修正 18 版，p. 287。

時，仍有票據法第三十條之適用❶。

　　支票之左上角被撕裂時，其效力如何？支票之左上角被撕裂，以致無法判斷是否本有平行線之記載，此時應先向記載權人查詢，如本有平行線之記載，應依記載權人之意見處理，若無法查詢時，則應一概以「本有平行線之記載」處理。如此解釋，始不違背平行線制度「限制支票受領人之資格」，藉以保護票據權利人權益之旨趣也❶。

四、平行線支票之效力

　　票據法第一三九條規定：「I支票經在正面劃平行線二道者，付款人僅得對金融業者支付票據金額。II支票上平行線內記載特定金融業者，付款人僅得對特定金融業者支付票據金額。但該特定金融業者為執票人時，得以其他金融業者為被背書人，背書後委託其取款。III劃平行線支票之執票人，如非金融業者，應將該項支票存入其在金融業者之帳戶，委託其代為取款。IV支票上平行線內，記載特定金融業者，應存入其在該特定金融業者之帳戶，委託其代為取款。V劃平行線之支票，得由發票人於平行線內記載照付現款或同義字樣，由發票人簽名或蓋章於其旁，支票上有此記載者，視為平行線之撤銷。但支票經背書轉讓者，不在此限。」

㈠普通平行線支票之效力

　　對於普通平行線支票之效力，票據法第一三九條第一項規定：「支票經在正面劃平行線二道者，付款人僅得對金融業者支付票據金額。」在執票人非金融業者之場合，票據法第一三九條第三項規定：「劃平行線支票之執票人，如非金融業者，應將該項支票存入其在金融業者之帳戶，委託其代為取款。」因普通平行線支票不得對一般執票人付款，唯有金融業者始得為付款之提示，因此一般執票人為付款之提示而遭拒絕付款時，執票人不得據

---

❶　王德槐，《票據法釋論》，自行出版，裕台公司中華印刷廠，1987 年 7 月 3 版，p. 250。

❶　梁宇賢，《票據法新論》，自行出版，益誠彩色印刷有限公司印刷，1999 年 11 月修訂版，p. 363。

此而行使追索權。

㈡特別平行線支票之效力

對於特別平行線支票之效力，票據法第一三九條第二項規定：「支票上平行線內記載特定金融業者，付款人僅得對特定金融業者支付票據金額。但該特定金融業者為執票人時，得以其他金融業者為被背書人，背書後委託其取款。」依此可知，對於受款人之限制，特別平行線支票比普通平行線支票，更加嚴格。在普通平行線支票之場合，付款人對於一般之執票人固然不能付款，但對於一般之金融業者尚可付款；在特別平行線支票之場合，付款人不但對於一般之執票人不能付款，除非平行線內所記載之特定金融業者，對於一般之金融業者亦不得付款。例如平行線內所記載者為「臺北銀行」，則除臺北銀行以外，其他任何金融業者均無受領資格。再者，當該特定金融業者同時為執票人時，為方便起見，該特定金融業者，亦得以「委任取款背書」之方法，以其他之金融業者為被背書人，背書後委託其取款。例如平行線內所記載者為「臺北銀行」時，臺北銀行亦得以「委任取款背書」之方法，以「彰化銀行」為被背書人，背書後委託彰化銀行取款。

若執票人並非平行線內所記載之金融業者時，票據法第一三九條第四項規定：「支票上平行線內，記載特定金融業者，應存入其在該特定金融業者之帳戶，委託其代為取款。」依此可知，當執票人並非平行線內所記載之金融業者時，應將支票存入該特定金融業者之帳戶，委託其代為取款。

㈢違反規定時之責任

票據法第一四〇條規定：「違反第一百三十九條之規定而付款者，應負賠償損害之責。但賠償金額不得超過支票金額。」因平行線支票之規定，旨在保護執票人，藉以防止票據遺失或被盜時之損害，因而付款人自應受其拘束也。惟付款人縱然違反票據法第一三九條之規定，但其受款人若為真正之票據權利人時，因票據權利人並無損害，付款人並無負賠償責任之必要也。

五、平行線之變更及撤銷

(一)平行線之變更

平行線支票之平行線，得否變更？法無明文，惟鑑於平行線支票之規定，本旨在限制支票受領人之資格，藉以保護支票權利人之權益。因此在解釋上似可認為，許其逐步限制其資格，而不許其逐步放寬資格。易言之，其限制寬者可以變嚴，而其限制嚴者則不可變寬。因此，普通平行線得變更為特別平行線，但特別平行線則不得變更為普通平行線，若將特別平行線內被指定之金融業者塗銷，應視為未塗銷。

(二)平行線之撤銷

票據法第一三九條第五項規定：「劃平行線之支票，得由發票人於平行線內記載照付現款或同義字樣，由發票人簽名或蓋章於其旁，支票上有此記載者，視為平行線之撤銷。但支票經背書轉讓者，不在此限。」此乃票據法有關「平行線擬制撤銷」之規定。票據法並未規定發票人得撤銷平行線，但若絕對不許撤銷，則當執票人與該特定金融業者素無來往，而又無法將支票轉讓他人時（平行線支票仍得繼續轉讓，僅受款人之資格受其限制而已），執票人之權益豈不受到重大之損害，因此乃有本條之規定。

依本條之規定，平行線之擬制撤銷，僅得由發票人為之。發票人為擬制撤銷時，必須於「平行線內記載照付現款或同義字樣」，並由發票人簽名或蓋章於平行線之旁。經擬制撤銷之後，由平行線所生之限制，即告解除，不再僅以金融業者為受款人矣！惟支票經背書轉讓者，不得再為擬制之撤銷。因支票經背書後，支票上之平行線，究為何人所為，已經甚難認定，故以「不得撤銷」為宜❶。

第五款　支票之追索權

就匯票規定之準用，票據法第一四四條規定：「第二章第九節關於追索權之規定，除第八十五條第二項第一款、第二款、第八十七條、第八十八

❶　鄭玉波，《票據法》，三民書局印行，1991 年 8 月第 4 刷，p. 264。

條、第九十七條第一項第二款、第二項及第一百零一條外；……均於支票
準用之。」由此規定可知，支票之追索權與匯票之追索權，大致相同，所不
同者，約有下列幾點：

一、支票追索權行使之原因

因支票並無承兌之制度，因此支票不可能因「不獲承兌」或「從承兌」
而構成行使追索權之原因。支票追索權行使之原因，僅有下列兩點：

㈠不獲付款

依票據法第一四四條準用第八十五條第一項規定之結果，支票到期不
獲付款時，執票人於行使或保全匯票上權利之行為後，對於背書人、發票
人及匯票上其他債務人得行使追索權。此外，就追索之要件，票據法第一
三一條第一項亦規定：「執票人於第一百三十條所定提示期限內，為付款之
提示而被拒絕時，對於前手得行使追索權。但應於拒絕付款日或其後五日
內，請求作成拒絕證書。」足見，不獲付款為支票行使追索權之原因。就支
票追索權之行使，又可分為下列兩種情形：

1.對發票人之行使追索權

就喪失追索權之事由，票據法第一三二條規定：「執票人不於第一百三
十條所定期限內為付款之提示，或不於拒絕付款日或其後五日內，請求作
成拒絕證書者，對於發票人以外之前手，喪失追索權。」由此規定可知，縱
然執票人未於法定期間內為付款之提示，或未於法定期間內請求作成拒絕
證書，支票之執票人對於支票之發票人仍得行使追索權。因支票不似匯票
有所謂主債務人（承兌人），故須加重發票人之責任，藉以保護支票之執票
人也。例如今有某 A 於 2003 年 5 月 1 日簽發一張付款地及發票地均為臺
北市之支票予 B，該支票其後經過 B、C、D 依序背書轉讓予 E。本支票因
付款地及發票地均為臺北市，依票據法第一三〇條之規定，該支票應於「發
票日後七日內」為付款之提示（亦即應於 2003 年 5 月 8 日前），但執票人
E 遲至 2003 年 6 月 1 日始為付款之提示，並遭付款人之拒絕付款。在此情
況之下，因 E 未遵期提示，因此喪失對發票人以外之前手 B、C、D 行使追

索權之權利，僅能對發票人 A 行使追索權。

2.對前手之行使追索權

依前述票據法第一三二條之規定，執票人若於票據法第一三〇條所規定之期限內為付款之提示，而被拒絕時，對於其前手得行使追索權，但必須於拒絕付款日或其後五日內，請求作成拒絕證書，否則將喪失追索權。

㈡付款人受破產之宣告

依票據法第一四四條準用票據法第八十五條第二項第三款之結果，付款人受破產宣告時，執票人亦得行使追索權❶。因付款既已遭受破產宣告，顯然就其債務已失完全清償能力，因此本法規定，執票人於到期日之前自可行使追索權也。

二、支票追索權之保全

就追索之要件，票據法第一三一條規定：「I 執票人於第一百三十條所定提示期限內，為付款之提示而被拒絕時，對於前手得行使追索權。但應於拒絕付款日或其後五日內，請求作成拒絕證書。II 付款人於支票或黏單上記載拒絕文義及其年、月、日，並簽名者，與作成拒絕證書，有同一效力。」由此規定可知，支票之執票人若被拒絕付款，而欲對其前手行使追索權時，必須具備下列要件：

㈠遵期為付款之提示

執票人必須於票據法第一三〇條所規定之期限內，向付款人為付款之提示。再者，支票之執票人向付款人為付款之提示，得否視為履行追索權之請求，而發生中斷時效之效果？約有下列二說：

1.肯定說

---

❶ 就到期追索與期前追索，票據法第八十五條規定：「I 匯票到期不獲付款時，執票人於行使或保全匯票上權利之行為後，對於背書人、發票人及匯票上其他債務人得行使追索權。II 有左列情形之一者，雖在到期日前，執票人亦得行使前項權利：一、匯票不獲承兌時。二、付款人或承兌人死亡、逃避或其他原因無從為承兌或付款提示時。三、付款人或承兌人受破產宣告時。」

主張此說者認為，支票之執票人向付款人為付款之提示，得視為履行追索權之請求，而發生中斷時效之效果。

2. 否定說

主張此說者認為，支票之執票人向付款人為付款之提示，不得視為履行追索權之請求，而發生中斷時效之效果。

吾人以為，似以否定說為妥。因付款請求權之行使，應向付款人或票據交換所為之，而支票追索權之行使則應向發票人或背書人為之，兩者不得混為一談。因此支票之執票人向付款人為付款之提示，不得視為履行追索權之請求，而發生中斷時效之效果。

(二)遵期作成拒絕證書

支票之執票人若欲行使追索權，除「遵期為付款之提示」外，尚須「遵期作成拒絕證書」。亦即支票之執票人須於被拒絕付款之當天或其後之五日內，請求作成拒絕證書，否則仍然無法行使追索權。例如支票之執票人 A 於 2003 年 5 月 1 日請求付款而遭退票，則執票人 A 即應於「被拒絕付款之當天或其後之五日內」，亦即應於 2003 年 5 月 1 日當天（被拒絕付款之當天），或其後之五日內，亦即最遲須於 2003 年 5 月 6 日之前請求作成拒絕證書，否則將喪失追索權也。

支票執票人請求作成拒絕證書之期限，與匯票執票人請求作成拒絕證書之期間，大致相同。所不同者為，支票僅限於見票即付，並無延期付款之情事，因此票據法第一四四條之規定中，並無票據法第八十七條第二項之準用。

就匯票執票人作成拒絕證書之期限，票據法第八十七條規定：「I 拒絕承兌證書，應於提示承兌期限內作成之。II 拒絕付款證書，應於拒絕付款日或其後五日內作成之。但執票人允許延期付款時，應於延期之末日，或其後五日內作成之。」

三、支票追索權之追索金額

支票執票人行使追索權時，其得追索之金額如下：

㈠支票金額

依票據法第一四四條準用票據法第九十七條規定之結果，支票之執票人行使追索權時，自得請求支票所載之金額。

㈡作成拒絕證書與通知及其他必要費用

依票據法第一四四條準用票據法第九十七條規定之結果，支票之執票人行使追索權時，自得請求作成拒絕證書與通知及其他必要費用。

㈢自付款提示日起之利息

利息之請求，票據法第一三三條規定：「執票人向支票債務人行使追索權時，得請求自為付款提示日起之利息，如無約定利率者，依年利六釐計算。」由此規定可知，支票之執票人向發票人、背書人等支票債務人行使追索權時，除「支票金額」外，尚可請求因支票不獲兌現所生之遲延利息。而該利息之計算，應由執票人為付款提示之當天起算，利率則依當事人之約定，若當事人未約定利率，則應依年率六釐計算。例如今有某 A 於 2003 年 5 月 1 日簽發一張支票金額一百萬元之支票予 B，該支票其後經過 B、C、D 依序背書轉讓予 E。若支票之執票人 E 於 2003 年 5 月 1 日為付款之提示，卻遭退票。其後執票人 E 向支票之發票人 A 行使追索權時，則除支票金額一百萬元外，尚可請求利息。因該支票未載約定利率，因此其利息應依年率六釐計算。而發票人 A 被追索時，遲至 2004 年 4 月 30 日始予清償，此時 A 應付利息六萬元（100 萬元 × 6% ＝ 6 萬元，因當事人未約定利率，則應依年率六釐計算），亦即發票人 A 就支票金額及利息，一共應付一〇六萬元。

四、支票追索權之喪失

就喪失追索權之事由，票據法第一三二條規定：「執票人不於第一百三十條所定期限內為付款之提示，或不於拒絕付款日或其後五日內，請求作成拒絕證書者，對於發票人以外之前手，喪失追索權。」由此規定可知，若支票之執票人未於法定期間內為付款之提示，或未於法定期間內請求作成拒絕證書，對於發票人以外之前手喪失追索權。此之所謂「發票人以外之

前手」，包括背書人。惟對於支票之發票人仍不喪失追索權，因在支票之場合，不像匯票具有主要債務人之制度（承兌人），因此必須加重支票發票人之責任，藉以保護支票執票人之權益。惟雖然支票之執票人未於法定期間內為付款之提示，或未於法定期間內請求作成拒絕證書，對於發票人仍得行使追索權，並非意謂支票執票人怠於提示，對於發票人毫無影響。例如就提示期限經過後發票人之責任，票據法第一三四條即規定：「發票人雖於提示期限經過後，對於執票人仍負責任。但執票人怠於提示，致使發票人受損失時，應負賠償之責，其賠償金額，不得超過票面金額。」由此規定可知，支票執票人若怠於為付款之提示，若支票發票人因而受損時，應負賠償責任，並非毫無影響也。

五、支票之行使追索權方法

支票之執票人行使追索權時，得直接向支票債務人請求給付，若支票債務人不履行給付，得依一般民事訴訟程序，訴請有管轄權之法院，判決支票債務人清償其票款，或依督促程序聲請有管轄權之法院，發出支付命令。

第六款　支票之拒絕證書

一、支票拒絕證書與匯票拒絕證書之不同

就支票之拒絕證書，票據法第一四四條規定：「第二章第十節關於拒絕證書之規定，除第一百零八條第二項、第一百零九條及第一百十條外；均於支票準用之。」由此規定可知，支票之拒絕證書與匯票之拒絕證書，大致相同，其不同者，約有下列二點：

(一)支票之拒絕證書，僅限於拒絕付款證書

因支票並無承兌制度，因此在支票之場合，不可能有拒絕承兌證書。因此支票之拒絕證書，僅限於拒絕付款證書。

(二)支票之拒絕證書，不得在複本或謄本作成之

因支票並無複本、謄本之制度，因此支票並無在複本、謄本上作成拒

絕證書之問題。再者，支票亦無複本及謄本之制度，因此在支票之場合，亦不可能有拒絕交還複本證書及拒絕交還原本證書。

二、支票拒絕證書之種類

㈠正式拒絕證書

正式拒絕證書，乃指證明票據不獲付款或無從為付款提示之要式證書也。就匯票規定之準用，票據法第一四四條規定：「第二章第十節關於拒絕證書之規定，除第一百零八條第二項、第一百零九條及第一百十條外；均於支票準用之。」由此規定可知，支票之正式拒絕證書與匯票之拒絕證書相同。

㈡略式拒絕證書

票據法第一三一條第二項規定：「付款人於支票或黏單上記載拒絕文義及其年、月、日，並簽名者，與作成拒絕證書，有同一效力。」由此規定可知，拒絕證書本應記載許多事項，顯然有點大費周章，因此若付款人在支票上記載拒絕付款字樣及年月日，並加以簽名，即與拒絕證書具有相同之效力，此謂之略式拒絕證書。為避免記載拒絕證書之麻煩，目前金融實務上多以付款人（金融業者）所作成之「退票理由單」代替拒絕證書。

三、未作成拒絕證書之效果

就喪失追索權之事由，票據法第一三二條規定：「執票人不於第一百三十條所定期限內為付款之提示，或不於拒絕付款日或其後五日內，請求作成拒絕證書者，對於發票人以外之前手，喪失追索權。」由此規定可知，若支票執票人未於法定期間內為付款之提示，或未於法定期間內為請求作成拒絕證書，則執票人喪失對發票人以外之前手行使追索權之權利。

第七款　空頭支票

一、空頭支票之意義

空頭支票者，乃指發票人於付款人處無可資處分之資金，而對之發行

之支票也。嚴格而言，空頭支票並非法律用語，而僅為社會通用語。

二、空頭支票不再適用刑事制裁之規定

1987 年之前，依舊票據法第一四一條及第一四二條之規定，發行空頭支票原本必須受到刑事制裁，但我國於 1986 年 6 月 29 日修法公布之新票據法，以第一四四條之一規定：第一四一條、第一四二條之施行期限至 1986 年 12 月 31 日屆滿。亦即，自 1987 年 1 月 1 日起，空頭支票回歸票據法之適用，除非利用支票詐欺，適用刑法有關詐欺罪之規定外，空頭支票不再適用刑事制裁矣！

新票據法廢止空頭支票之刑事制裁，其理由約有下列幾點：

(一)無法達到刑事制裁之目的

就票據法對於空頭支票加以刑事制裁，行之多年，並無遏止空頭支票發行之效果，反而徒增犯罪之機率。

(二)民事性質之事件，不宜濫用刑法制裁

支票不獲付款，本為債務不履行問題，純屬民事性質，突然濫用刑法加以制裁，顯然有背民刑分立之原則，不但在法理上難以自圓其說，而且對於國家形象有損無益。

(三)違反世界各國之立法原則

世界各國均無對空頭支票科以刑事制裁之先例[18]。

第八款　遠期支票

一、遠期支票之意義

遠期支票者，乃指票載日期在實際簽發日期以後之支票也。在理論上，支票必須見票即付，應無所謂遠期支票存在。惟在實際上，一般發票人於簽發支票時，通常均填載較實際簽發日為後數日或數月之日期，而以之為見票付款之日期，因其票載日在實際簽發日期之後，習慣上稱之為「遠期

---

[18]　鄭玉波，《票據法》，三民書局印行，1991 年 8 月第 4 刷，p. 267。

支票」。票據法第一二八條規定：「I支票限於見票即付，有相反之記載者，其記載無效。II支票在票載發票日前，執票人不得為付款之提示。」

　　按支票為支付證券，支票之簽發即所以代替現金之支付，支票在票據中所占之地位，主要是作為解送現金之工具。因此支票不是信用證券，有見票即付之性質。故票據法第一二八條第一項規定：「支票限於見票即付，有相反之記載者，其記載無效。」依此規定，似無「遠期支票」存在之可能。惟票據法第一二八條第二項又規定：「支票在票載發票日期前，執票人不得為付款之提示。」此乃1973年修正票據法時所為之規定，此舉無異承認遠期支票存在之合法性。因為在理論上，支票固為支付證券，為貫徹支票見票即付之特性、發揮支付證券之功能，固須徹底禁止遠期支票之流通，但在事實上，遠期支票在民間商業中，早已廣為社會大眾所接受，替代了匯票、本票而成為信用工具，而且行之已久，硬性禁止必無效果，如果突然徹底禁止，恐將影響工商貿易，權衡得失，現行票據法第一二八條第二項乃仿英、美之立法例，不使遠期支票歸於無效。

　　支票在英、美立法例中，係屬於匯票之一種，具有信用證券及支付證券之雙重性質。例如美國統一商法典(Uniform Commercial Code)第三編第一一四條第二項即規定：「記載過去日期或未來日期之票據者，如係見票即付或發票日後定期付款，其付款日期（到期日）依其所載之日期決定之。」其所以規定「支票在票載發票日前，執票人不得為付款之提示」者，乃因遠期支票所載發票日期原係當事人約定之付款日期，若允許執票人片面期前提示，無異鼓勵債權人違背誠信原則，行使債權，而債務人於期前被要求付款時，又來不及準備，極易陷於周轉困難，無法使支票獲得兌現，徒增紛擾，故現行票據法並不使遠期支票歸於無效，僅在限制執票人之期前提示，不但可防止提前請求付款之弊，又可助益發票人之資金之運用也。由此可知票據法第一二八條第一項與票據法第一二八條第二項之規定並不互相矛盾。票據法第一二八條第一項之規定，旨在直接強調支票見票即付之性質，支票上只應有發票日而不應有到期日。票據法第一二八條第二項之規定，其實亦在間接強調票據之「見票即付」性質，使一般人對取得發

票日尚未屆至之支票，了解其行使票據債權時所受時間之限制，而能更加審慎考慮是否接受遠期支票❶。

二、票據債務成立之時期

遠期支票債務成立之時期，有下列二說：

甲說：認為票據債務應於票載發票日成立。

乙說：認為票據債務應於票據發行完成（即交付）時成立。

1978 年 6 月 6 日最高法院 1978 年度第 6 次民事庭庭推總會議決議：「支票發票人票據債務之成立，應以發票人交付支票於受款人完成發票行為之時日為準，至支票所載發票日期，僅係行使票據債權之限制，不能認係票據債務成立之時期。」可見我國實務界，關於票據債務之成立，採單獨行為說之發行說（發行，即發票並將之交付之行為也），即上述之乙說也。

三、背書之問題

背書者，乃指執票人對於他人以轉讓票據權利或其他目的所為之一種附屬的票據行為也。既為附屬票據行為，當以票據基本行為之成立為前提。一切票據行為均以發票為基本，由發票而開端，故發票為基本的票據行為。發票者，乃指發票人作成票據並以之發行之基本的票據行為也。所謂發行，乃指將票據交付於受款人之謂也（事實上，票據法上之「發行」即等於「交付」之意）。因票據債務之成立，必須具備「作成」及「交付」兩要件，僅「作成」而未「交付」，票據債務尚未成立。易言之，票據之作成僅為潛在之創立，必也將其交付於相對人，然後票據上之權利始為顯明。故遠期支票應於「交付」之日起即可背書，並非票載發票日以後才能背書。

例如 A 於 1991 年 5 月 6 日簽發支票一紙交付 B，票據金額為 10 萬元，票載發票日為 1991 年 5 月 16 日，在此情況，㈠B 可否於 1991 年 5 月 8 日提示請求付款？理由為何？㈡B 取得支票時，其發票日尚未屆至，此

❶ 鄭洋一，《票據法之理論與實務》，自行出版，總經銷三民書局，文太印刷有限公司印刷，1993 年 1 月修正 18 版，p. 279。

發票日之記載是否應視為與見票即付相反之記載（§128），而應歸於無效？
㈢ B 能否於 1991 年 5 月 7 日背書轉讓交付該支票與 C？㈣若執票人於
1992 年 5 月 16 日提示支票請求付款，付款人得否付款？對此案例，吾人
以為：

㈠票據法第一二八條第二項規定：「支票在票載發票日期前，執票人不
得為付款之提示。」本件發票日為 1991 年 5 月 16 日，1991 年 5 月 8 日係
在票載發票日之前，故 B 不得提示請求付款。因遠期支票所載之發票日，
原係當事人約定之付款日，若允許執票人片面期前提示，無異鼓勵債權人
違背誠信原則，行使債權，而債務人於期前被要求付款時，又來不及準備，
極易陷於周轉困難，無法使支票獲得兌現，徒增紛擾，故現行票據法並不
使遠期支票歸於無效，僅在限制執票人之期前提示，不但可防止提前請求
付款之弊，又可助益發票人之資金之運用也。

㈡所謂「與見票即付相反之記載」，一般多指非見票即付而有到期日之
記載而言。按發票年、月、日，固為支票絕對必要記載之事項（§125 I），
但此之年、月、日只要在形式上存在為已足，不必須與實際之發票日相符。
本件 B 之取得支票時，其發票日尚未屆至，此種支票謂之遠期支票，不得
將之視為與見票即付相反之記載而使之歸於無效。

㈢按背書乃一種附屬的票據行為，當以基本的票據行為之成立為前提，
基本的票據行為即發票行為也。發票者，乃指發票人作成票據並以之發行
之基本的票據行為也。所謂發行，乃指將票據交付於受款人之謂也。因票
據之作成僅為潛在之創立，必也將其交付於相對人，然後票據上之權利始
為顯明。故遠期支票應於「交付」之日起即可背書，並非票載發票日以後
才能背書。本件支票之交付日為 1991 年 5 月 6 日，在此交付日後之 1991 年
5 月 7 日當可將之背書轉讓也。

㈣票據法第一三六條規定：「付款人於提示期限經過後，仍得付款。但
有左列情事之一者，不在此限：一、發票人撤銷付款之委託時。二、發行
滿一年時。」依票據法第一三六條第二款之規定，支票「發行滿一年時」，
付款人不得付款。而一年期間之起算日，究竟應否將始日計算其中？約有

下列二說：

1. 始日不計入說

主張此說者認為，就期間之計算，票據法並無特別規定，自應回歸民法之適用，就期間之起算，民法第一二○條規定：「I 以時定期間者，即時起算。II 以日、星期、月或年定期間者，其始日不算入。」依民法之規定，其始日應不予計入。最高法院 1964 年臺上字第 1080 號判決曾謂，依民法第一二○條之規定，其始日應不予計入。

2. 始日計入說

主張此說者認為，票據法無規定時始回歸民法之規定，票據法第二十二條既已明文規定，自發票日起一年之期限，自應將該發票日予以計入。2002 年 9 月 3 日最高法院 2002 年度第 10 次民事庭推總會曾以決議採此見解，而廢除最高法院 1964 年臺上字第 1080 號之判決。

依前述最高法院民事庭總會之決議，應採始日計入說之見解，應將發票日 1999 年 10 月 15 日應予計入，而應自 1999 年 10 月 15 日起算，至 2000 年 10 月 14 日，為期間之終止。故本件執票人於 2000 年 10 月 16 日提示支票時，票據上之權利已因時效消滅。因此乙於 2000 年 10 月 16 日提示支票請求付款，付款人自得拒絕之。惟票據法第二十二條第四項規定：「票據上之債權，雖依本法因時效或手續之欠缺而消滅，執票人對於發票人或承兌人，於其所受利益之限度，得請求償還。」依此規定，執票人乙自得向發票人行使「利益償還請求權」。

再例如，住臺北市的張三於 1999 年 10 月 5 日簽發以臺北市銀行（簡稱北市銀）為付款人、臺北市為付款地、票載發票日為 1999 年 10 月 15 日、面額新臺幣五十萬元之支票一紙，向住於臺北縣之甲甲購貨一批。嗣後甲背書轉讓給乙，乙於 1999 年 10 月 28 日持票向北市銀請求付款，此時張三於北市銀尚有足額之存款，但該支票仍為銀行退票，試問：㈠票據債務何時成立？㈡該支票是否為遠期支票？㈢乙可否向甲行使票據權利？㈣乙於 2000 年 10 月 25 日向張三追索，張三能否拒絕？㈤乙可否向北市銀行使直接訴權？吾人以為：

㈠遠期支票債務成立之時期，有下列二說：

甲說：認為票據債務應於票載發票日成立。

乙說：認為票據債務應於票據發行完成（即交付）時成立。

1978 年 6 月 6 日最高法院 1978 年度第 6 次民事庭庭推總會議決議：「支票發票人票據債務之成立，應以發票人交付支票於受款人完成發票行為之時日為準，至支票所載發票日期，僅係行使票據債權之限制，不能認係票據債務成立之時期」。可見我國實務界，關於票據債務之成立，採單獨行為說之發行說（發行，即發票並將之交付之行為也），即上述之乙說也。

因此本案例票據債務之成立時期，應為票據之交付日 1999 年 10 月 5 日，而非票載發票日之 1999 年 10 月 15 日。

㈡遠期支票者，乃指票載日期在實際簽發日期以後之支票也。本案例支票之實際簽發日期為 1999 年 10 月 5 日，而票載發票日卻為 1999 年 10 月 15 日，故本案例之支票應為遠期支票。

㈢票據法第一三○條規定：「支票之執票人，應於左列期限內，為付款之提示：一、發票地與付款地在同一省（市）區內者，發票日後七日內。二、發票地與付款地不在同一省（市）區內者，發票日後十五日內。三、發票地在國外，付款地在國內者，發票日後二個月內。」本案例之發票地未記載，依票據法第二十四條第五項之規定，「未載發票地者，以發票人之營業所、住所或居所所在地為發票地。」本案例之發票人張三之住所為臺北市，因此應以臺北市為發票地。而本案例之付款地亦為臺北市，因此發票地與付款地係在同一省（市）區內，因此在發票日後七日內，支票之執票人應為付款之提示。本案例票載發票日為 1999 年 10 月 15 日，因此執票人乙須於 1999 年 10 月 22 日前為付款之提示而被拒絕時，對於前手甲得行使追索權。但應於拒絕付款日或其後五日內，請求作成拒絕證書（§131）。

㈣票據法第二十二條第一項規定：「票據上之權利，對匯票承兌人及本票發票人，自到期日起算；見票即付之本票，自發票日起算；三年間不行使，因時效而消滅；對支票發票人自發票日起算，一年間不行使，因時效而消滅。」依此規定，自票載發票日起算超過一年，支票之執票人即不得再

向支票之發票人行使追索權。而此一年期間之起算日，究竟應否將始日計算其中？約有下列二說：

1. 始日不計入說

主張此說者認為，就期間之計算，票據法並無特別規定，自應回歸民法之適用，就期間之起算，民法第一二〇條規定：「I 以時定期間者，即時起算。II 以日、星期、月或年定期間者，其始日不算入。」依民法之規定，其始日應不予計入。最高法院 1964 年臺上字第 1080 號判決曾謂，依民法第一二〇條之規定，其始日應不予計入。

2. 始日計入說

主張此說者認為，票據法無規定時始回歸民法之規定，票據法第二十二條既已明文規定，自發票日起一年之期限，自應將該發票日予以計入。2002 年最高法院第 10 次民事庭推總會曾以決議採此見解，而廢除最高法院 1964 年臺上字第 1080 號之判決。

依前述最高法院民事庭總會之決議，應採始日計入說之見解，應將發票日 1999 年 10 月 15 日應予計入，而應自 1999 年 10 月 15 日起算，至 2000 年 10 月 14 日，為期間之終止。故本件執票人於 2000 年 10 月 25 日提示支票時，票據上之權利已因時效消滅。因此乙於 2000 年 10 月 25 日向張三追索時，張三自得拒絕之。惟票據法第二十二條第四項規定：「票據上之債權，雖依本法因時效或手續之欠缺而消滅，執票人對於發票人或承兌人，於其所受利益之限度，得請求償還。」依此規定，執票人乙自得向發票人行使「利益償還請求權」。

㈤票據法第一四三條規定：「付款人於發票人之存款或信用契約所約定之數足敷支付支票金額時，應負支付之責。但收到發票人受破產宣告之通知者，不在此限。」依此規定，執票人欲對付款人行使直接訴權，必須具備下列要件：1.須於法定期限內提示。2.須發票人之存款或信用契約所約定之數足敷支付支票金額。3.須付款人未收到發票人受破產宣告之通知。4.須付款人無正當理由可以拒絕付款。

本件乙未遵票據法第一三〇條所規定之期限（發票地與付款地在同一

省（市）區內者，發票日後七日內，亦即應於 1999 年 10 月 22 日前為付款之提示），付款人之不付款已有正當之理由，因此執票人乙不得向付款人北市銀行使直接訴權。

附　件

附件一　匯票之樣式

匯票 1：匯票之基本式

```
匯　　　　　票

憑票祈於中華民國○年○月○日付
張三　（或○公司）　新臺幣壹萬元整
　　　此致
李四　先生　（或○公司）　照兌
　　　（發票人）　林群弼　（或○公司）　[印]
中華民國○年○月○日

○字第○號
```

匯票 2：承兌匯票

匯　票

一、匯票准於中華民國　年　月　日祈付
或其指定人

新臺幣

二、付款處所：臺灣銀行（地址：　）

三、本匯票係依據臺灣銀行中華民國　年
月　日第　號國內信用狀開立

四、本匯票免除作成拒絕證書

此致

臺灣銀行　　驗付

中華民國　年　月　日

發票人：

住址：

茲經承兌准屆期照付

新臺幣

承兌日期中華民國　年　月　日

承兌人：

地址：

字　第　號

科目：承兌匯票　　　　　對方科目：＿＿＿＿＿

經理　　會　　營業　　記帳員　　驗印
副襄理　計

429

匯票 3：定期匯票

例一：

例二：

匯字第○○號
憑票祈於民國八十九年十月十日付
張三先生新臺幣貳萬元整
　　　　此致
李四先生
　　　　　　發票人
　　　　　　　林群弼　印
中華民國八十八年二月十五日

匯　　　　票

憑票祈於民國○年○月○日付給
臺灣書局新臺幣伍萬元整
　　此致
彰化銀行東門分行　照兌
　　發票人第一商業銀行　印
承兌銀行彰銀東門分行　印
中華民國○年○月○日
匯字第○○號

匯票 4：計期匯票，發票日後定期付款之匯票

例一：

```
  匯字第○○號
憑票祈於發票日後一個月付
張三先生新臺幣貳萬元整
        此致
李四先生
            發票人
              林群弼 印
中華民國八十八年二月十五日
```

例二：

```
          票      匯
憑票祈於發票日後一個月付給
臺灣書局新臺幣伍萬元整
      此致
彰化銀行東門分行
  照兌  發票人第一商業銀行 印
承兌銀行彰銀東門分行 印
中華民國○年○月○日
匯字第○○號
```

431

匯票 5：即期匯票，見票即付之匯票

例一：
例二：

匯字第〇〇號
憑票祈付
張三先生新臺幣貳萬元整
　　　　此致
李四先生
　　　　　發票人
　　　　　　林群弼 [印]
中華民國八十八年二月十五日

票　　　　　匯

憑票祈付
臺灣書局新臺幣伍萬元整
　　此　致
承兌銀行彰銀東門分行
　發票人第一商業銀行 [印]
照兌　[印]
彰化銀行東門分行
中華民國〇年〇月〇日
匯字第〇〇號

匯票6：註冊匯票，見票後定期付款之匯票

例一：

例二：

匯字第○○號
憑票祈於見票日後一個月付
張三先生新臺幣貳萬元整
　　　此致
李四先生
　　　　發票人
　　　　　林群弼 [印]
中華民國八十八年二月十五日

票　　　　　匯

匯字第○○號
憑票祈於見票日後一個月付給
臺灣書局新臺幣伍萬元整
　　此致
彰化銀行東門分行　照兌
承兌銀行彰銀東門分行 [印]
發票人第一商業銀行 [印]
中華民國○年○月○日

匯票7：匯票之承兌

例一：

例二：

匯　　　票

憑票祈於民國八十八年四月十五日付

佳里書局新臺幣壹萬元整

匯字第○○號

此　致

臺灣銀行照兌臺灣銀行 印 二月二十日發票人

中華民國八十八年二月十四日

民國八十八年　漚汪書局

印

匯　　　票

憑票祈於民國八十八年四月十五日付給

張三　先生或其指定人新臺幣壹萬元整

李四　先生

匯字第○○號

此　致

（此為承兌人之蓋印）　印

照兌李四 印 二月二十日

中華民國八十八年二月十四日

民國八十八年　發票人　林群弼

匯票 8: 英文之匯票及背書

例一: 英文匯票之正面

$500.00

               Chicago, Ill. July 1, 1994

At sight (or ninety day after sight) pay to the order of Chester J. Moran Five Hundred and 00/100 Dollars Value received and charge the same to account of

To Benjamin Bellamy

No. 8 Des Moines, Lowa.   Jone Doe

例二: 英文匯票之背書

Pay to the order of Sarah Jane Mocre

               Chester J. Moran

匯票 9: 國內英文匯票

HUA NAN COMMERCIAL BANK LIMITED No. 30556
    TAIPEI TAIWAN

            16–21/220
            1220
            JAN 8, 1999

華南銀行

PAY
TO THE
ORDER OF QUN-PIT, LIM US$1000.00
US DOLLAR ONE THOUSAND ONLY. DOLLAR
        HUA NAN COMMERCIAL BANK LIMITED

First
Interstate
Bank

      AUTHORIZED SIGNATURE

      AUTHORIZED SIGNATURE

注意: 本匯票由華南銀行所簽發,採美國 Bank Draft 格式,票面上無 Bill of Exchange, Check or Promissory Note 等表明票據種類之文字,嚴格言之,根據中華民國票據法第二十四條之規定,本票據應為無效。

匯票 10：英國匯票款式

例一：國內匯票 (inland bill)

£2.000	London
(Stamp)	March 2nd, 1999

At Sight, (or ninety days after Sight) pay to the order of Mr. A
(or B Co.) the Sum of One Thousand pounds Value received

To Messrs, C. & Co.

Liverpil James P. Green　　　　　　　　　　　　H. Company

例二：國際匯票 (foreign bill)

£2.500	James P. Green Co.
(Stamp)	San Francisco
	May 10, 1999

At Thirty Days Sight of this First of Exchange (Second Unpaid)
Pay to the order of the Canadian Bank of Commerce, the Sum of
Two Thousand and Fifty Hundred Pounds Sterling

To Messrs P. Ower Co., Ltd.

Caodill Wales　　　　　　　　　　　　　　James P. Green Co.

James P. Green

匯票 11： 美國匯票款式

例一： Bill of Exchange

$01 cent	(City, State)	19
(3 months, 1 year, etc)		pay to the order of
(Name of payee)		
No dollars.		01/100 Dollars
To (Name of drawee)		
No. (Address of drawee)		
		(Signature of drawer)

例二： Trade Acceptance

No. 60   August 31, 1977 $700.00

Sixty   DAYS AFTER DATE PAY TO THE ORDER OF

Ourselves

Seven hundred and   no   Dollars
                                     ─────
                                      100

The transaction which gives rise to this instrument is the purchase of goods by the acceptor from the drawer. The drawee may accept this bill payable at any bank, banker or trust company in the United States which such drawee may designate.

Due To John Lord

465 Broadway, N. Y. City   Atres Co. Inc.

Due Oct 30, 1942   By Ruchard Rae Pres.

匯票 12： 匯票之原形

此為我國郵政劃撥儲金匯票：

附件二　本票之樣式

本票 1：本票之基本式

例一：本票之正面　　　　　例二：本票之背書

本票

○字第○號

憑票於中華民國○年○月○日付

新臺幣參拾萬元整

此致

張三　先生（或○公司）

票

中華民國○○年○○月○○日

林群弼（或○公司）印

票面所載之金額讓與

李四　（或○公司）

（背書人）張三

中華民國○年○月○日

（或○公司）印

本票 2：橫式本票之基本式

例一：

| 本票 | 本字第〇〇號
憑票於民國八十八年二月十日付
三民書局新臺幣壹萬元整

　　　　　　發票人（簽章）
　　　　　　　地址＿＿＿＿＿＿＿＿＿
發票日：中華民國〇年〇月〇日 |

例二：

| 本票 | 一、憑票准於中華民國〇年〇月〇日交付
　　　新臺幣貳拾萬元整
二、本本票指定〇銀行〇分行　地址：〇市〇路〇號
　　　　　發票人簽章及地址：＿＿＿＿＿＿
發票日：中華民國〇年〇月〇日 |

本票 3：甲存本票

例一：

<table>
<tr><td colspan="3">本票號碼 MC8000994　　　　發票日：中華民國○年○月○日</td></tr>
<tr><td rowspan="9">本

票</td><td colspan="2">一、憑票准於中華民國 88 年 11 月 11 日　　經副襄理</td></tr>
<tr><td>　　交付○○○　　　　　NT$5,000.–</td><td></td></tr>
<tr><td>　　或其指定人</td><td>會計</td></tr>
<tr><td>　　新臺幣伍仟元整（正）</td><td></td></tr>
<tr><td>二、本本票指定</td><td>櫃臺記帳</td></tr>
<tr><td colspan="2">　　臺北市銀行　士林分行</td></tr>
<tr><td colspan="2">　　地址：臺北市○路○段○號</td></tr>
<tr><td colspan="2">　　為擔當付款人屆期憑票由該分行就支票存款</td></tr>
<tr><td colspan="2">　　第○○○號發票人帳戶內照付</td></tr>
<tr><td colspan="3">　　三、本本票免除作成拒絕證書</td></tr>
<tr><td colspan="3">　　科　目支票存款　　總號＿＿＿　發票人：</td></tr>
<tr><td colspan="3">　　　　　　　　傳票</td></tr>
<tr><td colspan="3">　　對方科目＿＿＿　分號＿＿＿　地址：＿＿＿＿＿＿＿＿＿　驗印</td></tr>
<tr><td colspan="3">　　　　　　　　　　　　　　　　　（須蓋上開支票存款戶印鑑）</td></tr>
</table>

注意：甲存本票者，乃指指定金融業者為擔當付款人之本票也。

例二：

本票號碼 MC7000967　　發票日：中華民國 88 年 2 月 6 日

憑票准於中華民國 88 年 5 月 6 日　　　經副襄理

交付張三　　　　　　NT$8,000.–

或其指定人　　　　　　　　　　　會計

新臺幣捌仟元整（正）

一、本本票指定　　　　　　　　櫃臺記帳

本　臺北市銀行　木柵分行

票　地址：臺北市指南路一段三十五號

二、擔當付款人憑票由該分行就支票存款

00866 號發票人帳戶內照付

三、本本票免除作成拒絕證書

科　目　支票存款　總號　　　　發票人：

對方科目　　　　傳票分號　　　地址：　　　　　驗印

（須蓋上開支票存款戶印鑑）

例三：

本　　　票

一、憑票准於中華民國○年○月○日　交付

　　○○○先生或其指定人

　　新臺幣○○元整

二、本本票指定○○銀行（地址○○）當擔當

　　付款人，屆期憑票由該行就支存第○號發

　　票人帳戶內照付

三、本本票免除作成拒絕證書

　　　　　　　發票人：○○○

　　　　住　　址：○○○

　　　　（須蓋用上開支戶印鑑）

中華民國○年○月○日

本票 4：英國本票款式

例一：

Stamp

　　　　　　　　　　　　　　　　　　　London

15s

Three months after date I promise to pay J. Black or order the sum of one thousand five hundred Pounds for value received

　£1500　　　　　　　　　　　　　　　　　　W. Jones

例二：

Stamp

　　　　　　　　　　　　　　　　　　　London

5s　　　　　　　　　　　　　　　　　　1st June 1958

on demand we promise to pay J. Black or order the sum of Five hundred pounds for Value received.

　　　　　　　　　　　　　　　　　　　　H. White

　£500　　　　　　　　　　　Pay J. Black　　E. James

本票 5: 美國本票款式

例一:

$01 cent	City, State _____ 19 _____
3 months, one year, etc. after date _____ promise	
to pay the order of name of payee	
no dollars--------01/100 Dollars	
at place of payment	
value received	
No	Due	Name of maker

例二:

$1,500　　　　　　　　　　　　　New York City, New York
May 1st, 1964
Two months after date, (or on demand) I promise to pay to the order of
Richard Roe & Company Fifteen Hundred Dollars at the Koe National Bank
of New York, With Value received　　　　　　　　　　John Doe

附件三　支票之樣式

支票 1：支票之基本式

例一：　　　　　　　　　例二：

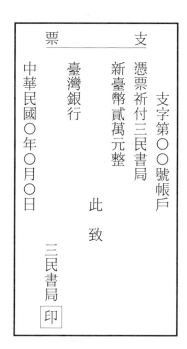

例一：

支
票

　　　　　　　　　　　　　　　　　　○字第○號

憑票祈付（或即付）

張三　先生　（○行號）　新臺幣伍萬元整

　　　此　致

臺灣銀行台照

中華民國○○年○○月○○日

林群弼　（或○公司）　印

例二：

支
票

支字第○○號帳戶

憑票祈付三民書局

新臺幣貳萬元整

臺灣銀行

　　　此
　　　　致

中華民國○年○月○日

三民書局　印

支票 2: 橫式支票之基本式

```
MCH0087123 中華民國 80 年 10 月 10 日帳號 00234 經副襄理
憑票支付　張三　　NT$200.00　　　　　　會計
新臺幣壹萬元整　　　　　　　　　　　記帳
　　　此致
臺北市銀行　　　　　　　　　　　出納
　木柵分行　台照
付款地: 臺北市指南路一段三十五號　　　驗印
科　目: 支票存款　　總號_____
　　　　　傳票　　　　林群弼印
對方科目_____　　分號_____　（發票人簽章）
```

支票

支票 3: 限額支票

```
支票號碼 KL0105659 帳號限 11-5 日期　年　月　日　經副襄理
　臺北市銀行　古亭分行　臺北市羅斯福路三段一○○號　會計
憑票支付_____　　本支票之金額不得　記帳
新臺幣_____NT$_____　超過新臺幣伍仟元　出納
　　　　　　　　　傳票編號　號
　　　　　發票人　會計編號第　號　驗印
科　目　支票存款　簽章　出納編號第　號
```

支票

支票 4: 限額保證支票

彰銀圖案	彰化商業銀行限額保證支票
	憑票支付　　　　　　　　　　　　　　本支票伍仟元限額內 新臺幣壹萬元整　　　　　NT$　　　保證付款，逾額退票 　　　　　此致 彰化商業銀行　臺北城內分行台照 付款地: 臺北市衡陽路
	經副　　會　　記　　驗 襄理　　計　　帳　　印　　　　（發票人簽章）

支票 5: 普通平行線支票

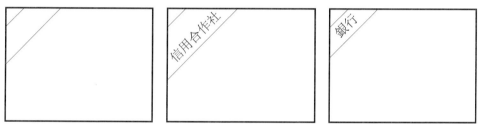

支票 6: 特別平行線支票

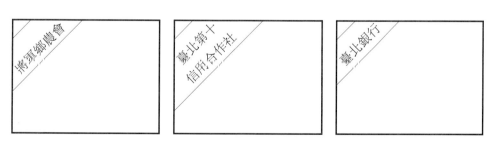

支票7: 支票之原形

例一: 支票之正面

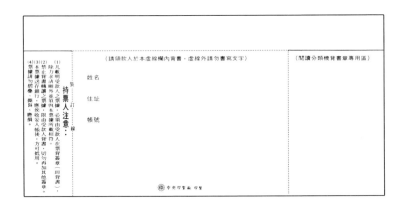

例二: 支票之背面

注意: 須將票據背面之事項填妥之後，始得取款或請求金融業者代為受款。

例三：

例四：

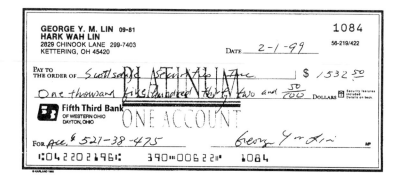

例五：

GEORGE Y. M. LIN 09-81
HARK WAH LIN
2829 CHINOOK LANE 299-7403
KETTERING, OH 45420

1084

56-219/422

DATE 2-1-99

PAY TO
THE ORDER OF Scottsdale Sterling Aloe Inc. $ 1532 50

One thousand Five hundred thirty two and 50/100   DOLLARS

Fifth Third Bank
OF WESTERN OHIO
DAYTON, OHIO

For Acc # 527-38-475   George Y m Lin   MP

⑆042202196⑆ 390 ⑈006 22 ⑈ 1084

451